Selbsterfahrung
durch Lesen

Thomas

WAS ES HEISST EIN MENSCH ZU SEIN

UNSER NATÜRLICHES ERBE
und was wir unbewußt daraus machen

Thomas ZACHARIAS
Schieferstraße 28
D-6446 Nentershausen-Süss
Fotosatz: *druck* GmbH, Eschwege
Herstellung: Clausen + Bosse, Leck

ISBN 3-921911-03-6

Danke für alles,
liebe EVA,
meine unbeschreibliche Frau...

INHALT

HINWEIS

Je nach Bildung wird dem Leser auffallen,
daß ich mich nicht immer an die
allgemeingültige Deutsche Rechtschreibung halte.
Das ist keine Achtlosigkeit sondern ein Versuch,
das Lesen so sehr wie möglich zu erleichtern,
damit der Verstand sich ganz
auf den Inhalt konzentrieren kann.
Mit demselben Ziel habe ich auch
die Länge der einzelnen Zeilen dem Satzbau angepaßt
und jede Seite so eingerichtet,
daß sie mit einem Punkt endet oder sogar
mit dem Ende eines Gedankenganges abschließt.
Wenn letzteres der Fall ist,
soll das Zeichen * neben der Seitenzahl
dazu auffordern, eine Denkpause einzulegen.

VORWORTE

Lieber Mitmensch.

Ich habe lange um diese Anrede gerungen,
aber keine andere gefunden, die dem
was ich ausdrücken möchte
näher käme.
Und doch klingt sie Dir vielleicht
hohl und nichts-sagend:
»Lieber Mitmensch«.
Was sagt das schon?
Wo wir einander garnicht kennen.

Ich hoffe auch es stört Dich nicht, daß ich **DU** sage.
Wenn Dir das schon zu viel Nähe bedeutet,
dann wird Dir der Inhalt dieses Buches
erstrecht zu nahe gehen, und Du wirst ihn ablehnen,
ohne ihn an Dich herangelassen zu haben.

Ich würde auch viel lieber mit Dir sprechen,
als Dir schreiben,
denn mein Wunsch
Dich mit meinen Gedanken zu erreichen
kommt von Herzen.
Obwohl ich Dich nicht kenne.

Ich will,
daß Du Dich ganz persönlich angesprochen fühlst.
Und dabei geht es mir nicht darum,
daß Du **mich** verstehst,
sondern darum,
daß Du Dir **selbst** begegnest.

Denn nur so kann man erfahren,
WAS ES HEISST EIN MENSCH ZU SEIN.

Ich glaube, daß im Grunde jeder Mensch
das Leben nicht einfach
klagend hinnehmen will,
sondern auf der Suche ist
nach lebenswerten Inhalten.
Also auch Du.

Du willst
Dich und Deine Mitmenschen
richtig kennen und verstehen lernen.
Du willst nicht bloße Geselligkeit,
sondern Austausch und Verständigung,
nicht oberflächliches Dahin-Leben
(also das Leben größtenteils verpassen),
sondern Du willst wachsen und Dich entfalten
und Dein Leben in den eigenen Händen halten.

Du wünschst Dir
Glück und Gesundheit
Lebens-Freude und Erfüllung
für Dich, Deinen Partner und Deine Kinder,
für Deine Familie und alle Mitmenschen
und bist auch offen
für entsprechende Veränderungen.

Zu all dem möchte ich
mit diesem Buch etwas beisteuern,
in der festen Überzeugung,
daß meine Studien
und meine persönlichen Erfahrungen und Einsichten
für Dich hilfreich und ermutigend sein können.

Lieber jugendlicher Mitmensch.

Ich habe dieses Buch an die Erwachsenen gerichtet, weil sie die Verantwortung für sich **und** für die Kinder und Jugendlichen zu tragen haben. Leider sind sie mit dieser Aufgabe überfordert, denn auf ihre Rolle als Erzieher sind sie in keiner Weise sachgerecht vorbereitet worden. In der Schule kann man ja vieles lernen. Aber die im Leben wirklich wichtigen Dinge werden dort ganz absichtlich verschwiegen. (Sonst würden die jungen Leute ja gleich merken, was ihre Eltern und Lehrer alles falsch machen...) Und später gibt es erstrecht keine vernünftige Hilfe und Beratung für Eltern mehr.

Um ein Auto fahren zu dürfen, muß man die dazu nötigen Fertigkeiten und Kenntnisse nachweisen. Zum Kinder-Haben-Dürfen braucht man dagegen keine Prüfung zu bestehen, obwohl das Eltern-Sein bekanntlich bei weitem schwieriger ist. Für jedes Eltern-Paar sind **seine** Kinder die ersten und einzigen, die es von kleinst auf zu versorgen und zu führen hat. Mutter und Vater haben also auch keine Erfahrung. Mit einem Wort: Sie wissen nicht, was sie tun.

Dieses Buch soll ihnen die Augen öffnen über sich und ihre Kinder. Es ist aber damit genau so gut geeignet, jedem Jugendlichen zu zeigen, woher seine persönlichen Probleme kommen, und wie er sie lösen oder loswerden kann.

Schule und Ausbildungs-Verhältnisse,
Freundschaften und Liebes-Beziehungen
und die Spannungen in der Familie
werfen Probleme auf,
die man nur lösen kann,
wenn man ihnen charakterlich gewachsen ist.
Und diese innere Stärke entspringt nicht etwa
Trotz, Aufsässigkeit und Kampf-Lust
und nicht aufgesetzter Friedfertigkeit
oder unterwürfiger Selbst-Aufgabe,
sondern sie erwächst aus einem
klaren Selbst-Verständnis und aus
innerer Ruhe und Ausgeglichenheit,
die erst durch das Wissen von
der menschlichen Natur
und seinem tieferen Seelen-Leben
entstehen können.

Nur wer sich selbst versteht,
kann auch andere verstehen.
Und dadurch wird ein Leben in
gegenseitiger Annahme, allseitiger Achtung
und menschlicher Wärme erst möglich.

Und dies wiederum sind auch die Voraussetzungen
für ein erfolgreiches und zufriedenstellendes
Berufs-Leben, wie es sich jeder wünscht.

All das hängt miteinander zusammen.
Das Leben meistern heißt nicht,
es zu bezwingen, sondern es verstehen,
um es bewußt zu führen und zu gestalten.

Lieber Mitmensch.

Dieses Buch handelt von den Natur-Gesetzen,
die das Leben Deines Körpers und Deiner Seele
bestimmen.
Deine GESUNDHEIT und Dein LEBENS-GLÜCK
hängen direkt davon ab, in wie weit Du
im Einklang mit diesen Gesetzten lebst,
oder im Widerspruch zu ihnen.
Das bezieht sich
weniger auf Deinen Beruf
als auf Deinen Lebens-Stil,
mehr noch auf Dein Denken
und am allermeisten auf Dein Fühlen.

Es ist ja schon lange erwiesen,
daß Körper und Seele eine Einheit bilden, daß deshalb
Glück und Gesundheit einander bedingen und daß
körperliches und seelisches Leid zusammenhängen.
Wir müssen jetzt lernen, **danach zu leben**.

Die meisten Wissenschaftler tun so,
als ob es äußerst schwierig wäre,
solche Dinge zu verstehen,
als ob man hoch intelligent sein und
jahrzehntelang studiert haben müßte,
um da nur halbwegs durchzublicken.
Das ist schlichtweg unwahr.
Jeder Mensch bringt von Natur aus
alle geistigen Voraussetzungen mit,
die das Erkennen der Wirklichkeit
und das Verstehen von Ursachen und Wirkungen
möglich machen.

Erst die Fantasie-Vorstellungen der Urzeit-Menschen
und die daraus hervorgegangenen Kulturen mit ihren
Religionen, Sitten-Gesetzen und Tabus, sowie die
vielen irrigen Philosophien und Theorien
späterer Jahrhunderte und nicht zuletzt die
auf ihnen beruhenden modernen Wissenschaften
haben die geistig-seelische Verirrung geschaffen,
die uns Zivilisierte heute mehr und mehr
von der wahren menschlichen Natur entfremdet.

Der Grundstein für diese Entfremdung wird durch
eine verwirrte, widernatürliche Erziehung gelegt,
**in der jedes Kind von klein auf dazu gezwungen wird,
anders zu fühlen und zu handeln,
als es ihm von Natur aus mitgegeben ist.**
Es wird mit Meinungen gefüttert,
mit moralischen Forderungen eingeengt
und zu zivilisiertem Verhalten dressiert,
bis es diese anerzogenen inneren Regungen
nicht mehr von den angeborenen unterscheiden kann.
So ist es **jedem** von uns ergangen, und so
machen wir uns von unserer wahren Natur
sowohl geistig-seelisch als auch körperlich
ein völlig falsches Bild.
Wir wissen nicht, was Glück und Gesundheit
eigentlich sind, noch wie wir sie erreichen könnten.
Mehr noch: Wir haben **un**natürliche Vorstellungen
von Glück und Gesundheit, von Liebe und Freiheit,
von Gut und Böse, und so verhalten wir uns
entsprechend widernatürlich und
sind folglich unglücklich und krank.

Diese falschen Vorstellungen sind die Vor-Urteile,
die uns auch – ob ungebildet oder hochgelehrt –
daran hindern, die Dinge des Lebens
einfach so zu sehen, wie sie wirklich sind.

99 % aller wissenschaftlichen Bücher,
aller Artikel und Vorträge, aller
medizinischen und psychologischen Lehr-Meinungen
sind ja mit Sicherheit unwahr, denn
alle zusammen widersprechen sie einander
in unendlich vielfältiger Weise.
Hier durchzusteigen, in diesem Durcheinander
das eine wahre Prozent zu finden, erfordert
allerdings Jahrzehnte unentwegten Studierens.
Aber deshalb braucht man als normaler Mensch
ja nicht auf die Befreiung
aus der eigenen inneren Verwirrtheit und
aus der Entfremdung von der eigenen Natur
zu verzichten.

Im Gegenteil führt der Weg durch die Wissenschaften
nur in immer tiefere Wirrnisse, immer weiter weg
von der eigenen inneren Wirklichkeit.
Die Gelehrten blicken folglich selbst nicht durch,
sonst würden sie ja nicht ewig streiten,
sondern wären sich einig.
Denn schließlich gibt es nur eine Wirklichkeit.
Das hindert sie aber nicht im geringsten daran,
das ahnungslose Volk immerzu mit den tollsten
Neuigkeiten aus ihrer bodenlosen Forschungs-Arbeit
zu überschütten und die allgemeine Verwirrung
damit nur immer weiter zu vergrößern.

Ich bin 20 Jahre an Universitäten herumgelaufen,
ohne jemals den Eindruck zu gewinnen,
daß es dort überhaupt darum **geht** ,
das Mensch-Sein im Wesentlichen zu erfassen.
Bis mir klar wurde: **Nicht durch**
Bildung, Wissen und Fremdwörter-Kenntnisse und
erstrecht nicht durch eine akademische Karriere
lernt man erkennen und verstehen,
was es heißt, ein Mensch zu sein,
sondern allein durch Selbst-Erkenntnis.

Du bist doch ein Mensch. Was liegt also näher,
als bei Dir selbst den Anfang zu machen?
Was steht Dir näher,
als Dein Körper und Deine Seele?
Lerne Dich selber kennen.
Erfahre am eigenen Leib und an der eigenen Seele,
was Dir anerzogen und was Dir angeboren ist,
wie das Anerzogene das Angeborene unterjocht hat,
wie Deine Gefühle miteinander kämpfen,
Deinen Geist dabei verwirren
und Deinen Körper mißhandeln.
Dann kannst Du Dir überlegen,
ob Du damit weitermachen willst, oder nicht.

Die meisten Menschen haben Angst vor diesem Weg.
Aber diese Angst ist nur
eines dieser widernatürlichen Gefühle, die
in der zivilisierten Erziehung angelegt werden,
die unseren Geist versklaven,
unsere naturgegebenen Begabungen behindern
und unseren Wirklichkeits-Sinn umnebeln.

Wer aber könnte tiefer in Dich hineinschauen
als Du selbst.
Wer fühlt denn besser als Du
den Schmerz Deiner Verletzungen,
die Qual Deiner Krankheiten,
das Leid über Deine Enttäuschungen,
die Trauer über Deine Niederlagen,
die Wut auf Deine Feinde,
die Freude an Deinem Leben
und die Liebe zu Dir und Deinen Nächsten
als Du selbst.

Wer durchlebt Deine inneren Nöte,
wenn Du in der Klemme sitzt
zwischen Deinen Gefühlen und Deinem Verstand?

Wer will Dir denn sagen können,
was Dich glücklich macht
und was Dich daran hindert;
was Dich gesund und munter
und was Dich krank und bitter macht?

Du bist es doch selbst,
aus dem all das heraus kommt,
was man Denken, Fühlen und Handeln nennt.
Warum sollte ein anderer
Deine Probleme lösen können,
Dich heilen können,
oder für Dich entscheiden,
was Du willst
und
wer Du bist?
Muß das nicht jeder selber herausfinden?

* (=Denkpause)

Deine Erziehung hat Dich bisher daran gehindert,
zu erkennen, wer Du wirklich bist.
Trotzdem muß Erziehung wohl sein.
Auf ein Leben in der Zivilisation muß man
als Kind vorbereitet worden sein, um nicht
zu verzweifeln, zu scheitern oder zu verkommen.
Es kommt aber darauf an, mit welchen Zielen
und mit welchen Mitteln erzogen wird.
Wenn Erziehung sinnvoll und nützlich sein soll,
darf sie **nicht gegen** die naturgegebene,
gesunde Entwicklung des Kindes gerichtet sein.
Gerade dies ist aber weitestgehend der Fall.
Deshalb besteht unsere Gesellschaft ja aus
lauter unzufriedenen, unglücklichen,
verzweifelten, gescheiterten, lieblosen,
gefühlskalten, verkommenen, brutalen,
rücksichtslosen, neidischen, ehrgeizigen,
verbitterten, selbstgerechten und
mit zunehmendem Alter kranken Menschen.

Wenn Eltern ihr Kind betrachten, sind in ihren Augen
all seine Vorzüge das Ergebnis ihrer Vererbung
und ihrer geglückten Erziehungs-Maßnahmen;
und all seine Fehler lasten sie
der Verantwortung des Kindes an.

Daß der Charakter ihres Kindes womöglich
ganz und gar, mit all seinen Tugenden und Mängeln
auf ihren Einfluß zurückzuführen ist,
müssen sie abstreiten, sonst wären **sie** es ja,
die für die Unarten ihres Sprößlings
den Kopf hinhalten müßten.

So haben Deine Eltern Dir auch beigebracht,
nicht an ihren Erziehungs-Künsten zu zweifeln,
und alle Schuld an den schlechten Seiten
Deines Charakters auf **Dich** zu nehmen.
Demnach wäre alles Schlechte an Dir angeboren,
und alles Gute anerzogen.
Du wärest von Natur aus schlecht
und erst durch Erziehung etwas besser geworden.

Wenn Du an solchem Unsinn festhältst,
bleibt es Dir unmöglich,
Deinen Charakter wirklich zu erkennen,
seine Entstehungs-Geschichte zu verstehen und Dich
von seinen unerfreulichen Seiten zu befreien.
Denn diese sind ja eigentlich
nichts anderes als das Ergebnis
der **miß**glückten Erziehungs-Maßnahmen.

Es ist hart aber wahr:
Deine Eltern sind »schuld daran« wie Du heute bist,
aber Du mußt die Verantwortung dafür tragen.

Auch wenn Deine Eltern ihre Fehler einsehen wollten,
könnten sie sie ja nicht wieder rückgängig machen.
Und sie dafür bestrafen,
hätte auch überhaupt keinen Sinn,
denn dadurch würde sich in Dir nicht viel ändern,
es würde höchstens alles noch schlimmer werden.
Außerdem wäre es ungerecht, denn sie handelten
damals nach bestem Wissen oder konnten nicht anders.
Und soweit ihr Verhalten zu Deinem Schaden war,
entsprang es ja auch wieder nur ihrer eigenen
verwirrten, widernatürlichen Erzogenheit.

Um also verstehen zu können,
ja um überhaupt erst einmal aufnehmen zu können,
was in Deiner Kindheit natürliche Entwicklung war,
und was die Erziehung daraus gemacht hat,
mußt Du bereit sein, alles zu vergeben.

Sprich einmal laut vor Dich hin:

HEUTE VERGEBE ICH ALLEN MENSCHEN,
DIE MIR IN MEINEM LEBEN UNRECHT GETAN HABEN.
ICH LASSE ALLE MEINE HASS-GEFÜHLE
UND RACHE-GEDANKEN FALLEN.
ES GIBT KEINE SCHULD UND KEINE SCHULDIGEN.
ICH BIN SELBST FÜR MICH VERANTWORTLICH
UND GANZ ALLEINE FÜR MEIN LEBEN ZUSTÄNDIG.

Kannst Du das nochmal lesen, mit Stimme?

Viele Menschen haben dabei tiefe Gefühle
von Traurigkeit oder Erleichterung,
sie müssen seufzen und fangen gar an zu weinen.

Andere finden das lächerlich oder peinlich
und kommen sich blöd dabei vor.
Wenn es Dir so geht, wirst Du in diesem Buch
vieles nicht glauben wollen,
weil es Gefühle in Dir wachrufen könnte,
die Du schon als Kind tief in Dir begraben hast,
um nicht zu leiden, und vor denen Du
Dich folglich etwas fürchtest.

Wir haben alle gelernt, daß man seine Gefühle
beherrschen und ihren Ausdruck unterdrücken muß.
Und so spielt sich das Gefühls-Leben zu einem sehr
großen Teil im unbewußten Bereich der Seele ab.

Was Du hier erfährst, wird Dich aufwühlen,
Deine tiefsten, unbewußten Gefühle
ans Licht Deines Bewußtseins befördern.
Das erfordert den Mut,
Dich Deinem wahren Selbst zu stellen.
Zu erfahren, wer Du wirklich bist, heißt
bekennen, daß Du bei weitem nicht der bist,
der Du zu sein glaubst oder gerne wärest.

Warum Du dieses Wagnis eingehen solltest?

Bedenke nur:
Wenn es wahr ist,
daß Du einen großen Teil Deines Seelen-Lebens
nicht mit Bewußtheit wahrnehmen kannst,
dann ist es immerhin möglich, daß Du
– ohne es zu merken – seelisch krank bist.
(Daß Du z. B. leidest oder böse bist, obwohl Du
allen Grund zum Lieb- und Glücklich-Sein hast.)
Und wenn es wahr ist, daß
Dein Seelen-Leben und Dein Körper-Leben
irgendwie zusammenwirken,
dann kann es auch sein,
daß mit Deinem unbemerkten Seelen-Leiden
auch Deine körperliche Gesundheit Schaden nimmt.

Wenn Du diese Möglichkeiten abstreitest,
verpaßt Du die Chance,
Deinen weiteren Lebens-Weg
an Glück und Gesundheit
und an Liebe und Frieden auszurichten.
Ja, ich muß Dich ein bißchen bange machen.
Aber ich kann Dich auch ermutigen.

Es macht nämlich sogar Spaß,
Dein Innen-Leben näher kennenzulernen,
Dir Deiner selbst bewußter zu werden,
auch wenn es anfangs etwas unsicher macht.
Es erleichtert festzustellen,
daß Du Deinem Innersten trauen kannst,
daß von dort **keine** Bedrohungen für Dich ausgehen,
daß die Angst vor Bösem und Schlechtem
in Deiner Seelen-Tiefe **un**berechtigt ist.

Und es macht glücklich,
Deine Gefühls-Welt immer besser zu verstehen,
in Liebe geben und nehmen zu lernen,
Deinen Körper mit all seinen Einzelteilen ganz
zu spüren und zu gesunder Lebendigkeit zu führen
und das Leben mit immer mehr Frohsinn
und Leichtigkeit zu meistern.

Das ist keinesfalls egoistisch gedacht.
Alle Deine Mitmenschen,
Dein Partner und Deine Kinder,
Eltern und Kollegen,
werden dadurch bereichert,
mit einem Menschen voll Lebensfreude, Geduld,
Liebe und Verständnis zusammenzuleben.

Du wirst jetzt denken,
ich wolle Dir Wunder versprechen
und Dich mit Deinen geheimen Sehnsüchten locken.
Das stimmt!
Das Leben ist ein Wunder.
Und Deine Sehnsucht danach wird Dir helfen,
es geschehen zu lassen.

Es ist zwar völlig normal,
aber keineswegs natürlich oder gesund,
daß Dein Bewußtsein keine rechte Verbindung hat
zu Deinem Körper und zu Deinen Gefühlen,
keinen freien Zugang zu manchen Erinnerungen,
zu Deinen tieferen Einstellungen und Trieben,
kein klares Bild vom eigenen Selbst.
Es ist vielmehr eine Zivilisations-Krankheit.
Das heißt, es ist überhaupt nicht verwunderlich,
daß so gut wie alle Menschen sich darin gleichen,
weil sie ja alle in derselben Zivilisation
aufgewachsen, also erzogen und geprägt worden sind.

Wenn Du erfahren hast,
wie Familie und Umwelt in Deiner Kindheit
einschränkend auf die Entwicklung Deines Körpers
und Deiner Persönlichkeit eingewirkt haben,
wirst Du unmittelbar verstehen,
daß Normal-Sein nicht gesund sein kann.

Und wenn Du erfährst, wie es möglich ist,
doch noch vieles von dem zum Leben zu erwecken,
was die Natur Dir zwar mitgegeben,
die Erziehung Dir aber verweigert hat,
dann hast Du schon damit angefangen.
Selbst-Erkenntnis heißt, den unterbewußten Teil
Deiner Seele für Dein Bewußtsein zurückzuerobern.
Immer mehr Deines Selbst soll wieder bewußt werden,
anstatt weiterhin unbewußt und damit
unkontrollierbar in Deinem Leben mitzubestimmen.
Selbst-Erfahrung heißt das Spiel. Und dieses Buch
ist mehr als eine Anleitung. Ein erster Schritt.

Alles was hier geschrieben steht,
gilt übrigens als wissenschaftlich erwiesen.
Das heißt aber leider nicht,
daß nicht auch das ganze Gegenteil davon
als wissenschaftlich erwiesen gelten kann.
Es gibt eben viele verschiedene Lehr-Meinungen,
und diese hier ist nur eine davon.
Es gibt in Psychologie und Medizin
keine endgültig gesicherten Erkenntnisse
und keine Beweisführungen, mit denen man
jeden Widerspruch ausschließen könnte.
Wer das behauptet, macht sich unglaubwürdig.
Er kämpft sicher nicht um die Wahrheit
und um menschliches Wohlergehen,
sondern um persönliche Anerkennung, um
wissenschaftlichen Erfolg und akademisches Ansehen.

Jeder einzelne Mensch wird letztlich
immer nur das verstehen und glauben,
was ihm gerade angenehm und bequem ist,
was seinen persönlichen Neigungen und Ansichten
und seinen Absichten und Zielen entgegenkommt.

Wer also Angst davor hat, Fehler einsehen zu müssen,
seine künstliche Selbst-Achtung einzubüßen,
seine Verdienste zu verlieren
und seine gewohnten Ansprüche aufzugeben,
kurz – wer Angst davor hat,
SICH ÄNDERN ZU MÜSSEN,
dem sind alle wissenschaftlichen Berichte willkommen,
in denen die Vererbung, das Unabänderliche,
als das Alles-Entscheidende dargestellt wird.

Und wer sich gerne Wunsch-Vorstellungen hingibt,
daß er von heut' auf morgen, ohne Leid und Mühen
ein anderer, besserer, glücklicherer Mensch
werden könne, der wird immer wieder auf solche
wissenschaftlichen Berichte hereinfallen,
in denen diese Hoffnungen Nahrung finden.

Das gilt für den weniger gebildeten Menschen
genau so wie für den studiertesten Forscher.

Ein chinesisches Sprichwort lautet:
»Nur wer keine Angst vor Vier-Teilung hat,
wagt es, den Kaiser vom Pferde zu zerren.«
Für die Selbst-Erkenntnis heißt das:
Nur wenn du bereit bist, etwas zu verlieren,
kannst Du etwas gewinnen.
Nur wenn Du Dich zu Deinem Unwissen bekennst,
kannst Du Wissen erlangen.

Es geht hier einmal nicht darum,
neues, zusätzliches Wissen anzuhäufen,
sondern darum, Erkenntnisse zu gewinnen,
die all Deinem bisherigen Denken zuwider laufen,
sodaß Du vor der Entscheidung stehst,
ob Du lieber die neue, bittere Wahrheit oder
die alten süßen Lügen über Bord werfen willst.

Die Wahrheit erscheint aber nur **dem**jenigen bitter,
der seine gewohnten Lügen für süß hält.
Lügen haben oft recht lange Beine,
besonders wenn man selbst an sie glaubt.
In Wirklichkeit ist aber die Wahrheit
das Süße im Leben, sonst wären ja Liebe,
Glück, Gesundheit und Frieden nur in Lüge möglich.

Deshalb finden wir Weisheit nur bei Menschen,
die Zufriedenheit und menschliche Wärme ausstrahlen.
Die Verbitterten und Hartherzigen
predigen dagegen Entsagung und Verzicht
und sprechen vom Glück nur als einem Zustand,
der den Frommen im Himmel zuteil wird.
Sie wissen nicht, was es heißt ein Mensch zu sein.
Sie träumen nur davon, was es wohl heißen mag,
ein Engel zu sein...
Vor **Dir** aber liegt das **Leben**.
Du wirst es umso besser meistern und genießen,
je mehr Du es als das bejahst, was es ist:
Eine Schöpfung der Natur.

Im Ersten Teil des Buches werden wir deshalb
betrachten, wie sich die Natur
die kindliche Entwicklung »gedacht« hat,
und welche Einflüsse diese Entwicklung
begünstigen und fördern,
welche Einflüsse sie dagegen stören,
aufhalten oder gar zunichtemachen,
und welche Folgen das später hat.

Dann kannst Du verstehen lernen,
wie Dein eigener Charakter entstanden ist,
wie er funktioniert,
wie er Dir nützt oder schadet,
und wie Du ihn ändern kannst.

Vielleicht möchtest Du auch lernen
anderen dabei zu helfen, an ihrer Veränderung,
ihrer Selbst-Entfaltung zu arbeiten.
Dann ist es das Beste, Du machst es ihnen vor...

ERSTER TEIL
»Was ist...«

EINLEITUNG

Die Einleitung ist schon
ein wichtiger Abschnitt dieses Buches.

Sie ist keine bloße Hinführung zum Thema.

Du bist das Thema.
Dir selbst sollst Du begegnen,
Dich selbst sollst Du wahrnehmen.

Laß Dir ruhig den Spiegel vorhalten.
Laß Dir auf die Hühneraugen treten,
auf die Finger hauen.

Laß Dich hätscheln,
Dich vergnügen.

Laß Dich auf alles ein.
Sei offen.

Laß Dir »auch mal was sagen«.

Oder versperre Dich total.
Aber beobachte Dich dabei.

Überspringe die Einleitung nicht.
LIES SIE LIEBER ZWEI MAL.
Sonst verpasst Du vieles vom Wesentlichen.

Was ich Dir mitzuteilen habe,
ist so ungeheuer groß
an Schönheit wie an Grausamkeit,
daß kein Mensch es,
ohne seelisch darauf vorbereitet zu sein,
so ganz fassen kann.

A Vorurteile und wie man mit ihnen umgeht.

Ein kultiviertes Hirn ist vollgestopft
mit Ansichten und Grundsätzen,
mit Urteilen über Gut und Böse,
Richtig und Falsch, Schön und Hässlich,
mit Regeln des Anstandes und der Moral,
mit Gesetzen zu Recht und Gerechtigkeit,
mit vielerlei Dürfen und Sollen,
Nicht-Dürfen und Müssen
und mit religiösen, allerheiligsten
Glaubens-Bekenntnissen.

All das macht es bekanntlich vollkommen unmöglich,
irgendetwas im Leben unvoreingenommen zu betrachten
und die Dinge dieser Welt so zu sehen,
wie sie tatsächlich sind.

Logisch,
daß man die eigenen Vorurteile nicht sehen kann,
wenn man sich einbildet,
garkeine zu haben.
Die allseits gepriesene Vorschrift,
keine Vorurteile haben zu sollen,
beruht aber selbst auf einem Vorurteil,
und sogar auf einem falschen,
nämlich daß der Mensch fähig sei,
frei von Vorurteilen zu urteilen.
Er ist es nicht.
Und wenn er glaubt es zu sein,
ist das schon wieder nur
ein Vorurteil...

Es gibt also garkeine Unvoreingenommenheit.
Vielleicht ist Dir auch schon aufgefallen,
daß gerade die Menschen, die
von sich behaupten, unvoreingenommen zu sein,
ganz besonders fest von der Richtigkeit
ihrer Ansichten und Standpunkte eingenommen sind,
unfähig auch nur zu spüren,
wie lächerlich sie sich mit ihrem Glauben
an die eigene Unfehlbarkeit machen.

Hinter der Selbst-Herrlichkeit
verbirgt sich aber immer das verdrängte Wissen
um die eigene Unzulänglichkeit und um
die Fragwürdigkeit der eigenen inneren Werte.
Furcht vor Schande und Minderwertigkeits-Gefühlen
ist die eigentliche Ursache für jede Weigerung,
sich eines Besseren belehren zu lassen.

Wenn am Ende die Erkenntnis droht,
ein schlechter Mensch zu sein,
die Einsicht, sich von Grund auf ändern zu müssen,
um ein guter Mensch zu werden,
und wenn man auch noch glaubt,
daß das mit Sicherheit unmöglich ist, dann
bleibt einem ja garnichts anderes übrig, als
noch tiefer in die Sackgasse der Dummheit,
der Ängste und der Schlechtigkeiten zu flüchten.

Wachsen heißt eben manchmal Leiden.
Da bleiben Viele lieber klein.
Sich Bessern tut auch mal weh.
Da bleiben Viele lieber schlecht und böse.
Und Du?

Der Mensch kann garnicht anders,
als seinem Leben immer wieder aufs neue
mit **dem** Denken und Meinen zu begegnen,
das er sich mittels
Prägung, Belehrung und Erfahrung
in seinem Kopf zurechtgelegt hat.

Was ihn daran hindert,
neues, besseres Wissen zu erlangen,
sind nicht die Vorurteile selber,
sondern die Krampfhaftigkeit,
mit der er an ihnen festhält
und die Blindheit, mit der er das leugnet.

Ich bin sicher, Du bist voller Vorurteile
gegen das, was Dir in diesem Buch begegnen wird.
Aber ich weiß auch, daß kein Mensch
seine Meinungen und Denk-Gewohnheiten
mit einem Male fallen lassen kann,
noch dazu ohne zu wissen, wofür.
Es wäre also dumm von mir, es von Dir zu verlangen.
Ich glaube aber, jeder Mensch ist fähig zu erkennen,
wenn sein Denken und Handeln ihm selber schadet.
Und er ist in der Lage, seine Meinung zu ändern,
wenn er erkennt, daß es ihm und anderen nützt.

Versuche also nicht, Dein bisheriges Denken
– sozusagen mir oder dem Buch zuliebe –
blindlings beiseite zu schieben.
Im Gegenteil. Suche nur bei allem, was Dir
nicht gefällt, Deine Widerreden vorzulassen.
Dann kannst Du vergleichen, abwägen
und bewußt urteilen und entscheiden.

B Der Verstand und seine Grenzen

Viele Menschen sind schrecklich stolz
auf ihren Verstand.
Sie wollen keine Tiere sein.
Und ihr Verstand – so meinen sie –
erhebt sie zu etwas Besserem,
zur Herrschaft über das Niedere,
das Angeborene, das Instinktive,
das Triebhafte, das (Un-)Rein-Körperliche.

Sie wollen garnichts davon hören, daß der Verstand,
wendet er sich nur einmal sich selber zu,
sehr schnell zu dem Schluß kommt,
höchst primitiv und einfältig zu sein.

Daß der Mensch **viel** denken kann,
bedeutet ja nicht gleich, daß
das was er denkt, auch **richtig** sein muß.
Im Gegenteil:
Es gibt nur **eine** Wirklichkeit,
aber die Vorstellungen,
die sich die Menschen von ihr machen,
sind unendlich vielfältig.
Dabei kann doch nur eine Vorstellung richtig sein.
Und folglich sind alle anderen falsch.

Diese Einsicht läßt nur einen Schluß zu:
Der Verstand ist nicht zuverlässig.
Er ist vollkommen ohnmächtig gegenüber
allen nur denkbaren Einflüssen.
Also kann von ihm auch keine Herrschaft
oder Erhabenheit über das Tierische ausgehen.

Nicht der Verstand sondern die Gefühle
beherrschen das menschliche Innen-Leben
und das daraus hervorgehende Verhalten.
Die Seele Erkennen heißt
Gefühle Ergründen, nicht Gedanken Verstehen.

Daß Du nicht immer merkst,
wie Deine Gefühle Deine Gedanken beherrschen,
beweist rein garnichts.
Ist nicht Eitelkeit ein Gefühl?
Und ist es nicht Eitelkeit,
die Dir verbietet,
an Deinem Verstand zu zweifeln?

Ich werde also nicht versuchen,
Dich von irgend etwas zu überzeugen, indem ich
Dich mit vielerlei Argumenten überschütte.
Ich kann Dich nur dazu überreden versuchen,
das Leben einmal so zu betrachten,
wie ich es sehe:
Mit Verstand **und** Gefühl.
Ob Du damit etwas anfangen kannst,
liegt dann ganz bei Dir.
Was Du auch immer glaubst oder verwirfst,
es ist Deine ureigenste Entscheidung.

Wenn Du wachsam bist,
wirst Du feststellen, daß Deine Widerreden
immer von irgend einem Gefühl begleitet werden:
Meist Empörung und Unwille,
oder auch Angst und Unsicherheit,
vielleicht sogar Wut oder Hass.
Das ist nicht schlimm sondern wichtig.

Nimm jede Gelegenheit zur Widerrede an.
Nimm sie wahr, um
noch mehr Klarheit in Dein Denken zu bringen,
Dir über Deine Gefühle und Gedanken
größtmögliche Bewußtheit zu verschaffen.
Frage Dich in aller Ruhe,
woher sie wohl kommen
und wohin sie Dich führen.
Prüfe, worin der Vorteil besteht, der sich
aus einer Widerrede für Dich ergeben soll.

Schau, ob Deine ablehnende Haltung
neue erfreuliche Aussichten eröffnet, oder ob sie
Dich eher in Deiner Hoffnungslosigkeit bestätigt.
Und schau, ob Deine Ablehnung
nicht nur einfach irgend eine Meinung rettet,
von der Du Dich nicht trennen magst,
obwohl sie Dich offensichtlich festlegt,
anstatt Dich in Bewegung zu bringen.

Laß Dir Zeit dabei
und überschlafe alles,
wenn Du Zweifel hegst.
Gib mir und meinem Buch eine Chance,
uns mit Deinen eingefleischten Gefühls-Bahnen und
Deinen festgeschraubten Ansichten zu »messen«.
Lies Stellen mehrmals,
bis Du sicher bist,
was sie aussagen sollen,
und was Du davon halten sollst.

Was hältst Du davon,
diese Seite gleich noch einmal zu lesen?

C Selbst-Annahme

Vielleicht wirst Du manchmal denken,
ich wolle Dir etwas einreden,
aufschwatzen,
und versperrst Dich deshalb dagegen.
Das zeigt aber nur
Deine eigene innere Unsicherheit.

Bedenke einmal:
Wenn ich Dir etwas einreden kann,
dann kann es auch sein, daß das,
was Du für Dein eigentliches ICH hältst,
auch nur alles eingeredetes Zeug ist.
Und dann ist allerdings zu befürchten,
daß andere hergehen,
um es Dir wieder auszureden,
um Dir Neues einzureden,
oder um Dich leer zurückzulassen,
sodaß von Dir nichts übrig bleibt,
als ein Behälter für fremde Einflüsse.

Dann ist Deine jetzige Verunsicherung
doch eher eine wichtige und folglich
willkommene Warnung, die sagt,
gesteh Dir ein:
»Ich bin mir meiner selbst nicht sicher,
ich weiß nicht wer ich eigentlich bin,
ich weiß nie, was ich denken und tun soll,
ich brauche immerzu äußeren Halt und
ich unterwerfe mich deshalb anderen.«

Mit diesem Buch kann sich vieles ändern...

Um Dich erkennen zu können,
mußt Du Dich selbst annehmen,
wie Du gerade bist.
Wenn Du in Dich gehen willst,
mußt Du bereit sein,
alles was Du dabei vorfindest,
auch als Teil Deines Selbst anzuerkennen.

Z. B. Deine Träume.
Wenn Du glaubst,
der Sandmann oder Dein Schutz-Engel bringt sie,
dann brauchst Du Dich auch nicht weiter
um sie zu kümmern.
Sie sind dann einfach wie Kino oder TV.
Betrachtest Du sie aber
als Erscheinungen Deines Seelen-Lebens,
bekommen sie große Bedeutung.
Je verworrener und widersinniger sie
Dir vorkommen, desto sicherer ist es, daß sie
auf Problemen und inneren Spannungen beruhen,
vor denen Du im wachen Zustand flüchtest.

Du magst es ablehnen, für solchen Unfug,
wie er in Deinen Träumen stattfindet,
die Verantwortung zu übernehmen,
aber ein Fachmann findet über Deine Träume leicht
direkt zu Deinen tiefsten seelischen Problemen.

Also:
Was immer Du fühlst, denkst, tust oder träumst,
auch das was dieses Buch bei Dir auslöst,
es gehört zu Deiner Persönlichkeit.
Ob Du Dir so gefällst oder nicht.

D Gefühle sind Tatsachen.

Von klein auf ist uns eingetrichtert worden,
daß wir Menschen versuchen müssen,
den Ausdruck unserer Gefühle zu unterdrücken,
unsere innersten Regungen zu verbergen,
als ob sie dadurch in Luft aufgelöst würden.
Vielmehr werden sie dadurch nur noch größer
und im Unterbewußtsein wachsen sie uns
im wahrsten Sinne des Wortes über den Kopf.

Gefühle und ihren Ausdruck hinunter schlucken
ist erwiesenermaßen ungesund.
Du tust Körper und Seele damit Gewalt an.
Und wenn Du Dich jahrzehntelang
immerzu nur beherrschst,
gehst Du langsam aber sicher daran zugrunde.

Beim Lesen dieses Buches werden mit Sicherheit
starke Gefühls-Regungen bei Dir ausgelöst.
Das Buch oder sein Inhalt
erzeugen diese Gefühle aber nicht.
Sie sind schon lange in Dir
und beeinflussen vom Unterbewußtsein her
Dein Leben und Deine persönliche Entwicklung.

Wenn Du versuchst, sie abermals zu übergehen,
dann wird Dich das vom Inhalt ablenken,
ja Du wirst den Inhalt ablehnen,
genau so wie Du die Gefühle ablehnst,
die er wachruft.
Und damit lehnst Du ja Dich selber ab.
Willst Du das?

Mein Bericht muß zu Herzen gehen.
Wenn er Dich nicht zu Tränen rührt,
dann weil Dein Herz verschlossen bleibt.
Je tiefer Du Dich aber
auf Deine Gefühle einläßt,
je weniger Angst Du davor hast,
Gefühle zuzulassen und auszudücken,
desto mehr wird mein Bericht
neben Trauer und Entsetzen vielleicht
auch Wut und Hass in Dir wecken.

Bedenke, daß diese Gefühle ein wesentlicher Teil
Deines Seelen-Lebens sind, der ein Recht darauf hat,
angenommen und ausgedrückt zu werden.
All das gehört zu Dir.
Du kannst es nicht unschädlich machen,
indem Du es in Dir nieder ringst.
So wirst Du nur in ewigem Krieg damit leben,
und Dich dabei innerlich verzehren.

Wann immer Du also das Buch in die Hand nimmst,
sei allein mit Dir und ungestört, damit Du
niemandem als Dir selbst zu gehorchen brauchst
und niemandem zuliebe auf das
gefühlsmäßige Erfassen des Inhalts verzichten mußt.
Leg Dich auf Dein Bett oder auf eine einsame Wiese,
lege Dir ein paar Taschentücher zurecht
und lies langsam, voll Bewußtheit.
Wenn Du irgendetwas nicht verstehst,
mach eine Pause. Leg das Buch aus der Hand
und frage Dich,
was all das für Dich bedeutet.

Und wenn Gefühle hochkommen, nimm sie an,
atme tief durch und drück sie ruhig aus.
Es **ist** zum Heulen, zum Schluchzen und Schreien.
Ja es ist zum Brüllen und zum Kotzen,
zum Beißen, zum Würgen und zum Trampeln.
Von Deiner Kindheit ist die Rede,
in welcher solche Verhaltens-Weisen
mit allen Mitteln und für alle Zeiten
niedergewalzt und begraben werden sollten,
und die deshalb weiter in Dir leben
und Dich verwirren und behindern,
solange Du sie nicht befreist.

Also heule Rotz und Wasser,
beiß und brülle in Deine Kissen,
erwürge ein Handtuch
und trample auf der Matratze herum,
wenn Dir danach ist.
Deshalb bist Du nicht gleich verrückt.
Im Gegenteil: Das Verrückte im Leben ist ja gerade,
daß wir unser Gefühls-Leben ständig ersticken.

Zur Karnevals-Tradition von heute ist es wohl
gekommen, um einen Rahmen zu schaffen,
in welchem jeder normale Mensch einmal im Jahr
den Narren und die Bestie aus seinem Innersten
befreien und sich austoben lassen darf.

Mit etwas Einsicht und Selbst-Erkenntnis verbunden
wäre das durchaus nachhaltig heilsam. Aber
Narr und Bestie kehren zurück in den Gespaltenen,
weil sie dort als Vertreter des Dummen und Bösen
den Tugenden erst ihren Sinn verleihen.

Gespalten ist jeder zivilisierte Mensch
in einen bewußten und einen unbewußten Seelen-Teil.
Und gespalten fühlt er sich zuweilen
in einen guten und einen bösen Teil,
in Tugenden und Laster.

Aber diese Spaltungen
sind nicht angeboren,
nicht naturgewollt.

Und nicht nur die Tugenden sind anerzogen.
Auch die Laster!

Der ganze innere Kampf ist deshalb
vollkommen unnatürlich
und überflüssig.

Wer das durchschaut,
kann sich befreien.

Dann versiegt das Böse
und das Gute wird zur Selbstverständlichkeit.

Der Mensch ist von Natur aus gut.
Was ihn verdirbt, verstört und spaltet,
soll Dir
der Erste Teil dieses Buches beschreiben.

Erstes Kapitel
»Der Natürliche Plan«

A Die Kernfrage

jeglichen Menschen-Verständnisses lautet:
Was ist dem Menschen von Natur aus mitgegeben
und was nicht?
Genauer:
Was ist ihm durch die Erb-Faktoren
in den Kernen der elterlichen Keim-Zellen
(Samen und Ei-Zelle) angeboren,
und was an seinem Körper und
an seiner Persönlichkeit ist erst
die Folge seiner eigenen Lebens-Erfahrung,
die wohl noch vor der Geburt,
im Mutter-Leib ihren Anfang nimmt?
Die Antworten darauf sind
in zweierlei Hinsicht entscheidend:

1) Die natürlichen Erb-Anlagen
lassen sich unter natürlichen Umständen
nicht verändern, während
die Erfahrungen des Kindes und damit
die Beeinflussung seiner Entwicklung
ganz und gar vom Verhalten der Eltern
und der Art der Umwelt abhängt.

2) Was nicht angeboren ist,
kann Veränderung erfahren.
Körperliche und seelische Fehl-Entwicklungen
und daraus hervorgehende Krankheiten,
die erst durch unglückliche Lebens-Umstände
entstanden sind, durch widernatürliches Verhalten
der Eltern und schädliche Erziehungs-Maßnahmen,
haben Aussicht auf Genesung.

Ein neues Menschen-Leben beginnt
mit der Zeugung,
mit der Vereinigung der zwei Keim-Zellen.
In ihren Kernen verschmelzen
die Erb-Anlagen von Mutter und Vater
zu einer neuen, nie dagewesenen
einzigartigen Zusammensetzung.

Man müßte eigentlich sagen,
die Erb-Anlagen sind ange**zeugt**,
denn vor dem Geboren-Werden
lebt das Menschen-Kind schon
einige Monate im Mutterbauch
und ist dort an das Leben und Erleben
der Mutter angeschlossen.
Damit ist es den Umwelt-Einflüssen
und den Stimmungen der Mutter-Person ausgesetzt,
denn Gefühle sind körperliche Vorgänge,
und das Ungeborene lebt so,
als wäre es ein Körperteil der Mutter.

Glück und Lebens-Freude der Mutter
werden den Embryo prächtig gedeihen lassen.
Und jede lebens-feindliche Einstellung der Mutter
wie Angst oder Hass, Schrecken und Schwermut,
werden ihn treffen und beeinträchtigen.
Richtet sich der Hass der Mutter gar
gegen das Kind im eigenen Leib,
so wird dieses unbedingt
bereits geschädigt geboren.

So mögen Schäden wohl an**geboren** sein,
aber deshalb nicht unbedingt an**gezeugt**.

Nicht-angezeute Schäden,
die vor der Geburt entstehen,
können
– wenn sie nicht all zu schlimm sind –
unter günstigen Bedingungen auch heilen.

Meistens werden die Bedingungen aber
bei der Mutter nicht besser als **in** ihr.

In Hass ausgetragene
und aufgezogene Kinder
sind geistes-krank.
Immer.

Wenn Angst und Hass
das Mutter-Kind-Verhältnis stören,
ist das Kind gestört.
Immer.
Das hat mit Vererbung im Sinne der Vererbungs-Lehre
nichts zu tun.

Wir wollen hier davon ausgehen,
daß Du eine normale Kindheit gehabt hast.
Die Schwangerschafts-Zeit war gesund,
die Mutter wohlauf und froher Hoffnung.

So werden wir unsere Betrachtungen
bei der Geburt beginnen lassen.

Seit jeher haben die Menschen
die Bedeutung und Wirkung der Erb-Anlagen
für Gesundheit, Körper-Bau und Charakter
überschätzt, weil sie
den Zusammenhang zwischen
frühkindlichen Erfahrungen
und Persönlichkeits-Entwicklung
noch nicht kannten,
und weil man sich ja an diese Erfahrungen
später nicht mehr erinnert.

Wer aber heute noch an den Vererbungs-Theorien
vergangener Jahrhunderte festhält
(und mit den Genen herum-manipuliert),
tut dies nur, weil er
sich nicht der Einsicht beugen will,
daß die Verantwortung für das Gedeihen
jeder neuen Generation voll und ganz
auf den Schultern der Eltern
und ihrer Gesellschaft lastet.

Die Erb-Träger in den Keim-Zellen haben
genug damit zu tun, dafür zu sorgen,
daß ein Mensch entsteht,
an dem alles dran ist, in dem alles drin ist,
daß es ein Männlein oder Weiblein wird,
rasse-echt und lebenstüchtig.

Seine ganz persönlichen Eigenarten entstehen aber
allergrößtenteils erst als Ergebnis
seiner Erfahrungen, seiner Förderungen oder
Einschränkungen durch die Umwelt,
eben durch Prägung.

Antworten auf die Kern-Frage
»Angeboren/angezeugt oder nicht«
können wir nur finden,
wenn wir es fertig bringen,
die Entwicklung der Kinder zu beobachten,
ohne dabei erzieherische Absichten
zu verfolgen und
ohne unsere persönlichen Maßstäbe von
Gut und Böse, Richtig und Falsch anzulegen,
egal ob wir sie für angeboren halten,
oder nicht.

Das ist garnicht so einfach getan.
Wenn wir offen sind für unsere Empfindungen,
uns also nichts vormachen,
werden wir merken, daß wir
auf ganz bestimmte Seiten der Kinder immer
mit Wohlwollen oder Rührung reagieren und
auf andere Seiten mit Ablehnung oder Abneigung.
Wir können dann spüren,
wofür wir sie loben oder tadeln würden,
worin wir sie bestärken oder zurückhalten,
wie wir sie formen und belehren wollen würden,
wenn das unsere Aufgabe wäre.

Auf diese Weise begegnen wir ganz deutlich
unserer eigenen Kindheit und Erziehung wieder,
denn genau so sind wir selbst einmal
behandelt worden.

Wir wollen all das aber nur beobachten.
Wir tun nichts.
Wir halten uns heraus.

Wir schauen einfach nur zu,
wie ein Kind auflebt,
wie es sich entwickelt und gedeiht,
wie es auf seine Unwelt reagiert,
auf die Eltern und andere Menschen,
auf Gegenstände, auf den eigenen Körper,
wie es sich selbst entdeckt,
wie es sich bewegt und sich ausdrückt.

Dann merken wir plötzlich,
daß wir das Wunder des Lebens
eigentlich nur demütig bestaunen können.
Und wir empfinden tiefe Beschämtheit darüber,
daß wir uns anmaßen, ein solches Geschöpf,
zart, und unschuldig und schutzlos
und voll Vertrauen in uns und das Leben,
nach unserem Geschmack und Gutdünken formen,
nach unserer Willkür anpassen zu wollen.

Und ist unser Mitgefühl auch noch so
geschrumpft und verschüttet,
wir müssen versuchen nachzuempfinden,
was das Kind durchmacht, wenn es
mit seinen natürlichsten Bedürfnissen
auf Ablehnung stößt,
mit seiner Sehnsucht auf Lieblosigkeit,
mit seiner Unbeholfenheit auf Gewalt,
mit seiner kleinen, harmlosen Wut
auf ausgewachsenen Hass (böse Strafen),
mit seinen Hilfe-Rufen auf Achtlosigkeit,
mit seinen gerechtesten Ansprüchen
auf Kälte und Zurückweisung.

Bist Du bereit,
all das noch einmal zu erleben?
Wenn nicht,
dann weil Du es nicht wahrhaben willst.
Und so wird es Dich erstrecht beherrschen
und verfolgen.
Deine Geschichte
ist Dein inneres Schicksal,
Dein Unterbewußtsein,
dem Du nicht entrinnen kannst,
ohne Dich ihm zu stellen.

Und das fängt damit an,
das Kind in Dir zu suchen,
das Du einmal warst,
das Du heute immer noch bist,
weil Du es nie hast richtig sein dürfen...

B Die Geburt

Wenn ich nur ganz fest an den Vorgang
der Geburt denke, kommen mir schon die Tränen.
Es sind vor allem Tränen der **Rührung** und des Glücks.
Nirgends offenbart sich das Wunder des Lebens
schöner, deutlicher und ergreifender,
dramatischer, aufregender und beglückender
als in der Stunde des Erwachens,
in der Stunde der höchsten Wahrheit:

DAS LEBEN IST DAS LEBEN.

Das Leben gibt das Leben.
Das Leben bringt das Glück zur Welt,
und das Glück die Liebe.
Und die Liebe das Leben.

Für mich sind meine Tränen der Ausdruck
überfließender Gefühle der Dankbarkeit,
der Demut und der Freude,
übertrieben sicherlich durch die Härte,
mit der wir unser Leben meistenteils anpacken,
durch die Zurückhaltung mit der wir alle
sonst immer unseren Gefühlen begegnen,
durch die Hemmungen, die wir uns im Alltag
wie Ketten selbst anlegen,
und die sich lösen, sobald wir uns einmal
unseren Empfindungen offen hingeben.

Deshalb sind es ebenso und zugleich auch
Tränen der **Betroffenheit** und der Bestürzung über
eben diese Härte und Kälte, die das Neugeborene
in unserer Mitte erwarten und bedrohen.

Das Erlebnis der Geburt
ist für Frau und Mann
sicher die tiefgreifendste Erfahrung,
die engste Begegnung mit dem Wunder des Lebens
und der Liebe, die ihnen möglich ist.

Es ist einer der größten Verluste,
die uns die Zivilisation eingebrockt hat,
daß selbst Mütter mehrerer Kinder
noch nie eine Geburt erlebt haben,
wie sie von Mutter Natur
eigentlich eingerichtet worden ist.

Eine natürliche Geburt ist fast schmerzlos.
Die Mutter erlebt sie
bei vollem Bewußtsein und mit einem Gefühl
körperlicher und seelischer Wonne, ähnlich
aber weitaus größer und überwältigender,
als beim Höhepunkt der Liebes-Paarung.
Das Kind gleitet aus ihrem Schoß
direkt in ihre Arme und wird gleich von ihr
an die warme, nackte Brust gelegt.
Noch schläft es den Schlaf des Mutter-Leibes,
noch lebt es als Teil des mütterlichen Körpers,
über die Nabel-Schnur verbunden mit ihrem Herzen,
ihren Lungen und ihrem Kreislauf.
Noch einige Minuten lang
atmet die Mutter für das Kind mit,
versorgt es durch ihr Blut
mit dem lebensnotwendigen Sauerstoff.

Dann fängt das Neugeborene an,
langsam zu erwachen.

Ganz langsam und vorsichtig beginnt das Kind,
seine kleinen Lungen mit Luft zu füllen.
Zunächst nippt es nur an der Luft,
und erst Zug um Zug wird die Atmung tiefer.
Jetzt hört die Nabelschnur auf, zu pulsieren,
fällt in sich zusammen und verdörrt.

Bald öffnet das Kind die Augen!
Es schaut in die glückstrahlenden, liebenden
Augen der Mutter und lächelt ihnen zu.
Es schließt die Augen dann wieder,
und auf seinem Gesicht breitet sich
ein Ausdruck von glückseliger Ruhe aus.
Es grunzt und stöhnt ein wenig,
so als wolle es schon etwas sagen.
Sein ganzes »Benehmen« drückt schon etwas aus:
Offensichtliches Wohlbehagen.
Ich habe es geschafft.
Ich bin da – angekommen.

Es erwartet bestimmt auch schon,
die Stimme der Mutter zu hören.
Und die Mutter spürt das auch.
So spricht sie zu ihm
mit frohen, zärtlichen, liebkosenden Tönen.
Das zu verstehen, braucht das Kind
nicht erst zu lernen.
Liebe brauchen und geben wollen
ist angeboren.

Das Kind fühlt sich willkommen.
Erschöpft von seiner ersten langen Reise,
schläft es leise atmend ein.

Das Kind liegt an der Mutter Brust,
in der Mutter Arm.
Dort gehört es hin.
Dort will es erwachen,
wenn der Hunger sich meldet,
und sich die richtige Stelle suchen,
um sich sattzunuckeln.
Hier wird es wieder einschlafen wollen,
und es wird erwarten,
immer in der Nähe der Mutter zu sein.

Es wird sofort anfangen zu klagen und zu schreien,
wenn es alleine aufwacht,
und sich erst beruhigen, wenn die Mutter sich
ihm wieder zärtlich und nährend zuwendet.
Das Kind **braucht** ihre Nähe,
ihre Zärtlichkeit, ihre pflegenden Hände,
ihre Haut und ihre Körper-Strahlung,
ihre Wärme und ihren Blick – wie ihre Milch.

Und eine natürliche Mutter
wird ihm all das geben,
ohne es jemals als Opfer zu empfinden,
ohne jemals etwas dafür zurückzuverlangen,
glückselig, ihr Leben mit Leben zu erfüllen.

Vor allem das Stillen wird sie als Lust empfinden,
als Wonne, die ihr durch die Seele
und durch den ganzen Körper strömt.
Und dank dieser Hingabe,
die mit Selbst-Aufgabe garnichts zu tun hat,
wird das Kind gedeihen,
gesund, stark und glücklich.

Ich höre sie innerlich,
wie sie zetern und gehässig lachen,
die braven Hebammen und Herren Gynäkologen,
die meine Darstellungen von oben herab
als gefühls-duseliges Wunsch-Denken abkanzeln.
Da sie selbst derartiges nie erlebt haben,
aber tief beschämt sein müssen,
weil es wahr ist,
halten sie es lieber für erfunden.
Aber tief in ihnen gärt die Furcht,
ein schlechter Mensch zu sein und trotz
all ihrer Selbst-Aufopferung versagt zu haben.
Um der Wahrheit ins Auge sehen zu können,
müßten sie erst einmal ihren Hochmut
und die dahinter verborgene Gefühls-Kälte
erkennen und aus der Welt schaffen.
Doch da ihnen dabei keiner hilft,
machen sie immer weiter
im alten, grausamen Trott.

**Die wirkliche Lüge ist die,
mit der Milliarden Frauen eingeredet wird,
die Niederkunft sei das Schlimmste,
was ihnen das Frauen-Leben zumutet,
der Gipfel aller Qualen, eine Frau zu sein.**

**Und Millionen Mütter springen eher mir an den Hals,
der ich ihre Leiden als Gebährende und
ihre Lasten als Mutter zu verkennen scheine,
als daß sie ihre wahren Peiniger erkennen
und verjagen: Die sinnes-kalten Besser-Wisser, die
der Natur ins Handwerk pfuschen, wo sie nur können.**

Die weiß-bekittelten Engel und Götter
verpassen mit ihrem antiseptischen,
klinisch erprobten, hoch-technisierten
entmenschlichten, abstoßenden Geschäft
jedem neuen hilflosen Menschen-Geschöpf
einen Schock für's Leben.
Und der zur Zucht-Kuh entwürdigten
schicksals-ergebenen Mutter verlangen sie
auch noch Dank dafür ab,
so als hätten **sie** ihr das Kind geschenkt.

Ich erlaube mir diesen Wut-Ausbruch,
obwohl ich weiß, daß er
herzlos und verständnislos klingt.
Diese Menschen handeln zumeist
in bestem Glauben und Wollen.
Sie sind nur seelisch so erkaltet oder
in ihrem Empfinden so behindert, so blockiert,
daß sie nicht einmal
ihr eigenes Elend erkennen können,
und so auch nicht den Schaden,
den sie Mutter und Kind
mit ihrem Hau-Ruck-Vorgehen und
mit ihren blind-medizinisch-technischen Methoden
millionenfach zufügen.

Sie sind selber einmal
Opfer solcher Mißhandlungen gewesen
und lieblos hartherzig aufgezogen worden.
Das erklärt ihren Charakter,
aber es beseitigt nicht die Not,
die er der Menschheit bereitet.

In der modernen Medizin ist das Neugeborene
nichts als ein gefühlloser Organismus.
Es will nicht einmal atmen, wenn man
ihm die lebendige Nabelschnur abtrennt, es
bei lebendigem Leibe von der Mutter amputiert.
Man hat nicht einmal Zeit
und sieht auch gar keine Veranlassung
zu warten, bis das Kind von selber auflebt.

Also muß man es bei den Füßchen packen,
mit dem Kopf nach unten ins Leere hängen
und mal kräftig auf den Po klatschen,
damit es merkt,
daß es jetzt gefälligst
selbst zu leben anzufangen hat.
Damit es merkt, wo es ist,
nämlich im Irrenhaus,
in einer Welt,
wo Leben Leiden heißt.

Und so schreit es denn endlich.
Todesängstlich und entrüstet klingt das:
»Meine Lunge verbrennt,
meine Luftröhre zerreißt,
ich ersticke,
ich muß sterben.
Mutter, warum hast Du mich verlassen!«

Und wer Ohren hat, der hört all das ganz deutlich.
Und wer Augen hat, der sieht in dem
von Furcht und Schmerz verzerrten kleinen Gesicht
die ganze Verletztheit und Verzweiflung
eines mißhandelten Menschen.

Das Kind wird nun aber nicht etwa
der Mutter an die Brust gelegt, sondern
ihr nur kurz gezeigt, und landet dann
schreiend und zitternd auf der Baby-Waage.
Es könnte ja schließlich zu leicht sein
und morgen noch nicht zugenommen haben.
Denn dann ist etwas nicht in Ordnung.
Und dann muß man unbedingt etwas tun...

Als nächstes wird das Kind gewaschen, weil
ein schleimiges, klebriges, blut-besudeltes Baby
einfach unappetitlich und nicht liebenswert ist.
Außerdem gehört es in ein Hemd gestopft,
weil Nackt-Sein unanständig ist,
und weil es auch etwas zu kühl werden könnte,
so ohne die wärmende Nähe der Mutter-Haut.

Die Mutter aber liegt derweil halb bewußtlos
vor Schmerzen oder Betäubungs-Mitteln,
erleichtert, aber welten-fern
irgendwo abseits des Geschehens,
als würde sie nun nicht mehr gebraucht.
»Wir machen das schon...«

Und Licht muß sein, viel Licht, damit man sehen kann,
ob's ein Junge oder ein Mädchen ist.
Das ist schließlich nicht unwichtig.
Und ob auch sonst alles und nichts Falsches dran ist.
Egal, ob das Kleine beim Öffnen der Augen
eine Verblitzung erleidet, die es für Wochen
blind macht und von der es sich
vielleicht nie wieder ganz erholt.
Es gibt ja Brillen, sogar kleidsame...

Stell Dir doch bloß vor: Das Erwachen zum Leben
beginnt mit einer Tracht Prügel.
Dein erstes Erlebnis außerhalb des Mutter-Leibes
ist ein Lungen-Herz-Kreislauf-Schock,
verbunden mit wirklich sachlich begründeten
Todes-Ängsten.

Und anstatt der Mutter weiche Hände ergreifen Dich
die Gummi-Handschuhe eines Folter-Knechtes.
Statt auf den warmen Bauch der Mutter,
legt man Dich mit der nackten Haut auf die kalte
Plastik- (oder gar Blech-) Schüssel der Baby-Waage.
Statt ihres sanften, sichernden Blickes,
trifft Dich das grelle Licht eines Scheinwerfers
und die Tropfen einer ätzenden Medizin
in die schutzlosen Augen.
Statt ihrer herzenden Stimme hörst Du nur
das Klappern und Klimpern von Geräten,
das blöde Gequatsche seelisch Unbeteiligter
und das leiderfüllte Stöhnen anderer Gebährender.
Statt der Mutter lebendige Haut, umgibt Dich ein
totes, kratziges Tuchwerk.

Und dann statt ihrer Nähe,
statt ihres Bettes,
ein kleiner Käfig in einem Saal
voller kreischender Ungeheuer.
Statt Liebe und Hege,
Abfertigung nach Dienst-Ordnung.
Einsamkeit statt Geborgenheit und
statt Stillen bei Hunger, also auf Dein Verlangen,
Brust oder gar nur Flasche nach Zeitplan.

Jeder vernünftige Mensch muß doch denken,
wenn das Kind das alles wirklich spüren würde,
müßte es ja wahnsinnig werden.
Aber es gedeiht doch trotzdem bestens.
Bestens?

Was bestens ist, wissen wir ja garnicht!
Und sind wir nicht alle wahnsinnig?!
Was machen wir denn ein Leben lang?

Fürchten wir nicht täglich um unsere Zukunft,
obwohl wir ein gesichertes Auskommen haben?
Denken wir nicht immerzu,
wir bekämen nicht genug von allem,
obwohl wir im Überfluß leben?
Sind wir nicht hilflos wie Säuglinge,
wenn unser Partner uns schmäht oder verläßt?
Ist denn nicht jeder einsam in sich,
trotz aller Geselligkeit,
trotz zahlreicher Nachbarschaft?
Sind wir nicht alle kontakt-gestört,
wir selbst und alle,
die uns auf die Nerven gehen
und denen wir ihrerseits zu viel sind?
Sind wir nicht kalt und herzlos
mit uns selbst, wie mit unseren Nächsten?
Sind wir nicht süchtig
nach Schein-Glück per Kino und Zeitung
und nach Ersatz-Befriedigungen wie
Lutschen, Saugen, Rauchen, Kauen und Schlucken?

Jagen wir nicht ein Leben lang **dem** hinterher,
was uns in den ersten Lebens-Tagen gefehlt hat?

In jenen ersten Tagen haben wir
Eindrücke gesammelt, die wir nicht
bewußt und vernünftig verarbeiten konnten.
Deshalb sind die damit verbundenen Gefühle
ganz tief in uns steckengeblieben.
Die Angst zu ersticken, zu verhungern
und allein und hilflos zu verkommen,
hat uns nie verlassen.

Wie das möglich ist, sollst Du noch erfahren.

Weil wir nicht wissen,
wie wir uns von den Ängsten und von
den von ihnen hervorgerufenen Sehnsüchten
befreien könnten, und vor allem weil wir sie
für naturgegeben und unabänderlich halten,
flüchten wir vor ihnen und hetzen
mit allerlei Zielen und Träumen durchs Leben.
Dabei wird deutlich,
daß wir auf der Suche sind nach etwas,
das wir schon vor so langer Zeit verloren haben,
daß wir nicht einmal mehr wissen, was es ist.
Wenn wir es wüßten,
wir wären nicht blind für das Leiden anderer
und für die Qualen immer neuer Generationen
von Säuglingen und Kindern.

Ist das nicht Wahnsinn genug,
dem Wahnsinn ein Ende zu machen?
Wundert es Dich immmer noch,
daß das Elend der modernen Geburt
übersehen, verniedlicht oder gar
wissentlich abgestritten wird?

Solange wir nicht bereit sind,
uns auf das Leid einzulassen,
es an uns selbst nachzuempfinden,
das da täglich im Namen der Gesundheit
und der Barmherzigkeit verübt wird,
solange bleiben wir stumpf und kalt
und ohne Verbindung zum Leben,
ohne Gespür für das Naturgegebene
und somit auch unfähig
zum Glücklich-Sein und Glücklich-Sein-Lassen.

Wie sind Deine Gefühle dazu?
Ahnst Du schon langsam, wie tiefgreifend
der Einfluß Deiner Kindheits-Erlebnisse
Dich geformt hat?
Oder klammerst Du Dich an tröstende Gedanken
vom Segen des medizinischen Fortschrittes?

Sicher. Dank einiger technischer Errungenschaften
ist die Säuglings-Sterblichkeit zurückgegangen.
Aber die Zahlen der Morde und Selbst-Morde,
der kriminellen und gemütskranken Menschen
sind erschreckend gestiegen.
Dabei ist das gesunde Mittel-Maß
an Natürlichkeit und medizinischer Vorsorge
längst gefunden. Nur weigert sich die Mehrheit
der Verantwortlichen hartnäckig,
sich zu ihren bisherigen Fehlern zu bekennen
und den Weg zu besseren Einsichten
und gesünderem Vorgehen einzuschlagen.
Und das ist kein Skandal mehr,
sondern eine unmenschliche Tragödie.

C Das Stillen

Der widernatürliche Hergang der Geburt
könnte vom Kind wahrscheinlich verwunden werden,
wenn danach wenigstens alles
nach Natur-Plan weiterginge.
Aber der weitere Verlauf der modernen
Säuglings-Pflege ist nicht minder beklagenswert.

Die zivilisierte Mutter lehnt das Stillen ab.
Sie schämt sich offenbar für diese als
nieder und peinlich empfundene Körper-Funktion.
Sie wehrt sich auch dagegen, weil sie sich
ausgenutzt, nämlich ausgesaugt vorkommt.
Zudem fürchtet sie auch noch
um die Schönheit ihrer Brüste
und damit um ihre Reize für ihren Partner,
dessen Zuneigung sie zu verlieren sich sorgt.

Vor allem kämpft sie mit den
beim Stillen aufkommenden Lust-Gefühlen,
weil sie diese für unnatürliche Lüsternheit,
für unkeusch, also für verwerflich hält.
Sie weiß nicht, daß das Stillen von Natur aus
als Lust eingerichtet ist, weil das Säugetier
sonst garnicht merken würde, was zu tun ist.
Aber die moderne Frau will kein Säugetier sein.
Sie weiß nicht, daß es gesund und natürlich ist,
daß das Saugen an der Brustwarze im ganzen Leib
und erstrecht in ihren Geschlechts-Organen
Wonne-Gefühle auslöst, ihre Liebe erregt.
Nicht dem Manne sondern den Kindern ist diese
erogene Zone von Natur aus zugeteilt!

Also kämpft sie diese Gefühle nieder,
und die Folge sind naturgemäß Unlust-Gefühle.
Sind die sexuellen Hemmungen sehr stark
und aus dem Bewußtsein verdrängt, so
entzünden sich die Brustwarzen bald,
und die Mutter kann erleichtert abstillen.
So geht für den Säugling auch noch
die letzte Möglichkeit verloren,
mit der Mutter Haut-Kontakt zu haben,
das Leben als Lust-Befriedigung zu erfahren,
in naturgewollter Geborgenheit aufzuwachsen
und naturgemäß ernährt zu werden.

Anstatt, wie von Natur geplant,
2-3 Jahre lang eine körperlich liebende
und nährende Mutter zu haben,
hängt das Kind von klein auf
in Kleider gepackt an der Flasche,
am Gummi-Schnuller und am Daumen.
Seine körperliche und seelische Verkümmerung
ist schon besiegelt.

Der Kontakt zur Mutter beschränkt sich
für die meisten Säuglinge auf Waschen und Wickeln,
Verrichtungen also, die die meisten Mütter
auch nur widerwillig auf sich nehmen
und bei denen sie ihr gestörtes Verhältnis
zu den Ausscheidungs-Organen
und ihren Ekel nicht verhehlen können.

So fühlt sich das Kind nicht einfach nur
vernachlässigt und vereinsamt,
sondern sogar abgelehnt und abgeschoben.

Später wundert oder ärgert sich die Mutter,
wenn das Kind mit 3-4 Jahren,
anstatt sich selbstständig zu beschäftigen,
ihr am Rockzipfel hängt und quängelt,
immerzu etwas von ihr will, aber nicht weiß, was,
also ständig unzufrieden und schwierig ist,
sich das Daumen-Lutschen nicht abgewöhnen will,
schwächlich und krankheits-anfällig ist
und ihr das Leben mit Sorgen vergällt, anstatt es
mit unbeschwertem Kinder-Lachen zu erfüllen.

Diese wenigen Dinge ziehen schon einen Rattenschwanz
von Schädigungen und Fehl-Einstellungen mit sich,
die in der späteren Erziehung
und auch im ganzen weiteren Leben des Sprößlings
zu Problemen führen werden.

Viele kleine und größere Widernatürlichkeiten
beeinträchtigen also die Entwicklung des Kindes.
Aber nicht nur das.
Das Abwechseln von Widrigkeiten und Härten
mit der Erfüllung von natürlichen Erwartungen
(Alleine-Lassen, an die Großeltern abschieben)
verwirren das Kind geistig-seelisch.
Ebenso schadet es ihm, wenn es
mit Zuwendungen in einem Maße überschüttet wird,
gegen das es sich wehren muß und dabei abstumpft.
Dann wird es verschlossen und erkaltet innerlich.

Sein Kind lieben heißt daher in den ersten Jahren:
Erkennen was es braucht, und es ihm geben.
Und dazu gehört ein unverfälschtes
natürliches Mutter-Empfinden.

D Die Last der Mutter-Rolle

Wie kommt es, daß sich die moderne Frau
mit den Mutter-Aufgaben so schwer tut?
Ist sie nicht mehr von Natur aus
mit allem ausgestattet, was dazu nötig ist,
die Mutterschaft als Segen zu empfinden
und mit gesunder Natürlichkeit zu erfüllen?
Von Natur aus schon! Das Ererbte ist gesund
wie vor tausenden von Jahren.
Aber die heutige Erziehung greift tiefer und härter
in die kindliche Entwicklung ein als je zuvor,
gestützt durch die Menschen-Fremdheit
der Wissenschaften und begünstigt durch die
Verhältnisse in der modernen Klein-Familie.

Diese Erziehung verhindert, daß das Mädchen sich überhaupt vollständig zur Frau entwickelt.
Sie unterdrückt die Lust-Gefühle, die mit 3-4
Jahren naturgemäß einsetzen, und verhindert damit
das gesunde Auswachsen der Geschlechts-Merkmale.
Die heute so üblichen Schmerzen bei der Regel-Blutung
und bei der Geburt sind weder natürlich noch gesund,
sondern die Folge unterentwickelter, verkrampfter
und verhärteter Scheiden- und Gebährmutter-Wände.
So sind auch die Lust-Gefühle in der Liebe behindert,
und das Kind ist bereits das Ergebnis eines
unbefriedigten, enttäuschenden Liebes-Lebens.

Mit der Angst vor dem Gebähren breitet sich diese
Verkrampfung auf Becken, Bauch und Brust aus.
Und so bringt auch die Geburt für Mutter und Kind
nur Schrecken und Schmerz und Enttäuschung .

Mit der Ablehnung der eigenen Geschlechtlichkeit
lehnt sich die Frau als Frau ab
und, da sie eine Frau ist, auch als Mensch
und damit auch als Mutter.
Sie sieht die Mutterschaft nicht als Lebens-Aufgabe,
als Gnade und Erfüllung an,
sondern als lästige Pflicht,
als Behinderung ihrer Selbst-Entfaltung,
deren Zielc sic nun – ersatzhalber –
in gesellschaftlicher Anerkennung sieht,
in der Förderung irgendwelcher Talente,
in beruflichen Erfolgen,
also im Konkurrenz-Kampf mit der Männer-Welt.

Das Kind vollendet dagegen ihre
gesellschaftliche Benachteiligung,
schließt sie erstrecht vom »großen Leben« aus,
und weckt ihren Trotz gegen ihre ganze
von Unterdrückung gekennzeichnete Lebens-Lage.

Also sieht sie das Kind auch bei aller
natur-erhaltenen Liebe als Belästigung an,
als einen Eindringling in ihren Intim-Bereich,
als Einschränkung ihrer persönlichen Freiheit,
als ein fremdes Wesen, das sie zum Sklaven macht.

Sie hat noch lange nicht zu sich selbst gefunden,
ist von kind auf in die falsche Richtung geschoben,
gegen den Strich gekämmt und klein gehalten worden.
Und nun soll sie für ein anderes Menschen-Leben
das **ihre** hergeben, für eine andere Person
– anstatt erst einmal für sich selbst –
die volle Verantwortung übernehmen.

Ohne jemals Selbst-Verantwortung üben
gedurft zu haben,
– Erziehung kennt so ein Dürfen ja garnicht –
ist sie mit der Verantwortung für ihr Kind
einfach tatsächlich überfordert.

Sie kann garnichts dafür.
Aber sie gesteht es sich nicht ein.
Und ihre Umwelt,
also ihr Mann, ihre Eltern und die lieben Nachbarn
gestehen es ihr nicht zu.
Sie kennen nur Pflichten und Vorschriften
und haben nur ein verständnisloses, gehässiges
»Du hast es ja nicht anders gewollt«
für sie übrig.

Dabei ist es gerade
die lieblose, zwanghafte Lebens-Lage
im eigenen Eltern-Hause,
aus der so viele Frauen fliehend
in die Ehe stolpern.

So erleben sie Partnerschaft und
Mutter-»Freuden« als einen Zwang,
ganz anders zu sein als sie sind,
als Zwang zu einem Leben,
zu dem sie von innen heraus
garnicht bereit sind,
nicht reif, also
entwicklungsmäßig noch nicht befähigt.

Dadurch erst wird das Kinder-Haben eine Last,
und das Kind-Sein eine Qual.

Ich hoffe es wird deutlich, daß ich keiner Mutter auch nur den geringsten Vorwurf machen will,
sondern daß ich weiß, daß genau das
dumm und ungerecht wäre.
Es muß aber klar gesagt werden, daß
eine von Grund auf gesunde, natürliche Frau
mit Wonne gebiert und stillt,
mit Freuden pflegt und umsorgt,
mit Liebe und Mitgefühl erzicht,
ohne jemals die Würde des Kindes zu verletzen,
voller Achtung und Pflicht-Bewußtsein
gegenüber diesem ihr anvertrauten Menschen,
und genau darin den Sinn,
ja die Erfüllung ihres Lebens sieht.

Das schließt nicht aus, daß sie sich auch in
anderen Aufgaben-Bereichen bestens bewähren kann,
und zu jeder Tätigkeit dieselbe Eignung besitzt,
dieselben angeborenen Möglichkeiten mitbringt,
wie die Männer.

Aber zu glauben, daß sie diese Tatsache
unter **Beweis** stellen muß, ist der Irrtum.
Er entspringt einem leidvollen Gefühl
von Minder-Wertigkeit und Minder-Würdigkeit,
das sich in keiner Weise von den Beweg-Gründen
der Männer unterscheidet.

Sich beweisen müssen ist ein innerer Zwang,
der erst die menschenwidrigen Werte von
Ehre, Ruhm, Erfolg, Macht, Opfer und Sieg
und in deren Gefolge Neid, Rache und Krieg
hervorgebracht hat.

Der innere Zwang, sich selbst beweisen zu müssen,
ist eine seelische Verirrung,
die man nicht überwindet, indem man sich
dem Zwange beugt und sich in Ehrgeiz übt.

Es ist der größte Fehler der heutigen Frauen-Bewegung
daß sie die Werte und Gesetze der Männer-Welt
kritiklos annimmt und zu beweisen versucht,
daß Frauen genauso wertvolle, fähige Menschen sind,
wie Männer.
Es muß ihr vielmehr darum gehen,
die Welt mit Weiblichkeit und Liebe zu erfüllen
und zu erobern, anstatt mit den Männern
in deren Härte, Kälte und Stumpfheit, Sturheit,
Grimmigkeit und Lieblosigkeit zu wetteifern.

Mögen sich die Frauen dazu und in diesem Sinne
beruflich und gesellschaftlich einsetzen.
Aber auch dieser Einsatz darf niemals
auf Kosten ihrer Kinder gehen.
Die größte politische und soziale Verantwortung,
die es überhaupt gibt,
liegt bereits in den Händen der Frauen,
in ihrer Aufgabe als Mütter.
Hier entscheidet sich die Zukunft der Menschheit.
Nicht im Parlament oder in einer Partei-Zentrale.

Deshalb müssen die Frauen zurückfinden
zu ihrer naturgegebenen Bestimmung und wieder lernen,
mit Selbst-Vertrauen und Vernunft,
mit Einfühlungs-Vermögen und Hingabe
die Welt mit glücklichen Menschen zu bevölkern,
mit liebenden Männern und Frauen.

All das muß gesagt sein, bevor wir uns dem weiteren
Verlauf der kindlichen Entwicklung zuwenden,
denn diese ist nur zu begreifen als Inhalt der

naturgewollten Mutter-Kind-Beziehung.

Wir müssen beide Seiten verstehen.
Ein Säugling hat nun naturgemäß auch nicht
das allergeringste Verständnis dafür,
daß seine Mutter in anderen Lebens-Bereichen
Ehrgeiz und Fleiß an den Tag legt.
Dem Baby geht es nicht **da**rum,
was die Mutter aus **ihrem** Leben macht,
sondern was sie aus **seinem** Leben macht,
wie sie zu **ihm** steht
und zu ihrer Aufgabe als Mutter.
Wenn sie nicht bedingungslos das Wohl des Kindes
an oberster Stelle einordnen kann oder will,
dann muß sie auf's Kinder-Haben verzichten.

Kinder sind keine Luxus-Artikel, die man
sich zulegt, um sich damit zu schmücken;
auch keine Spielzeuge, mit denen man
sich am Feierabend die Zeit vertreibt,
die man stolz vorzeigt, um in der Familie und
in der Nachbarschaft mit der eigenen Fruchtbarkeit
und den eigenen Erziehungs-Künsten zu prahlen.
Kinder sind keine Untertanen, an denen man
seine eigene Herrschsucht auslassen darf,
keine Prügel-Knaben, auf die man seinen
angestauten Hass auf das eigene Leben ablädt,
und kein Ersatz für die Versäumnisse
in der eigenen Persönlichkeits-Entfaltung.

E Die Mutter-Kind-Beziehung

Kinder sind das Wertvollste und Zerbrechlichste
was diese Welt überhaupt zu bieten hat.
Es **sind Menschen-Wesen, die die Natur**
den Müttern in Pflege gegeben hat,
nicht als Eigentum, als Leib-Eigene, behaftet mit
der Pflicht, ihre Mütter glücklich zu machen, sondern
geboren mit dem Anspruch, mit dem natürlichen Recht
auf bedingungslose und einfühlsame Fürsorge.

Und die natürliche Mutter spürt von innen heraus,
was ihr Kind fühlt und was es benötigt.
Und sie ist glücklich bei jeder Kleinigkeit,
die sie verrichten kann,
um das Gedeihen und das Glück des Kindes zu fördern.
Sie fühlt sich niemals minderwertig mit ihrer Arbeit,
sondern erledigt sie mit Stolz und Befriedigung.

Sie braucht von keinem studierten Männer-Kopf
gesagt zu bekommen,
wie sie mit ihrem Kinde umzugehen hat.
Sie fürchtet nicht um seine Gesundheit
und plagt sich nicht mit Sorgen und Ängsten,
sondern sie ist voll Vertrauen in die Natur.
Sie überfüttert und hätschelt das Kind nicht,
sie überschüttet es nicht mit Streicheleien
und sie packt es nicht in Watte. Sie weiß, daß
das Kind am allerbesten weiß, was es braucht oder
was ihm fehlt. Sie hat es einfach immer im Auge und
braucht nur seinen Bedürfnis-Meldungen zu folgen.
Sie versteht instinktiv die Sprache seiner Augen,
seiner Lippen und seines Körpers.

Geht es naturgemäß zu, dann lebt das Kind
die ersten drei Jahre lang
immer in der Nähe der Mutter.
Ständig in Sicherheit,
also mit einem Gefühl von Geborgenheit,
und stets mit der Möglichkeit,
sich bei der Mutter zärtlich anzulehnen
und sich bei Hunger an ihrer Brust zu laben.

Die Mutter ist für das Kind da,
wann immer es sie braucht.
Sie läßt es höchstens mal alleine, wenn es schläft.
Wenn es aber nach ihr schreit, ist sie zur Stelle.
Nicht aus Angst oder Zwang-Gefühlen,
oder weil sie es nicht schreien hören mag,
sondern aus Liebe. Tag und Nacht.

Die Mutter erstickt ihr Kind nicht
in übertriebenen Herzlichkeiten
und sie verletzt es nicht mit Ablehnung,
Mißachtung oder gar Wut-Ausbrüchen.

Wenn das Kind anfängt, sich von ihr fortzubewegen,
zunächst krabbelnd und später laufend,
eilt sie nicht hinterher, um es einzufangen,
oder aus eigener Ängstlichkeit heraus
vor garnicht vorhandenen Gefahren zu bewahren,
sondern sie bleibt wohlwollend in seiner Nähe und
läßt es nach seinem Drängen die Welt erobern.
Sie treibt auch keine Spielchen mit seiner Furcht,
indem sie es z. B. im Wagen oder im Ställchen
stehen läßt, damit es nach ihr schreit,
oder sich abmüht, ihr nachzufolgen.

Eine natürliche Mutter sorgt auch nicht
für zusätzliche, künstliche Reize,
indem sie mit Klapper-Spielzeug
die Aufmerksamkeit des Kindes verwirrt und ablenkt.
Sie spielt vielmehr mit ihm
nach **seinen** Vorstellungen und Wünschen.
Sie beobachtet ihr Kind und genießt den Anblick,
wie es sich entwickelt und wächst,
spielt und lernt und begreift,
sich freut und sich ärgert, lacht und wütet,
sich weh tut und weint, sich selber tröstet
und aus der Erfahrung erstarkt.

Den zivilisierten Müttern ist dieses Natur-Vertrauen
weitestgehend abhanden gekommen.
In ihrer Verwirrung tun sie all diese Dinge, die
einer natürlichen Mutter nie in den Sinn kämen.
Es ist deshalb eine der dringlichsten Aufgaben
unserer Zeit, den Müttern die Augen zu öffnen
über die Unnatürlichkeit ihres Verhaltens
und über die Schäden, die sie
ihren Kindern damit zufügen.

Die natürliche Mutter dressiert ihr Kind nicht
wie einen Zwerg-Pudel, indem sie es
mit Liebe verlockt und belohnt und/oder es
mit Ablehnung und Schlägen bedroht und bestraft.
Sie spürt vielmehr genau, was dem Kind Spaß macht,
und wann es aus Furcht handelt.

Und so stellt sie ihr Kind niemals vor Aufgaben,
zu deren freiwilliger Erfüllung
es noch nicht weit genug entwickelt ist.

Sie belästigt es auch nicht mit Beachtung,
sodaß es sich ständig beaufsichtigt vorkommt.
Sie versucht nicht, es
in seiner Entfaltung zu bremsen oder zu hemmen,
indem sie ihm ihre Liebe entzieht und
mit Böse-Sein reagiert, um es zu maßregeln.
Sie gibt ihren Kommentar eigentlich nur ab,
wenn sie gefragt wird,
und dann auch offen und aufrichtig.

Sie mischt sich nicht ein,
ja sie verbietet nichts.
Verbieten heißt, mit Strafe drohen.
Aber da sie nie straft, hat sie auch nichts,
womit sie drohen und ihr Kind nötigen könnte.
Ebenso wenig »manipuliert« sie, indem sie etwa
mit Anerkennung und Lob künstlichen Stolz erzeugt.

Natürlich aufgewachsene Kinder beeindrucken uns
durch **natürlichen** Stolz: Da sie genug Liebe bekommen,
sind sie durch Lob zu nichts zu verlocken.
Und da sie nicht verängstigt sind, kann man sie
auch nicht mit Drohungen gefügig machen.
Solche Kinder gelten im allgemeinen als ungezogen.
Es ärgert die Erwachsenen,
daß sie sich nicht herumkommandieren und
sich keine Lügen-Märchen auftischen lassen.
Aber sie sind wissbegierig und verständig
und lernen auffallend schnell und leicht.

Unbegründeten Anordnungen widersetzen sie sich.
Aber sie sind auch fähig, zurückzustecken
und Autoritäten und Sach-Zwänge anzuerkennen.

Um sprechen zu lernen, braucht das Kind auch
keinen schulmeisterlichen Unterricht oder gar
moderne psycho-technisierte Unterweisung.
Sprechen, Denken, Verstehen, Einsehen,
all das kommt ganz von alleine durch
angeborene Neugier und Nachahmungs-Lust.

Wenn ein Kind etwas erfahren will,
oder etwas ohne fremde Hilfe nicht schafft,
wendet es sich vertrauensvoll an die Erwachsenen
und erfährt dabei auch noch,
daß es ernst genommen wird und
in seinem Lern-Willen Unterstützung findet.

Die natürliche Entwicklung kennt auch keine
Scham-Gefühle wegen der Funktionen des Unterleibes.
Weder ekelt sich die Mutter vor den Ausscheidungen,
noch äußert sie sich mit Lob oder Tadel dazu.
Sie hält das Kind rein und liebt es
vollgeschissen genau so wie frisch gewickelt.

Erst Ende des 2. Lebens-Jahres nämlich
entwickeln sich die Schließ-Muskeln
von After und Harnröhre zu der Fähigkeit,
Darm- und Blasen-Inhalt zurückzuhalten.
Und damit erst erlangt das Kind die Möglichkeit, den
Zeitpunkt der Entleerung willentlich zu bestimmen.
Dies geschieht dann nicht aus Furcht vor Schande
oder aus dem Verlangen nach Anerkennung, sondern,
wie bei allen hausenden und nistenden Tier-Gattungen,
aus einem angeborenen Reinlichkeits-Sinn.
Keinesfalls läßt sich ein gesundes Kind dazu bewegen,
nach fremder Willkür zu »müssen«.

Eine natürliche Mutter reagiert nicht verlegen,
wenn ihr Kind ihren und seinen Körper erforscht
und dabei überall hinschaut und hinfaßt.
Für sie ist auch ein steifes Glied-chen
etwas vollkommen Selbstverständliches,
Schönes, Natürliches.
Sie läßt es sich zeigen und freut sich,
ohne daß das lüstern oder verschämt wirkte.

Daß Jungen und Mädchen
sich im Bereich ihrer Geschlechts-Organe
am allerliebsten streicheln,
sich einander zeigen und ansehen,
Beachtung damit finden und auch wissen wollen,
was es für eine Bewandnis damit hat,
verwirrt sie nicht im geringsten.
Sie käme niemals darauf, ihrem Kinde
über die Herkunft des Nachwuchses
verdummende Lügen-Geschichten zu erzählen.

Es käme ihr auch nicht in den Sinn einzugreifen,
um die Entfaltung der kindlichen Lust-Gefühle
einzuschränken oder ganz zu verbieten.
Niemals würde sie kindliche Entdeckungs-Spiele
und nicht einmal Paarungs-Versuche unterbinden.
Daß der Zeitpunkt der sexuellen Reifung
und das Recht auf lustvolle Körper-Wahrnehmungen
von staatlichen Gesetzen festgeschrieben wird,
kann sie höchstens empören.

Ihr hat man als Kind auch nichts verboten,
und sie ist deshalb nicht krankhaft manns-toll,
triebhaft, hysterisch oder pervers geworden.

Mit 2-3 Jahren fangen Kinder an,
miteinander zu spielen.
Sie wollen unter Ihresgleichen sein und
können dabei völlig sich selbst überlassen werden.
Ohne Spiel-Gefährten veröden sie geistig-seelisch.
Auch die natürlichste, verspielteste Mutter
kann nicht den Umgang mit Gleich-altrigen ersetzen.

Aufsicht der Kinder-Spiele bedeutet für sie
nicht etwa Einmischung oder gar Bevormundung.
Es gibt nichts, aber auch garnichts,
was sie da zu verbieten fände.
Selbst wenn Kinder zanken und raufen,
hilft ein Eingreifen der Erwachsenen
im Hinblick auf die kindliche Entwicklung garnichts,
sondern behindert diese nur.
Kampf und Selbst-Behauptung gehören im Leben dazu.
Stehen sie in der Kindheit unter Straf-Androhung,
so kann das Kind niemals ein gesundes Selbst-Gefühl
entwickeln und wird im späteren Leben mit Recht
über seine gesellschaftliche, berufliche oder
familiäre Benachteiligung klagen, ohne jedoch
aus eigener Kraft etwas daran ändern zu können.

Ein Kind, das sich natürlich entwickeln durfte,
geht nicht hass-erfüllt oder brutal
mit anderen Kindern um. Deshalb braucht man es
in dieser Hinsicht auch nicht zu maßregeln.

**Die Achtung für die Mitmenschen ist etwas ganz
Natürliches und geht erst dadurch verloren,
daß das Kind von Erwachsenen mit Verachtung
oder gar Feindseligkeit behandelt worden ist.**

Nur gefühls-gestörte Eltern begegnen ihrem Kind mit Mißachtung, Mißbilligung, Schimpferei und Gewalt.
Und **nur** ein dadurch gefühls-gestörtes Kind
greift schwächere Kinder an, ist jähzornig,
dick-köpfig, eigensinnig, rücksichtslos und brutal
und fügt anderen Kindern absichtlich Schmerzen zu.
Durch neue Härten, neuerliche Unterdrückung
wird es niemals friedfertiger,
sondern nur noch trotziger und aufsässiger.
Und prügelt man es zur Gefügigkeit, so wird es sich
später als Erwachsener in irgendeiner
unvernünftigen, geistlosen Art zu rächen versuchen
und sich und andere unglücklich machen,

Andererseits läßt sich ein natürliches Kind
nicht widerstandslos angreifen oder benachteiligen.
Es hat seine eigene natürliche Wut, sich zu wehren,
und braucht den Schutz der Erwachsenen nicht,
um sich im Sandkasten Respekt zu verschaffen.

Ist ein Kind aber erst einmal ängstlich
schwächlich und folglich unterwürfig, so wird es
durch die In-Schutz-Nahme der Älteren nur noch
schutz-bedürftiger und in seiner Schwäche bestätigt.

Jede Erziehungs-Maßnahme ist
ein mutwilliger Eingriff in die Natürlichkeit der
kindlichen Entwicklung und also eigentlich falsch.
Im Vertrauen auf das Naturgewollte und
auf die sich daraus entwickelnde Vernunft
beschränkt sich die Aufgabe der Eltern deshalb
darauf, das Kind vor **dem** zu schützen, was es
aus eigener Kraft noch nicht meistern kann.

Ich weiß – wenn Du eine Mutter bist,
dann denkst Du jetzt schon lange:
»Der soll mal 3 Tage meine Rolle übernehmen.
Dann guckt er sich aber um, von wegen
freie Entfaltung der kindlichen Bedürfnisse!«

Es ging mir aber nicht darum zu beschreiben,
wie ich mir die ideale Erziehung vorstelle,
sondern um eine Darstellung dessen,
was natürliche Entwicklung **ist**,
und was naturgemäße Aufzucht **wäre**.

Daß das heutzutage bei unserer Art zu leben nicht
oder zumindest nur sehr schwer möglich ist, und
daß es uns allen dazu an Natur-Belassenheit fehlt,
ist auch mir klar. Aber wir müssen erkennen,
mit welchen Erziehungs-Maßnahmen
und mit welchen anderen Verhaltens-Weisen
wir beim Kinde eigentlich welche Abweichungen
vom natürlichen Plan bewirken,
und ob wir das wirklich auch so **wollen.**

Dann erst können wir bewußt und verantwortungsvoll
entscheiden, wie wir mit dem Kind umgehen wollen
und was aus ihm werden soll:
Ein Mensch voll Frohsinn und Lebenskraft,
Optimismus, Schaffens-Drang und Arbeits-Freude,
voll Liebe zum Leben und zu seinen Mitmenschen,
oder ein Mensch voll Unlust und Mutlosigkeit,
voll innerer Schwäche und äußerer Laschheit,
nur durch Angst und Zwang in Bewegung zu bringen,
voll Undank und Hass und dummen, verächtlichen
Gedanken und menschen-unwürdigen Einstellungen.

Ein Kind kommt immer irgendwie
nach seinen Erziehern.
Unbewußt machen alle Eltern aus ihren Kindern
genau das, was sie selber schon sind.
Sie wiederholen in ihrem Erzieher-Verhalten
nicht nur das ihrer eigenen Eltern, sondern
sie verhalten sich dem Kind gegenüber auch
ganz entsprechend ihrem eigenen Charakter:

Was sie sich selbst verbieten,
das verbieten sie auch ihrem Kind,
(nicht ohne es sich hinterrücks zuweilen
doch zu erlauben).
Was sie an sich selber aussetzen und hassen,
das unterdrücken sie auch bei ihrem Kind.
Was sie selber gerne zu sein sich einbilden,
dazu wollen sie auch ihr Kind drängen,
und erreichen damit nur das Gegenteil, daß es
nämlich genauso wenig so wird, wie sie es sind.

Mit ihrem Wesen und ihrem Tun geben die Eltern
auch das Vorbild ab, nach welchem sich
das Kind mit seiner Nachahmung richtet.

Unbewußt wünschen Eltern, daß ihr Kind so wird,
wie sie selber gerne geworden wären.
Nun soll es an ihrer Stelle groß und stark,
reich und mächtig, glücklich und erfolgreich sein.
Aber sie tun ihm damit genau das an, was schon
dazu geführt hat, daß sie selbst es nicht
geschafft haben: Zwang und Erwartungs-Druck,
dem sich das Kind durch Verneinung entzieht
oder sogar mit Verweigerung entgegenstellt.

Andererseits fällt es den Eltern auch schwer,
ihren Kindern das zu gönnen,
was ihnen selbst versagt geblieben ist.
Sie kommen nicht über ihren Neid hinweg,
der sie befällt, wenn sie miterleben müssen,
wie ihr Kind freier, glücklicher
oder auch erfolgreicher ist als sie.

Dieses Problem taucht regelmäßig
in der Pubertät auf,
wenn die Kinder das Leben mit
all seinen Möglichkeiten vor sich haben
und in vollen Zügen auskosten wollen
und sich dafür mehr und mehr der elterlichen
Beaufsichtigung und Bevormundung entziehen.

Die Auseinandersetzungen werden zum Krach,
weil beide Seiten nicht aus Vernunfts-Gründen,
sondern aus angestauten Gefühlen heraus handeln.
Der jugendliche Freiheits-Drang ist
durch die in der Kindheit erlittene Unfreiheit
übertrieben und von Trotz hochgepeitscht.

Und die Unnachgiebigkeit der Eltern
erklärt sich aus dem (oft unbewußten) Gefühl,
die eigene Jugend versäumt zu haben, weil sie
damals nicht gewagt haben,
sich die Freiheiten zu nehmen,
die die Kinder jetzt für sich verlangen.

(Andere Verhältnisse wie Krieg und materielle Not
mögen dabei auch eine Rolle gespielt haben.
Sie sind aber keine Begründung dafür,
den Kindern heute Verzicht abzuverlangen.)

Dabei ist das Kinder-Haben für Erwachsene
eine große Chance, eine herrliche Gelegenheit,
von den Kindern zu lernen, was es heißt,
natürlich, glücklich, fröhlich, friedlich,
zärtlich, spielerisch, energisch, wütend,
unbefangen, schöpferisch, spontan,
unbekümmert, sorglos und gesund zu sein.
Wollte nur jeder Erwachsene im Kinde
das Naturgewollte erkennen und achten,
er würde davon angesteckt
und von seinem krankhaften Ernst geheilt;
von Engstirnigkeit und Zwanghaftigkeit,
Lust-Feindlichkeit und Streit-Sucht befreit.

Anstatt dessen stülpen wir den Kindern die
Zwangs-Jacke unserer lebensfeindlichen Kultur über
und wundern uns noch,
wenn die Menschheit von Generation zu Generation
immer unnatürlicher, kranker,
unglücklicher und zerstörerischer wird.

Wie all das kommt,
was Mütter und Väter alles machen
und was dadurch im Kinde geschieht,
welche Einflüsse die Entwicklung treffen, und
wie sie den Menschen und sein Leben bestimmen,
müssen wir uns in aller Deutlichkeit bewußt machen.
Dann können wir erst wirklich etwas ändern.

Als erstes müssen wir dazu
den natürlichen Entwicklungs-Plan begriffen haben.
Deshalb fasse ich ihn auf den nächsten Seiten
nochmals verdeutlichend und einprägsam zusammen.

In den ersten 3 Lebens-Jahren ist das Kind
total von der Mutter abhängig.
Es braucht unbedingt ihre Liebe und Fürsorge,
ihre körperliche und seelische Hingabe,
um körperlich und seelisch zu gedeihen.

Es hat keine Möglichkeit, das Leben
verstandesmäßig zu erfassen und reagiert folglich
auf jedes Erlebnis nur auf der Gefühls-Ebene,
also mit Lust und Freude oder mit Furcht und Wut.

Wenn es nicht bekommt, was es braucht,
kämpft es darum, bedingungslos,
bis zum Erfolg oder bis zur Erschöpfung.
(Da es noch nicht denkt, kann es sich auch nicht
einbilden, etwas zu brauchen. Deshalb ist sein
Verlangen unbedingt naturgegeben und berechtigt!)

In den ersten Monaten entwickelt es langsam seine
5 Sinne und damit den Sinn für die Wirklichkeit.
Es nimmt sich selber wahr und erlebt sich dabei
als ein eigenständiges Lebewesen,
losgelöst vom Körper der Mutter
und abgegrenzt vom Rest der Welt mit deren
Menschen und Gegenständen.
Von Umwelt-Reizen abgeschirmt oder überflutet,
nimmt es unweigerlich Schaden.

Im 2. Lebensjahr entwickelt es Schritt um Schritt
seine Selbständigkeit indem es sich
auf eigenen Beinen von der Mutter entfernt
und seine Umwelt erobert.
Im Laufstall eingesperrt verkümmert sein Drang,
das Leben aus eigener Kraft zu bewältigen.

Im 3. Lebensjahr kann es sich schon langsam
verständlich machen und ist wissbegierig
und lernwillig gegenüber allem und jedem.
Es fängt an, Zusammenhänge von Ursache und Wirkung
zu verstehen und ist aufnahme-bereit
für jede Art von Belehrung und Einsicht,
solange sie ihm nicht aufgezwungen wird.
**Voller Vertrauen und Arglosigkeit glaubt es gerne
alles, was ihm als wahr erzählt und erklärt wird,
und ist deshalb leicht zu beeinflussen und
an der Erkenntnis der Wahrheit vorbeizuleiten.
Diese Leicht-Gläubigkeit stellt die Erwachsenen
in größte Verantwortung!**

Im 4. Lebensjahr erreicht die Entwicklung
ein Stadium, wo das Kind sich sexueller Lustgefühle
gewahr wird und vollkommen unbekümmert damit spielt.
Was (angeblich natürliche) Scham ist,
wird ihm hier erst von anderen eingeimpft.

Mit 5 Jahren ist das Kind naturgemäß
geistig und seelisch in der Lage, für sich
und sein Verhalten die Verantwortung zu übernehmen.
**In der normalen Erziehung
kommt es aber erst garnicht so weit,
weil Aussicht auf Belohnung und Angst vor Strafen
sein Wollen und Tun beherrschen
und sein Fühlen und Denken verwirren.**

Selbst-verantwortlich kann es dagegen Einsicht
in die Notwendigkeiten des Zusammen-Lebens gewinnen
und den ihm zustehenden Platz in der Familie
einnehmen, anerkennen und verteidigen.

Es kann für seine Ansprüche kämpfen,
sich durchsetzen und siegen
und ebenso unterliegen und kleinbeigeben,
ohne dabei Hochmut oder Trotz zu entwickeln.
Es kann die Verfolgung eigener Ziele aufschieben,
um zuerst einer Verpflichtung nachzukommen,
also z.B. morgens in die Schule gehen
und nachmittags erst frei sein und spielen.
Es will aber bei allem wissen:
Warum und Wozu?!
Bloßem Zwang und geistloser Willkür gegenüber
ist es sehr empfindlich und wird sich widersetzen.

Je nach Förderung wird es mit den Jahren
seine Begabung entdecken und verfolgen
und seinen persönlichen Neigungen nachgehen.
Es wird lernen und verstehen, was immer es will,
und sich Ziele setzen und auch erreichen,
weil sie seinen Möglichkeiten entsprechen.
Und da es gelernt hat,
für sich selbst die Verantwortung zu tragen,
ist es auch in der Lage,
seine Verantwortung für andere zu erkennen
und ihr gerecht zu werden.

Ein naturgemäß aufgewachsenes Kind hat auch
keine Schwierigkeiten, sich selbst
als männlich oder weiblich zu erkennen
und voll und ganz so anzunehmen.
Alle Probleme mit den Geschlechter-Rollen
sind Folgen moralischer Vergiftung,
familiärer Zwänge und kultureller Verirrung.

Eine Zeit vollkommener sexueller Lustlosigkeit, wie sie in sexualfeindlichen Kulturen wie der unsrigen zwischen dem 5. und 13. Lebensjahr ungefähr zu beobachten ist,
findet unter naturbelassenen Umständen nicht statt.
Diese sogenannte Latenz-Periode ist also nicht angeboren. Ebenso sind die Schwierigkeiten, die mit der Pubertät auftreten, also mit der Reifung der Geschlechts-Organe zur Zeugungs-Fähigkeit, und mit dem Aufkeimen von Liebes-Lust und Paarungs-Drang durchweg nur Folgen frühkindlicher Fehl-Entwicklung und widernatürlicher gesellschaftlicher Zwänge.

Junge Menschen, die in dieser Krisen-Zeit ins Straucheln geraten, in tiefgreifende innere und dramatische äußere Konflikte (Flegel-Jahre, Drogen-Szene und Schlimmeres...), brauchen dringend Hilfe.
Es ist dies sogar eine große Chance, frühkindliche Fehl-Entwicklungen zu erkennen und rückgängig zu machen.

Noch aber haben wir nicht die Möglicheiten dazu, nicht einmal die Hoffnung auf derlei Hilfe, weil das Wissen um die Ursachen und Heil-Methoden auf den Widerstand einer Gesellschaft trifft, die jedem abweichenden Verhalten nur mit Unverständnis und blinder, rachlüsterner Straf-Wut entgegentritt.

Je mehr Menschen das erkennen, desto größer wird die Möglichkeit und die Wahrscheinlichkeit, daß die Menschheit doch noch eines Tages zur Menschlichkeit zurückfindet.

Lieber Mitmensch.

Wenn Du jetzt einmal zurückblickst
auf die ersten rund 80 Seiten,
hast Du dann mehr zugestimmt oder abgestritten?
Kanntest Du all diese Gedanken schon,
oder war Dir solches Denken
bisher vollkommen fremd?

Wenn Du nicht ganz sicher bist,
alles verstanden zu haben,
oder wenn Du starke Zweifel daran hast, daß
das was hier geschrieben steht, wahr sein kann,
wenn Du gar dazu neigst, es für unrichtig zu halten,
dann solltest Du einfach alles nochmal lesen.
Ich habe manches Buch schon mehrmals gelesen
und jedesmal hatte ich den Eindruck,
es sei ein ganz anderes Buch.
Während man liest und Neues erfährt,
verändert man sich.
Und so erfährt man beim zweiten Durchgang
ganz andere Dinge, als beim ersten, und
begreift viel Bekanntes auf neue, klarere Weise.

Wie sind Deine Gefühle?
Hat das Buch Dich traurig gemacht?
Oder wütend?
Auf mich? Auf Deine Eltern? Auf alles und so...?
Erscheint Dir das Leben jetzt schlimmer als vorher?
Schwerer oder leichter verstehbar?
Keimen Hoffnungen oder Verzweiflung?
Je unangenehmer und je zurückweisender
Deine Gefühle sind, desto wichtiger sind sie.

Was sich da an Empfindungen bei Dir meldet,
es sind alles Teile Deiner Persönlichkeit.
Wenn das hier alles nicht wahr wäre,
dann bräuchte, ja dann könnte es
Dich ja garnicht aus der Fassung bringen.
Dann wäre es ja ganz einfach für Dich,
das Geschriebene für Unsinn
und mich für geistes-gestört zu erklären.
Und dann müßte man wohl Mitleid mit mir haben.

Ich weiß aber, daß es Menschen gibt,
die Menschen wie mich für ein Unglück halten.
Die dieses Buch gerne verboten sehen würden.
Zu schlimmeren Zeiten hätten sie mich
wie tausend andere als Ketzer verbrannt!
Die Angst vor der Wahrheit
kann selbst Päpste zu Verbrechern machen.
Und Dich kann sie dazu verleiten, das Buch
aus der Hand zu legen und zu vergessen.

Wenn es Dir aber wirklich um Wahrheit geht,
dann wird dieses Buch daran nichts ändern,
Dich nicht irreleiten oder verführen können.
Was wahr ist, entscheidet sowieso
jeder Mensch für sich alleine.

Außerdem will ich garkeine Wahrheiten verkünden,
sondern nur einen Weg aufzeigen, auf welchem
viele Menschen **ihre innere** Wahrheit gefunden haben:
Aus tiefer Verzweiflung und Unzufriedenheit,
Verunsicherung und Verärgerung, zu Verständnis,
Liebe, Glück, Gesundheit und Friedlichkeit.

Zweites Kapitel

»Die Ur-Erfahrungen«

Im Verlaufe seiner frühen Kindheit
macht der Mensch eine Reihe von Ur-Erfahrungen.
So wie er das Leben, sich und die Welt
zum aller ersten Mal erfährt, so prägt das
seine Lebens-Einstellung und sein Welt-Bild.

Dieses Erfahren vollzieht sich natürlich nicht
an einem Tag, sondern im Verlaufe mehrerer Jahre
und dabei immer nur in dem Maße und in dem Rahmen,
wie es dem Kind gemäß seiner jeweiligen
Entwicklungs-Stufe möglich ist.

Also empfindet es z. B. die Schläge bei der Geburt
nicht etwa als ungerechte Strafe
oder als demütigende Mißhandlung,
denn von solchen Werten weiß es noch garnichts.
Aber die Empfindungen von Todes-Angst,
von Erstickungs-Gefahr, von körperlichem Schmerz
und gewaltsamer Trennung vom Körper der Mutter
setzen sich als Ur-Erfahrung fest
als der Eindruck:
Das Leben außerhalb der Mutter ist schrecklich,
schmerzhaft, lebensgefährlich und einsam.
Atmen tut weh und Schreien ist nutzlos.
Also ist das Leben eine Qual.

Dieser Eindruck wird zur inneren Einstellung
und sorgt im ganzen späteren Leben für leise,
hintergründige oder ganz unbewußte Gefühle
von Lebens-Furcht, Hoffnungslosigkeit und Schwäche,
die in keinem sachlichen Bezug zur
äußeren Wirklichkeit zu stehen scheinen.
Aber sie sind ein Stück innerer Wirklichkeit.

Jede einzelne Neu-Entdeckung, die das Kind macht,
vom eigenen Daumen über Mutters Ohrringe bis zu
Vaters Fotoapparat und der berühmten Herd-Platte,
bringt eine kleine Ur-Erfahrung mit sich.
Denn, je nach dem welche Gefühle das Kind
bei jedem dieser Erlebnisse hat, verbindet es
mit der Sache Freude, Lust, Furcht oder Schrecken,
Annahme oder Ablehnung durch die Eltern,
Förderung oder Hemmung, Befehle oder Verbote.
Und da es sich später an all diese kleinen Vorfälle
nicht mehr erinnern kann,
weiß es auch als Erwachsener nicht mehr,
weshalb es mit eben jenen Gegenständen oder
Umständen immer wieder dieselben Gefühle verbindet.

Beim Endecken der Hände hat die Mutter z. B.
mit Entzücken oder staunendem Lob reagiert.
Sie hat es gefördert, daß das Kleine
seine Geschicklichkeit mit entsprechendem Spielzeug
weiterentwickelt. Also gedeihen seine Hände prächtig
und werden immer geschickter, sodaß es später
mit Freuden lernt, kniffelige Arbeiten zu verrichten
oder ein schwieriges Instrument zu bedienen.

Mit dem Laufen-Lernen verbindet das Kind dagegen
vielleicht unerfreuliche Gefühle.
Es mußte der weglaufenden Mutter hinterher-eilen
aus Furcht verlassen zu werden. Es war erschöpft
und hatte sich fallen gelassen, worauf hin
es vielleicht auch noch ausgelacht worden war.
Dann verbindet es auch als Erwachsener noch
mit dem Laufen Angst, Unlust und Zusammenbruch.

Hunderte kleiner Ur-Erfahrungen,
solcher erstmals und für lange Zeit geschlossenen
Verbindungen zwischen einem Gefühl und
einer Sache, einem Ereignis oder einer Tätigkeit
legen den Menschen in seiner Entwicklung, in der
Formung seiner Persönlichkeit erst einmal fest;
und zwar umso fester, je weniger die Erfahrung
im Bewußtsein verarbeitet worden ist und je weniger
der Mensch sich später daran erinnern kann.

Dadurch bekommt die Verbindung etwas Zwingendes.

Z. B. fällt jedem kleinen Kind einmal
etwas Zerbrechliches zu Boden.
Setzt es dann von der Mutter böse Schelte,
dann bleibt beim Kind die Angst davor zurück,
mit Glas und Porzellan zu hantieren.
Und aus dieser Angst heraus handelt es unsicher,
sodaß ihm immer wieder etwas aus den Händen gleitet.
Es wird also mit Küchen-Arbeit immer Gefühle von
Unlust und Unfähigkeit verbinden und sich dabei
auch entsprechend lustlos und ungeschickt anstellen.

Der Erwachsene flüchtet dann vor solchen Arbeiten,
oder er ist nur mit Zwang zu ihnen zu bewegen.
Dann wiederum muß er ständig mit Bewußtheit
gegen die Angst und die Ungeschicklichkeit angehen.
Das macht die an sich leichte Arbeit zum Streß,
sie befriedigt nicht, sondern macht nur müde,
und verdirbt so der Hausfrau den Spaß am Dasein.
Jahrzehnte-lange Selbst-Überwindung aber
verbittert und macht krank, solange die innere
Festlegung nicht erkannt und aufgelöst wird.

Die Lösung des Problems bestünde darin,
die zwingend gewordene Verbindung
von Angst und Küchen-Arbeit aufzulösen.
Dazu müssen die Angst und die Sinnlosigkeit der
Verbindung erst einmal bewußt gemacht werden.
Dabei stellt sich dann immer heraus,
daß der betreffende Mensch auch noch
vor allerlei anderen Dingen sinnlose Angst hat,
daß Ängstlichkeit also
ein Wesens-Zug seiner Persönlichkeit ist.
Ohne diese Ängstlichkeit gäbe es auch keine Angst
vor einer an sich nicht beängstigen Tätigkeit.

Ängstlichkeit läßt sich nicht einfach beheben,
indem man sie für sinnlos und dumm erklärt,
denn sie ist bereits die **Folge einer früheren,
noch tiefgreifenderen Ur-Erfahrung,**
daß nämlich im Leben ständig Gefahr droht,
insbesondere als Strafen für eigenes Versagen.

Die für die Entwicklung der Persönlichkeit
entscheidenden Ur-Erfahrungen sind deshalb die,
die den Menschen in seinen vorherrschenden
Grund-Gefühlen festlegen:

Zufriedenheit oder Unzufriedenheit
Kraft oder Schwäche
Vertrauen oder Mißtrauen
Sicherheit oder Ängstlichkeit
Freiheit oder Unfreiheit
Lust oder Unlust
Tatendrang oder Hemmungen
Liebe oder Hass

A Die Ur-Erfahrung des Geliebt-Werdens und der Bedürfnis-Erfüllung

In den ersten Lebensjahren erfährt das Kind
das Leben rein gefühlsmäßig.
Es besitzt nicht den Verstand,
sich Ursachen und Wirkungen klarzumachen,
zu vergleichen, abzuwägen oder zu urteilen, und
es kann auch auf keine Erinnerungen zurückgreifen,
um neue Erlebnisse leichter zu verkraften
oder gar vernünftig verarbeiten zu können,
(wie es Kleinkinder im 3. Lebensjahr
erst zu lernen beginnen).

Es ist mit all seinen Empfindungen vielmehr
schutzlos seiner Umwelt und seinen Mitmenschen
ausgeliefert.

Nur unter der Obhut einer gesunden, natürlichen,
hingebungsvollen Mutter kann es
die Ur-Erfahrungen machen, die notwendig sind,
um für das weitere Leben gerüstet zu sein,
um innere Ausgeglichenheit,
körperliche und seelische Widerstands-Kraft,
klare Wahrnehmungen der Wirklichkeit
und des eigenen Innen-Lebens
und das UR-VERTRAUEN zum Leben
und zu seiner eigenen Natur zu entwickeln.
Die dazu notwendigen Erfahrungen sind,
– daß es geliebt wird, wie es ist,
– daß es im Leben bekommt, was es braucht,
– daß seine Bedürfnis-Meldungen anerkannt werden.

Viele Eltern und Erzieher verstehen das falsch.

Sie meinen immer noch, man müsse dem Kind
so früh wie möglich beibringen,
– daß es nicht **immer** geliebt wird, sondern
dafür erst einmal etwas leisten muß,
(brav aufessen, Bäuerchen machen, lächeln,
Bitte-Bitte machen, sauber sein usw.)
– daß es keineswegs immer bekommt,
was es verlangt oder zu brauchen meint,
– daß es auch mal warten und still verzichten muß,
– daß es mit sich allein gelassen werden kann.
Zu solchen Leistungen ist ein Kind aber erst
viel später und nur langsam in der Lage.
Und ein Kind überfordern heißt, es verziehen,
verwirren, verängstigen, verunsichern.
Erstrecht mit Drohungen und Hässlichkeiten
kann es nichts Vernünftiges anfangen.
Es ist nicht in der Lage zu schalten:
»Wenn Mama sauer ist, muß ich mich ändern.«
Es ist einfach nur hoch empfindlich
für angenehme und liebevolle Behandlung
wie für Kälte oder gar Feindseligkeit.
Deshalb braucht es das stete Gefühl,
bei der Mutter gut aufgehoben zu sein.
Es hat ein naturgegebenes **Recht** darauf,
bemuttert zu werden, und es besteht auch darauf
mit dem Ausdruck seines Leides und auch seiner Wut,
wenn es sich vernachlässigt fühlt.

Um im späteren Leben auf seinen Anteil bestehen
und sich durchsetzen zu können,
braucht es die Ur-Erfahrung,
daß es bekommt, was es braucht und verlangt.

Erst später, wenn ein Kind Verstand entwickelt, kann man auch Einsicht von ihm verlangen. Und dann kann es verzichten lernen, **ohne** dabei an seiner Daseins-Berechtigung zu zweifeln.

Wenn sein Ur-Bedürfnis nach Liebe und Versorgung erst einmal Befriedigung erfahren hat, und seine Bemühungen, etwas zu erlangen, erfolgreich waren, ist es ein glückliches und gesundes Kind.
Ohne diese Ur-Erfahrung wird es ein Quälgeist, der seiner Mutter am Rockzipfel hängt und immerzu nach Aufmerksamkeit und Zuwendung verlangt.

Diese Betrachtungs-Weise widerspricht allen landläufigen Erziehungs-Auffassungen. Genau deshalb sind auch fast alle »wohlerzogenen« Kinder tödlich still oder nerv-tötend schwierig.
Ein Kind, das seine Mutter zu gängeln versucht, ist verwöhnt. Aber nicht dadurch, daß es immer bekommen hat, was es gerade wollte, sondern **weil es ständig weniger oder mehr oder etwas ganz anderes bekam, als es wirklich brauchte.**
Das kann nur so kommen, wenn die Mutter die Bedürfnisse ihres Kindes nicht erkennt, oder sich aus Trotz oder Besserwisserei weigert, auf das Verlangen des Kindes einzugehen.

Das bereits verwöhnte Kind wird durch Zurückweisung oder gar Züchtigung nur unterdrückt, also verschüchtert oder trotzig, aber es wird so nicht von seiner Ur-Erfahrung geheilt, daß diese Mutter und diese Welt ihm was es braucht nicht geben können oder wollen.

B Die Ur-Erfahrung der Wirklichkeit und der 5 Sinne

In den ersten Lebens-Wochen hat das Baby zwar
schon starke Sinnes-Eindrücke und Empfindungen, aber
noch garkeinen rechten Sinn für die Wirklichkeit.
Es lebt noch ganz in dem Gefühl,
ein Teil des mütterlichen Körpers zu sein,
und erwartet, daß ihm dieser zur Verfügung steht,
so als wäre die Mutter ein Teil seines Körpers.

Erst langsam von Woche zu Woche empfindet es sich
mehr und mehr als eigenständiges Wesen.
Es entdeckt die Grenzen zwischen sich und der Welt,
und diese Grenze ist seine Haut, seine Oberfläche.
Die Wahrnehmung des Tast-Sinnes breitet sich aus
vom saugenden Mund her über das Gesicht
und vom Rumpf her zu den Armen und Beinen.
Der Haut-Kontakt mit der Mutter ist daher nicht nur
für die Gefühle der Wärme, Geborgenheit und Liebe
wichtig, sondern auch entscheidend für eine
starke Entfaltung des Wirklichkeits-Sinnes,
der sich als erstes an der Wahrnehmung der
eigenen Körper-Grenzen, eben der Haut ausrichtet.

Die Wirklichkeit, das ist der eigene Körper und
dann die Außenwelt mit der Mutter an erster Stelle
und später mit anderen Gegenständen und Lebewesen.
Die ungetrübte Wahrnehmung der Wirklichkeit
ist nur gewährleistet, wenn die 5 Sinne sich
vollständig und gesund entfalten können.
Und das geht nur, wenn das Kind mit seiner Umwelt
auch hinreichend Berührung hat.

Wenn das Kind in den ersten Lebens-Monaten
nur ein wenig zu viel allein gelassen wird
und von Umwelt-Reizen abgeschirmt bleibt,
ist die Entwicklung seiner Sinne, also
seiner Wahrnehmungs-Fähigkeit beeinträchtigt,
und so auch der Sinn für die Wirklichkeit gestört.
Dann ist die Verbindung zwischen seinem Bewußtsein,
das sich im Gehirn entwickelt,
und seinen Wahrnehmungen von Körper und Außenwelt
verzerrt, verschwommen oder gar zerrissen.

Man darf ein Kind auch nicht mit allzu vielen
verwirrenden, lauten und grellen Umwelt-Reizen
überfluten, sonst reagiert es mit Rückzug der Sinne,
und die daraus folgenden Störungen sind ähnlich.

Das Kind braucht viel Ruhe, das ist richtig, aber
wenn es wach ist, braucht es unbedingt auch
viel Beschäftigung für seine Sinne.
Es muß etwas zu tasten, zu sehen, zu hören,
zu schmecken und zu riechen bekommen, sonst wird es
ein langweiliges, stumpfes, unlebendiges Kind und
später ein kalter, oberflächlicher, blöder,
dummer Erwachsener, der auch
in seinem Gefühls-Leben gestört und verwirrt ist.

Geschwächte, wirklichkeits-fremde Sinnes-Eindrücke
verursachen immer auch eine Verwirrung
der Gemüts-Bewegungen und der Denk-Tätigkeit,
zunächst in ihrer Entwicklung und dann später
ebenso im alltäglichen Geschehen.
Man muß leider davon ausgehen, daß kein Zivilisierter
von solchen zumindest kleinen Schädigungen frei ist.

Eine ernstlich krankhafte Zerstörung
des bewußten Kontaktes mit der Wirklichkeit
nennt man Schizophrenie,
zu Deutsch: Spaltungs-Irresein.

Hier hat sich das Bewußtsein abgespalten von
den Wahrnehmungen des eigenen Körpers und des
in ihm stattfindenden Gefühls-Lebens entwickelt.
Der Mensch empfindet seine Gefühls-Regungen als
nicht zu seiner Person gehörend, als etwas Fremdes,
Bedrohliches, das er nicht beherrschen kann,
das vielmehr unvorhersehbar von ihm Besitz ergreift.

Von solchen Kranken weiß man, daß es in
ihrer frühesten Kindheit, ja schon vor der Geburt,
zu schweren seelischen Verletzungen gekommen war:
Die Mutter hatte ihr Kind nicht lieben können.
Sie hatte es sogar abgelehnt, gehasst und mißhandelt.
Durch wirres Verhalten wie
abwechselndes Hätscheln und Peinigen hatte sie
ihm jede gefühlsmäßige Sicherheit geraubt.
Oder sie hatte es fortwährend allein gelassen.

All das bewirkt einen Rückzug des Bewußtseins
von den unerträglichen Gefühlen, die mit diesen
Mißhandlungen einhergehen: Schmerz, Schrecken, Wut,
Trauer, Todes-Furcht und infolgedessen nicht selten
auch mörderischer Hass auf die Person,
von der all dieses Grauen ausgegangen ist.
Abgespalten von der bewußten Selbst-Wahrnehmung
leben diese Gefühle weiter und,
wenn sie hervorbrechen, führen sie
zu Wahnsinn, Kriminalität oder Zusammenbruch.

Kleinere solcher Fehl-Entwicklungen entstehen schon,
wenn das Baby ohne Mutter oder von
wechselnden Bezugs-Personen aufgezogen wird,
oder gar in einem Waisen-Heim, wo es
aus Mangel an Liebe und an Umwelt-Kontakt
innerlich vereinsamt und verkümmert.

Schädlich in diesem Sinne ist auch
ein verwirrendes, lautes, hass-erfülltes,
oder ein stilles, gefühls-totes Elternhaus.

Wenn Eltern ihr Kind nicht wirklich gewünscht haben
und es deshalb nicht freudig
in ihre Lebens-Gemeinschaft aufnehmen können,
wenn sie es gar als Last oder Unglück betrachten,
dann können sie sich auch nicht natur-gerecht
auf seine Bedürfnisse einstellen.
Dann ist ihr Verhalten dem Kind gegenüber
schwankend oder vorwiegend kalt und ablehnend,
unterdrückend, einschränkend und unduldsam.
Und ihre Erziehungs-Maßnahmen sind entsprechend
hartherzig, hauptsächlich strafend oder gar brutal.

Nach seinen Ur-Erfahrungen schafft das Kind sich
sein Weltbild. Verwirrt, unterdrückt und verängstigt
oder aufgebracht zu Jähzorn und Rach-Sucht,
wird es nur immer die unerfreulichen Seiten
des Lebens wahrnehmen und auch seinerseits
nur zu diesen Seiten etwas beizutragen wissen.
All das muß nicht sein. Es kann vermieden werden.
Und es kann überwunden, behoben, geheilt werden.
Gäbe es diese Möglichkeit nicht,
bräuchte keiner dieses Buch zu lesen.

Bei den meisten Zivilisierten sind daher die
5 Sinne auch unnatürlich schwach entwickelt.

Der Tast-Sinn ist sowohl in den Handflächen
als auch am ganzen Körper arg geschwächt, weil schon
beim Baby ständig Kleidung die Haut bedeckt.
So ist es kein Wunder, daß auch der Sinn für
Feinheiten und Zärtlichkeit verloren geht.
Die Augen-Muskeln sind seit frühen Kinder-Tagen
irgendwie verspannt und verhärten mit den Jahren,
weil das Kind einsam in seinem Bettchen zu oft
nichts anderes zu sehen bekommt, als weiße Laken
und kahle Zimmer-Wände, oder weil es gar
die bösen, strafenden, feindseligen Blicke
seiner Eltern abwehren mußte.
Zu hören gibt es für Babys auch nicht viel Schönes.
Anstatt froher Gesänge und lieber Worte hört es
Streit und Gezeter, oder es dröhnen Radio und TV,
deren Sendungen zum aller größten Teil
aus gefühllosem, harten Gequatsche bestehen.
Also macht sich das Kind dagegen taub, und
das angeboren feine Gehör geht zugrunde.
So kann es dann auch nicht musikalisch werden,
ja nicht einmal richtig singen lernen, weil es
seine eigene Stimme nicht beurteilen kann.
Geschmacks- und Geruchs-Sinn veröden z. B. dadurch,
daß das Kind gezwungen wird, alles aufzuessen,
»was auf den Tisch kommt«, ohne Rücksicht darauf
wie es riecht und ob es ihm schmeckt, ob es ihm
bekommt, und ob das Kind überhaupt Hunger hat.

Und so wird der Mensch grobfühlig und plump.

C Die Ur-Erfahrung der Geborgenheit und des Sterbens

Das Kind brüllt, wenn es Hunger hat
und vor allem wenn es sich verlassen fühlt.
Das ist ein angeborenes Verhalten
und dient seinem Selbst-Schutz.
Wenn es verloren-gegangen oder vergessen worden ist,
ruft es mit seinem Gekreische die Mutter herbei
und sorgt so für sein Überleben.

Mütter empfinden ihr Kleines deshalb oft
als rücksichtlosen Tyrann.
Es scheint unersättlich, ob mit Milch oder Liebe.
Es schläft oder es fordert, hat nichts zu geben.
Immer nur nehmen, nehmen, nehmen.
Muß man ihm Grenzen setzen? Nein.

Das Kind weiß von Natur aus,
was und wieviel es braucht und verträgt.
Wenn es satt ist, hört es auf zu saugen.
Es sei denn es hat bereits **die** Ur-Erfahrung gemacht,
daß es immer nicht genug bekommt.
Wenn es müde ist, schläft es einfach ein.
Es sei denn es hat bereits die Ur-Erfahrung gemacht,
daß es beim Erwachen einsam und verlassen ist.

Wenn es sich nach Liebe sehnt, weint es leise
und streckt die Ärmchen nach der Mutter aus.
Wenn es zufrieden ist und wach, dann
beschäftigt es sich mit der Erforschung des Lebens.
Die Mutter braucht nichts anderes zu tun,
als aufmerksam dem natürlichen Plan zu folgen.
Aber NEIN!

Ärzte, Psychologen und Schwiegermütter
müssen es »natürlich« besser wissen.
Sie reden den Müttern ein:
»Laß Dich von Deinem Kind nicht gängeln.
Verwöhne es nicht, sonst verlangt es immer mehr.
Und wenn Du ihm immerzu nachgibst,
tanzt Dir der kleine Teufel
bald auf der Nase herum.
Gewöhne es beizeiten daran,
daß es nicht alles kriegt, was es will
und daß es auch mal ein paar Stunden
ohne Dich auskommen kann.

Mit »beizeiten« meinen sie:
»Entledige Dich des Kindes, sobald Du kannst.
Laß es getrost schreien und toben.
Es beruhigt sich auch wieder.
Wenn es merkt,
daß Du nicht sein Dienstmädchen bist,
gibt es auf, und Du hast Deine Ruhe.
Außerdem ist Schreien gut für die Lunge...«

Es ist wahr:
Man kann ein Kind sich ausschreien lassen.
Viele Mütter sind sogar stolz darauf,
daß sie es tapfer über's Herz bringen,
(wie sie meinen, ihrem Kinde zuliebe)
dem verzweifelten Flehen und Brüllen standzuhalten.
Ihre innere, naturgegebene Stimme sagt ihnen:
»Geh' hin. Nimm Dein Kind zu Dir.
Du erträgst es nicht, es zu verraten,
es in seiner Verlassenheit leiden zu lassen.«

Und die elende »moderne Vernunft« sagt zu ihr:
»Sei standhaft.
Laß es sich ausschreien.
Es ist zu seinem und Deinem Besten.
So wird es bescheiden und fügsam
und macht Dir später keinen Kummer.«

Ja. Es wird fügsam,
weil seine Lebens-Kraft zerbricht.
In diesen Stunden der Vereinsamung
erlebt es den Tod.
Es stirbt den Tod seines angeborenen Vertrauens
in das Leben und seine Mitmenschen,
den Tod strahlender Lebens-Freude,
den Tod inniger Liebe zu allem Lebendigen,
den Tod unverwüstlichen Lebens-Willens
und zuversichtlichen Taten-Drangs.
Was aufersteht ist nur ein Schatten von alle dem.

Das Kind macht eine Ur-Erfahrung, die
sein ganzes weiteres Leben lang wirken wird als
tiefe, unbegreifliche, maßlose, erschütternde
Hoffnungslosigkeit und als Nährboden für
Mutlosigkeit, Schwermut, Sucht-Verhalten,
Zweifel am Sinn des Lebens und Selbstmord-Gedanken.

Das Kind erlebt wirklich den Tod.
Es spürt instinktiv: Wenn es
nicht wieder zur Mutter gelangt, kommt es um.
Deshalb schreit es unaufhörlich
bis zur vollständigen Erschöpfung.
Dann schläft es ein.
Ist das kein Tod?!

Stell Dir vor, Du bleibst im Fahrstuhl stecken.
Der Strom ist ausgefallen. Dunkelheit.
Die Alarm-Klingel funktioniert auch nicht.
Nach einer Weile fängst Du an zu rufen,
aber keiner hört Dich, nichts tut sich.
Du rufst immer lauter – ohne Erfolg.
Dann fällt Dir ein, es ist Feierabend,
das Haus ein Büro-Gebäude – ohne Pförtner.
Du schreist also noch heftiger in dcr Hoffnung,
daß außer Dir noch irgendjemand im Haus sein möge.
Jetzt wird Dir klar, es ist auch noch Ferien-Anfang.
Du wirst verhungern, verdursten oder gar ersticken,
wenn Dich keiner rettet!
Glaubst Du, Du setzt Dich seelen-ruhig hin
und wartest auf ein Wunder oder auf den Tod?
Es gibt wohl Menschen, die können das. Aber
die meisten würden schreien und klopfen, bis sie
wahnsinnig werden oder erschöpft zusammenbrechen.
Beides erlebt das Baby oder Klein-Kind,
das man sich ausschreien läßt.
Erschöpft fällt es in Schlaf, aber
sobald es sich auch nur ein wenig erholt hat,
wacht es furcht-erfüllt wieder auf und beginnt
von neuem, nach der Mutter zu rufen, zu schreien.
Bei solchen Erlebnissen brüllt sich das Kind
förmlich die Seele aus dem Leib,
denn es gibt erst auf, wenn es nicht mehr kann.
Wenn die Mutter eisern ist,
verausgabt es sich bis zur Selbst-Aufgabe.
Es erschöpft seine allerletzten Lebens-Energien.
Und all das auch noch vergebens...!

Beim Ausschreien erleiden Lunge und Herz,
die Atem-Muskeln des Zwerchfells und des Brustkorbes
und der gesamte Kreislauf einen Total-Zusammenbruch.
Außerdem verkrampfen die Kehle und alle
Kopf-, Hals-, Kiefer- und Gesichts-Muskeln
sowie auch der größte Teil der
Schulter-, Rumpf-, Arm- und Bein-Muskulatur.

Ich kann hier nur einige Folgen davon nennen:

- Ein ständiger Mangel an Beatmung, also an Sauerstoff-Versorgung bewirkt eine Verminderung der gesamten Lebens-Energie mit Unlust und lascher Trägheit (Faulheit).
- Der Sauerstoff-Mangel geht einher mit Kohlensäure-Überschuß in Blut und Gewebe, also mit Störungen des Stoffwechsels, des Wachstums von Muskeln, Knochen, Gelenken und inneren Organen.
- Verspannte Muskeln überlasten Gelenke und Wirbelsäule, behindern die Durchblutung, den Energiefluß, jede Art von Bewegung und neigen zu Rheuma.
- Auf lange Sicht verhärtet das verkrampfte Herz zum Infarkt, geschwächte Lungen und Atem-Muskeln neigen zu Schwindsucht, verkrampfte zu Asthma und Angina Pectoris (Brust-Enge), und stoffwechsel-gestörte Organe neigen zu
- Funktions-Schwächen und Krebs.

Es kommt auf den weiteren Verlauf der Kindheit an,
in wie weit das Kind sich von dieser
körperlichen und seelischen Folter erholen kann.

Je früher man dem Kind diese Folter antut, desto
schwerer sind die daraus folgenden Schädigungen.
Das Kind ist danach jedenfalls ein braves,
folgsames, »unkompliziertes«, farbloses, fades,
lebloses, lustloses, gebrochenes Geschöpf,
anfällig für jede Art von Krankheiten,
auf ewig abhängig von der Stütze anderer,
unfähig allein zu sein, ohne dabei
schwerstens zu leiden,
also auch in ständiger Furcht davor lebend,
allein gelassen zu werden.
Und aus dieser Schwäche und Furcht heraus
ist es unterwürfig, tut was man ihm sagt, tut alles,
um bloß nie wieder solches Leid ertragen zu müssen.

Um nicht ständig das Grauen und die Furcht
zu spüren, wird die Erinnerung an diese Ur-Erfahrung
bald verdrängt, das heißt
vom Bewußtsein abgespalten. Und so
wird sie zu einem unbewußten, quälenden Zwang,
jedwedes Allein-Sein vermeiden zu müssen,
zur Abneigung gegen das Zu-Bett-Gehen
und zu einem ständigen Drang nach Geselligkeit.

Später in der Partnerschaft herrscht immerzu
die Furcht vor dem Verlassen-Werden, sodaß
Mißtrauen, Unterwürfigkeit, Widerwillen und
Vorwürfe das Verhältnis bestimmen.

Ängstlichkeit wird zu einem Wesens-Zug des Kindes
und bestimmt sein Fühlen, Denken und Handeln,
ohne daß es ihm je bewußt wird, vorbei am Verstand,
an der Wirklichkeit und am Lebens-Glück.

Im Krieg und in der Verbrecher-Verfolgung
benutzt man die »Isolations-Haft« als Mittel,
einen Menschen körperlich, seelisch und geistig
zu erschöpfen, um ein Geständnis
oder einen Verrat aus ihm herauszufoltern.

In der »modernen« Erziehung benutzt man sie,
um den Willen des Kindes zu brechen,
es folgsam, bequem und gefügig zu machen,
also erpressbar:
Man hat ja nun für alle Zeiten ein Mittel
in der Hand, das Kind zu allem möglichen zu zwingen,
indem man ihm das Allein-Sein als Strafe androht.
Eine schöne Form von Gewaltlosigkeit...

Wann hast **Du** eigentlich das letzte mal
so richtig nach Leibes Kräften geschrien?
Wahrscheinlich weißt Du nicht einmal mehr,
wie sich das anfühlt. Leidvoll und machtlos.
Und es gehört sich ja auch nicht. Ein
vernünftiger Mensch flucht oder schimpft lauthals.
Aber einfach nur so losschreien?
Nur Rock-Stars und ihre Fans tun das zuweilen.

John Lennon, den ich sehr verehre (immer noch),
hat in seinem Lied »Mother«
den Ausdruck kindlicher Verzweiflung aufgegriffen
und mit seiner Stimme
erschütternd echt widergegeben.
Ich habe den einfachen Text für Dich übersetzt.
(Siehe nächste Seite.)
Er kennzeichnet die heute normale Störung
der Eltern-Kind-Beziehung knapp und treffend.

»MOTHER« (Lennon/Lennon)
Mutter,
Du hattest mich,
aber ich nie Dich.
Ich wollte Dich,
aber Du nicht mich.
Deshalb sag' ich Dir leb' wohl.

Vater,
Du hast mich verlassen,
aber ich nie Dich.
Ich brauchte Dich,
aber Du nicht mich.
Deshalb sag' ich Dir leb' wohl.

Kinder,
tut nicht,
was ich tat.
Ich konnte nicht gehen
und versuchte zu laufen.
Deshalb sag' ich Euch lebt wohl.

Mutter, geh' nicht fort!
Vater, komm' heim!

Der zweite Teil des Stückes besteht nur noch aus
den letzten beiden Zeilen, die immer wiederkehren,
wobei das jedes mal länger werdende
»Mother, don't gooooooooooooooooooohhh«
zu einem Schrei anschwillt, der
durch all die kindlichen Stimmungen hindurchführt,
durch Bitten, Flehen, Verlangen, Fordern,
durch Verzweiflung, Wüten, Hassen,
und im hoffnungslosen Nichts verhallt.
Wenn Du es Dir einmal anhörst und
Dir dabei vorstellst, wieder ein Kind zu sein,
kannst Du diese Gefühle vielleicht wieder-entdecken
und merken, daß sie garnicht so kindlich sind...

D Die Ur-Erfahrung des Vertrauens und des Verrats

Jedes Kind kann ohne »Schock-Behandlung« lernen,
einige Zeit allein mit sich zu sein.
Aber nicht schon in einem Alter, wo es noch
von Natur aus vollständig davon abhängig ist,
in der Nähe der Mutter zu sein, wo es
eine Trennung noch als Lebens-Bedrohung empfindet.
Mit dem Alleine-Lassen müssen die Eltern sich daher
bis ins dritte Lebens-Jahr gedulden, wenn sie
ihr Kind nicht mißhandeln und schädigen wollen.

Nur ein Kind, das zu früh allein gelassen wird,
tut sich auch später noch schwer damit.
Es hat auch noch Furcht davor,
obwohl es längst in der Lage ist zu verstehen,
daß die Eltern ja nach einer Weile wiederkommen.
Es leidet trotz aller Einsicht und jammert,
um die Eltern am Weg-Gehen zu hindern.

Um sich trotzdem loszumachen, wenden die Eltern
dann neue schädigende Erziehungs-Maßnahmen an.
Sie verlangen vom Kind, seine Furcht zu beherrschen.
Sie prügeln es gar, bis es aufhört zu jammern.
Oder sie sperren es einfach ein und gehen weg.

Manche bedienen sich auch einer feigen Hinterlist.
Sie bringen das Kind zu Bett und tun so,
als blieben sie zuhause. Wenn sie dann glauben,
das Kind schläft, schleichen sie sich fort.
Natürlich wacht das Kind doch einmal auf,
bevor die Eltern zurück sind,
und entdeckt den Verrat.

Nach all solchen achtlosen, verletzenden, brutalen und hinterhältigen Grausamkeiten ist das Vertrauen zu den Eltern ein für alle mal zerstört. Ohne gezielte, ausdrückliche Wieder-Gut-Machung setzt sich in der Persönlichkeit des Kindes ein tiefes Mißtrauen gegenüber anderen Menschen fest.

Ein Verhältnis zwischen Eltern und Kind, das nicht auf Vertrauen beruht, ist unweigerlich gestört.
Das Kind wird an allem zweifeln, was die Eltern von ihm verlangen, und sich widersetzen.
Es wird nur noch durch Zwang zu führen sein, nicht mehr bereit, irgendetwas einzusehen, was die Eltern ihm erklären oder nahelegen wollen.

Gegen Einsicht versperrt, verkümmert die Vernunft.
Das Kind ist nur noch mit Straf-Androhungen »zur Vernunft zu bringen«.
Aber was hat das mit Vernunft zu tun, wenn das Kind aus Furcht vor Strafe Dinge tut oder läßt, ohne deren Sinn und Wert einzusehen?

Viele Eltern verwechseln leider auch trotzige Unvernunft mit vernünftigem Widerstand.
Sie meinen, Gehorsam ohne Einsicht sei Vernunft.
Sie sind nicht nur nicht bereit, ihre Anordnungen vor dem Kind zu begründen, sondern neigen sogar dazu, Anordnungen zu treffen, die so unvernünftig und sinnlos sind, daß sie den Trotz des Kindes herausfordern **müssen.**
Du glaubst garnicht, wie viele Eltern unbewußt und ohne jedes Schuld-Gefühl ihre Kinder mit sinnlosen Befehlen zum Trotz reizen und dann dafür bestrafen.

Eltern sind selbst zur Unterwerfung erzogen worden.
In ihrem Verhalten gegenüber Kindern machen sie
unbewußt ihrem unterdrückten Inneren Luft.
indem sie die Rolle des Unterdrückers spielen.
Sie suchen den Macht-Kampf geradezu, und
mit einem Kind als Gegner ist ihnen der Sieg sicher.
Später können sie nicht begreifen, warum ihr Kind
sich plötzlich gegen sie stellt und sie verachtet.

Wenn Mißtrauen die Kindheit belastet, bestimmt es
auch das spätere Leben des Erwachsenen.
Er ist dann allen anderen Menschen gegenüber auch
ängstlich, zurückhaltend und voller Zweifel.
Er sucht nach dem »Goldenen Herzen«, auf das er
sich verlassen kann. Und hat er es gefunden,
quält er sich doch ständig mit der Sorge,
vom Partner hintergangen und verlassen zu werden.

Diese Furcht vor Verrat führt dazu, daß der Mensch
seinem Partner andauernd Betrügereien und
Heimlichkeiten unterstellt und ihn verdächtigt.
Damit zerstört er jede Grundlage für eine
dauerhafte, harmonische Beziehung.

Mißtrauen untergräbt die Liebe, und damit ist auch
die dem Partner abverlangte Treue sinn-entleert.
Aus Mangel an Liebe und Vertrauen entsteht Untreue,
und die gefürchtete Katastrophe tritt ein
als zwangsläufige **Folge** des krankhaften Mißtrauens.
So fühlt der Mißtrauische sich
in seinen Befürchtungen bestätigt und leidet,
ohne zu sehen, daß er an seinem Elend letztlich
immer wieder selber schuld ist.

Die Ur-Erfahrung, daß das Leben und die Menschen
Vertrauen verdienen, kann nur stattfinden,
wenn die Eltern dem Kind gegenüber
aufgeschlossen und aufrichtig sind.
Sie müssen sich dem Kind wirklich zur Ehrlichkeit
verpflichtet fühlen, und zwar in noch größerem Maße,
als sie Ehrlichkeit von ihrem Kind verlangen.

Zivilisierte haben aber alle Heimlichkeiten.
Es gibt zu viele Dinge an ihnen,
für die sie glauben, sich schämen zu müssen,
die sie niemandem einzugestehen bereit wären.

Das Kind tritt in ihr Leben, an ihre Seite,
und fängt an, unangenehme Fragen zu stellen,
sie in Verlegenheit zu bringen.
Eltern müssen sich diese Fragerei gefallen lassen.
Sie müssen sie als Herausforderung annehmen,
sich selbst wieder kritisch zu betrachten,
die eigene zur Gewohnheit gewordene Verlogenheit
zu erkennen und zu bekämpfen.
Und die Pflicht, dem Kind wahrheits-getreu Rede
und Antwort zu stehen, kann dabei hilfreich sein.

Scham-Gefühle für die eigenen Unzulänglichkeiten,
für Mangel an Bildung und niedere Stellung,
für die eigenen Schwächen, Laster und Gelüste
und die widernatürlichen Hemmungen, die alles
was mit Kinder-Kriegen zu tun hat vergiften,
machen das Ehrlich-Sein schwer.
Aber sie machen auch das Leben insgesamt
schwerer als es ist und stehen dem eigenen Glück
und der Zukunft der Kinder im Wege.

Ein Kind, das hintergangen wird und das durchschaut,
fängt unweigerlich auch an,
Heimlichkeiten zu haben und hinterrücks zu handeln.
Ein starkes Vertrauen zum Leben und zum Nächsten
bedeutet ja noch lange nicht Blindheit gegenüber
den tatsächlich lauernden Gefahren und gegenüber
den Unzuverlässigkeiten vieler Mitmenschen.
Aber der **Verlust** der Ur-Vertrauens bedeutet
Verlust der Zuversicht gegenüber jeder zukünftigen
Lebens-Lage, beruflichen Aufgabe oder Unternehmung
und jedem persönlichen und gesellschaftlichen Ziel.
Und er bedeutet ständige unsachliche Furcht vor
Betrug, Übervorteilung und Verrat.
Das untergräbt auch jede menschliche Beziehung.

Krankhaftes Mißtrauen gestattet es erst garnicht,
wirkliche Gefahren und Fuß-Angeln überhaupt zu sehen.
Und so fällt man erstrecht immer wieder herein,
sobald man sich zu etwas traut, dessen Gelingen
von anderen Menschen oder Unwägbarkeiten abhängt.

Die Folgen des Mißtrauens in der Erziehung
führen aber noch weiter:
Hat das Kind erst einmal damit begonnen,
die Eltern zu hintergehen und zu belügen,
dann dauert es auch nicht mehr lange,
bis es dabei erwischt wird.
Mit den darauf ergehenden Strafen
wird dem Kind dann eingebläut,
daß es selbst nicht vertrauens-würdig ist,
und es fängt an, an seiner eigenen Würde
wie am Wert seiner Eltern zu zweifeln.

Herrschen in einer Familie zweierlei Maß,
– und dies ist der Fall, wenn Eltern ihrem Kinde
Dinge verbieten, die sie sich selbst erlauben –
wird das Kind verwirrt und uneinsichtig trotzig.
Es traut sich zu garnichts mehr,
oder es wird nur immer gerissener.
(man darf alles, nur nicht sich erwischen lassen...)
Das Kind wird ein kleiner Betrüger
ständig von der Furcht gepeinigt,
einerseits ertappt zu werden, und
andererseits selbst der Betrogene zu sein.

Vertrauen ist angeboren.
Durch Verrat verkehrt es sich in Mißtrauen.
Wer nicht vertrauen kann, neigt selbst zur List,
weil er meint, er müsse ja schließlich
seiner eigenen Benachteiligung zuvor-kommen.
Furcht vor Strafe macht ihn zum doppelt Verfolgten.

Wenn Eltern ihre Kinder
als vollwertige Menschen anerkennen wollten
und mit der moralischen Forderung nach Ehrlichkeit
erst einmal bei sich selber ernst machen würden,
wäre die Menschen-Welt eine andere...

Nicht ängstliche Zwangs-Treue sondern
mutige, offene Erhlichkeit ist auch **die** Bedingung
für Verständnis und Frieden in der Partnerschaft.
Und Ehrlichkeit gegenüber sich selbst ist
der erste Schritt auf dem Weg zum eigenen Kern,
wo natürliche Menschlichkeit
unter Furcht und Scham und dummen Lügen
– als Quelle des Bösen verkannt – verkommt.

A Die Ur-Erfahrung der Freiheit und der Unterdrückung

Ein Kind gedeiht umso besser, je natürlicher seine Umgebung sich ihm gegenüber erweist, und je länger dieser Zustand ungestört andauert. Irgendwann in der Kindheit ist es aber für jeden Menschen mit den paradiesischen Verhältnissen vorbei. Irgendwann fangen die Mutter oder der Vater oder noch weniger Befugte damit an, in die freie Entfaltung des Kindes einzugreifen. Und Eingreifen heißt immer: Unterdrücken.

Das klingt Dir sicher zunächst übertrieben oder garnicht wahr. Man kann ein Kind doch auch durch Zuspruch, Lob oder Belohnung **fördern.** Das stimmt. Aber damit unterdrückt man doch auch automatisch all **die** Seiten des Kindes, die man nicht zu fördern gedenkt, oder die man auch nur zufällig übersieht und ungefördert läßt.

Das Kind bemüht sich sofort nur noch um **die** Dinge, von denen es sich gemäß seiner Erfahrungen Lob und Anerkennung versprechen kann, und unterläßt mehr und mehr die Dinge, die von den Eltern unbeachtet bleiben.

Außerdem beginnt Unterdrückung noch viel früher, denn – ohne daß es ihnen bewußt wird – antworten Eltern auf das Verhalten des Kindes immerzu mit ihrem Gesichts-Ausdruck und ihren Gesten, sodaß das Kind schon beeinflußt wird, lange bevor die Eltern anfangen, mit absichtlichen Beeinflussungen zu erziehen.

Beeinflussung durch Beachtung oder Nicht-Beachtung
ist also nur die harmloseste Art von Unterdrückung.
Wenn sie mit Umsicht und Regelmäßigkeit
angewendet wird und sich nicht gegen
die naturgewollte Entwicklung des Kindes richtet,
wird sie nicht **mehr** Schaden anrichten,
als daß das eine oder andere Talent des Kindes
unentdeckt bleibt und verkommt.

Allerdings macht man sich dabei
zum Richter über Gut und Böse
und setzt sich auf den Thron der All-Wissenheit.
Dabei ist man doch nichts als ein treuer Vertreter
der eigenen Auffassungen von Kultur und Moral
und versperrt dem Kind mit der Beeinflussung
vielleicht den Zugang zu besseren, höheren Werten,
als man selber zu bieten hat.

Leider ist der Gedanke, vom eigenen Kinde
etwas über Natürlichkeit, Liebe und Vernunft
lernen zu können, den meisten Eltern
nicht nur fremd sondern ausgesprochen **zuwider.**
Sie sind doch froh, endlich erwachsen zu sein
und sich nicht mehr belehren lassen zu müssen.
Und nun sollen sie
ausgerechnet von einem Kind etwas annehmen?

Nein. Dazu muß ihnen erst ein Engel erscheinen,
der ihnen sagt, daß jedes Kind Gottes Schöpfung ist,
daß sie ihrem Kinde nicht erst
den Teufel austreiben müssen
und daß sie es nicht vor dem Teufel schützen,
indem sie selbst Gott oder Teufel spielen.

Selbst die behutsamste Form von Erziehung ist also
Unterdrückung, denn um der Eltern Liebe willen
unterdrückt das Kind alle unerwünschten Antriebe
in seinem Innern, also sein eigentliches Selbst.
Dies trifft umso mehr zu, je enger die Eltern
die Grenzen der kindlichen Freiheit ziehen.

Viele Eltern meinen, es sei unumgänglich,
Kinder in ihrer freien Entfaltung einzuschränken,
weil sie sonst so vielen Gefahren ausgesetzt sind,
Gefahren, selbst Schaden zu nehmen oder auch
in ihrer Losgelassenheit Schaden anzurichten.
Mit Liebe und Vernunft können Eltern aber
ohne weiteres dafür sorgen, daß das Kind
so lange vor Gefahren geschützt bleibt,
bis es versteht, daß es sich selbst schützen muß
und wie es das am besten und sichersten machen kann.

Eltern greifen aber meist
lieber zu Verboten und Drohungen,
weil sie zu bequem oder zu eigensinnig sind,
um ihr Kind durch aufmerksame aber zurückhaltende
Beaufsichtigung selber zu beschützen.
Mit einem Verbot glauben sie,
das Kind vor einer Gefahr bewahren zu können.
Und wenn es das Verbot vergißt oder übertritt
und Schaden nimmt, dann meinen sie,
nun sei es **selber** schuld.
Sie hatten es ja gewarnt.
Sie bestrafen es obendrein noch für den Ungehorsam
und bilden sich ganz im Ernste ein,
verantwortungsvoll gehandelt zu haben.

Auch mit ernsthaftestem Bange-Machen
befähigt man ein Kind nicht dazu,
Gefahren zu erkennen und sich in acht zu nehmen.
Es wird dadurch nur verängstigt und unsicher.
Eltern müssen warten,
bis das Kind wirklich versteht, was wann wo droht.
Dann wird es lernen, auf sich selber aufzupassen,
und sich nicht leichtsinnig in Gefahr begeben,
einfach weil es Leid und Unglück vermeiden **will.**

Die Tatsache, daß Eltern mit Verboten erziehen,
zeigt schon,
daß sie die Vernunft des Kindes überfordern.
Sie wollen nicht warten,
bis das Kind so weit ist,
aus Einsicht zu handeln. Vielmehr
beinhaltet jedes Verbot schon die Erwartung,
daß die Forderung nicht erfüllt werden wird,
daß das Kind ja **doch**
ungehorsam und unachtsam sein wird.

Und es **wird** nicht folgsam und umsichtig sein,
weil es das einfach noch garnicht **kann.**
Also »verdient« es sich immer nur Strafen und Tadel.
Und anstatt eines gesunden Selbst-Bewußtseins
entwickelt es einen unumstößlichen Glauben
an die eigene Unzulänglichkeit.
Ganz nebenbei geht auch seine Liebe zu den Eltern
an deren Verboten und Strafereien vor die Hunde.

Irgendwann setzt sich das Kind zur Wehr,
und damit beginnt das größte und bitterste,
das eigentliche Drama der frühen Kindheit.

Lieber Mitmensch.

Der Umstand, daß Du
Dich an Deine frühe Kindheit nicht erinnern kannst,
ändert nichts an der Tatsache,
daß auch Du irgendwie erzogen worden bist.

Aber er führt dazu,
daß es Dir schwer fällt Dir vorzustellen,
wie es damals in Dir ausgesehen haben mag,
wie Du gelitten hast
unter Deinen Enttäuschungen, Deiner Trauer,
Deinem Schrecken und Deiner Wut.

Du denkst,
das ist ja nun alles lange vergessen
und war bestimmt nur halb so schlimm.
Aber es ist nicht vergessen.
Du kannst es nur nicht erinnern,
weil Du nicht wieder und immer wieder
darunter leiden willst.
Dabei tust Du genau das die ganze Zeit,
nur eben, ohne es zu merken.
Und wie Du es bei Dir selbst nicht spürst,
so übersiehst Du es auch bei den Menschen,
die heute (Deine) Kinder sind.

Versuche also beim Lesen
die **Gefühle** die es weckt, **anzunehmen,**
zu bejahen, vielleicht sogar auszudrücken
und genau zu beobachten.

Ohne das bleibt dieses Buch
für Dich wahrscheinlich bedeutungslos.

Das Kind ist jetzt im 3. Lebens-Jahr.

- Sein Gefühl, auf dieser Welt erwünscht zu sein
  und geliebt zu werden, ist etwas geschwächt.
- Sein Sinn für die Wirklichkeit ist
  durch Mängel im Kontakt zur Mutter,
  zu seinen Sinnen und seinen Körper-Funktionen
  nicht ganz ungetrübt,
  eben etwas abgestumpft.
- Es ist auch ängstlich, denn es hat schon
  ein paar schmerzliche Erfahrungen gemacht,
  die es nicht mit Vernunft bewältigen konnte,
  und es ist durch Liebes-Entzug und Drohungen
  leicht einzuschüchtern.
- Es ist sich der Beschütztheit seines Lebens
  auch nicht ganz sicher, denn
  die Eltern haben sich in ihrem Verhalten zu ihm
  nicht als zuverlässig und gleichbleibend erwiesen.
  Manchmal sind sie lieb und verwöhnen das Kind.
  Und manchmal sind sie aufbrausend
  und mißachten das Kind,
  ohne daß es verstehen könnte, warum.

Es ist also etwas verzagt und verunsichert,
aber es hat noch eine Menge Energie übrig,
um am Leben Freude zu haben,
fröhlich und ausgelassen zu sein,
sich für die Welt zu interessieren
und um noch einige Härten verschmerzen zu können.
Es ist also ein ganz normales zivilisiertes, also
in allem etwas unter-entwickeltes Kleinkind.

Nun entwickelt es so langsam seinen eigenen Willen.

Der kleine Mensch fängt an,
eigene Absichten zu haben und zu verfolgen.
Und er kann schon einiges anstellen:
Weglaufen und zugreifen und
alles was ihm in die Finger kommt
fallen lassen oder gar hinwerfen
und natürlich auch kaputt machen.

Wenn er mit seinem Wollen auf Widerstände stößt,
gibt er nicht etwa auf,
sondern verstärkt nur noch sein Wollen.
Und wenn er sich behindert sieht, wird er wütend.
DAS IST VOLLKOMMEN NATÜRLICH!
Man kann das als Erwachsener
mit Rührung und Wohlwollen verfolgen, wenn man weiß,
daß ein selbständiger Mensch wissen muß, was er will,
und dazu als Kind die Erfahrung gemacht haben muß,
daß er das auch **kann.**

Man setzt dem Kinde Grenzen zu seinem Schutz,
aber nicht durch Drohungen oder Verbote
sondern durch den äußeren Rahmen,
und zwar nicht mit einem Käfig von 3 m^2,
sondern mit einem ganzen Zimmer oder einer Wiese,
wo es in seinem Übermut weder Schaden erleiden
nocht anrichten kann.
So kann es seine inneren Möglichkeiten
und die äußeren Grenzen erfahren,
ohne Unterdrückung zu erleiden.
Und so kann es seine natürliche Wut frei ausleben
und das Unabänderliche
aus sachlicher Einsicht hinnehmen lernen.

Man kann als Erwachsener aber auch meinen,
ein Kind dürfe keinen eigenen Willen entwickeln,
Der Eigen-Wille müsse vielmehr
beizeiten gebrochen werden,
damit das Kind gehorchen lernt.

»Ein Kind muß immer tun, was die Eltern sagen,
um ihnen keinen Ärger und keine Schande zu machen.
Darauf kommt es an!«

Und Wut kommt erstrecht nicht infrage.
Die muß sofort und mit aller Härte erstickt werden.
Das Recht auf Wut heißt Zorn und
gehört in das »Gewalt-Monopol« der Eltern...

Wenn ein Kind sich behindert fühlt und sich ärgert,
kann man es auch necken und auslachen,
damit es erstrecht tobt.
Wenn man es dann mit Verachtung bestraft,
fühlt es sich jämmerlich und abgelehnt
und um der Liebe willen,
die es so sehr braucht,
reißt es sich zusammen.

Wie die Eltern auch immer eingreifen,
sie geben dem Kind das Gefühl,
es müsse ganz anders sein,
als es sich selbst von innen her erlebt.
Und so richten sie seine Furcht vor Strafe
gegen seine natürliche Selbst-Behauptung:

DAS KIND UNTERDRÜCKT SICH SELBST.

Wie kommt es aber, daß die Furcht vor Strafe
stärker ist als die Selbst-Behauptungs-Wut?

Wohl ist das Kind schon
durch frühere Entwicklungs-Mängel geschwächt,
aber damit letztlich die Furcht siegt,
muß es erst einmal die Erfahrung gemacht haben,
daß der Wille der Eltern stärker ist als der seine.

Es muß mit der Macht der Eltern
ein für alle mal
entscheidend zusammengestoßen sein.

Das Ausschreien-Lassen ist eine solche Macht-Probe,
wenn es als Unterdrückungs-Maßnahme erfolgt.

Das Kind wird also nicht einfach alleine gelassen,
sondern eingesperrt,
um es für seine Wut zu bestrafen.
Mit seiner Wut im Bauch
und mit dem Hass der Eltern im Nacken
wird es abgeschoben.

So erlebt es seinen Wut-Ausbruch
als vollkommene Machtlosigkeit
und empfindet seine Selbst-Unterwerfung
unter den elterlichen Willen
sogar als Befreiung von ihrer Ablehnung.

Der wirkliche Zusammenstoß mit den Eltern
ereignet sich aber erst,
wenn kindliche und elterliche Wut
aufeinander prallen.

Suchen wir unter tausenden möglicher Szenen
eine beliebige aus, um sie näher zu betrachten
und um tiefer zu verstehen was geschieht.

Mutti's Aschenbecher – eine Szene –

Schau. Ein Kind will spielen.
Für ein Kind gibt es noch kein Mein und Dein.
Mutti's Zinn-Aschenbecher ist ihm genau so recht,
wie seine Bauklötze.
Es will ihn zum Spielen haben und nimmt ihn sich.
Die Mutti geht dazwischen, nimmt ihm den Ascher weg
und stellt ihn zurück auf den Sofa-Tisch.
Das Kind kapiert natürlich garnichts.
Es fängt also nochmal von vorne an.
Es hat eine geduldige Mutter.
Die sagt nachdrücklich »Naaaaaaiin«
und stellt den Ascher nochmal zurück.

Sie meint nun, jetzt wisse das Kind ja wohl,
daß es den Aschenbecher nicht haben darf.
Das Kind weiß aber garnichts.
Es protestiert nur mit einem unwilligen Gequängel
und langt wieder über den Sofa-Tisch.
Jetzt wird die Mutter energisch.
Sie gibt ein paar grimmige Wort-Laute von sich,
entreißt dem Kind den Ascher
und stellt ihn mit lauten Knall auf die Tischplatte.
Das Kind fühlt sich jetzt angefeindet, sieht aber
garkeinen Zusammenhang zwischen dem Aschenbecher
und dem mütterlichen Eigentums-Anspruch
und langt wieder hin.

Jetzt wird es der Mutter zu bunt.
Sie wird handgreiflich.
Aber das Kind beharrt auf seinen Willen,
und hält den Streit-Gegenstand fest.

Im Handgemenge landet das Zinn-Blech auf dem Boden.
Die Mutter ist noch selbst mit schuld daran.
Sie ist erbost, tobt und zetert,
brüllt das Kind an und haut ihm eins auf die Finger.
Das Kind fühlt sich mißhandelt. Mit Recht,
denn es versteht nichts von Recht...
Es schreit wie am Spieß, vorwurfsvoll und aufsässig.

Die Mutter versteht etwas von Eigentum und Zinn,
aber sie versteht leider nichts vom Kind-Sein.
Sie ist als Kind selber daran gehindert worden,
ein selbstsicherer Erwachsener zu werden,
und empfindet deshalb irgendwie selbst noch
wie ein Kind. Aber davon merkt sie nichts.

Sie fühlt sich von ihrem Kinde angegriffen.
Sie empfindet seine Wut als einen Versuch,
sie zu unterwerfen, **sie** zu unterdrücken.
Sie spürt garnichts von ihrer tatsächlichen
Überlegenheit, sondern fühlt sich nur
in ihrer wackeligen Selbständigkeit bedroht:
Will das Kind sie zu **seinem** Willen zwingen?
Sie tyrannisieren?
Das kann sie nicht zulassen.
Das muß sie sich nicht gefallen lassen!

Der Schmerz der eigenen Unterdrücktheit
meldet sich in ihrem Bewußtsein nicht als
eine Erinnerung früher Kinder-Tage,
– das hat sie alles weit verdrängt –
sondern als Trotz, mit dem sie damals
wenigstens ein bißchen Selbst-Achtung
hatte verteidigen können.

Die Mutter benimmt sich also **selbst** wie ein Kind,
und wird auch immer wütender.
Aber sie **ist** kein Kind,
sie ist hundert mal stärker als ihr Kind.
Sie packt das Kind am Arm und schüttelt es.
Wutentbrannt schreit sie es an:
»Hörst Du wohl auf zu brüllen!«

Das Kind brüllt jetzt natürlich erstrecht.
Es trampelt auf dem Boden herum
und giftet die Mutter mit wütenden Blicken an.
Damit handelt es sich aber noch mehr Schläge
auf den zum Glück windel-gepolsterten Hintern ein.
Im Gesicht der Mutter erkennt es glühenden Hass.

Die Mutter haßt nicht eigentlich das Kind.
Was sie antreibt, ist ihr ureigenster,
tief im Innersten begrabener Groll
gegen ihre eigenen, wahren Unterdrücker:
Eltern, Männer, Nachbarn...
Aber all dieser Groll geht jetzt
mit Ingrimm auf das Kind nieder.

In den Augen des Kindes
wird sie damit zu einem riesigen wilden Ungeheuer,
das sein Leben bedroht.
Und es versucht sich mit dem Ausdruck eigener Wut
ganz naturgemäß zur Wehr zu setzen.
Damit erreicht es aber nur, daß das Verhalten
der Mutter noch brutaler und bedrohlicher wird.
Wenn in dieser Szene keiner von beiden nachgibt,
endet sie mit einem krankenhaus-reif geschlagenen,
vielleicht sogar mit einem toten Kind.

Dann sitzt eine **ganze normale** Mutter
wegen Kindes-Mißhandlung oder Totschlags
für mehrere Jahre hinter Gittern.

Du hältst das für übertrieben?
Das kann ich gut verstehen.
Vor den Statistiken über Kindes-Mißhandlungen
kann man wirklich nur das Gesicht begraben
und hoffen, daß sie nicht stimmen.
In Wahrheit ist kein gesundes, kraftstrotzendes Kind
anders als durch Mißhandlung zu unterwerfen,
denn es wird die Durchsetzung seines Willens
mit all seiner Kraft verfolgen
und erst aufgeben, wenn es gebrochen ist.

Was sollte die Mutter tun?
Sich dem Willen des Kindes beugen,
seinen unverschämten Wut-Ausbrüchen,
sich für immer der Willkür des Kindes unterwerfen?
Ist es nicht richtig, daß die Eltern
das Kind **ihrer** Willkür unterwerfen?
Was sollen sie mit einem Teufel machen,
der sich dermaßen quer legt
und sich nicht erziehen lassen will?

Das Ganze hat mit Erziehung garnichts zu tun.
Es ist ein **Macht-Kampf,** der nur **deshalb**
meistens von den Eltern gewonnen wird,
ohne daß sie eine Straf-Tat begehen,
weil das Kind in der Lage ist,
seine Wut selbst zu unterdrücken
und sich durch Selbst-Beherrschung
in die Niederlage zu zwingen.

Im Normal-Fall gibt sich das Kind also
nach einigen schmerzlichen Prügel-Einheiten
und anderen quälenden Lieblosigkeiten geschlagen.

Aus Furcht zieht es den Kopf zurück,
das Kinn nach unten und die Schultern hoch.
Es beißt die Zähne zusammen,
damit dem Mund kein Schrei mehr entweicht.
Es verspannt die Muskeln der Beine,
damit sie aufhören zu trampeln.
Es versteift das Rückgrat
und kneift die Po-Backen zusammen,
um nicht in sich zusammenzubrechen.
Und es streckt die Arme mit gespreizten Fingern
nach hinten-unten, um die natürlichen Wut-Äußerungen
des Fäuste-Ballens und Schlagens zurückzuhalten.
Diese Körper-Haltung, diese totale Verspannung,
ist seine Rettung vor dem Untergang. Es spürt,
daß es jetzt nicht einmal mehr weinen kann,
ohne die aufgebrachte Mutter aufs neue zu reizen.
Also verspannt es auch noch mit aller Kraft
sein Gesicht, um nicht wieder heulen zu müssen.
Dank dieser Selbst-Unterdrückung überlebt es.

Und mit diesem Verhalten wird es
seine naturgegebene Wut in Zukunft bändigen.
Und jedes mal, wenn es zu etwas gezwungen wird,
wird es auf diese Weise mit seinem eigenen
naturgegebenen Willen zu kämpfen haben.

Damit vermeidet es nicht nur weitere Macht-Kämpfe,
sondern verdient sich vielleicht sogar hier und da
ein lobendes Wort für seine Unterwürfigkeit.

Die Ur-Erfahrung der Unterdrückung
findet nicht unbedingt
in einer einzelnen solchen Szene statt.
Bei vielen Gelegenheiten prallen
kindliche Selbst-Entfaltung
und elterliche Unduldsamkeit aufeinander.

Aber wenn das Kind
den Kampf letztendlich aufgibt,
dann nur aus der Erfahrung heraus:

»Meine Eltern können mich vernichten.
Wenn ich nicht tu was sie verlangen,
verlassen sie mich
(sperren mich ein/geben mich weg)
oder sie erschlagen mich.«

**ES GIBT KEINE ANDERE
SEELISCHE GRUNDLAGE FÜR GEHORSAM,
ALS DIE FURCHT VOR VERNICHTUNG!**

Doch »wehe wenn es losgelassen«! Unbeaufsichtigt
wird das unterdrückte Kind unberechenbar.
Um seinem natürlichen Selbst genüge zu tun,
um sich selbst irgenwie treu zu bleiben,
sich nicht ganz und gar ausgeliefert zu fühlen,
wird es jetzt erstrecht eine Menge Dinge tun,
von denen es weiß, daß sie verboten sind.
TROTZ wird der Weg seiner Selbst-Behauptung.

Aus dem freien Willen wird
durch Widerstand Eigen-Wille und
durch Unterdrückung Gegen-Wille:
Ein **trotziges NEIN** zu allem nur Möglichen,
nur um nicht zu tun, was verlangt wird.

Es fügt sich nicht mehr ohne Kampf.
Erstmal widersetzen und sehen was passiert.
Die Eltern reizen und ärgern ist seine Genugtuung.
Hinterrücks Streiche aushecken und
immerzu »was auszufressen«. Bis sie platzen...
Bei heimlichen Ungehorsamkeiten
lacht es sich eins ins Fäustchen.
Neue Strafen sind das einzige Mittel,
das den Eltern einfällt, um das Kind
auch außerhalb ihres Sichtfeldes, also
auf dem Spiel-Platz oder auf dem Schul-Weg,
wo auch immer, unter Kontrolle zu bringen.

Sie sitzen am längeren Hebel.
Straf-Vermeidung wird der Beweg-Grund des Kindes,
»sich zu bessern«.
Nicht Einsicht sondern Unterdrücktheit
prägen seine Persönlichkeit.

Das unterdrückte Kind wird als Erwachsener
gespalten sein in eine aufgesetzte Schein-Person
und ein ins Unbewußte abgedrängtes Selbst.
Hinter einer Maske aus freundlichem Lächeln
und höflichem, sachlichen, vernünftigen Gehabe,
hinter dem Fleiß und dem Guten Willen
schmort die alte kindliche, einst so harmlose und
jetzt maßlos angestaute Wut und bildet die andere,
die »böse«, die »schlechte« Seite seines Ichs,
und darunter verkommt seine wahre Natur.

Auf die beschriebene Weise wird aus kindlicher Wut
der erwachsene Hass, der die Mehrheit der Menschen
wider jede Vernunft und wider alle Aufrufe zu Liebe,
Verständnis und Frieden gegeneinander aufhetzt
zu Feindseligkeiten in allen Lebens-Bereichen, ob
Familie, Partnerschaft, Beruf, Religion, Politik,
Wirtschaft, Verbrechen oder eben Kinder-Erziehung.
Die Menschen glauben an das Böse, weil jeder
es ja in sich spürt: Immerzu droht es
hervorzubrechen. Und Tugend ist, es zu bändigen.

Und wie aus unterdrückter Wut Hass wird, so
wird aus gebändigtem, unterdrücktem Hass: Angst.
Angst vor Menschen und Umständen,
die den Hass wecken, herausfordern könnten,
Angst vorm Sich-Gehen-Lassen, vorm Platzen.

Dieser innere Kampf zwischen Wut und Furcht und
zwischen Hass und Angst erstarrt zum Krampf und
bereitet den Boden für all die Probleme,
an denen die Menschen leiden, und unter denen
Liebe, Glück, Gesundheit und Frieden zugrundegehen.

Noch einmal zurück zum Kampf um den Aschenbecher.
Was war eigentlich am Anfang Schlimmes geschehen?
Das Kind hatte die Mutter garnicht angegriffen.
Es hatte nur seine Absichten verfolgt.
Und als die Behinderung eintrat, hatte es
seinen Unwillen darüber zum Ausdruck gebracht.

Es dachte nie daran, die Mutter zu unterwerfen.
Es wollte doch nur den Aschenbecher bekommen.
Seine Wut richtete sich garnicht gegen die Mutter
sondern gegen die Umstände.
Das Kind weiß noch nichts von Zusammenhängen
und es fehlt ihm jede verstandesmäßige Grundlage,
um zu verstehen und einzusehen,
daß der Ascher etwas Besonderes ist,
das ihm nun mal nicht zur Verfügung stehen kann.

Dann ging die Wut der Mutter auf das Kind nieder,
und die Wut des Kindes bekommt ein neues Ziel.
Jetzt fühlt es sich angegriffen und bedroht.
Es weiß nichts von Gerechtigkeit und
kann nicht beurteilen, ob das Verhalten der Mutter
rechtlich vertretbar ist oder nicht.
Aus seiner Sicht führt es einen Verteidigungs-Kampf,
in welchem es um nichts anderes geht,
als um seine blanke Selbst-Erhaltung.

Durch die katastrophale Niederlage erfährt es,
daß diese Selbst-Erhaltung nur dadurch möglich ist,
daß es auf seine Selbst-Behauptung verzichtet.
So richtet es seine Selbsterhaltungs-Kräfte
gegen sich selbst, verzehrt sich in inneren Kämpfen
und macht sich zum Untertan.

Die Mutter meint dagegen, es sei ihr am Anfang
nur um die Vertretung ihres Besitz-Anspruchs
auf den Aschenbecher gegangen, und später
um die Erziehung des Kindes zum Gehorsam.
Und **den** hält sie für notwendig, um das Kind
die kommenden 15 Jahre im Griff zu haben
und sicher durchs Leben führen zu können.

Jetzt aber hat sie ihr Kind
von seiner »schlechten Seite« kennen gelernt.
Sie glaubt jetzt an das Bösc in ihrem Kind.
Selbstverständlich gibt sie **ihm** die Schuld
an **ihrem** Gewalt-Ausbruch und
sie wird sich jederzeit wieder veranlaßt sehen,
das Kind mit drohenden Blicken und erhobener Hand
zu unterdrücken, sobald es Andeutungen macht,
widerspenstig zu werden.

Der Glaube an das Böse unterstützt ihre Einstellung,
denn er besagt, daß jedes Menschen-Kind
sich zu einem wilden, gewissenlosen, brutalen
und lüsternen Ungeheuer entwickelt,
wenn es nicht – notfalls mit Gewalt –
auf den Weg der Tugend gebracht wird.
Es steht aber heute fest, daß der Mensch sich erst
und gerade **dadurch** zum »Bösen« hin entwickelt,
daß er böse behandelt wird!
Leider meinen die meisten Eltern aber noch, sie
könnten und müßten ihrem Kind das Böse austreiben,
indem sie recht viel böse zu ihm sind.

Wie konnte dieser grausame Denk-Fehler nur entstehen
und sich bis in die heutigen Tage halten?

Die Eltern sind selbst im Glauben an das Böse
also mit elterlichem Böse-Sein erzogen worden.
Sie glauben an das Böse in ihnen selbst
und also auch an das Böse in ihrem Kinde.
Jetzt sehen sie in ihrer Aufgabe als Erzieher die
Notwendigkeit, **das Böse im Kind zu bekämpfen,**
indem sie das eigene Böse dagegen halten.
Das Ganze ist also nur eine künstliche Rechtfertigung
für ihren ins Unbewußte gedrängten,
angestauten Hass auf die eigenen Eltern.

Also meinen sie, **ein Kind sei böse,**
wenn sein Verhalten die Eltern böse macht.
Fasse dich ruhig an den Kopf. Aber so ist es.
Infolge dieser Verwirrung hat das Wort BÖSE
ja auch zwei gegensätzliche Werte.
Böse kann nämlich gut oder schlecht sein.
Wenn das **Kind** böse ist, ist das **schlecht.**
Wenn aber die **Eltern** böse sind, ist das **gut.**
Und das soll ein Kind begreifen!
Und soll es hinnehmen, ohne böse zu werden...

Es ist offenbar eine Frage der Rechts-Lage,
ob Böses gut oder schlecht ist.
Sogar das Gesetz sieht das so, da es den Eltern und
dem Staat das Recht auf Züchtigung zuspricht.
Und da Eltern bekanntlich immer Recht haben,
– »Das wäre ja noch schöner!« –
bleibt dem Kind immer nur der Schwarze Peter.

So erleidet auch die Entwicklung des Verstandes
schweren Schaden, denn eine verrückte Umwelt
formt einen ebenso verrückten Geist.

Die Eltern sagen, sie lieben ihr Kind,
aber sie prügeln es (auch).
Und das Kind liebt seine Eltern,
aber es spürt auch viel Wut gegen sie.
Da es die Eltern fürchtet, unterdrückt es
seine Wut und beginnt damit, sie zu hassen,
ja ihnen den Tod zu wünschen.
Dafür wiederum fühlt es sich schlecht.
Es schämt sich für seine bösen Wunsch-Vorstellungen
und verbannt all diese Gedanken und Empfindungen
aus dem Bewußtsein. So entsteht eine unbewußte
Seelen-Schicht, in deren Verwirrung gedeihen

– in der Kindheit die vielen schrecklichen Träume
und Ängste vor bösen Gespenstern und Ungeheuern,
(Die Grusel-Märchen liefern nur die Gestalten,
nicht aber die rasenden Empfindungen selber.)

– und später all die unvernünftigen Gefühle,
die den Verstand derart verdrehen, daß er glaubt,
der Krieg diene dem Frieden und dem Fortschritt,
die Prügelstrafe der Vernunft und der Liebe,
die Unterdrückung diene der Freiheit,
der Gehorsam der Einsichtigkeit,
die Erziehung diene der Selbstbehauptung,
die Furcht vor Strafe dem guten Willen,
die Furcht vor der Zukunft diene der Arbeits-Freude
und die Furcht vor dem Kinder-Kriegen der Keuschheit.

Nur unter dem Einfluß unbewußter, kranker Gefühle
neigt das Gehirn dazu, **derart unlogisch** zu arbeiten,
fremde Gedanken ungeprüft anzunehmen und sich blind
den herrschenden Meinungen anzuschließen.

Es ist unterschwellige Furcht vor Ablehnung,
also vor Bestrafung, die dafür sorgt,
daß der Verstand sein Denken nicht
der Logik und dem Wirklichkeits-Sinn unterstellt,
(so weit diese Fähigkeiten auch ausgebildet sind,)
sondern sich dem Druck der öffentlichen Meinung,
den Ansichten der Älteren oder Mächtigeren,
dem Schwarz-auf-Weiß-Gedruckten oder gar
nur dem vorlauten Nachbarn unterwirft.

Sobald der Mensch diese Selbst-Unterwerfung aufgibt,
diese fremden Krücken seines Denkens wegwirft,
steht er wieder da, wo er einst aufgehört hatte,
er selbst zu sein,
nur seinen eigenen Wahrnehmungen zu glauben,
nur seinen innersten Regungen zu folgen:
In seiner Kindheit. Hilflos, dumm und unwissend.

Und genau das ist jeder Zivilisierte unbewußt,
und so bist auch Du.
Alles was Du denkst und zu wissen glaubst,
was Du so meinst, hast du von anderen übernommen,
freiwillig oder unter Zwang, oder
im Trotz zum ebenso ungeprüften Gegenteil verkehrt.
Nichts hast Du wirklich selbst erfahren dürfen.
Alles hat man Dir schon vorher eingeschärft.

So glaubst Du, daß Deine täglichen Erfahrungen
Dein Denken und Wissen bestätigen.
Aber das liegt nicht daran, daß alles so ist,
wie Du es siehst, sondern daran, daß Du
garnichts anderes sehen kannst und darfst, als das,
was Deine vorgefertigten Erwartungen erfüllt.

Dieses Verbot, die Wirklichkeit so zu sehen,
wie sie ist, hat seinen traurigen Zweck:
Als Kind solltest Du nicht an Deinen Eltern zweifeln,
an ihrer Vernunft, an ihrem Glauben, ihrer Liebe,
ihrer Rechtschaffenheit und ihren Anordnungen.
Eltern glauben eben, man müsse ein Kind nur
lange genug zu einem Verhalten zwingen,
damit es dann eines Tages von alleine so handelt.
Und dazu müsse man es erst einmal gefügig machen.
Das ist natürlich alles Quatsch.

Heute brauchen die Herrsch-süchtigen Deine Blindheit,
damit Du nicht merkst, wie sie die Welt mit ihrer
geisteskranken Geld- und Macht-Gier zugrunderichten.
Verängstigt und blind bist Du leichter führbar
und dadurch auch **ver**führbar, z. B. zu dem Glauben,
- der moderne Lebens-Stil sei zum Glücklich-Sein
  eine unabdingbare Voraussetzung,
- irgendein Industrie-Erzeugnis fehle Dir
  immer gerade noch zu Deinem Glück,
- ein Lotto-Gewinn könne Deine Probleme lösen, und
- der nächste Krieg bringe den endgültigen Frieden.
  (Aber nur, wenn Du mithilfst, ihn zu gewinnen.)

Wieder alles nichts als Quatsch.

Ängstlichkeit macht Dich verführbar
sogar zu Dingen, die Du ganz bewußt ablehnst.
Denk einmal nach, was Du nicht alles
widerwillen, ja sogar mit Abscheu tust und erduldest,
nur um der Verachtung oder nur der Ablehnung
anderer Menschen (Eltern, Partner, Nachbarn, o.a.)
zu entgehen.

Hast Du ein wenig über Dich nachgedacht?
Wer gängelt Dich? Wem bist Du zuwillen?
Was tust Du so alles nur aus Furcht vor Ablehnung,
nur aus der Absicht heraus, Ärger zu vermeiden?
Lehnst Du nicht viele Erwartungen an Dich ab
nur weil sie für Dich einen Zwang bedeuten,
obwohl Du sie **freiwillig** gerne erfüllen würdest
(und je freier, desto lieber und desto besser)?
Merkst Du, wie Dich solche Zwänge
innerlich hin und her reißen?

Hier und jetzt bist Du dabei, aufzuräumen.
Zunächst mußt Du erfahren und begreifen,
wie die Störungen des Gefühls-Lebens entstehen,
und wie es kommen kann,
daß sie Deinen Verstand verwirren
und Dein Handeln beeinflussen.
Dann kannst Du Dich daran machen,
Dein eigenes Selbst zu ergründen.

Solange Du Dich an dem festhälst,
was Du von Dir selber denkst und wahrnimmst,
drehst Du Dich im Kreise.
Nur das Wissen um ein Innerstes,
das Dir noch verborgen ist, kann bewirken,
daß Du Dich auf die Suche machst
nach Deinem wirklichen Selbst.

Frühkindliche Unterdrückung stört die Fähigkeit,
Gefühle direkt und unverfälscht wahrzunehmen.
Und mit der Unterdrückung haben wir auch
die dazugehörigen Erinnerungen verdrängt.
Das ist etwas anderes als bloßes Vergessen.

Vergessen und Verdrängen ist zweierlei.
Die Erlebnisse, die zur Unterdrücktheit führen,
sind viel zu schmerzlich und dramatisch,
um als Eindrücke einfach weggewischt zu werden.
Sie sind im Gegenteil äußerst lebendig.
Wir können sie aber nicht ins Gedächnis rufen,
solange wir uns vor ihnen fürchten.

Furcht vor Schmerz oder Wut war ja das Mittel,
mit dem wir uns selbst unterjocht haben.
Und Furcht vor dem Ausbrechen solcher Gefühle ist es,
womit wir uns vor diesen Erinnerungen schützen.
Deshalb fällt es Dir auch so schwer zu glauben,
Daß Deine Kindheit neben vielerlei Freuden
doch auch zuweilen äußerst grausam gewesen ist.
Wir wollen derart Schlimmes nie wieder erleben.
Aber gerade dadurch, daß wir davor flüchten,
tun wir es uns täglich an. Wie das?

Unterdrücktheit hat zwei schlimme Folgen:

1. Man ist überempfindlich gegen Ablehnung,
ja sogar gegen gut gemeinte Kritik,
also seelisch viel zu leicht verletzbar.
So ist jede menschliche Begegnung ein Seil-Tanz
zwischen der Sehnsucht nach Annahme und Nähe
und der Furcht vor Ablehnung und Härte.
Deshalb sind die meisten Beziehungen und Kontakte
so nichts-sagend und oberflächlich.
Wehe man kommt sich zu nahe,
wehe man zeigt zu viel Meinung oder gar Gefühl.
Schon läuft man Gefahr, daß es kracht. Also:
Immer hübsch fröhlich und nett miteinander!

2. Seine tiefe Verletztheit und Verletzbarkeit
macht den unterdrückten Menschen sehr leicht wütend.
Er will nicht mehr leiden,
will auf keinen Fall aufs neue verletzt werden.
Und deshalb bekämpft er alles und jeden,
von dem nur die geringste Gefahr ausgehen könnte,
ihn in Gefühls-Nöte zu bringen.

Das meiste Böse, was die Menschen einander antun,
geschieht aus Über-Empfindlichkeit,
aus Angst vor einander,
aus übermäßiger Reizbarkeit zu Wut und Gewalt.
Und immer ist »natürlich« **der andere** schuld.
Im Krieg der Feind,
in der Ehe der Partner und
in der Erziehung das Kind.

Das ist nicht einfach bloß dumm.
Das ist ein krankhafter Charakter-Mechanismus.

Der Weg der Heilung kann nur der sein,
sich endlich **einzulassen**
auf den Schmerz der eigenen Unterdrücktheit,
anstatt die Wut darauf (und daraus)
immer wieder an anderen Menschen auszulassen.

Dann stellt sich plötzlich heraus,
daß man innerlich voll Liebe und Güte ist,
daß man es nur nicht zeigen kann,
weil man sich verfolgt und angegriffen fühlt.
Und dann wird auch klar,
daß man Kinder auch erziehen kann,
ohne sie in die Selbst-Unterdrückung zu treiben.

F Die Ur-Erfahrung des Liebens, Annahme oder Ablehnung des eigenen Gebens, Bestätigung oder Beschämung

In den ersten 2 Kinder-Jahren hast Du
Dich und Deine Umwelt erlebt,
ohne diese Erfahrungen
verstandesmäßig verarbeiten zu können.
Dein Erleben war nur bestimmt
von angeborenen Bedürfnissen und Erwartungen
und von der Frage,
ob sie Erfüllung finden würden oder nicht,
bzw. in welchem Maße.

Erinnere:

– Ein Baby braucht Kontakt mit der Umwelt,
um seine Sinne für die Wirklichkeit zu schärfen.
Ohne genügend Umwelt-Berührung
wird sein Wirklichkeits-Sinn unzulänglich oder wirr,
und ganz ohne Umwelt-Reize
verkümmert das Kind geistig-seelisch zum Idioten.

– Ein Baby braucht Liebe und Körper-Kontakt,
also engen, zärtlichen Umgang mit der Mutter,
um sich in dieser Welt
willkommen und geliebt fühlen zu können.
Mängel in diesem Erleben setzen sich fest als der
Eindruck: »Ich bin nicht (genügend) liebenswert.«

– Ein Baby braucht so viel und so oft Nahrung,
wie es Hunger verspürt.
Mängel in der Versorgtheit schaffen den Eindruck:
»Es gibt auf dieser Welt nicht das was
und nicht so viel wie ich eigentlich benötige.«

– Um zu erlangen was es will, hat das Baby naturgegebene Ausdrucks-Mittel:
Es streckt die Arme aus, grunzt und quietscht, und macht ein flehendes Gesicht.
Wenn das nichts einbringt, fängt es an zu winseln.
Und wenn auch das nichts hilft, wird es zunächst laut weinen und dann schreien und brüllen, zuerst verlangend, dann mit Nachdruck und letztlich mit ausgesprochener Wut.
Wenn es mit alledem keinen Erfolg hat, setzt sich in ihm der Eindruck fest:
»Ich kann für das was ich brauche nicht selber sorgen.
Meine Bemühungen sind erfolglos.
Was ich auch tu, ich werde nicht genügend versorgt, nicht genug geliebt und immer wieder einsam sein.«

Diese frühkindlichen Eindrücke bleiben im Unterbewußtsein gespeichert und bestimmen sein ganzes weiteres Leben, solange sie nicht aufgedeckt und beseitigt werden.
Selbst wenn der Erwachsene später Erfahrungen macht, aus denen er den gegenteiligen Schluß ziehen müßte, wird er immer wieder dem »Ich kann nicht« und dem »Es hat ja doch keinen Zweck« verfallen.

Aus solchen Störungen erwächst die Einstellung:
»Ich muß für alles Angenehme im Leben erst einmal etwas leisten, oder hinterher dafür bezahlen.
Ich bekomme nichts, ohne etwas dafür zu opfern.«

Die meisten Menschen halten das für ganz klar. Aber schau Dich um: Sind nicht die meisten unzufrieden?
Und opfern doch täglich viel Zeit und Mühe vergebens?

(Wenn der Mensch glaubt,
er müsse erst geben, um nehmen zu dürfen, dann
leitet er auch aus jeder seiner Leistungen
einen Anspruch auf Gegen-Leistung ab.

Er opfert, damit ihm geopfert wird.
Und er ist bitter enttäuscht, wenn er mit seinem
Opfer auf Gleichmut oder gar Undank stößt.
Er kann nicht sehen, daß Opfern garkein Geben ist,
wenn es nur geschieht, um zurückzubekommen.
Und er sieht nicht, daß er mit den Ansprüchen,
die er aus seinen Opfern ableitet,
jede Möglichkeit zerstört, beschenkt zu **werden.**
So bleibt er arm im Herzen und sorgt mit seinem Tun
noch selbst für die Bestätigung seiner Ur-Erfahrung,
daß das Los seines Lebens im Verzicht besteht.

Das ganze Leben ist aber ein Geschenk.
Und Glück heißt beschenkt werden, **ohne** zu Dank
oder Gegen-Gaben verpflichtet zu werden.
Und Glück heißt Schenken,
nicht: Geben um nehmen zu dürfen.
Und Glück heißt nicht nur, etwas zu geben zu haben,
sondern heißt auch: **Nehmen können.**
Das Geben macht doch nur **dann** glücklich,
wenn es auch den Beschenkten glücklich macht,
nicht aber, wenn es ihn mit einer Pflicht belastet.

Die meisten Menschen haben beim Nehmen
Schuldgefühle. Diese verwechseln sie mit Dankbarkeit,
so wie sie beim Geben Gegen-Gaben erwarten
und diese mit Dank verwechseln.
Was Dankbarkeit wirklich ist, wissen sie nicht.

Dankbarkeit hat etwas mit Liebe zu tun, aber
unsere Moral von der ausgleichenden Gerechtigkeit
ist eine lieblose Rechen-Aufgabe.
Liebe ist in keiner Weise berechnend.
Wer gibt, um zu bekommen, liebt nicht richtig
und wird auch keine richtige Liebe erhalten.

Wer mit dem Dank des anderen rechnet,
ist ein Betrüger und wird Undank ernten.
Er strebt nicht das Geben an,
sondern das Wieder-Kriegen.
Liebe heißt, das eigene Geben als Nehmen empfinden.
Dieses Glück ist dem Wohl-Erzogenen genommen.

Geben und Nehmen sind Ur-Vorgänge des Lebendigen.
Man muß sie nicht erst erlernen, indem man
- seinen Egoismus niederhält,
- sich zwingt, auch an die anderen zu denken,
- sich zwingt, zu verzichten oder zu teilen.

Wenn man nicht einfach geben und nehmen kann,
dann nur deshalb, weil man als Kind
zum Rechnen erzogen worden ist, anstatt zum Lieben.
Liebe mag wohl das Erziehungs-Ziel gewesen sein,
aber das Ergebnis kann nicht Liebe sein,
weil das Lieben etwas Angeborenes ist,
das zerstört wird,
wenn man es zu erzwingen versucht!
Man kann das Lieben nicht lernen
und man kann es auch niemanden beibringen.
Das Ergebnis solcher Versuche kann nur Hass sein.
Denn Hass ist die natürliche Reaktion auf
die Unterdrückung von etwas Natürlichem.)

– Mit 2 Jahren beginnt das Kind zu wollen.
Wie es dabei nicht einfach auf Widerstände stößt,
sondern auf entschiedene Unterdrückung,
und wie es – um sich zu retten – lernt,
sich selbst zu unterdrücken,
haben wir gesehen.
Dieser Selbst-Unterdrückung fallen zum Opfer
die Selbst-Behauptung und damit die Selbst-Achtung
und die innere Freiheit,
naturgemäß zu empfinden,
logisch und wirklichkeits-nah zu denken
und die angeborenen Talente zu entfalten.

Bei der Selbst-Unterdrückung richtet das Kind
seine Furcht vor Strafe
gegen seine Lust auf lebendige Selbst-Entfaltung.
Es baut gegen sein naturgewolltes **Wollen**
ein furcht-erfülltes, mächtiges **Nicht-Wollen** auf,
mit dem es jeden eigenen Antrieb nieder-ringt.

So wie den frühkindlich verkümmerten Menschen
ein Gefühl des **»Ich kann nicht«** quält,
was durchaus seiner durch Entbehrungen
geschwächten Lebens-Energie entspricht,
so beherrscht den frühkindlich unterdrückten
Menschen ein selbst-ablehnendes, alles verneinendes
»Ich will nicht«.
Er hält sich selber fest und
kann nur noch aus Furcht und Zwang aktiv werden und
anderen nur mit Vorschriften und Zwängen begegnen.

Aus Unterdrückung wird Selbst-Unterdrückung und
diesem Mechanismus fällt auch die Liebe zum Opfer.

Mit 3 Jahren entwickelt das Kind nun
naturgemäß seine Liebe.
Es fängt an, zärtliche Gefühle zu haben
und richtet sich damit ganz unbefangen
an seine Mitmenschen.
Es spürt jetzt, daß es auch etwas zu **geben** hat.
Es will Eltern und Geschwister streicheln,
will Küsschen geben und hat dabei
tiefe körperliche-seelische Wonne-Gefühle
im Herzen, in der Lunge, im Bauch, unter der Haut,
in allen Muskeln des Körpers und natürlich auch
in den Geschlechts-Organen.

Die gesunde Entwicklung der Liebe
hängt wieder ganz davon ab,
wie die Umwelt auf die ihr entgegen gebrachten
Zuwendungen und Zärtlichkeiten reagiert.

Nun sind zivilisierte Eltern durchweg
sexuell verklemmt. Wie anders könnten sie
auf die Liebe ihres Kindes antworten, als mit
Verlegenheit, Kälte oder gar schroffer Zurückweisung?

Wie die Mutter schon beim Stillen von
sexueller Erregung verwirrt war,
oder gar körperlich so verkrampft,
daß sie zum Stillen garnicht in der Lage war,
das Kind an der Brust als Belästigung empfand
und sich zurückzog,
so fühlen sich die Eltern jetzt
durch die Zärtlichkeiten ihres Kindes
in ihre innere Gefühls-Enge getrieben und
reagieren mit Zurückhaltung oder Abwehr.

Die Unterdrücktheit der eigenen Zärtlichkeit
hindert die Eltern daran, auf die Zärtlichkeit
eines Kindes mit Zuneigung zu antworten.
Die Unterdrücktheit der eigenen Sexualität
hindert sie daran, auf die sexuelle Erregung
eines Kindes mit Wohlwollen und
kindgemäßer Unbekümmertheit zu reagieren.

Naturgemäß wollen Kinder in diesem Alter
unter ihresgleichen sein.
Aber in der zivilisierten Klein-Familie haben
die Eltern überall die Hände im Spiel.
Sie sind nicht nur die einzigen
und eben auch die falschen Bezugs-Personen
für die Entwicklung der kindlichen Sexualität.
Sie mischen sich auch ungefragt in die Spiele
und Kämpfe und in die Erforschungen der Kinder ein
und unterdrücken mit Verachtung und Straferei alles,
was sie aus eigener Unterdrücktheit heraus
für böse, unzüchtig und unsittlich halten.
Und Sex im Klein-Kind-Alter gilt unbedingt
als das Teuflischste, Ekelhafteste und
Unterdrückungs-würdigste, was die Natur hervorbringt.

Auf diesem Wege verewigt sich die sexuelle
Zwangs-Moral von Generation zu Generation
auf so tiefgreifende Weise, daß sie Millionen
von Menschen als etwas Natur-Gewolltes erscheint.
Und obwohl die Geschlechtlichkeit
nur eine besondere Form von Liebe ist,
sind von ihrer Unterdrückung doch
alle anderen Formen die Liebe mit betroffen.

Beschämung ist die Ur-Erfahrung,
die zu Scham-Gefühlen führt.
Scham ist nichts anderes als
Furcht vor Zurückweisung.
Aus seiner Beschämtheit heraus
fühlt sich der Mensch auch minderwertig.
Seine Ur-Erfahrung,
mit seiner Liebe auf Zurückweisung zu stoßen,
»lehrt ihn«, daß er nichts zu geben hat.
Und was ist wohl beschämender,
als mit einem Geschenk in der Hand abgewiesen,
ausgelacht oder gar bescholten zu werden?

Sexuelle Lust ist ursprünglich ein Gebe-Wunsch.
Aus der Zurückweisung lernt das Kind,
daß es nicht sexuell erregt sein darf
und seine Geschlechts-Organe sogar verstecken muß,
um nicht abgelehnt zu werden.
Deshalb nennt man den Schoß ja auch Scham.

Nackt vor anderen dazustehen
macht dem Erwachsenen Furcht vor Schande.
Und andere nackt dastehen zu sehen,
macht ihn verlegen
oder ruft in ihm die Ablehnung wach, den Hohn
oder gar den Hass, auf die er als nacktes Kind
bei seinen Eltern gestoßen war,
mit denen er seine eigenen Sehnsüchte
nach Liebe, sexueller Annahme und Erfüllung
immer wieder zurückdrängt
und mit denen er die natürliche Entwicklung
seiner eigenen Kinder abermals verhindert.

Der Grad der Zurückweisung, die Härte der Verneinung entscheiden über die Verletzung und Beeinträchtigung der sich beim Kind entwickelnden Liebes-Gefühle.

Ist die Ablehnung nicht all zu schroff, dann
kann das Kind seine Gefühle zumindest halbwegs
zulassen, annehmen und wachsen lassen.
Es zieht sich aber darauf zurück,
seine Liebe auf Ersatz-Dinge zu richten,
auf Gegenstände oder Puppen,
Haustiere oder Fantasie-Personen.
Die Liebe wird zu einem stillen Geheimnis
verbunden mit der Hoffnung:
»Eines Tages wird der Mensch schon kommen, der
meine Sehnsucht erwidert und meine Liebe wach-küßt,
der für mich vorbestimmt ist.«

Da Liebe, Zärtlichkeit, Verlangen und Hingabe aber
zumindest teilweise unterdrückt und unterentwickelt
sind, ist es später mit dem Wachküssen nicht getan,
und der rasenden Verliebtheit folgen immer wieder
Ernüchterung, Zerwürfnis und von neuem die Hoffnung,
»Dies ist wohl doch noch nicht der richtige Prinz.
Ich muß noch weiter schlummern und schmachten.«

So dies mehr für Mädchen gilt, träumt doch auch
der Junge, dessen Liebe beschämt wurde,
später von der Frau fürs Leben,
von einer, die sein Verlangen erhört
und seine Liebe annimmt.
Doch wenn sie in sein Leben tritt,
fehlt ihm die Fähigkeit, seine Gefühle auszuleben,
seine Liebe auszudrücken und **ihre** Liebe anzunehmen.

Die Zurückweisung der kindlichen Liebe
und seiner zärtlichen Äußerungen
kann so heftig sein, daß das Kind
sich tief verletzt und beschämt
in sich zurückzieht.
Es verbannt seine Gefühle aus dem Bewußtsein,
bis es garnichts mehr von ihnen merkt.

So ein Mensch läßt nichts und keinen mehr
an sich heran. Die Furcht vor Zurückweisung, vor
immer wiederkehrenden Demütigungen und
Verletzungen beherrscht seine Einstellung
zum anderen Geschlecht
oder gar zu allen Mitmenschen.
Mit abweisender Ausstrahlung
und verletzendem Verhalten
hält er die anderen auf Abstand.
Ein Leben in Liebe und Frieden ist ihm unmöglich.
Und doch verzehrt ihn (unbewußt) die Sehnsucht.

Frühkindliche Verletzungen der Liebe bewirken,
zusammen mit der Furcht vorm Verlassen-Werden,
daß die meisten Menschen die Partnerschaft
nur am Anfang als Himmel und
im weiteren Verlauf als Hölle empfinden.
**Aber der Kampf der Geschlechter
ist nichts Natur-gegebenes, sondern nur
die Folge seelischer und körperlicher Schäden,
die durch eine liebes-feindliche und
die Sexualität verteufelnde Erziehung entstehen.**

Auf Partnerschafts-Probleme möchte ich
später noch näher eingehen.

Liebe ist Lust am Austausch,
am gegenseitigen Geben und Nehmen.

Durch die Mißachtung der kindlichen Bedürfnisse
wird die Fähigkeit zum Nehmen gestört.
Durch die Zurückweisung der kindlichen Liebe
wird die Fähigkeit zum Geben gestört.

Aus dieser Störung heraus wird Sexualität oft
als bloßes Nehmen verkannt und verurteilt.
Gesunde Sexualität ist wohl keines von beiden,
weder Nehmen noch Geben, sondern innige Vereinigung,
Ineinander-Fließen, Einswerden zweier Menschen.
Unterdrückten und beschämten Menschen
ist diese Fähigkeit weitestgehend genommen,
und so der Weg zum Glück versperrt.
So verbringen sie ihr Leben im Kampf um
ein **bißchen** Liebe und ein bißchen Glück,
ein bißchen Nehmen und Geben,
im Kampf gegen die Trostlosigkeit des Alltags
auf der Suche nach immer neuen Reizen,
immer neuen Ersatz-Beglückungen.
Und die **wahre** Liebe, das wahre Glück
verkümmern in ihren Herzen,
im Kerker ihrer in früher Kindheit auferlegten
und heute weiter unerkannt bleibenden Hemmungen.

Von tief innen steigt oft eine Ahnung hoch,
die sagt zu Dir: »Das ist es nicht«.
Dann haderst Du mit allem und jedem,
dabei bist Du es selbst, der Dir im Weg steht.
Hier und jetzt lernst Du vielleicht,
es zu sehen und damit aufzuhören.

Viele Menschen denken heute,
die Unterdrückung der Sexualität sei
ein rein sittliches und moralisches Problem,
das nur die Erwachsenen betrifft.
Indem die Anschauungen freiheitlicher geworden sind,
und das Geschlechts-Leben als etwas Natürliches,
nicht unbedingt Sündhaftes erkannt wurde,
sind die Menschen aber noch lange nicht
von ihren inneren sexuellen Verkrampfungen und von
der Beschämung ihrer Liebes-Gefühle befreit worden.

Man hat sogar erkannt, daß mehr Sex die Menschen
glücklicher und damit friedfertiger machen kann.
Das stimmt wohl grundsätzlich, aber es stimmt **nicht,**
solange die Menschen sexuell gestört bleiben.
Der normal-gestörte Sex ist noch lange keine Liebe
und ist deshalb auch niemals wirklich be**fried**igend.

Die sogenannte Sexuelle Revolution
hat überhaupt noch garnicht stattgefunden,
solange die frühkindliche Sexualität übersehen,
mißachtet, unterdrückt oder gar
verteufelt und zerstört wird,
und solange der Einzelne nicht erkennt,
daß **er selbst** als Opfer sexual-feindlicher Erziehung
in Sachen Liebe und Geschlechts-Leben
nicht störungsfrei funktioniert.
Dann erst kann dafür gesorgt werden, daß die
natürlichen, angeborenen, gesunden Liebes-Gefühle
im Menschen aufleben und sein Verhalten bestimmen.
Und dann ist Sexualität nur noch einer von vielen
Bereichen, in denen Liebe Ausdruck findet.

Gerade **weil** Liebe und Sexualität unterdrückt sind, gerade **weil** deshalb keine tiefe gesunde Befriedigung erlebt werden kann, sind die Menschen davon besessen. Gerade **weil** der Trieb von kindauf unterdrückt wird und so niemals zu natürlichem Ausleben gelangt, beherrscht er das Innen-Leben und wird zu einem **ewig verlockenden und doch nie erreichbaren Ziel.**

Einen Menschen mit naturbelassenen Instinkten könnte all die auf Sex-Symbole zurückgreifende Reklame für lauter Waren, die mit Sex garnichts zu tun haben, niemals interessieren oder gar zum Kauf bewegen. Die Werbe-Psychologen machen sich schlauerweise durchweg **die** Bedürfnisse der Menschen zunutze, die unterdrückt, also nicht zu befriedigen sind, um sie auf Ersatz-Befriedigungs-Güter geil zu machen. Freiheit, Sex und Abenteuer werben deshalb heute für Drogen, Wohlstands- und Vergnügungs-Artikel mit Erfolg, weil der unbewußt unterdrückte Trieb bereitwillig auf die Ersatz-Ziele hereinfällt.
(So kommt es z. B., daß viele Männer
mehr Zeit darauf verwenden, ihr Auto zu waschen,
als ihre Frau zu streicheln
oder mit ihren Kindern zu spielen.)

Aus unterdrückter Liebe werden Eitelkeit , Ehrgeiz,
Ruhmsucht, Schadenfreude, Hass und Gier,
Gleichgültigkeit gegen Natur und alles Lebendige,
Abhängigkeit von Geld und Job und Konsum-Industrie
und die Bereitschaft,
zur Erhaltung all dieser Un-Werte aufzurüsten
und das Fortleben der Menschheit zu gefährden.

Ein zusammenfassender Rückblick

Du magst fragen, woher man denn die Sicherheit nehmen könne, daß der Mensch von Natur aus gut sei. Aber so eine Sicherheit braucht man garnicht. Wir müssen nur erkennen, daß der Mensch von Natur aus **die Fähigkeit** mitbringt, gut oder böse zu **werden,** empfindsam oder stumpf, klug oder dumm, stark oder schwach, usw. und daß die Erziehungs- und Umwelt-Einflüsse über diesen seinen Entwicklungs-Weg entscheiden.

Bis hierher müssen mir gerade auch all diejenigen Recht geben, die selber immer von der Wichtigkeit der Erziehung für Mensch und Gesellschaft reden. Nur verstehen leider die meisten von ihnen Erziehung vornehmlich als Kampf gegen **das vermeintlich angeborene Böse,** während ich davon überzeugt bin, daß das Böse erst **durch diesen Kampf verursacht** wird. **Wenn natürliche Selbst-Behauptungs-Kraft und harmlose, kindliche Liebes-Lust wie Tod-Sünden bekämpft, bestraft und unterdrückt werden, wie kann es da wundern, daß der Mensch folglich statt Güte, Einsicht, Liebe und Friedfertigkeit nur Härte, Dummheit, Hass und Streitsucht entfaltet?**

Die Menschen müssen nur endlich erkennen, daß unterdrückende Erziehungs-Maßnahmen immer genau **das bewirken,** was sie eigentlich verhindern sollen. Solange dieser Teufelskreis nicht durchbrochen wird, haben Liebe und Frieden und das sogenannte Gute in der menschlichen Gesellschaft keine Chance.

Was die ersten 4-5 Kinderjahre angeht,
drohen als naturwidrige Umwelt-Einflüsse
VERÖDUNG, VERKÜMMERUNG,
UNTERDRÜCKUNG und BESCHÄMUNG.
So vielfältig die Einfluß-Möglichkeiten
im einzelnen sind, so vielfältig sind auch
die Charaktere, die dabei entstehen.
(Charakter heißt im Griechischen PRÄGUNG.
Deshalb sollten wir uns darauf einigen,
das Wort Charakter nur für die nicht-angeborenen
Eigenheiten der Persönlichkeit zu benutzen.)

Durch **VERÖDUNG** bleiben die 5 Sinne,
das Nervensystem und das Gehirn unter-entwickelt.

Durch **VERKÜMMERUNG** bleiben Muskeln und Organe
und damit das Energie-System des Menschen
in ihrer naturgeplanten Entwicklung zurück.
Verödete, verkümmerte Kinder sind leicht zu führen.
Aber sie sind immer lustlos und schwerfällig
und neigen ständig zu Krankheiten.

Naturgemäß gedeihende Babys strotzen vor Gesundheit
und Lebensfreude, Kraft und geistiger Helle.
Um sie zu widernatürlichen Verhalten zu bewegen,
muß man ihren gesunden Eigenwillen brechen und sie
zur Selbst-**UNTERDRÜCKUNG** zwingen oder nötigen.
Das geht nur mit Gewalt bzw. Gewalt-Androhung.
Gesunde Kinder sind neugierig, besser: wissbegierig,
und wenn sich die Lust in ihren Körpern regt,
gehen sie ihr unbekümmert auf den Grund.

Durch **BESCHÄMUNG** wird ihre natürliche,
gesunde Liebes-Fähigkeit gefesselt und geknebelt.

Die frühkindlichen Schädigungen
spalten die Persönlichkeit des Menschen
in einen bewußten und einen unbewußten Teil.

Der Mensch mit **verödetem, verkümmertem Charakter-Zug**
ist den Forderungen der Wirklichkeit wenig gewachsen.
Wenn er sagt »Ich kann nicht«, dann ist das auch so.
Mit seinem gutwilligen »Ich will aber doch« leugnet er
seine Schwäche, verdrängt sie aus dem bewußten Teil,
baut Luftschlösser und treibt bei ihrer Verfolgung
Raubbau mit seinen wenigen Kräften, bis er
erschöpft und geknickt in Trübsal verfällt.
Wenn er sich erholt hat, beginnt das Spiel von vorn.

Beim Menschen mit **unterdrücktem Charakter-Zug**
fällt auch die Unterdrücktheit in den unbewußten Teil.
Aus dem aufgezwungenen Nicht-Dürfen
wird ein unbewußtes (halb-bewußtes) Nicht-Wollen
(um Strafen zu vermeiden, usw.).
Er sagt **auch** »Ich kann nicht«, (wie der Verkümmerte)
aber in Wirklichkeit **will** er nicht: Er hält sich
in seinem unbewußten Nicht-Wollen selbst gefangen.
Die ständige Zurückhaltung seiner Antriebe,
seine andauernde verkrampfte Haltung
zehren ebenfalls arg an seinen Kräften,
aber meist hat er genug davon,
um sich durchzukämpfen und erst später
und dann plötzlich zusammenzubrechen.

Ebenso hält **der beschämte Mensch** seine Liebe zurück
(um Schande und Zurückweisung zu vermeiden).
Die so entstehenden Nöte sind vielfältigster Art
und führen zu vielerlei Überwindungs-Versuchen.

Im weiteren Verlauf von Kindheit und Jugend
und auch noch später im Leben
steht der Mensch dann vor der Aufgabe,
die Störungen seiner Persönlichkeit zu bewältigen.
**Aber da es ihm völlig an Bewußtsein darüber fehlt,
daß er überhaupt solche Störungen hat,
und darüber, was ihn geprägt hat,
führen seine Bewältigungs-Versuche nur
zu weiteren Störungen.**

Auf dem sandigen oder morastigen Boden
seiner frühkindlichen Entwicklung baut er
nach und nach sein Ich auf,
den aufgesetzten Teil seiner Persönlichkeit
der ihm bewußt ist, und den er
für sein wahres Selbst hält.

Bei **Verödung** ist es ein verrücktes Ich
mit Wahnvorstellungen und Zwangs-Handlungen.
Bei **Verkümmerung** wird es ein zwischen Hoffnungen
und Enttäuschungen schwankendes Ich.
Bei **Unterdrückung** wird es unterwürfig und gehässig
oder herrschsüchtig und selbstgerecht.
Und bei **Beschämung** wird es ein stolz versteiftes,
eingebildetes, unbewußt aufreizendes Ich, oder
ein eitles, ehrgeiziges, im Ernstfall skrupelloses.

Ja und von alledem trägt jeder zivilisierte,
wohl-erzogene Mensch
seine ganz persönliche Mischung mit sich herum.
Danach wollen wir in den nächsten Kapiteln suchen.

Mach mal Pause...

Ich wüßte ja gerne,
was Dir jetzt so durch den Kopf geht.
War Dir das bisher Gesagte vollkommen neu?
Dann bin ich sicher, es lohnt sich für Dich, das
ganze Kapitel Ur-Erfahrungen noch mal zu lesen.
Am besten vielleicht sogar alles von Anfang an.
Beim ersten Durchlesen bleibt immer nur
bestenfalls die Hälfte des Inhalts im Geiste haften.
Und davon vergißt man sehr schnell
nochmals die Hälfte,
weil bestimmte, bisher unbekannte Gefühle
sich wieder aus dem Bewußtsein zurückziehen.
Und so gehen die mit ihnen verbundenen Neuigkeiten
mit in die Vergessenheit über.

Beim zweiten Lesen merkt man meistens auch,
daß man Vieles noch
überhaupt nicht gelesen hatte.
Sogar beim dritten und vierten Mal
entdeckt man noch immer wieder
neue Inhalte und Zusammenhänge, ganz einfach
weil man beim Lesen wächst und immer mehr
und immer schwierigere Dinge begreifen lernt.

Konntest Du meinen Ausführungen
leicht folgen und zustimmen?
Dann stimmt etwas nicht.
So ganz ohne Widerspruch und Gegenwehr
hat noch selten ein Mensch
diese Erkenntnisse aufgenommen und verdaut.
Schließlich stellen sie die
ganze abendländische Weltanschauung auf den Kopf.
Moral und Recht, Sitte und Gesetze werden sinnlos,
werden gar selbst zu Wurzeln des Übels,
wenn man des Menschen Charakter und Verhalten,
vor allem seine Schwächen und Fehler,
seinen Hass und seine Dummheit,
Verbrechen und Krieg
auf **frühkindliche Mißhandlungen zurückführt,**
die als aufgeklärte, menschenwürdigste
Erziehung gelten.

Deshalb lehnst Du das alles hier
vielleicht auch aus sachlicher Überzeugung ab.
Es macht Dich eher wütend.

Oder ängstlich?

Schau Dir Deine negativen Reaktionen
in aller Ruhe an.
Sie gehören zu Deiner Persönlichkeit.
Wenn Du sie bis zu ihrem Ursprung verfolgst,
stößt Du mit Sicherheit auf
lauter positive Empfindungen...

Wie auch immer,
gönne Dir eine Pause.
Schieb alles auf morgen oder nächste Woche,
und dann lies alles noch mal.

Geh tief in die Gefühle hinein,
die der Text bei Dir weckt.
Sei richtig wütend,
beschimpfe laut oder im Geiste das,
was Dich wütend macht.

Oder sei traurig, richtig traurig.
Und finde dann heraus, was es eigentlich ist,
das Dich so runterzieht.
Wut und Trauer kommen aus **Dir** hoch.
Sie sind auch da, wenn keiner sie weckt.
Und unbewußt hindern sie Dich erstrecht daran,
Dich zu erkennen und zu entfalten,
Dich durchzusetzen und Dich zu genießen.

Je unangenehmer die Gefühle sind,
die Du beim Lesen hast,
desto wichtiger ist das Gelesene für Dich.

Und wenn es Dich gefreut hat,
all das zu erfahren,
dann koste Deine Erleichterung genüßlich aus.

Jedenfalls:
Beim zweiten oder dritten Durchlesen
verstehst Du Dich und Deine Reaktionen immer besser.
Vieles wird klarer und manches verliert auch
seine anfängliche Unerfreulichkeit.

ZWISCHEN-WORT

Vielleicht hast Du große Schwierigkeiten zu glauben,
was Du hier zu lesen bekommst.
Es fallen Dir eine Menge Fragen ein,
die das Gesagte in Zweifel ziehen:
»Warum hat mir das nie einer gesagt?«
»Warum tut denn keiner was dagegen?«
Du hast das Gefühl:
»Das kann doch alles garnicht wahr sein!«
»Wenn es wahr wäre, dann würde doch...,
dann wäre ja...«
Und die Antwort ist immer dieselbe: Jeder Einzelne,
ob Hausfrau, Arbeiter, Psychologe oder Politikerin,
ist selbst Opfer seiner frühkindlichen Vergangenheit
und infolge der Verdrängung unfähig,
sich zu erinnern und
zu erkennen, was ihn und die anderen geprägt hat.

Nur wer sich auf den Weg macht,
die Tiefen der eigenen Seele zu erforschen,
kommt mit diesen Tatsachen wirklich in Berührung.
Und dann erscheinen sie ihm selbstverständlich –
und zwar **um so mehr, je weiter er
mit seiner Selbst-Erkenntnis fortschreitet.**

Der erste Schritt dazu ist der, daß man wieder
wie ein Kind zu fragen beginnt: WARUM?
Das ist Dir damals irgendwann verboten worden,
weil es Mutter auf die Nerven ging,
weil sie nichts mehr zu antworten wußte, als:
»Das ist eben so. Damit mußt Du Dich abfinden.«
Oder: »Weil Mutti das so will. Und basta.«

Der zweite Schritt ist der, daß Du Dir genau anschaust, was Eltern mit ihren Kindern machen.
Du wirst sofort bemerken, daß sie bei aller Liebe, Sorge, Hege und gutem Willen auch unendlich viel unötiges Leid in ihren Kindern erzeugen.
Und schaust Du in die Augen, in die Gesichter der Kinder (Klassen-Fotos eignen sich besonders dazu), wirst du erkennen, daß sie die Schmerzen, die Verzweiflung, die Verbitterung und die Gebrochenheit ihrer kleinen Seelen ausdrücken.

Das klingt wie eine böse Anklage gegen alle Eltern dieser Welt. Also auch gegen Deine eigenen.
Und da wird Dir plötzlich ganz anders.
Darf man seinen Eltern denn Vorwürfe machen wegen der Erziehungs-Fehler, die sie damals (vielleicht) gemacht haben?
Tut man ihnen nicht Unrecht, wenn man heute dafür Rechenschaft von ihnen verlangt?
Handelten sie nicht immer nach bestem Wissen, und war es nicht immer Liebe, die sie zu allem bewegte?
Auch dazu, einmal zu strafen und hart durchzugreifen?
Man kann ihnen doch keine Absicht unterstellen, wenn sie dabei manches mal auch ungerecht oder unbeherrscht gehandelt haben mögen.

Schau Dir Deine Eltern (oder die Erinnerung an sie) aber einmal ganz genau an.
Regt sich dann nicht neben aller Liebe auch viel Furcht und Wut gegen sie in Deiner Brust?
Woher mögen diese Gefühle wohl kommen, die Dich ihnen gegenüber so verletzbar und zänkisch machen?

Gibt es nicht immer wieder Streit mit Deinen Eltern?
Und dreht sich der nicht immer um dieselben Dinge?
Daß Du nicht so bist und lebst, wie sie es wollen,
und sie Dich mit ihren Erwartungen nicht in Ruhe lassen?
Oder ist Dein Verhältnis zu Deinen Eltern
(und Schwieger-Eltern) voll inniger Übereinstimmung?
Dann wirst Du es besonders schwer haben zu erkennen,
daß ihre Einwirkung auf Deine kindliche Entwicklung
ursächlich auch für **die** Seiten Deines Ichs
und Deines Lebens sind, die Du heute beklagst.
Wie auch immer. Es geht mir nicht darum, Dich
mit meinem Buch gegen Deine Eltern aufzuhetzen
und Chaos in Dein Familien-Leben zu tragen.
Im Gegenteil. Ich wünsche mir wie Du, daß mehr und
mehr Frieden in Dich und Deine Beziehungen kommt.

Dazu ist es als nächstes nützlich, ja notwendig,
daß Du Dir Klarheit verschaffst über den

Unterschied zwischen Schuld und Verantwortung.

Die meisten Menschen denken sich nichts dabei:
»Wenn einer einen Auto-Unfall verursacht,
ist er schuld und muß
die Verantwortung für seinen Fehler tragen.«
Schuld bedeutet aber zusätzlich, daß er mit einer
Bestrafung wegen der Mißachtung eine Verkehrs-Regel
rechnen muß und obendrein womöglich auch noch wegen
fahrlässiger Körper-Verletzung oder Schlimmerem.
Er muß also nicht nur für den Schaden aufkommen,
dem Opfer vielleicht ein Schmerzens-Geld zahlen,
sondern er zahlt auch noch Strafe
oder muß gar ins Gefängnis.

Wenn er Pech hat, war sein Verschulden so groß,
daß seine Versicherung sich weigert,
die Kosten des Schadens zu tragen und dann
ist das Leben des armen Teufels ruiniert.

Warum? Weil die Menschen (Du?), die Gesellschaft,
ihr Staat, Gesetze und Gerichte darauf bestehen,
daß gestraft wird. Dabei ist längst erwiesen,
daß durch Strafe kein Unheil ungeschehen gemacht
werden kann, sondern nur weiteres Unheil entsteht.
Die Bestrafung verhindert sogar, daß der Bestrafte
seine Tat aus eigener Kraft wiedergutmacht.
Und trotzdem noch heute wie seit Jahrtausenden
dieser Aufwand: Auge um Auge. Zahn um Zahn.

Böses mit Bösem vergelten ist das Prinzip der Sühne.
Und auch wenn man an Jesus Christus
nicht recht glauben mag,
man braucht nicht gläubig oder heilig zu sein,
um zu sehen, daß Sühne immer neues Leid schafft,
immer neues Böses hervorruft,
ohne daß es je zu einem Ende kommen kann.
Deshalb sagte Jesus, er sei auf die Welt gekommen,
um (am Kreuz) die Sünden aller Menschen
ein für alle mal zu sühnen.

Das sollte aus den Menschen nicht etwa Engel machen.
Sie bleiben einfach Sünder wie sie sind.
Aber da ihre Sünden nun
von vornherein durch Jesus gesühnt sind,
bräuchten sie nicht mehr mit neuen Sünden gesühnt
zu werden. Und dann könnte sich das Böse
auch nicht mehr endlos fortsetzen.

Leider haben seine Jünger das einfach nicht kapiert.
Und ihre päpstlichen Nachfolger haben sich weiterhin
wie alle Priester, ja schlimmer noch,
göttlichen Zorn angemaßt und nicht nur
mit der Hölle gedroht, sondern sie gleich hier
auf Erden hergerichtet, um Ketzer und »Hexen« wie
Gaukler, Gauner und Verbrecher in den Flammen
ihrer Scheiterhaufen brennen sehen zu können.

Christus hat sich vergeblich ans Kreuz nageln lassen.
Zu wenige haben die Botschaft der Gnade verstanden.
So sagen wir, es möge Gnade vor Recht ergehen.
Dabei ist vor Gott Gnade und Recht dasselbe.
Warum nicht für uns Menschen?

Man hat uns beten gelehrt: Vergib uns unsere Schuld.
Was soll das, wo wir doch für alles schon
im Diesseits auf das Härteste bestraft werden
durch die Rache unserer Mitmenschen,
die uns überall und jederzeit verfolgt und trifft.
Die Strafen der Eltern und des Staates sind ja
nichts als sinnlose, unchristliche Rache-Akte,
gerechtfertigt mit der unhaltbaren Behauptung,
Strafe müsse sein, sei notwendig, gut und gerecht,
**Strafe sei das Böse, das einer tun muß, um das Böse,
was der andere getan hat, wiedergutzumachen.**

Merkst Du langsam, worauf ich hinaus will?
**Die ganze Straferei ist ein einziger weltweiter
unmenschlicher, hirnverbrannter Wahnsinn!!**
Schuldig ist nur ein anderes Wort für straf-fällig.
Und Gewissen ist nichts anderes als die Furcht vor
Strafe, die wir mit allem Verbotenen verbinden.

Durch die Erziehung mit Strafen sind wir alle
darauf geeicht, auf alles Böse mit Hass
anstatt mit Gnade und Vergebung zu antworten.
Deshalb bedeutet die Frage, ob Deine Eltern
Dich gut oder schlecht erzogen haben,
richtig oder falsch, mit Liebe oder Hass, letztlich,
ob sie schuldig und zu bestrafen sind oder nicht,
ob Du böse mit ihnen sein mußt oder nicht,
ob der Hass gegen sie berechtigt ist oder nicht.

Er war und ist berechtigt.
Aber was hat Deine Selbst-Erkenntnis
mit dem alt-testamentarischen Sühne-Recht zu tun?
Mit dem Rache-Recht unseres Straf-Gesetz-Buches
und mit der Schuld, die Deine Eltern **dem**nach
bei Deiner Erziehung auf sich geladen haben?
Die Schuldfrage stellt sich garnicht mehr,
wenn man auf das Bestrafen verzichtet.

Gnade vor Recht ergehen lassen ist
die einzige Möglichkeit, sich und die Welt
so zu sehen, wie sie wirklich ist.

Aber wenn Du darüber nachdenkst,
was Deine Eltern Dir angetan haben müssen,
damit Du der werden konntest, der Du heute bist,
spürst Du sicher viel Trauer in Dir aufsteigen.
Und wenn Deine Eltern sich heute weigern,
sich Deine Klagen anzuhören und sich
zu ihren Fehlern zu bekennen, wirst Du wütend.
Und weil das nicht sein darf, strafst Du Dich
mit Schuld-Gefühlen, schluckst alles runter und...
streitest mit ihnen über Belanglosigkeiten.

Aber die Schuld-Gefühle sind die Ängste, die man Dir als Kind eingejagt hat, um Dich gefügig zu machen.
Nur das ist lange her, »schon garnicht mehr wahr«.
Wenn Du immer noch so empfindest, dann nur weil Du damals Deine Wut niedergerungen hast, anstatt sie auszudrücken,
(was ja lebensgefährlich gewesen wäre).
Und heute gärt sie immer noch in Dir,
obwohl das alles längst vorbei ist.

Ist es nicht Zeit, das Kriegs-Beil zu begraben?
Ich weiß, das ist sehr leicht dahin geschrieben.
Aber es hilft doch zu wissen, daß es nicht darum geht, die Schuldigen zu ermitteln und zu bestrafen,
weil das ja rein garnichts Gutes bewirken würde,
sondern darum, daß endlich einer
für das, was Du heute bist und tust,
die Verantwortung übernimmt.
Und wer könnte das besser als Du selbst?
Laß es Dir noch einmal eintrichtern:

Du bist an rein garnichts **schuld** . Auch nicht andere.
Es gibt überhaupt keine Schuldigen.
Schuld-Denken und Schuld-Gefühle
sind Gehirn-Krämpfe!
Es gibt nur Ursachen und Wirkungen.
Und mit denen muß jeder fertig werden.

Deine Eltern waren die besten oder die schlechtesten der Welt. Das erklärt, warum Du so bist wie Du bist.
Es nützt nichts, weiter zu klagen oder anzuklagen.
Wenn Du es nicht lassen kannst, dann
tu es einmal richtig. Dann ist es raus und vorbei.

Aber Deine Eltern können
Deine Erziehung nicht rückgängig machen,
so sehr sie das vielleicht selbst gerne täten.

Sie können sich Dir zuliebe ändern,
aber das ändert nichts an **Dir**.

Und sie können **Dich** nicht ändern.
Das kannst nur Du allein.

Andere können helfen,
aber nur wenn sie es selber wollen.
Du kannst niemanden dazu zwingen,
anders zu sein als er ist.

Auch Dich nicht.

Zwang ist genau das,
was es gilt
aus der Welt zu schaffen.

Als erstes aus Deiner inneren Welt.

Drittes Kapitel
»Auf den Spuren Deines Charakters«

Lieber Mitmensch.

In den ersten zwei Kapiteln habe ich versucht,
Dir vor Augen zu führen, auf welche Weise das Kind
von seinen Ur-Erfahrungen geprägt wird, und wie
in groben Zügen, diese Prägung die weitere
Entwicklung seiner Persönlichkeit bestimmt.

Wenn Du aufmerksam gelesen hast und
nicht nur Deinen Geist
sondern auch Deine Gefühle
für diese Erkenntnisse geöffnet hast,
ist Dir klar geworden, daß auch Deine Persönlichkeit
eine Verbindung ist aus

- angeborenen, das heißt biologisch vererbten
  Bedürfnissen und Verhaltensweisen und aus
- anerzogenen, erworbenen Festlegungen.

Diese sind nicht naturgewollt, sondern entsprechen
Erwartungen und Forderungen, die Deine Umwelt
– also in erster Linie Deine Mutter und später Vater
(oder ihre Stellvertreter) – an Dich gestellt haben.

Du hast sie befolgt,
nicht freiwillig und aus sachlicher Einsicht,
sondern aus Furcht vor
körperlichen und seelischen Schmerzen,
also um Schaden zu vermeiden.
Du mußtest Deine natürlichen Antriebe und
Deine angeborenen Gefühle unterdrücken,
aus Deinem Bewußtsein verdrängen,
und so hast Du auch die schmerzlichen Erinnerungen
an diese Unterjochung verdrängt, um nicht
immer weiter bewußt darunter leiden zu müssen.

Deshalb erscheint Dir heute
Deine Persönlichkeit als ein festes Gefüge
von Einstellungen und Eigenheiten,
Fehlern und Vorzügen,
getragen von der selbstverständlichen Überzeugung,
Dich nicht ändern zu können,
selbst wenn Du es wolltest.

Daß Du Dich nicht ändern willst,
ist selbst ein Merkmal Deiner Persönlichkeit.

Und daß Du trotzdem zuweilen
von anderen erwartest oder gar verlangst,
daß **sie** sich ändern,
ist ein weiteres.

Und daß Du hier zum ersten mal merkst,
(oder auch nicht)
daß diese Erwartung
angesichts Deiner eigenen Unverbesserlichkeit
eine ziemliche Unverschämtheit ist,
ist noch so ein Merkmal.

Glaubst Du, daß
die Unfähigkeit dazu,
etwas nicht Angeborenes zu ändern,
angeboren, also nicht zu ändern ist??

Zwecks Klarheit unterscheide ich hier immer
Person, Persönlichkeit und Charakter.

Die **Persönlichkeit** umfaßt alles:
Person, Charakter, Verhalten, Erscheinung,
Ausstrahlung, Selbst-Gefühl, Vernunft,
Verstand, Meinungen, Einstellungen usw.

Die Person ist dagegen ausschließlich das,
was Dir von Natur aus angeboren ist.
Dazu gehören all die natürlichen Fähigkeiten,
- glücklich, liebevoll und friedfertig zu sein,
- Deine Gefühle von Wut und Trauer
  vernünftig auszudrücken und zu verarbeiten,
  sodaß sie keine bleibenden Schäden hinterlassen,
- zu erkennen, was Dir nutzt und schadet,
- all Deine Begabungen,
  die Du bisher nur teilweise entwickelt hast,
  oder von denen Du vielleicht sogar noch nie
  etwas gemerkt hast,
- Deine Intelligenz, Deine Talente,
  was weiß ich…

Deine **Person** ist Dein wahres natürliches SELBST,
das infolge der Erziehung
nur äußerst mangelhaft entwickelt ist.

Und der Charakter ist das,
was Dich heute immer noch an der Entfaltung hindert.
Der **Charakter** ist das Gebilde von
inneren Festlegungen, die durch die Erziehung
zur Selbst-Unterdrückung entstanden ist,
und das Dir so vorkommt,
als wäre es wirklich »ein Stück von Dir«.

Weil Du nie gelernt hast, zwischen
Dir angeborenen und anerzogenen Regungen
zu unterscheiden, erscheint Dir
Dein Charakter als Dein eigentliches Selbst.
Und deshalb hältst Du krampfhaft daran fest.
Er ist ja das,
was Du als Kind in Dir aufgebaut hast,
um Dich zu retten,
um Dein Überleben zu sichern,
um den unerbittlichen Anforderungen Deiner Umwelt
folgen zu können und ihnen gewachsen zu sein.

Er ist in Furcht und Schrecken entstanden,
um Furcht und Schrecken zu vermeiden.
Und Furcht und Schrecken drohen,
wann immer Du Deinen Charakter infragestellst.

All Dein Denken, Deine Meinungen, Dein Weltbild,
Deine ganze Lebens-Einstellung sind ja
zeitlich erst **nach** der Bildung des Charakters
also bereits unter **seinem** Einfluß entstanden,
und sie besorgen nun auch, daß
alle Angriffe auf Deinen Charakter, die
von Menschen oder Umständen herrühren,
als unberechtigt abgelehnt und abgewehrt werden.

Deshalb verläßt Du Dich auf die Festlegung,
Dein Charakter sei doch etwas sehr **Gutes**,
sei der Teil Deiner Persönlichkeit,
der Dein eigentliches Wesen ausmacht.
Mit ihm setzt Du Dich gleich,
Ihn meinst Du, wenn Du ICH sagst.
Aber es ist garnicht Dein wirkliches SELBST.

Das, was Du an Dir ablehnst,
Deine schlechten Angewohnheiten und Launen,
Deine unbeherrschten Wut-Ausbrüche,
Deine Schwächen, Dein Versagen
und Dein Körper, wenn Du krank bist,
all das kommt Dir als etwas Fremdes vor.

Um damit fertig zu werden,
verschließt Du einfach Augen und Ohren,
kommst Dir noch großartig dabei vor,
wie Du es fertig bringst, trotz alledem
ein anständiger Mensch zu sein.
Und die Schuld für Dein Fehl-Verhalten
schiebst Du dem Fehl-Verhalten anderer zu,
ohne zu merken, daß Du Dich damit
zum **Spielball fremder Willkür** erniedrigst.

Dein Charakter ist es, der sich jetzt
gegen das hier Gesagte wehrt
und nach Gegen-Argumenten sucht, oder der sagt:
»Es hat ja doch keinen Zweck.
Ich bin zu dumm. Ich versteh' das alles nicht.
Ich will nur meine Ruhe haben.«

Und ich sage Dir: Du **bist** nicht zufrieden mit Dir.
Du willst sehr wohl lieber vieles anders machen.
Du spürst ganz deutlich,
daß etwas mit Dir nicht stimmt.
Und Du weißt ganz genau, daß all Dein Ärger,
Deine Ängste und Probleme nicht einfach
und immer nur auf das Schuld-Konto anderer gehen.
Und deshalb wirst Du hier nicht aufgeben.
Stimmt's?

Wenn wir den Charakter als Unfähigkeit verstehen,
sich zu ändern, ja als Unfähigkeit,
sich selbst so zu sehen, wie man wirklich ist,
eben um nicht einsehen zu müssen,
daß Veränderungen notwendig wären,
dann erklärt sich von selbst, daß
die Grenze jeder wissenschaftlichen Forschung
auf dem Gebiet der Psychologie
vom Charakter des Forschers gezogen wird.
Gerade an **dem** Punkt, wo seine Forschung
Selbst-Erkenntnis verlangt, versagt er.

Wenn Dummheit die charakterliche Unfähigkeit ist,
das eigene Denken infrage zu stellen, dann
müssen wir jeden Psychologen für dumm erkennen,
der bei seiner Forschung oder
bei seiner Arbeit mit hilfesuchenden Menschen
davon ausgeht, er selber sei seelisch kerngesund
und einwandfrei ohne charakterliche Störung.

Genau diese Annahme dient aber gerade den meisten
Wissenschaftlern und Seelen-Ärzten als
selbstverständliche Grundlage ihrer Arbeit.
Und auf diesem **Grund-Irrtum** fußen dann die vielen
heute landläufigen Theorien und Techniken,
die alle nicht der sachlichen Wirklichkeit, sondern
nur dem Charakter des Forschers gerecht werden.

Dieser Gedanke soll Dir weiter-helfen, wann immer
Du Dich fragst, wie es nur möglich ist, daß
die einfachsten Dinge des Lebens, wie sie hier
beschrieben werden, den meisten Wissenschaftlern
bisher verborgen geblieben sind.

Auf die Gefahr hin, mich zu wiederholen und Dich
zu langweilen, möchte ich noch einmal ausholen, um zu erklären, was wir unter Charakter verstehen wollen.
Der Charakter ist die Summe aller Störungen der gesunden, naturgewollten Entwicklung des Menschen.
Er ist aber nicht eine bloße Anhäufung von Störungen, sondern eine Art Schicht-Gebilde:
So wie die natürliche Entwicklung stufen-weise verläuft,
so bilden die einzelnen Störungen Schichten,
auf denen die folgenden Entwicklungs-Schritte
und womöglich weitere Störungen aufbauen.

Wir haben die kindliche Entwicklung
grob in 4 Stufen eingeteilt.

Auf der ersten (1. Lebensjahr) entscheidet sich,
wie kräftig, widerstandsfähig und lebens-tüchtig
sich Organismus und Lebens-Wille entwickeln.
Störungen bedeuten hier vor allem Schwächung.

Auf der 2. Stufe (2.-3. Lj.) beginnen gewöhnlich
die unterdrückenden Einflüsse.
Je stärker sich der Lebens-Wille des Kindes
entwickeln konnte, desto härter müssen die
elterlichen Unterdrückungs-Maßnahmen sein.
Und desto mehr Gewalt muß auch das Kind sich antun,
um seinen Selbst-Willen in sich einzukerkern.
Ein schwacher Organismus wird nur noch
zusätzlich geschwächt und wenig verkrampft.
Ein starker Organismus kann nur
mit entsprechend starken Verkrampfungen reagieren.
Mit der einen (der »guten«) Hälfte seiner Kräfte
hält er die andere (die verbotene, »böse«) im Zaum.

Auf der 3. Entwicklungs-Stufe (3.-4. Lj.)
erwachen Liebe und Geschlechts-Funktionen,
aber natürlich nur noch in dem Maße, wie es die
Entwicklung auf den ersten beiden Stufen zuläßt.
Art, Zeitpunkt und Härte der Zurückweisung
der kindlichen Lust- und Liebes-Äußerungen
entscheiden über seine weitere Entwicklung
auf dem Gebiet des Geschlechts-Lebens und
überhaupt aller zwischen-menschlichen Beziehungen.

Auf der 4. Stufe (ab 5. Lj. ca.) baut das Kind
dann nach und nach die inneren Festlegungen auf,
mit denen es auf der einen Seite
seiner gestörten Persönlichkeit
und auf der anderen Seite
den Anforderungen des täglichen Lebens
am besten gerecht werden zu können glaubt.

Diese Festlegungen sind Zwangs- und Notlösungen,
um in den Widersprüchen zwischen
natürlichen und gestörten Bedürfnissen und
widernatürlichen Lebens-Bedingungen zu vermitteln.
Sie bilden die oberste Schicht der Persönlichkeit,
ihre Erscheinung und das Ich-Gefühl.
Sie entscheiden über
die gesellschaftliche Rolle, den Beruf, den Erfolg,
über Partner-Wahl und Liebes-Beziehungen,
über das Verhalten als Vater oder Mutter,
kurz über das ganze weitere Schicksal,
soweit es vom eigenen Verhalten und Auftreten,
von Einstellungen, Entscheidungen und Leistungen
abhängt oder bestimmt wird.

Je widernatürlicher, je schwerer und tiefgreifender,
je liebloser, brutaler oder ungerechter die
elterlichen Eingriffe in die kindliche Entwicklung sind,
desto gestörter ist dann folglich auch
die dabei entstehende Persönlichkeit.
Eine Grenze zwischen gesund und krank darf man da
keinesfalls ziehen. Es gibt schon lange keine
ungestörte, naturgemäße Entwicklung mehr.
Jeder normale Mensch ist mehr oder weniger gestört
auf dieser oder jener oder jeder Entwicklungs-Stufe.
Er funktioniert im alltäglichen Leben
oder auch in besonderen Streß- und Not-Lagen
mehr oder weniger vernünftig, und dies wiederum
mit mehr oder weniger großen inneren Schwierigkeiten.
Der Hass, mit dem die meisten normalen Menschen
auf die Verrücktheiten anderer reagieren,
ist nicht selten **eine viel schlimmere Störung,**
als **die** Störung, auf die er gerichtet ist.
So gibt es z. B. in manchen Ländern große Mehrheiten,
die für Vergewaltigung oder gar nur Ehebruch
wütend und bedenkenlos die Todes-Strafe fordern.
Übertriebener Ehrgeiz ist genauso sehr oder
so wenig krankhaft wie Faulheit oder Drogensucht.
Das gibt dem Erfolgs-Typen nicht das Recht,
sich über den Penner oder den Säufer zu stellen.
Zwanghaftes Ordnung-Halten und Streit-Vermeiden
ist genauso eine Persönlichkeits-Störung
wie Schlamperei und Streit-Sucht.
Und das schamhafte Erröten des prüden Moral-Apostels
ist auch nicht gesünder als der
endlose Eroberungs-Feldzug des Schürzen-Jägers.

Auf keinen Fall dürfen die hier und heute
herrschenden kulturellen und moralischen Werte
darüber entscheiden, was gesund und natürlich ist.
Von diesen Maßstäben müssen wir uns völlig lösen,
wenn wir das eigene innere Schicksal verstehen wollen.

Erziehung bewirkt, daß sich im Menschen,
eine **Spaltung** ereignet.
Hier das unterdrückende ICH mit seinen
unvernünftigen, widernatürlichen Einstellungen
wie auch mit seinen zuweilen vernünftigen Ansichten,
dort das unterdrückte SELBST und all die bereits
gestörten und abermals unterdrückten Antriebe.

Entsprechend dieser Spaltung baut der Mensch dann
auch sein Verständnis der ganzen Welt auf.
Wie er in sich einen Kampf verspürt
zwischen Wollen und Nicht-Dürfen und
zwischen Nicht-wollen aber Müssen,
also zwischen Gut und Böse,
so glaubt er auch, er könne und müsse seine Umwelt
in Gut und Böse, Richtig und Falsch einteilen.
So glaubt er, es gäbe gute und böse Menschen,
vor allem gute und böse Kinder,
gute und böse Regierungen und politische Systeme,
gute und böse Tiere und so weiter.

Gut und Böse sind aber Begriffe, die im Geiste erst als FOLGE der Persönlichkeits-Spaltung entstehen.
Die Wirklichkeit sieht ganz anders aus.
Aber der gespaltene Mensch kann das nicht sehen.
Und **so urteilt er** in einem fort,
anstatt zu verstehen.

Je tiefer Du verstehen lernst,
desto mehr hörst Du auf
mit dem Urteilen und dem Verurteilen.
Wenn Du wirklich verstehst,
gibt es kein »Gut und Böse« mehr,
sondern nur noch
- natürlich oder widernatürlich,
- Liebe und Friedfertigkeit oder Angst und Hass,
- Trauer und Wut oder Verzweiflung und Wahnsinn,
- glücklich oder unglücklich,
- gesund oder krank.

Wenn ich im Vorwort nun gesagt habe,
wir müssen jenen Menschen verzeihen,
die in unsere kindliche Entwicklung
schädigend eingegriffen haben, so war das
mit Sicherheit zu viel verlangt.
Wir können zwar leicht verstehen, daß
das Verhalten unserer Eltern auch nur das Ergebnis
ihrer eigenen widernatürlichen Erziehung war,
für die sie nichts können.

Aber durch diese Einsicht ändert sich noch nichts
an unserer Festlegung auf bestimmte kranke Gefühle.
Die Störungen unseres Gefühls-Lebens
konnten ja nur entstehen, weil wir als Kinder
garkein Verständnis für das gestörte Verhalten
unserer Eltern haben konnten.

Und manche Störung unseres Verstandes rührt daher,
daß wir aus Liebe und Verschüchterung bereit waren,
die elterlichen Härten und ihre unsinnigen Vorwände
als erwachsene Vernunft »einzusehen« und hinzunehmen.

Tiefe Trauer erfüllt das Kind,
wenn es sich verlassen fühlt, ohne Fürsorge,
körperliche Wärme, liebevolle Hege
und ohne ausreichende Fütterung.
Todes-Ängste steht es durch, wenn so ein Zustand
so lange anhält, daß es glauben muß,
es sei für immer verloren und müsse sterben.
Helle Wut ergreift das Kind, wenn es merkt,
daß es abgelehnt, abgeschoben, vernachlässigt,
gegen seine Bedürfnisse gezwungen und
mit häßlichen Erziehungs-Maßnahmen gequält wird.
Hass entwickelt das Kind,
wenn es diese Wut nicht ausdrücken darf
und nur noch brutaler mißhandelt wird,
je mehr es sich wehrt.
Heillose Verwirrung entsteht in seinem Geiste,
wenn es versucht,
diese widerliche, verwirrte Umwelt zu verstehen.

Und Verdrängung ist das einzige Mittel,
das dem Kinde bleibt, um nicht ständig
unter Trauer, Wut, Angst und Hass leiden zu müssen.

Verdrängung ist Flucht,
ist Rückzug und Abkehr des Bewußtseins
von den eigenen Gefühlen.
Und in der Verdrängung, im **Unter-Bewußtsein** leben
die in völliger Verständnislosigkeit entstandenen
Gefühle weiter und machen Dich **heute** immer wieder
**ängstlich, traurig, wütend, hässlich und
verständnislos,** wo doch Lust, Freude, Liebe, Frieden
und Verständnis herrschen sollten und könnten.

Wenn Du verstehen willst, wie es dazu gekommen ist,
und wie Du da wieder herauskommen kannst,
mußt Du Dich unbedingt darauf einlassen,
alles was damals mit Dir passiert ist,
mit denselben Gefühlen und mit
derselben Verständnislosigkeit zu betrachten,
wie Du es als Kind getan hast.

Du kannst Dich nicht ganz verstehen,
solange Du nicht verzeihen kannst.
Und Du kannst nicht verzeihen, solange Du
mit Deiner Angst und mit Deinem Hass verhinderst,
daß Dir Schmerz, Trauer und Wut über
Deine frühkindlichen Verletzungen bewußt werden.
Dann erst, nämlich, wird der Zugang frei
zu jenem weichen, guten Kern,
von dem jeder in sich ahnt, von dem alle viel reden,
und dem man nur zu selten begegnet.

Nimm in diesem Kapitel ganz bewußt direkten Kontakt
mit den kranken und verschütteten Gefühlen auf,
indem Du Dir gestattest, Deine Eltern einmal
schonungslos anzuklagen und vernichtend abzuurteilen.
Wenn Du Rache-Gelüste verspürst,
gib Dich ihnen ruhig einmal vollends hin.
Beschimpfe innerlich oder lauthals
Deine früheren Peiniger, male Dir für sie
die schlimmsten Strafen und ärgsten Foltern aus,
bring sie meinetwegen eigenhändig um, im Geiste
oder unter Verwendung geduldiger Gegenstände
wie Kissen, Sofas oder Matratzen.

Wenn Dir danach ist – warum nicht?

Nach so einem Ausbruch fühlst Du Dich
sehr erleichtert und entspannt, und
Deine innere Bewegtheit wandelt sich zu
tiefer liegenden Empfindungen von Leid und Trauer.
Und noch tiefer bewegen Dich plötzlich
Mitleid mit Deinen Eltern, dann Vergebung,
Versöhnung, Dankbarkeit, Liebe und Lachen.

Es mag auch sein, daß nichts von alledem geschieht.
Es reicht auch schon, wenn Du bereit bist
zu verstehen: Du wirst kein besserer Mensch,
– frei von Hass, Herrschsucht, Mißgunst, Unduldsamkeit,
Mißtrauen, Eifersucht, Ehrgeiz und Habgier, von
Zukunfts-Ängsten, Unterwürfigkeit und Freudlosigkeit, –
indem Du all das in Dir unterdrückst,
Dich beherrschst, wie man so leichthin sagt,
sondern indem Du Dich endgültig befreist
von Deinen kranken Gefühlen,
Deinen krankhaften Einstellungen
und von Deinen unerfreulichen Antrieben.

Dazu mußt Du sie als erstes einmal erleben,
ausdrücken, erfahren, erkennen und verstehen.
Du bist schon dabei: Deinem Charakter auf der Spur.

Die Menschen sind zwar untereinander
sehr verschieden, aber wenn man über die
tausend oberflächlichen Kleinigkeiten hinwegsieht,
bleibt immer nur eine Hand voll
klar erkennbarer Charakter-Züge übrig.
Ich werde sie Dir nach und nach vorhalten
und Du wirst sehen, daß auch Dein Charakter sich
aus einigen dieser 5 Grundbausteine zusammensetzt.

A Verkümmerung

Nehmen wir an, Du bist ein ganz normaler Mensch
und hattest folglich eine ganz normale Kindheit.
Alle Erziehungs-Maßnahmen waren normal,
also durchschnittlich schlimm.
In welcher Weise sich das auf Deine
ganz persönliche Entwicklung ausgewirkt hat,
kannst Du Dir dann aus den nun folgenden
Mutmaßungen selbst heraus suchen.

Deine Geburt war also nicht natürlich,
sondern ganz normal.
Du warst 9 Monate lang ein Körperteil Deiner Mutter.
Sie hat Dich mit ihrem Blut ernährt und hat Dich durch
ihre Welt getragen. Zur Geburt hin hast Du zunehmend
auch an ihren Gemüts-Regungen teilgenommen.
Du hast Angst erlebt, wenn sie Angst hatte,
Freude und Lust oder Schmerz und Wut,
und mit der Niederkunft verbindest Du in
tief verschütteten Erinnerungen diesselben Gefühle
wie Deine Mutter: Angst, Unlust und Schmerz.

Die Geburt ist in Deinem Erleben gut mit einem
grausigen Auto-Unfall zu vergleichen, den Du zwar
körperlich anscheinend unversehrt überstehst,
– Du kommst sozusagen mit dem Schrecken davon –
aber den Du seelisch nicht verkraftest,
der Dich in Alpträumen immer wieder heimsucht
und der Dir für die Zukunft das Auto-Fahren
zu einem unerträglichen Streß macht.
Weil Du erwachsen und vernünftig bist, wirst Du
den Schock des Unfalls mit der Zeit doch verwinden.

Aber bei Deiner Geburt warst Du noch nicht
erwachsen und vernünftig.
Tief prägt sich deshalb der Eindruck ein,
das Leben außerhalb des Mutter-Leibes sei
etwas Entsetzliches, Grausames, Unerträgliches.
Wenn sich nicht bald das Gegenteil
herausgestellt hätte, wärest Du heute verrückt.

Du bist zwar nicht angehaßt oder mißhandelt worden,
aber Du mußtest doch erfahren, daß Du aus dem Leib
Deiner Mutter verstoßen worden bist, ohne dafür
einen vollwertigen Ersatz an Geborgenheit,
Schutz, Wärme und Versorgung zu erhalten.

Viele Stunden bist Du alleine. Oft wenn Du
aus dem Schlaf erwachst, ist Mutter nicht da.
Sie nimmt Dich nur zu sich, um Dich zu füttern,
und dabei bist Du doch noch ständig
durch Kleidung von ihrem Körper abgetrennt.
Ihre Brust, die Dir als Nahrungs-Quelle von Natur aus
uneingeschränkt zur Verfügung stehen müßte,
als wäre sie ein Teil Deines eigenen Körpers,
ist kalt, leblos, lieblos.
Mutter nimmt sie Dir weg, wann sie will,
und steckt sie Dir in den Mund,
auch wenn Du gerade nicht willst.
Ganz zu schweigen von der ekligen Gummi-Brustwarze
auf der Flasche, deren Inhalt so fremd schmeckt...

So enttäuschen die ersten Lebensmonate Deine
Erwartung, Dich selbst versorgen zu können,
und bereiten Dir den bleibenden Eindruck,
Du seist für immer von irgendjemand abhängig.

Zu früh vom Körper der Mutter abgetrennt,
wächst Du in einem Gefühl von Unvollständigkeit auf.
Deine Bedürftigkeit nach schützender Nähe,
nach Anlehnung und Geselligkeit ist dadurch
zu einer quälenden Abhängigkeit geworden.

Hier liegt die Ursache dafür,
daß Du unter dem Alleine-Sein leidest,
Einsamkeit als schmerzlich empfindest,
und daß Du auf die Liebe und Treue
eines anderen Menschen innerlich angewiesen bist.
Dafür bist Du sogar bereit,
Dich ihm zu unterwerfen.

Zugleich aber wirfst Du ihm immer wieder vor,
er sei nicht lieb und treu genug.
Du zweifelst an seiner Aufrichtigkeit
und verlangst immer neue Liebes-Beweise von ihm.
Damit treibst Du ihn in eine Abwehr-Haltung
und machst es ihm unmöglich, Dir seine Liebe
aus eigenem freien Empfinden zu zeigen.
Und so machst Du aus Deinen Beziehungen Gefängnisse.
Du sagst »Ich liebe Dich«.
Aber Du fühlst nur den Wunsch,
geliebt zu werden: »Ich brauche Deine Liebe.«

Du mußt erst einmal lernen,
einsam und ohne Liebe leben und glücklich sein
zu können.
Erst **da**mit entsteht die Reife für eine gesunde,
harmonische, erfüllte Liebes-Beziehung.
Denn dann erst ist Liebe
Schenken anstatt Verlangen.

Anstelle Ihrer Brust hat Dir Deine Mutter einen Schnuller oder Deinen Daumen in den Mund gesteckt. Daran hast Du natürlich vergeblich gesaugt. Du konntest Dich noch so anstrengen. Nie kam da ein Tropfen Milch heraus.

Anstatt Dich also alle 3-5 Stunden einmal so richtig satt und zufrieden zu nuckeln, kindliches Lebens- und Liebes-Glück genießend, saugst Du Stunden, Tage, Monate lang vergeblich an einer Gummi-Mamma oder an den eigenen Fingern. So haben sich Deine Saug-Muskeln über-entwickelt und sind heute noch angespannt oder verhärtet. Das krampfhafte Saugen kann Zahn-Verschiebungen verursacht haben, die gerichtet werden mußten. In einer verspannten Mundhöhle ist das Zahn-Fleisch entzündet, und andauernd fließt Speichel, obwohl gar keine Mahlzeit bevorsteht. So entsteht für Deine Zähne eine andauernd zu säure-haltige Umgebung, die den Schmelz angreift. (Da hilft auch kein Zähne-Putzen.)

Da gestörte Mutter-Liebe gerne in einer Über-Betonung der Versorgungs-Aufgaben ausartet, hast Du gelernt, Geliebt-Werden mit Gefüttert-Werden gleichzusetzen.

Mit Süßigkeiten bekunden gefühls-gestörte Eltern ihren Kindern gern Liebe, bzw. Lob und Anerkennung: Süßes im Mund wird zu einem weiteren Liebes-Ersatz. Weil Naschen aber nicht das ist, was Dir eigentlich fehlt, läßt es Dich auch immer wieder unbefriedigt. Und so verlockt es Dich immer schnell aufs neue. Du hast zwar keinen Hunger, aber ständig Appetit.

Mit den Problemen um das Stillen verbindet sich
für viele Menschen auch das erste Erlebnis von
liebloser Unterdrückung:
Wenn die Brust nicht genug Milch gibt, und
die Mutter sie dem Kinde wegnehmen will, obwohl es
noch gar nicht satt ist, versucht das Kind,
sich festzusaugen oder gar festzubeißen.
Das ist für die Mutter sehr schmerzhaft.
Und wenn sie charakterlich dazu neigt,
auf Schmerz nicht mit Leiden zu antworten,
sondern mit Wut, Empörung oder gar Hass, dann
herrscht sie jetzt ihr Kind vorwurfsvoll an.

Das Kind muß also lernen, auf die Mutter-Brust und
auf die Stillung seines Hungers zu verzichten
und seinen natürlichen Drang zu unterdrücken,
sich aus Sehnsucht und Bedürftigkeit
an der Mutter-Brust festzusaugen.
So entstehen Verspannungen in der Beiß-Muskulatur
und im für sie zuständigen Teil des Gehirns,
die das Kind nun ständig ohne äußeren Anlaß
innerlich unwillig und wütend sein lassen.
Die unterdrückte Wut kann unversehens hervorbrechen,
indem das Kind seinen verdrängten Beiß-Drang
auf dem Spiel-Platz an anderen Kindern ausläßt.

Welche Mutter erkennt darin schon ein Zeichen dafür,
daß ihr Kind sich eigentlich nach ihrer Brust sehnt?
Also setzt es abermals wütende Strafen.

So kommt es vielleicht, daß Du nachts
mit den Zähnen knirschst und sie tagsüber ständig
– ohne es zu merken – zusammenbeißen mußt.

Wenn Du als Baby nach der Mutter geweint hast,
hat sie das oft als Belästigung empfunden.
Sie hatte auch noch andere Sorgen und Aufgaben,
als nur für **Dich** da zu sein.
Also hat sie Dich nicht immer
deshalb zu sich in den Arm genommen,
weil sie Dich gerade sooo lieb hatte,
oder weil sie wußte,
daß Du ihre Liebe und Nähe zutiefst nötig hattest,
sondern nur, um Dich zu beruhigen, damit Du ihr
mit Deinem Gebrüll nicht weiter auf die Nerven gingest.
Und wenn Du Dich beruhigt hattest,
hat sie Dich auch gleich wieder abgeschüttelt und
zurück ins Bettchen oder in den Laufstall gebracht.

Manchmal hat sie auch versucht, Dich zu »stillen«,
indem sie Bett oder Wagen zum Schaukeln brachte.
Oder sie hat Dich mit blödsinnigem Klimper-Kram
von Deinem eigentlichen Sehnen abgelenkt.
Damit hat sie Dir zunächst auch immer wieder
ein gequältes Lächeln ab-ringen können.

Aber auf die Dauer wurdest Du doch immer quängeliger,
bis es Mutter zu bunt geworden ist,
sich ständig von Dir herum-hetzen zu lassen.
Da hat sie Dich einfach schreien gelassen,
bis Du nicht mehr konntest.
Dann war Ruh'. Grabes-Ruh'...

Total erschöpft bist Du mit verkrampften Muskeln
an Kopf und Kehle, Nacken und Schultern,
mit zusammengezogenem Brustkorb und müdem Herzen
eingeschlafen oder weg-gedöst.

Diese Haltung von Trauer und Selbst-Aufgabe
kannst Du heute noch an Deinem Körper erkennen:
Dein Brustkorb ist vorne etwas eingedrückt.
Die Rippen sind starr und unbeweglich.
Dein Genick ist nicht frei beweglich.
Deine Schultern fallen nach vorne.
Der Rücken ist nach vorne gekrümmt.
Deine Atmung ist flach und kraftlos.

Und so wie Dein Körper keine rechte Lebens-Lust
hervorbringt, so fühlst Du Dich auch seelisch.
Oft bist Du grundlos traurig und ohne Mut,
hast zu nichts richtig Laune,
kannst Dich an nichts unbeschwert erfreuen.
In der Arbeit und beim Sport hast Du
nicht gerade viel Ausdauer und Schwung
und oft zweifelst Du am Sinn des Lebens.

Dann mußt Du irgendetwas unternehmen,
Dir etwas Schönes kaufen,
ins Kino oder unter Leute gehen
und Dich irgendwie aufmöbeln lassen.
Mit Alkohol oder anderen Drogen kannst Du Dich
ein bißchen aufputschen, Deine Sinne hinwegtäuschen
über das Elend Deines körperlichen Daseins und
über die Öde im Gemüt, über Deine Langeweile.
Du baust an Luftschlössern, wandelst in Traumwelten,
flüchtest in vergangene Zeiten oder in die Zukunft,
die das Glück schon noch bringen wird.

Aber das Erwachen zeigt Dir immer wieder,
daß Du auf diese Weise nicht Deinem Innersten,
Deiner charakterlichen Verkümmerung entkommst.

So weit Du als Kind verkümmern mußtest, so sehr
bist Du als Erwachsener immer noch abhängig von dem,
was Dir damals schon versagt worden ist.
Abhängig vom Geliebt-Werden, von Streichel-Einheiten,
von seelischer Stütze, fürsorglicher Pflege,
von Gaumen-Genüssen und von schönen Geschenken,
die Du Dir selber machst, wenn's sonst keiner tut,
von Deinen Wunsch-Träumen und Hoffnungen.
Dein ganzes Leben hast Du so eingerichtet, daß
das wovon Du abhängig bist, auch immer zur Hand ist.
Wehe, es nimmt Dir jemand was davon weg,
klaut Dir Dein Auto oder Deinen Schmuck,
nimmt Dir Deine Illusionen oder seine Zuneigung!
Du gerätst unweigerlich und unverzüglich
in tiefe Enttäuschung, in Furcht oder in Wut.

Viele Menschen haben nicht einmal die Kraft und die
Geduld, sich ihr Leben nach ihren Abhängigkeiten
einzurichten. Wenn sie diesen Kampf aufgeben,
geraten sie leicht auf die sogenannte Schiefe Bahn.

Jede frühkindlich veranlagte Abhängigkeit
macht in gewisser Weise süchtig.
Da das Denken der meisten Menschen aber
höchst oberflächlich ist, und selbst
die meisten Psychologen und Pädagogen
diese Oberflächlichkeit nicht überwinden können,
ja nicht einmal wahr-haben wollen,
hat die Allgemeinheit auch ganz oberflächliche
und damit völlig falsche Vorstellungen davon,
warum ein Mensch süchtig wird. An dieser Stelle
werden die Zusammenhänge schon erkennbarer.

Die herrschende Meinung zum Thema Sucht ist die,
daß jeder Mensch täglich Gefahr läuft,
süchtig zu werden, wenn er sich nicht davor hütet,
sich in Versuchung bringen zu lassen.
Es heißt zwar auch, daß man zum Süchtig-Werden
innerlich irgendwie veranlagt sein muß,
(sonst könnte es ja nicht jene Menschen geben, die
trotz stärkster Versuchung **nicht** süchtig werden).
Aber da keine Klarheit darüber herrscht,
welcher Art diese Veranlagung wohl sein muß,
ja nicht einmal darüber, ob sie angeboren ist oder
erst erworben werden muß, gilt letztlich doch
jeder von uns als sucht-gefährdet,
vor allem die Jugendlichen in der Reife-Krise.

Angeblich wird man süchtig, wenn man eine Droge
ein- oder mehrmals ausprobiert, aus Neugierde oder
um sich einem Gruppen-Verhalten anzugleichen,
Gefallen daran findet und deshalb immer wieder nimmt,
bis man sich so daran gewöhnt hat,
daß man ohne diese Droge nicht mehr leben kann.

Sucht ist aber keineswegs bloße Gewohnheit,
sonst könnte man sie sich ja auch genau so einfach
wieder abgewöhnen, indem man sich **an**gewöhnt,
die Droge **nicht** mehr zu nehmen.

Findige Forscher haben nachgewiesen, daß manche
Droge den **Körper** des Menschen süchtig macht.
Was aber hat ihm gefehlt, daß er nach ihr griff?
Wer sein Leben liebt und in Freuden genießen kann,
der setzt sein Glück und seine Gesundheit doch
garnicht erst leichtfertig aufs Spiel!

Die Sucht-Veranlagung ist ein Charakter-Zug.
Sie ist nichts als das kranke Gefühl, daß
das Glücklich-Sein von irgendetwas Besonderem
abhängt: Du bist äußerlich abhängig, weil Du
innerlich von **Grund auf unglücklich** bist.
Das Erlebnis oder die Lebens-Lage,
die Person oder das Mittelchen,
mit dem Du beglückende Erlebnisse verbindest,
wird sofort zum Gegenstand Deiner Süchtigkeit.

Je schlimmer Deine frühkindlichen Entbehrungen waren,
je tiefer Deine Lebens-Unlust wurzelt, desto stärker
muß das Sucht-Mittel für Dich sein. Als Kind hat Dir
die Schmuse-Decke oder der Daumen ausgereicht.
Das kommt für den Erwachsenen »natürlich« nicht
mehr infrage. Er greift zu Gebäck und Gebräu.
Und am aller erwachsensten gelten Zigaretten.
Bleibt Dein Lebens-Gefühl trotz allem fad,
suchst Du weiter nach Hoch-Gefühlen beim
Reiten, Motorrad-Fahren, Drachen-Fliegen usw.

Und wem all das nicht reicht, der verschafft sich
mit Alkohol oder Haschisch seine Rausch-Zustände.
Andere wieder greifen zu Aufputsch-Mitteln, um ihre
Leistungen zu steigern, weil sie abhängig davon sind,
besonders gut zu funktionieren, sonst empfinden sie
sich und ihr Leben als minderwertig.

Wo Sucht allerdings zur Selbst-Zerstörung führt,
muß neben Verkümmerung starke Unterdrücktheit
wirksam sein, die den Menschen in die Fänge
der Rauschgift-Szene treibt.
Zu dieser Art von Selbst-Mord später mehr.

Jede Mutter liebt ihr Kind so gut sie kann.
Wenn ihre eigenen Liebes-Gefühle aber von innen her gestört sind, und ihre Fürsorglichkeit mehr durch die Tatsache erzwungen ist, daß das Kind nun einmal **da** ist, bleibt ihre Ausstrahlung auf das Kind auch im Großen und Ganzen lieblos.

Deine Mutter hat Dich sicher von Herzen geliebt.
Aber vielleicht hatte sie nie richtig gelernt, wie man Liebe naturgemäß ausdrückt.
Ihr Sinn für Zärtlichkeit war unterentwickelt, oder man hatte sie davor gewarnt, Dich zu verwöhnen.

Verwöhnung ist sicher ein unnatürlicher Vorgang.
Sie besteht aber **nicht darin,**
daß man das Kind vollständig mit dem versorgt, was es von Natur aus tatsächlich braucht und durch sein Verlangen und Fordern anmeldet.
Sie besteht darin, daß man das Kind mit Schmusereien und Nahrung überschüttet, ohne Rücksicht darauf zu nehmen, daß es garnicht will.
Mütter, die so handeln, haben kein Gespür für das, was ihr Kind wirklich braucht und sich wünscht.
Deshalb übersehen sie seine wahren Bedürfnisse und wundern sich später oder empören sich gar, wenn ihr Kind trotzdem nicht zufrieden ist, sondern undankbar, störrisch und unersättlich.

Unbewußte Schuld-Gefühle sind es, die Mütter zum Verwöhnen ihres Kinder treiben: Eben weil sie spüren, daß sie ihr Kind nicht richtig lieben oder lieben können, versuchen sie diesen Mangel anderweitig aufzuwiegen, wieder gut zu machen.

Bewußt, dagegen, denken diese Mütter,
ihr Kind wolle immer und immer **mehr**,
in Wirklichkeit will es ja aber nur etwas **Anderes**.
Es will mit seinen **eigenen** Wünschen
Berücksichtigung finden, anstatt nach den eigenwilligen
Vorstellungen der Mutter versorgt zu werden.

Mit dieser Forderung bist Du möglicherweise
auf Ablehnung und Unverständnis gestoßen, und so
hat sich bei Dir auch der Eindruck festgesetzt,
daß es Dir nicht zusteht,
auf die Erfüllung Deiner Wünsche zu pochen.
Du bist ständig irgendwie unzufrieden.
Aber wenn Du etwas forderst, sind Deine Äußerungen
kraftlos und schon mit dem Unterton gefärbt,
»Ich werde ja doch nicht bekommen, was ich will«.
Und so bekommst Du es auch immer wieder nicht.
Mit diesem Vorwurf gehst Du aber ungerechterweise
auch Deinen Gönnern auf die Nerven,
und so sehr sie sich auch bemühen,
Dich mit Geschenken und Liebes-Diensten zu erheitern,
bleibst Du beim Schmollen und Nörgeln.

Manche Kinder kriegen von ihren Eltern sogar
fast jeden Wunsch erfüllt und sind trotzdem
mit nichts zufriedenzustellen.
Deshalb nennt man sie verwöhnt.
Ihr Charakter leidet aber nicht an
einem Zu-Viel an Wunsch-Erfüllung,
sondern daran, daß sie nie **das** bekommen haben,
was sie eigentlich (unbewußt) wirklich brauchen:
Nämlich **Liebe und Anerkennung als Person.**

Die Anerkennung als Person durch die Mutter
und später durch die anderen Familien-Mitglieder
ist eine unabdingbare Voraussetzung dafür,
daß das Kind sich gemäß seiner natürlichen Anlagen
kräftig, gesund und zufrieden entwickeln kann.
Wenn es diese Anerkennung nie erlebt hat,
weiß es natürlich später auch nicht zu sagen,
was ihm eigentlich fehlt.

Und als Erwachsener erkennt es dann ebenso wenig,
was dem **eigenen** Kinde fehlt, wenn es mault.

Eltern lieben ihr Kind: Wollen es nicht leiden sehen.
Aber sie verstehen seine Forderungen nicht, weil sie
seine wahren Bedürfnisse nie anerkannt haben.
Sie sehen die Erfüllung **ihres** Lebens
im Besitz und Verbrauch von Gegenständen
anstatt in menschlicher Zuwendung.
Und so verschütten sie auch bei ihren Kindern
mit Ersatz-Gütern wie Süß-Kram und Spielzeug
alle wirklich menschlichen Werte.

Ein Gefühl ständiger Unersättlichkeit ist entstanden
und bestimmt heute alle wichtigen Schritte
und Entscheidungen in Deinem Leben mit.
Du bist auf der Suche nach dem verlorenen Glück.
Das klingt vielleicht etwas romantisch und für viele
von uns ist es auch eine ganz romantische Sache.
Aber das Glück ist wirklich verloren gegangen.
Es ist mit falschen Glücks-Vorstellungen so verdeckt,
daß wir es nicht finden **können.** Wir spüren etwas
davon, wenn wir uns einen Wunsch erfüllen. Aber wir
merken auch, daß dies nicht das wahre Glück ist.

So erkärt sich der Umstand, daß viele Eltern
plötzlich fassungslos vor der Tatsache stehen,
daß ihr Kind sich von ihnen abwendet und sich
verständnislos und grob zu ihnen verhält,
wo sie ihm doch sein Leben lang
jeden Wunsch erfüllt zu haben glauben.

Wenn sie sich aber für die Sicht-Weise öffnen,
daß ihr Kind ihnen nicht geben kann,
was sie ihm nicht gegeben haben und
daß sie mit all ihren Geschenken
nicht seine Liebe gewinnen können,
dann werden sie einsehen,
daß ihnen heute an ihrem Kind genau das fehlt,
was sie selber ihrem Kind nie geben konnten,
und daß sie sich von ihrem Kind heute
vergeblich ersehnen, wonach sich ihr Kind auch
von klein auf vergeblich gesehnt hat, nämlich:
BEDINGUNGSLOS ALS **DIE** PERSON ANGENOMMEN
UND GELIEBT ZU WERDEN, DIE MAN IST.

Das Gegenteil ist unser aller Schicksal.
Wenn tausende von Romanen, Gedichten und Schlagern
die Probleme mit der Liebe besingen
und damit weltweiten Erfolg haben,
dann genau deshalb, weil unsere gestörte Kindheit
unsere Fähigkeit zu lieben so schrecklich behindert.

Wir können das, wonach wir uns sehnen,
nicht annehmen, wenn es uns gegeben wird,
und wir können es selbst nicht richtig geben.
Wir spüren es vielleicht tief in uns, aber
wir können es nicht ausdrücken, nicht leben.

Im Laufe der Kindheit werden der Liebe noch weitere schwere Hindernisse in den Weg gelegt.
Die nächste Behinderung erwächst aus der Tatsache, daß die Mutter irgendwann anfängt, ihre Liebes-Äußerungen und sonstigen Zuwendungen davon abhängig zu machen, daß ihr Kind zuvor etwas tut oder unterläßt.

Es bekommt den Schnuller vielleicht erst, wenn es mit den Händchen »Bitte-Bitte« macht, oder wenn es aufgehört hat zu weinen oder zu wüten.
Es bekommt nur noch liebe Worte zu hören, wenn es sein Fläschchen ausgetrunken und ein »Bäuerchen« gemacht hat.
Und so lernt das Baby schon sehr früh, daß es sich verstellen und anders tun muß, als ihm zumute ist, um Liebe zu bekommen.
Es spürt, daß es Bedingungen erfüllen muß, um geliebt zu werden. Und weil es Liebe braucht, unterwirft es sich der mütterlichen Dressur.

Wenn Du heute glaubst, Du könntest Dir auf irgendeine Weise Liebe **verdienen,** so ist das nur die Folge dieser frühkindlichen **Irreführung.**
Liebe kann man nicht verdienen.
Nicht durch williges Auf-Essen und nicht durch braves Aufsagen von Gedichten, nicht durch Geschenke und Schmeicheleien und nicht durch sportliche oder berufliche Glanz-Leistungen.

Liebe ist etwas, das jeder gesunde Mensch grenzenlos für jedes andere Lebewesen übrig hat, freigiebig, uneingeschränkt und bedingungslos.

Daß Du Dich überhaupt nach Liebe sehnen mußt,
ist die Folge der zwei Tatsachen,
– daß Deine Umwelt durchweg an Liebes-Armut krankt,
– und daß Du glaubst, Du müßtest Dir Dein Anrecht
auf etwas Liebe erst einmal verdienen.
Eltern mißbrauchen das natürliche Bedürfnis
nach Liebe beim Kinde, um es zu beeinflussen.
Sie glauben, das sei zum Besten des Kindes
und merken nicht, daß sie
ihr Kind und sich selbst arm machen,
weil sie das Schönste und Wichtigste im Leben
– Die Liebe – achtlos und ahnungslos in den Dienst
irgendwelcher zweit- oder drittrangigen
oder gar lebens-feindlichen Anforderungen stellen.
Anforderungen auf gute Tisch-Manieren,
regelmäßigen Stuhlgang, strickten Gehorsam,
blinden Fleiß, gute Schul-Noten,
Verzicht und Enthaltsamkeit,
Unterwerfung unter die Macht des Stärkeren
und kriegerische Vaterlands-Treue.
Durch nichts dergleichen wird jemals Liebe entstehen.
So wird Liebe nur gebrochen und verdreht.
Liebe ist naturgegeben!
Wo sie fehlt, ist sie zerstört worden.
Und wie dabei Hass entsteht,
werden wir noch sehr eingehend betrachten.
Zunächst einmal verankert sich im Kind durch
Liebes-Entzug und Liebes-Bedingungen nicht nur
Enttäuschung und Liebes-Armut sondern auch
ein gewisses Maß an Feindseligkeit, Vorwufs-Haltung,
Nachträchtigkeit und Vergeltungs-Drang.

Sehr früh ist es auf diese Weise bei Dir zu dem
Gefühl gekommen, eigentlich liebes-unwürdig zu sein.
Deshalb konntest Du Deinen Eltern später glauben,
daß nur brave, gehorsame, geschickte, fleißige
ordentliche und erfolgreiche Kinder liebenswert seien!
Unweigerlich ist Dir nun in Deiner Kindheit
vieles daneben gegangen.
Da Du dann jedes mal glauben mußtest, wieder
ein Stück Anrecht auf Liebe verwirkt zu haben,
kommst Du Dir letztlich bald vollkommem wertlos vor.
Aus dem Wunsch heraus, nicht leiden zu müssen,
hast Du dann gegen dieses minderwertige Ich-Gefühl
ein zweites Selbst-Bildnis gestellt,
verborgen zwar, aber strahlend und makellos.
So hast Du vielleicht angefangen, Dir einzureden,
Du seist ein ganz besonders wertvoller Mensch,
und eines Tages würden den Anderen schon noch
die Augen aufgehen. Eines Tages wirst Du
ganz groß 'rauskommen. Und dann wirst Du
in der ganzen Welt beliebt und verehrt sein.
Zumindest wirst Du den einen Menschen finden,
der Deine wahren Werte zu schätzen weiß,
der Dich auf Händen durchs Leben tragen,
Dich abgöttisch lieben und Dir zuwillen sein wird,
was immer Du von ihm verlangst.
Solchen Wunschträumen hält die Wirklichkeit jedoch
nur selten stand – außer in Deinen Kitsch-Romanen.
Und so wechseln sich in Deinem Gefühls-Leben
hoffnungsfrohe Hochstimmungen ab
mit dumpfer Niedergeschlagenheit, und
frohe Herzlichkeit mit fluchendem Groll.

Solche hochgestochenen Ideal-Vorstellungen
vom eigenen Ich oder vom Partner oder den Kindern,
von Deinen beruflichen Möglichkeiten oder von
politischen Erfolgs-Chancen können wohl dazu führen,
daß Du über Jahrzehnte hinweg
mit beachtlichem Erfolg an der Verwirklichung
eines erfreulichen, erfüllten Lebens arbeitest.
Allerdings ohne zu merken, daß all Deine Mühen nur
eine Flucht vor Deiner inneren Leere sind, vor
Deiner tief verwurzelten Hoffnungslosigkeit und vor
Deiner nagenden Angst vor Unglück und Einsamkeit.

Deine Glücks-Empfindungen sind deshalb auch
ganz und gar an die Erhaltung dieser
selbst geschaffenen äußeren Umstände gebunden. Und
gehen diese Umstände auch nur teilweise verloren,
verläßt Dich z.B. das berufliche Gelingen,
läßt Dich der Partner sitzen oder gehen die Kinder
aus dem Haus, stirbt gar ein Familien-Mitglied,
dann bricht die frühkindlich veranlagte Verzweiflung
mit ihrer ganzen negativen Wucht aus Dir heraus,
und Du hast das Gefühl, Dein Leben werde zerstört.

Dann geht Deine Zerschlagenheit weit
über das angebrachte Maß an Trauer hinaus,
der Lebens-Mut kann Dich für immer verlassen,
und Du bist wieder ganz das Häufchen Unglück,
zu welchem Deine frühkindliche Verkümmerung
Dich von Anfang an gemacht hat.

In solchen Krisen erweist sich Dein Glück
als selbst-gepustete Seifen-Blase und Du merkst,
daß Du immer noch an diesem Anfang stehst.

Deine Illusionen hatten wie eine Droge gewirkt.
Und ihr Platzen kommt einem Entzug gleich,
dem Du nicht gewachsen bist,
denn Du hast viel zu früh mit dem Wachsen aufgehört.
Deine Atmung ist flach geblieben.
Die verspannten Muskeln des Brustkorbes und
des Zwerchfells haben sich nicht gelöst,
Dein Herz ist hart, (deshalb kann es brechen,)
die Beine sind schwach, die Arme schwer.
Und dieser körperliche Zustand meldet sich in
Deinem Bewußtsein als Unlust, ja Lebens-Müdigkeit,
sodaß auch Dein Denken nur um all die
unerfreulichen Dinge des Lebens kreisen kann.

Wenn Du der Ansicht bist, daß all diese Ausführungen
auf Dich nicht zugetroffen haben, kann das nur
einen der folgenden zwei Gründe haben:
Entweder Du bist in früher Kindheit
nicht verkümmert und zu kurz gekommen,
oder Du bist so in Deinen Illusionen befangen,
daß Du von Deinem inneren Elend nichts merkst.

Die Aufrecht-Erhaltung Deiner Glücks-Bedingungen
kosten Dich als Verkümmerten aber eine Menge Kräfte,
die Dir auf die Dauer unweigerlich ausgehen werden.
Das äußert sich zunächst in immer wiederkehrenden
Unpässlichkeiten und Kränkeleien, und im Alter
in einer oder mehreren ernsten Erkrankungen.
Ich will Dir hier nicht unnötig Angst machen.
Wenn Du Dich selber kennst, wirst Du schon wissen...
Und wenn nicht, ist die Angst
vielleicht garnicht so unnötig.

B Unterdrückung

Unterdrückung gilt gemeinhin als etwas Unrechtes.
Die Feststellung, daß Erziehung Unterdrückung ist,
erscheint Dir deshalb als ein harter Vorwurf,
den ich rundweg gegen alle Eltern erhebe,
auch gegen Deine Eltern und gegen Dich selbst,
sofern Du Vater oder Mutter bist.
Ich möchte damit aber niemanden verletzen.
Wenn eine Behauptung etwas Verletzendes hat,
dann kann das nur daran liegen,
daß der Betrachter sie nicht erträgt.

Natürlich lieben alle Eltern ihre Kinder
und wollen eigentlich immer nur ihr Bestes. Aber
wenn ihr Verhalten gegenüber ihrem Kind auch nur
zeitweilig von Lieblosigkeit gekennzeichnet ist,
von Unverständnis und Achtlosigkeit oder gar
von Verachtung, Hass und Quäl-Sucht,
dann nicht, weil das von Geburt her böse Kind
sie dazu herausgefordert hat,
und ihr Verhalten folglich zwingend richtig
oder zumindest unumgänglich wäre, **sondern**
weil ihre eigenen Seelen bereits gestört sind
und dem Kind gegenüber Einstellungen hervorbringen,
welche seine Entwicklung schädigen, bis es eben
ein »braves«, ernstes, lebloses, träges,
langweiliges, freudloses, kränkelndes,
oder ein kompliziertes, aufsässiges, hartes,
liebloses, »böses« Kind geworden ist.

Wir dürfen das nicht einfach leugnen oder verurteilen,
sondern wir müssen es erkennen und verstehen.

Daß Mütter sich weigern,
ihr Kind auf dessen Verlangen hin zu stillen,
sich weigern, sich dem Lebens-Rhythmus ihres Babys
anzupassen und sich ganz dem natürlichen Verlauf
der Dinge hinzugeben, beruht auf
einer Störung ihrer eigenen Selbst-Behauptung.
Anstatt sich nämlich selbst zu befreien,
zuerst aus der eigenen Selbst-Unterdrückung
und dann aus der gesellschaftlichen Erniedrigung
und der ehelichen Unterordnung, indem sie
ihre natürlichen Rechte auf Eigenständigkeit
gegen die Männer-Herrschaft durchzusetzen versuchten,
lassen die meisten Frauen ihren Groll
am schwächeren Kinde aus.

Das ist keine moralische Beschuldigung
sondern eine ganz sachlich gesehene Feststellung.

Wenn wir das Kind nicht als Opfer elterlicher
Mißachtung und Mißhandlung anerkennen wollen,
werden wir seine Entwicklung und seinen Charakter
niemals richtig verstehen.

Dann geben wir auch die Möglichkeit aus der Hand,
das Leben der Erwachsenen in Familie, Partnerschaft,
Erziehung, Politik und Gesellschaft zu verbessern,
und die Welt der Fanatiker, Verbrecher und aller
sonstwie geisteskranken Menschen
zu ergründen und zum Guten zu wenden.
Und dann werden all unsere noch so ehrlichen
und mühevollen Versuche, selbst glücklich zu werden,
andere glücklich zu machen und dem Guten zu dienen
scheitern – wie bisher.

Das Kind entwickelt sich ganz naturgemäß
zu einem immer selbstständigeren Lebewesen,
und das nicht erst mit 18 oder 21,
wenn das Gesetz der Erwachsenen es erlaubt,
sondern vom ersten Tag seines Lebens an.
Und wenn es daran gehindert wird,
gelingt es ihm nie. Auch nicht mit 30 oder 60.

Dem 2-jährigen Kind liegt zunächst
nicht das Geringste daran, seine Mutter zu ärgern,
ihren Unwillen herauszufordern oder
sich gegen ihren Willen durchzusetzen.
Es will halt nur scheißen, wenn es »muß«,
und nicht, wenn die Mutter es verlangt.
Es will auch nicht scheißen **dürfen,** also vorher
vielleicht auch noch um Erlaubnis betteln müssen.
Und es hat keinen Verstand, mit dem es
sich erklären kann, warum in dieser Welt nicht
ohne Erlaubnis oder Befehl geschissen werden darf.
Sowas sehen nur Erwachsene ein, die nicht mehr
erinnern können, wie sie selbst als Kinder
zu solchem Unfug abgerichtet worden sind,
und die ihre Selbst-Behauptung heute deshalb
darin erleben, daß sie anderen Menschen
unsinnige, dumme, widernatürliche Befehle erteilen
und ihnen krankhafte Verhaltensweisen abverlangen.

(Übrigens. Wenn Dich das Wort »Scheißen« stört
oder abstößt, ist das ein Problem für **Dich.**
Ich habe ihm diesen ekel-erregenden Beigeschmack
nicht gegeben. Ekel entsteht immer durch die
Unterdrückung von etwas ansich Natürlichem...)

Naturgemäß entsteht die Fähigkeit, bewußt
den Schließmuskel am Darm-Ende zu betätigen,
(Sprich Arschloch, wenn es Dich **nicht** ekelt.)
frühestens Ende des 2. Lebensjahres und auch nicht
auf Befehl, sondern zusammen mit sachlicher Einsicht.
Natürlich ist auch, daß das Baby sich
mit allen ihm zur Verfügung stehenden Mitteln
dagegen wehrt, daß ihm Ort und Zeitpunkt für
die Entleerung von Darm und Blase
durch Nötigung, Bedrohung, Verlockung oder sonstige
Eingriffe oder Übergriffe vorgeschrieben werden.

In der normalen Reinlichkeits-Erziehung wird
die natürliche Entwicklung des Kindes aber einfach
übergangen und zuweilen sogar
auf recht brutale Weise zerstört.

Vielleicht hat auch Deine Mutter im Ernst geglaubt,
es sei völlig richtig und in Ordnung, Dich
auf den Topf zu setzen und dort zu verhaften,
bis Du Dein Häufchen gemacht hattest.
Schließlich wollte sie ja nicht länger als nötig
Dein Wasch- und Wickel-Sklave sein.

Manche Mütter meinen sogar, sie müßten,
um ihr Kind zur Selbst-Reinhaltung zu erziehen,
den Ausscheidungs-Vorgang auslösen, indem sie ihm
den Finger in den After stecken oder Einläufe machen.
Aber all das sind lieblose Behandlungen,
die das Kind nur verletzen können,
demütigen, quälen und verstören,
und auf die es nur mit Widerstand, Gegen-Wehr
und Trotz-Haltung antworten kann.

Mit Deinem Widerstand gegen solche Versuche,
in Deine körperlichen Vorgänge einzugreifen,
und gegen die damit verbundenen Angriffe auf Deine
persönliche Freiheit und Selbst-Bestimmung
hast Du Dir aber immer nur noch schlimmere Härten an
Liebes-Entzug, Verachtung und Bestrafung zugezogen.
In der Ausdauer und der Stärke, mit der Du
versucht hast, Dich zu verteidigen, zeigt sich,
wie gut Du Dich bis dahin entwickelt hattest.

Wenn Du arg verkümmert warst,
hast Du den Kampf sicher schnell aufgegeben.
Du hast Dein Bestes getan, um zu gehorchen:
Wenn Du gewickelt warst, hast Du krampfhaft versucht,
nicht zu »müssen«, und auf dem Topf hast Du gedrückt,
bis Dir das Blut in den Kopf stieg. Doch dieser
Vergewaltigung hat Dein kleiner Körper nicht lange
standgehalten. Dann haben sich Appetitlosigkeit,
Erbrechen, Durchfall oder Verstopfung eingestellt
und alles nur noch schlimmer gemacht.

Wenn Du bis dahin gut gediehen warst und
vor Kraft nur so strotztest,
dann hast Du auch entsprechend getrotzt.
Dann ist es zum offenen Kampf gekommen.
Und wie und von wem der immer gewonnen wird,
das kannst Du Dir wohl inzwischen selber denken.

Dann hast Du es zwar fertiggebracht, Deine
Ausscheidungs-Vorgänge der Willkür mütterlicher
Zeit-Verplanung unterzuordnen, aber dafür
suchst Du Dir nun andere Bereiche, in denen Du
Deinen Kampf um Selbst-Behauptung fortsetzen kannst.

Ist Deine Entwicklung zur Selbst-Bestimmung,
zum natürlichen Wachstum Deiner Persönlichkeit erst
einmal durch eine solche Niederlage unterbrochen,
mußtest Du Dich in einer Frage, in der Du
im Recht warst, dem Unrecht beugen,
dann hast Du unweigerlich angefangen,
den Kampf zu suchen, wo immer es sich anbot,
und Widerstand zu leisten, ohne weiter zu beachten,
ob das sachlich und vernünftig war.
Es ging ja im Leben offenbar nicht um Recht
sondern um Macht. Und die lag beim Stärkeren.
Etwas anderes ließ sich aus der Strenge
des mütterlichen Gebaren ja nicht entnehmen.
Also hast Du zu allem erst einmal NEIN gesagt.
Wenn Du gehorchen mußtest, geschah es von nun an
nur noch mit Widerwillen: Du wolltest nicht ins
Bett, obwohl Du zum Umfallen müde warst, und
trotz beißendem Hunger wolltest Du nichts essen,
nur um nicht kleinbeigeben zu müssen.
Ja die vernünftigsten Anordnungen der Eltern
und die sachlichsten Anfordernisse des Lebens
haben Deinen Unwillen herausgefordert.
Und so reagierst Du auch heute noch zuweilen
mit ärgerlicher Abwehr gegen die selbstverständlichsten
Notwendigkeiten des täglichen Daseins.
Weil Zwang Dir ein Greuel ist, hältst Du nichts
von zwingender Logik und Sachlichkeit.
Und vor lauter Trotz bist Du nicht in der Lage,
einen Irrtum einzugestehen, weil Du das als
persönliche Niederlage empfindest, wie damals unter
Mutters unerbittlichem Blick auf dem Töpfchen...

Dieser Trotz ist die charakterliche Grundlage
der Willkür beim berüchtigten Amts-Mißbrauch.
Der Mensch im Amt genießt seine Macht-Position.
Dazu hat er sie ja zu seinem Beruf gemacht.
Im Unterbewußtsein denkt und fühlt er:
»Du willst was von mir, ich hab' es auch, aber
ich gebe es dir, **nicht weil** es meine Pflicht ist
und auch, nicht weil und wann **du** es willst,
sondern weil und wann es **mir** paßt.«
Als Kind hieß das früher:
»Ich scheiße wann **ich** will. So!«

Und wehe man legt sich mit ihm an.
Dann hat man mit ihm »verschissen«.
Dann »scheißt er auf« Dich und seine Pflichten.

Als Kind hast Du sicher ein paar mal vergessen,
im Klo die Strippe zu ziehen, obwohl Du Dich doch
deshalb immer schämen solltest. Auch diese und
ähnliche »Vergesslichkeiten« waren eigentlich
unbewußte Trotz-Handlungen: »Ich scheiß Euch was...«

Und derselbe Trotz ist such der Beweggrund der Mutter,
wenn sie von ihrem Kind genau **das** verlangt,
wogegen es sich mit Recht wehren wird:
- Auf Befehl zu »machen«,
- zu essen, was es nicht mag, oder
- mehr zu essen, als es kann und will,
- anständig mit Messer und Gabel umzugehen,
- nicht in Gesellschaft zu rülpsen und zu pupsen,
- Sachen anzuziehen, die kratzen oder häßlich sind,
- nicht alles anzufassen, nicht jeden anzusprechen

und was ihr noch so alles einfällt...

Um seinen **Trotz** auszuleben, strebt man nach **Macht.**
Aber Macht kann nur da zur Wirkung kommen,
wo eine Gegenwehr vorhanden ist.
Also muß man Dinge befehlen, die Gegenwehr wecken.
Damit ist man dann zwar meist im Unrecht,
aber das macht die Macht ja erst richtig reizvoll.

Die meisten Mütter glauben allerdings,
mit ihrer Einstellung im Recht zu sein.
Denn, ist der Trotz im Kind erst einmal erzeugt,
dann ist es auch leicht, dem Kind die Schuld
am ganzen Ärger allein in die Schuhe zu schieben
und es zur Strafe erstrecht in allen Belangen
des täglichen Lebens zu gängeln,
zu maßregeln und zu unterdrücken.
Ich sehe immer wieder Mütter, die ihr Kind ganz
gezielt herausfordern. Sie necken und reizen es,
bis es sich wütend wehrt, und dann mit einem mal
werden sie hart und böse und bestrafen es dafür.

Wenn man diese Mütter auf ihr Verhalten anspricht,
fühlen sie sich vollkommen unschuldig und
antworten zuweilen mit gehässiger Abwehr:
Was einem einfiele, sich da einzumischen, usw.
Sie merken also garnichts von ihrem teuflischen Spiel.

Wenn Du mit offenen Augen durchs Leben gehst,
kannst Du solche Szenen täglich erleben,
auf der Staße, im Bus, in den Geschäften.
Mir persönlich ist noch nie eine Mutter begegnet,
die ihr Kind nicht zuweilen sinnlos gequält
und für unbedeutendste Kleinigkeiten
erbarmungslos und blindwütig bestraft hat.

Das müssen nicht unbedingt Schläge sein.
Im Gegenteil sind andere Strafen wie Anschreien,
Verachten, Geringschätzen, Sich-Ekeln, Auslachen,
Verhöhnen, oder In-Die-Ecke-Stellen, Einsperren,
Keinen-Nachtisch-Geben oder Straf-Arbeiten
genau so verletzend und unterdrückerisch.
Jede Mutter hat da ihre bevorzugte Methode.
Und die spätere Entwicklung des Kindes
entspricht dann ganz dieser Behandlungs-Weise.

Wenn Du viel geschlagen worden bist, dann
schlägst Du Dich auch jetzt durchs Leben.
Du hast zwar gelernt, die Fäuste zu bändigen,
aber aus Furcht vor Niederlagen bist Du bissig,
wild-entschlossen und unerbittlich.
Oder Du bist so vernichtend unterdrückt worden,
daß Du Dich garnicht mehr traust, Deine Wünsche
und Anliegen mit dem nötigen Nachdruck vorzutragen.

Wenn Deine Mutter Dich dagegen ausgelacht hat,
wenn Du Deine Wut-Ausbrüche hattest,
dann hast Du Dich als lächerlich und schwach erlebt.
Und heute hast Du Angst davor,
Dich nicht durchsetzen zu können,
sondern immer wieder nur ausgelacht zu werden.
Da verzichtest Du lieber gleich auf Deine Rechte.
Wenn Du um etwas kämpfst, dann mit der Taktik,
dem Gegner zu zeigen, er mache sich in Deinen Augen
lächerlich, wenn er Deine Forderungen nicht anerkennt.

Die Furcht vor Verachtung macht Dich schüchtern und
unterwürfig, sodaß Dich keiner ernst nimmt, und Du
tatsächlich nie das bekommst, was Dir zusteht.

Wenn Du mit Deinen Selbstbehauptungs-Versuchen
auf Geringschätzung und Mißbilligung gestoßen bist,
dann hast Du auch heute noch Schuld-Gefühle,
immer wenn Du auch mal an Dich selber denkst.
Dein Bestreben kreist ja nur noch darum,
wie Du es anderen recht machen kannst.
Und dann bist Du natürlich vom Leben enttäuscht,
weil Du Dir nicht gestatten kannst,
erst einmal Dich selbst glücklich zu machen.

Nichts gegen das edle Trachten,
sich für andere einzusetzen.
Aber: Sich selbst aufzuopfern,
zum Wohle anderer auf eigenes Glück verzichten,
das kann nicht der Sinn des Lebens sein.
Es sei denn, es macht Dich wirklich glücklich...
Die meisten Samariter sind aber eigentlich
zutiefst verbittert und sorgen sich nur um andere,
um sich von den eigenen Sorgen abzulenken und
um nicht für das eigene Glück sorgen zu müssen.
Dann kann ihnen auch keiner den Vorwurf machen,
sie seien eigenwillig oder egoistisch.

Im Innersten handeln auch sie, wie viele andere, aus
unbewußtem, verdrängtem Trotz nach dem Rache-Motto:
»Schad' meiner Mutter janischt, wenn es mir
dreckig geht. Warum hat sie mich auch immer
so zur Schnecke gemacht...«

**Dieser Trotz-Mechanismus liegt letztendlich auch
den meisten Fällen von Selbst-Mord zugrunde:
»Selber schuld, wenn ihr mich verliert. Warum seid
ihr auch immer so herzlos und vorwurfsvoll mit mir!«**

Die Reinlichkeits-Erziehung ist meistens der Rahmen, in welchem mütterlicher Eigenwille und kindlicher Selbstbehauptungs-Wille zum ersten mal und auf entscheidende Weise aufeinander-prallen.

Je früher dies in der Entwicklung des Kindes geschieht, desto schneller ist der Kampf vorbei.
So hast vielleicht auch Du viel zu früh damit angefangen, Darm- und Blasen-Inhalt zurückzuhalten.
Da aber die dafür zuständigen Schließmuskeln noch garnicht richtig einsatzbereit waren, hast Du Po-Backen und Oberschenkel zusammengepreßt und alle Muskeln im Becken-Bereich verspannt. Das kann dann fürs ganze Leben zu einer immerwährenden körperlichen und seelischen Haltung geworden sein.

Die Befehle im Gehirn, bloß nicht loszulassen, konnten – weil längst unbewußt und automatisch – nicht mehr zurückgenommen werden.
Alle betroffenen Muskeln sind hart und verkürzt und melden dem Gehirn starke Unlust-Gefühle.
Und deshalb hat sich das bewußte Empfinden von dem ganzen unseligen Vorgang zurückgezogen.

Das alles beeinträchtigt in erheblichem Maße auch Deine Fähigkeit, sexuelle Lust zu erleben, Dich dem Orgasmus vollständig hinzugeben, und kann sogar zu einer Ursache für Potenz-Störungen werden.
Der ganze Zustand entwickelt sich dann zu der charakterlichen Haltung: **Nicht-Loslassen-Können.**
Das heißt: Ich will nichts zulassen, nichts erlauben und nichts geben... Unduldsamkeit und Geiz!
Sturer, krankhafter Trotz.

Die Muskel-Verspannungen im Bereich
der Hüften, der Beine und des Beckens können
so früh entstehen und so stark sein,
daß sie das Wachstum der Knochen und der Gelenke
behindern und beeinträchtigen.

So drehen die zusammengekniffenen Po-Backen
die Beine nach außen,
was zu einer gespreizten Fuß-Stellung führt.
Und das Zusammen-Klemmen der Oberschenkel
verursacht X-Beine. Dann sind alle Gelenke
von der Fuß-Spitze bis zum Rumpf
in falscher Stellung eingeschraubt und zudem
in ihrer natürlichen Beweglichkeit eingeschränkt.
Rheumatismus in Muskeln und Gelenken
ist dann im Alter die lästige Folge.
Von Kind auf andauernde Verspannungen im After
führen auf die Dauer zu Hämorrhoiden.

Das Becken kann durch Verspannungen seiner
inneren Muskeln und des Becken-Bodens
so eingeschnürt sein, daß es nie
seine angeborene Breite und Tiefe erreicht.
Ein zu enges Becken und verhärtete Becken-Muskeln
erschweren später das Gebären und haben
Unterleibs- und Rücken-Leiden zur Folge.

Auf dieselbe Weise wie bei der Reinlichkeits-Dressur
reagieren Körper und Seele auf **jede** Unterdrückung.
Immer verkrampfen sich gemeinsam
die Körper-Teile, deren Tätigkeit oder Bewegung
unterdrückt werden soll, und die entsprechenden
Befehls- und Empfindungs-Zentren im Gehirn.

In den Kämpfen mit Deinen Erziehern hast Du oft
vor hilfloser, verzweifelter Wut gebrüllt
und mit den Beinen auf den Boden gestampft.
Das wurde dann sofort mit aller Härte untersagt.
In Deinem maßlosen Schmerz über die Lieblosigkeit
und in der Enttäuschung über Deine Niederlage
hast Du Dich entkräftet zu Boden geworfen.
Aber da haben sie Dich brutal wieder hoch gezerrt
und Dich angebrüllt, Du sollst Dich hinstellen,
Dich zusammenreißen und aufhören zu brüllen.

Warum soll das gerade bei Dir anders gewesen sein
als bei den anderen Milliarden kräftiger
nicht verkümmerter Menschen-Kinder?

Also hast Du Dich mit letzter Kraft zusammengerissen.

Selbständigkeit geht von den Beinen aus.
Daß sie Dich tragen, gibt Dir das Gefühl, daß Du
nicht auf andere angewiesen bist und Dich ihnen
nicht ausliefern mußt, um das Leben zu meistern.
Aber die Beine des Unterdrückten sind steif und
unbeweglich, seit man ihn unterdrückt hat.
Du hast Angst davor, wieder zusammenzubrechen,
umzufallen, und gerade durch diese Steifheit
stehst Du um so wackeliger da.
Deine Beine sind lang und dünn
oder kurz und muskel-bepackt,
und die Knie sind ständig durchgedrückt, anstatt
in leichter Beugung geschmeidig zu federn.
Du bist nicht selbständig, weil Deine Beine
Dich nicht wirklich tragen, sondern Dir nur
eine unbewegliche, gefühllose Stütze sind.

Um nicht zu brüllen hast Du bei solchen Szenen
die Kehle zugeschnürt und die Zähne zusammengebissen.
Diese Verspannungen hört man heute noch in Deiner Stimme
und man sieht sie am eckigen, harten Unterkiefer.
Und Du fühlst sie von innen her, wenn Du
einen Frosch im Hals hast und nicht weinen kannst,
so sehr Dir auch danach zumute sein mag. Vielleicht
sind sogar Deine Tränen-Drüsen noch verkrampft.
Dann brennen Dir beim Lesen öfter die Augen.
Und beim Heuschnupfen laufen Dir
die verbotenen Tränen eben durch die Nase.

Wenn andere trauern oder ihre Rührung ausdrücken,
kriegst Du Beklemmungen und machst dumme Witze,
um ja nicht auch ergriffen zu werden.
Du willst nicht mehr weinen und nicht wütend sein.
Aber innerlich trauerst und tobst Du,
daß Du Deine liebe Mühe hast,
es vor Dir und den Anderen zu verbergen.

Erniedrigung erlebt das Kind körperlich als
gewaltsame Beugung seines Rückgrats.
Es fühlt sich förmlich von oben erdrückt.
Der Trotz ist ein Aufrichten gegen diese Gebeugtheit.
Das Ergebnis ist ein steifer muskulöser Rücken
und eine unbeugsame Wirbelsäule, die schon
mittleren Alters zu Bandscheiben-Schäden neigt.

Sich selbst be-Haupt-en heißt ja, sich
das eigene Haupt dahin zu setzen, wo es hingehört.
Das ist dem Unterdrückten nur mit Mühe möglich.
So ist sein Nacken stierig steif, eingeklemmt
zwischen Niederlage und trotziger Aufrichtung.

In Deinem Zorn (= gerechte Wut) hättest Du Deine Unterdrücker am liebsten verprügelt. Aber dafür warst Du ja viel zu klein. Dann hätten sie Dich erst recht in die Mangel genommen. Also hast Du auch Deine Fäuste gebändigt, indem Du Arme und Schultern nach hinten gezogen hast. Und aus Furcht vor Schlägen hast Du auch noch den Kopf eingezogen und die Schultern hoch und bei vollem Brustkorb den Atem angehalten.

Wo an Deinem Körper findest Du dann heute noch einen gesunden, entspannten Muskel? Du magst zwar stark sein wie ein Bär, und bist doch unbeweglich wie ein Schrank.

Und wie Du Dich innerlich fühlst, so denkst Du auch: Dein Eigenwille ist zu stark für Kompromisse. Entweder es geht nach **Deinem** Kopf, oder nichts geht. Du magst aber auch keinen Streit. Deshalb machst Du Dir lieber die gerade herrschende Meinung zueigen. Du beschließt schon vor jeder Auseinandersetzung, wer **über** Dir und wer unter Dir steht. Weil Deine Schlage-Wünsche unterdrückt sind, bist Du auch nicht schlagfertig. Deine Argumente fallen Dir immer erst ein, wenn es zu spät ist. Dann schreibst Du gepfefferte Briefe oder ein aufrührerisches Buch...

Wenn Deine Figur muskulös und untersetzt ist und einen strammen, dicken Bauch hat, (auf den Bauch kommen wir noch...) dann ist Unterdrücktheit bestimmt Dein Haupt-Charakterzug.

Verspannte Muskeln sind auch abgestumpft,
sowohl gegen Schmerzen als auch gegen Zartheiten.
Sie können angenehme, warme Berührungen nicht richtig wahrnehmen, Gefühle nicht frei strömen lassen.

Deshalb sind stark unterdrückte Menschen
in der Liebe eher grob und wenig einfühlsam.
Sie spüren die Liebe nur tief im Innern,
aber sie können sie nicht entsprechend ausdrücken
und auch nicht ungehemmt erleben und genießen.

Da man Mädchen in der Erziehung für gewöhnlich
entschieden zarter anfaßt, findet man den
stark unterdrückten Charakter fast nur bei Männern.
Die Frau, die einen solchen liebt, hat es schwer,
weil seine Liebe sich zu viel in Neckereien
und Herausforderungen, ja sogar in höhnischen
und hämischen Herabwürdigungen äußert.
Er ist mit Worten und Handgreiflichkeiten oft
geradezu verletzend und freut sich diebisch, wenn
die geliebte Frau dann empört und beleidigt ist.
Erst wenn sie anfängt zu weinen, ist er plötzlich
ehrlich erschüttert und nimmt sie tröstend zwar,
aber weiter scherzend in seine Arme.

Beim Beischlaf ist er nur
zu harten, kurzen und stoßenden Bewegungen fähig.
Um einen Samen-Erguß zu haben oder zurückzuhalten
muß er sich arg anstrengen, und so denkt er,
auch die Frau brauche starke Stöße, um zu »kommen«.
Wenn sie ihm sagt, daß sie es lieber anders hätte,
glaubt er es einfach nicht, oder er ist hilflos
und gereizt, weil er sich abgelehnt fühlt.

Unterdrückte Menschen können hoch begabt sein.
Aber ihre Selbst-Erniedrigung hat sich
in einem unbewußt gewordenen Gehirn-Teil festgesetzt.
Und ihre Selbst-Zurückhaltung hat sich
in Körper-Verspannungen so eingefleischt,
daß Selbst-Behauptung und damit eben auch
Selbst-Verwirklichung unmöglich geworden sind.
Deshalb gelingt es ihnen nicht, ihre Begabung so weit
zu entwickeln, daß sie damit Erfolg haben könnten.

Als Versager gelten ja gerade die Menschen, die
offensichtlich erfolgreich sein könnten, die aber
die Erwartungen, die sie mit ihren Begabungen wecken,
immer wieder enttäuschen.
Unterdrückte Menschen versagen sich ihre Erfolge selber.
Sie fürchten Erfolgs-Gefühle, weil sie
(wegen ihrer Verspannungen) die freudige Erregung
nicht ertragen können sondern als Unlust empfinden.
Wenn sie es trotz allem schaffen, Erfolg zu haben,
sind sie wiederum unfähig, ihn zu genießen und
geißeln sich in falscher Bescheidenheit.

Auch unterdrückte Menschen sehnen sich nach Liebe.
Und sie glauben, sie könnten und müßten sie sich
mit anerkennens-würdigen Leistungen erst verdienen.
Da sie sich aber vergeblich bemühen,
ob aus Mangel an Talent oder aus Selbst-Versagung,
verfallen sie zuweilen der Prahlerei.
Damit stoßen sie aber wieder nur auf Mißbilligung.
Wer hört sich schon gerne diese endlosen Berichte
von des Anderen Großartigkeit und Tugend an?
Also werden sie abermals nur enttäuscht.

Auf der Flucht vor dem Gefühl der eigenen
Wertlosigkeit und Liebes-Unwürdigkeit
stößt der Unterdrückte auf einen weiteren Weg,
der ihn abermals in eine Sackgasse führt.
Er unterdrückt die anderen, indem er ihnen
ihre Wertlosigkeit vorhält und sie
als noch lächerlicher hinstellt, als er sich selber fühlt.

Also versucht er sie zu erniedrigen und
zu demütigen und erntet wieder nur Ablehnung,
obwohl es ihm wie jedem Menschen eigentlich
nur um eines geht, nämlich Liebe, oder wenigstens
Anerkennung als liebenswertes Geschöpf. Als solches
muß er sich aber erst einmal selber anerkennen, und
das hieße, seine Selbst-Unterdrückung aufzugeben.

Und das kann er nicht, weil er es im Unterbewußtsein
nicht will. Das Nicht-Wollen hat ihn als Kind vor
elterlichen Mißhandlungen und Bestrafungen gerettet.
Nicht-Trampeln-Wollen, Nicht-Schlagen-Wollen,
Nicht-Brüllen-Wollen, Nicht-Weinen-Wollen,
Nicht-Zusammenbrechen-Wollen.
Und dann zum Trotz: Sich-Nicht-Beugen-Wollen,
Nicht-Nachgeben-Wollen, Nicht-Lernen-Wollen,
Nichts-Leisten-Wollen und immer wieder:
Nicht-Wütend-Werden-Wollen. Denn die kindliche
nie ausgedrückte Wut gärt in ihm zu Hass
und droht fortwährend auszubrechen.

Die Strenge, mit der er gegen sich selbst angeht,
steht ihm ins Gesicht geschrieben, denn
seine Augenbrauen sind oft zusammen-gezogen, und
das hat tiefe Falten in die Nasenwurzel gegraben.

Groll ist ein äußerst treffender Ausdruck
für unterdrückte Wut.
Tief in Dir brodelt, gärt, kocht und grollt es.
Und durch kleine Ritzen und Ventile zischt es nur
sehr gebremst hervor, ätzend und giftig zwar,
aber nie mit der riesigen Gewalt,
die Wut und Selbst-Beherrschung einander antun,
um im Gleichgewicht zu bleiben.

Wenn Dir in besonderen Streß-Momenten mal
die Gäule durchgehen, weil Du
die Selbst-Beherrschung verlierst, gibt es nur
einen kurzen, schlecht gesteuerten, unangemessenen
und folglich erfolglosen Ausbruch.
Dann hast Du Dich schnell wieder am Zügel
und bedauerst Deine Entgleisung auf das demütigste.
Oder Du belastest jemand anders mit der Verantwortung
für Deine unbeherrschte Handlungs-Weise.

Die immerwährende innere Anspannung drängt aber
auch immer wieder auf Ent-Spannung.
Deshalb treibt sie Dich auf die Suche nach
Lebens-Bereichen und Erlebnissen, wo sich Dein
angestauter, kindlicher Groll auf erwachsene Weise
ausleben und anwenden läßt: Ereignisse,
wo es um Sieg oder Niederlage geht, wo Du Dich
oder ersatzweise Dein Idol bejubeln oder bemitleiden,
und Deine Gegner und Feinde verschmähen kannst.

Und das sind Berufe, in denen Du über Andere
bestimmst, über sie wertest, urteilst, richtest oder
sie gar verurteilst und im Namen des Volkes
für ihre Missetaten bestrafen darfst.

Seit meiner frühen Jugend hat mich das Problem der RACHE beschäftigt. Meine Frage war: Kann es denn angeboren sein, daß die Menschen ein Gefühl der Erleichterung ja der Lust empfinden, wenn ein Verbrechen gesühnt wird, also wenn ein Verbrecher bestraft wird?

Das Mittelalter, wo das Volk auf den Plätzen das Blutvergießen im Namen Gottes und der Gerechtigkeit bejubelte, ist ja nicht etwa vorbei!
Warum schaun sich die Menschen immer diese Krimis an, in denen es darum geht, Verbrechen aufzuklären und die Täter ihrer »gerechten« Strafe zuzuführen? Und wenn sie selbst die Geschädigten sind, was bewegt sie im wahren Leben wie im Fernsehen zu diesem blinden, wütenden, geistlosen Drang, den Täter zu erwischen und zu vernichten?

Ich habe das Verhalten der wildesten Tiere studiert, und niemals ist mir aufgefallen, daß ein Tier, das angegriffen wurde, mehr getan hätte, als sich zur Wehr zu setzen. Tiere schlagen und beißen, um sich Futter zu verschaffen oder um sich eine Paarung zu erkämpfen, aber niemals um sich für eine Niederlage oder für einen Angriff zu **rächen** oder den Angreifer dafür zu **bestrafen.**

Tiere kennen keinen blinden Hass, sondern nur offene direkte und dem Kampf-Geschehen angemessene Wut. Diese Wut dient ihnen dazu, ihre Trieb-Ziele zu erreichen, nämlich: Selbst-Erhaltung, also Nahrung und Verteidigung, und Art-Erhaltung, also Paarung und Brut-Schutz.

Das was die Menschen so verächtlich
mit »tierisch« bezeichnen, ist in Wirklichkeit
ein ausschließlich menschlicher Zug:
Die Fähigkeit, blind zu hassen.

Hass ist blind, weil ein Mensch der haßt,
nicht fähig und auch nicht willens ist zu erkennen,
daß sein Hass etwas Schlechtes ist, etwas
das Schaden anrichtet – letztlich sogar für ihn selbst.

Der Mensch lernt als Kind, sich selbst zu verachten,
wenn er etwas Schlechtes tut. Deshalb muß er,
um seinen Hass ausleben zu können, erst einmal
nachweisen, daß dies **nichts Schlechtes** ist.
Einzig zu **diesem** Zweck hat er die Begriffe
der RACHE und der STRAFE geschaffen. Sie besagen:
»Ich darf hassen, wenn der andere schuldig ist.«
»Einen Dieb darf ich einsperren,
einen Vergewaltiger darf ich kastrieren,
einen Mörder darf ich töten und
ein ungezogenes Kind darf ich verprügeln.«

Solches Denken kann nur in einem kranken Geist
entstehen, denn jeder gesunde Geist sieht leicht ein,
daß ein Verbrechen nicht dadurch ungeschehen gemacht
oder gar wieder-**gut**-gemacht werden kann,
daß man ein weiteres Verbrechen begeht.
Jeder weiß, daß das ewige »Auge um Auge« ewiges Übel
ewiges Leid und **ewiges Verbrechen erzeugt,**
weil es beide Seiten in den Glauben versetzt,
im Recht zu sein.
Rache und Strafe sind aber niemals Recht, sondern
so verbrecherisch wie das, wogegen sie sich richten.

Längst hat man die unterbewußten Beweg-Gründe
der Verbrecher erforscht: Es **ist** bereits Rache!

Der Dieb stiehlt, nicht weil er
ein schlechter Mensch ist oder einfach zu faul, sich
das was er braucht auf ehrliche Weise zu beschaffen.
Er stiehlt, um sein gekränktes Gemüt zu schlichten.
Er lebt unbewußt in dem **kranken** Gefühl, daß er
vom Schicksal (Mutter) betrogen worden sei, daß ihm
die Gesellschaft etwas schuldig sei. Also glaubt er,
daß er sich nur nimmt, was ihm sowieso zusteht.
Oder er nimmt anderen etwas weg, um sie zu schädigen.
Und Schaden-Freude ist immer ein Rache-Gefühl,
auch wenn man nicht selbst der Täter ist...

Ein Trieb-Verbrecher ist ein **kranker** Mensch,
dessen Sexualität durch brutalste Unterdrückung
in der Kindheit unter den Druck unerbittlicher
Hemmungen geraten ist und sich dort anstaut,
bis er sie nicht mehr beherrschen kann.
Dann bricht sie hervor und mit ihr der ganze Hass,
der mit der Unterdrückung entstanden ist,
sich jetzt auf sein Opfer richtet und dann
im Unterbewußtsein weiter und weiter gärt.
Bis zum nächsten Ausbruch.

Ein Mörder ist ein **kranker** Mensch, der glaubt,
er habe das Recht zu töten, und das Töten werde
seine miese Lebens-Lage zum Guten wenden.
Und so glauben auch
das Volk und seine Richter und Henker,
es sei sinnvoll und gerecht,
Verbrechen zu sühnen und Verbrecher zu bestrafen.

Nachdem bekannt wurde, daß Strafen garkeinen erzieherischen Wert haben, sondern den Bestraften nur noch tiefer in seine krankhaften Seelen-Zwänge treiben, haben die Regierungen nicht etwa den alten sinnlosen, ja schädlichen Straf-Vollzug abgeschafft, sondern sich auf die abschreckende Wirkung der Straf-Androhung berufen. Aber die Psychologie hat nachgewiesen, daß auch diese nicht stattfindet, daß sie manchen Verbrecher erst richtig herausfordert. Trotzdem hat sich noch immer nichts geändert. Die Volks-Mehrheiten und ihre Vertreter bleiben dabei, daß der Mensch im Grunde schlecht ist und nur durch Verängstigung daran gehindert werden kann, seine Schlechtigkeit voll auszuleben.
Sie halten sich selbst also nur für »gut«, weil sie sich brav obrigkeits-fürchtig an die Regeln halten.
Aber wenn es nicht bei Strafe verboten wäre, dann würden sie wohl offenbar auch...?
Niemand wird für seine Rechtschaffenheit belohnt.
Worin besteht denn dann der Vorteil am Ehrlich-Sein, wenn die Unehrlichen nicht bestraft werden würden?
ALL DAS SIND KRANKE GEDANKEN-GÄNGE!
Der Beweg-Grund beim Mörder ist ganz derselbe wie bei all jenen Menschen, die sich erst wieder wohlfühlen, wenn der Mörder hängt oder zumindest »sitzt«: RACHE.
Also sind die »Recht-Schaffenden« nicht viel besser als die von ihnen verfolgten Übel-Täter.
Was uns alle verbindet ist eine Volks-Krankheit:
Die Anwendung von Strafen in der Erziehung.
Deshalb gibt es in unserer Gesellschaft auch mehr tüchtige Polizisten und Anwälte als Seelen-Ärzte.

Unterdrückung macht den Menschen also wütend. Das ist seine natürliche Art, sich zu wehren. Und wird diese Abwehr selbst unterdrückt, dann entsteht Hass und mit ihm die Dummheit, die nötig ist, um Hass für Recht zu erklären.

Unterdrückung macht den Menschen also auch dumm. Wo immer sich die Erziehung und ihre Strafen gegen die natürliche Entwicklung des Kindes richtet, ist die dagegen-gerichtete Wut des Kindes nicht nur gesund und natürlich sondern deshalb auch **berechtigt.** Wenn die Eltern dann aber verlangen, daß das Kind ihr Unrecht als Recht anerkennt, eben weil Strafe angeblich gerecht sein kann, dann bekommt das Kind demzufolge auch ganz widernatürliche Vorstellungen von Gerechtigkeit. Und so ist das seelisch-geistige Chaos gesichert, das in millionenfacher Ausfertigung die Völker dazu bringt, einander zu morden. **Wenn Cäsar, Napoleon oder Hitler befohlen hätten, die Menschen sollten einander in die Arme fallen, einander vergeben und ewige Liebe zu schwören, glaubst Du, man hätte ihnen dermaßen zugejubelt?**

Nur **der** kann die Macht im Staat ergreifen, der dem Volk **das** befiehlt, was es ohnehin schon will, sich aber ohne Befehl nicht zu tun traut.

Einer muß nur die Verantwortung übernehmen. Dann sind plötzlich erschreckend viele Menschen bereit, die schlimmsten Greuel-Taten zu begehen oder zumindest zu dulden oder gut zu heißen, ohne sich dabei richtig schuldig zu fühlen.

Jeder Mensch sucht sich für seine
unerfreulichen Taten einen Schuldigen, weil er sonst
unter seinen eigenen Schuld-Gefühlen leiden müßte.
Schuld-Gefühle entstehen aber selbst erst dadurch, daß
das Kind den Unfug mit den gerechten Strafen
glaubt. Jetzt bildet es sich ein, mit jedem Fehler
den es macht, eine Strafe verdient zu haben.
Es denkt, es darf keine Fehler machen oder haben,
weil sonst »auf dem Fuße« Strafe folgt.
Um dann den Lieblosigkeiten der Eltern
zuvorzukommen, straft es sich zuweilen sogar selbst.
Oder es verrät sich »aus Versehen«, um die
befürchtete Bestrafung bald hinter sich zu bringen.

Und so schimpfst auch Du Dich manchmal einen Idioten,
wenn Dir etwas mißlingt, und beschuldigst Dich
vor anderen, um ihrer Mißbilligung vorwegzugreifen.

Anstatt nun als Erwachsener zu erkennen:
»Ich bin nur für Strafen, weil meine Eltern mir
das so eingebläut haben«, bleibst Du dabei,
das Strafen sei vernünftig und gerecht.
Und da Du da**für** bist, daß andere bestraft werden,
mußt Du »gerechterweise« bereit sein,
Dich gegebenenfalls auch selbst bestrafen zu **lassen.**
Also lebst Du weiter wie ein Kind
in ständiger Furcht vor Bestrafungen.

All das geht natürlich nur im Unterbewußtsein.
Wenn das Bewußtsein dahinter käme,
würdest Du selbstverständlich unverzüglich
dem Unfug ein Ende setzen.
Was hindert Dich eigentlich daran?

Was Dich daran hindert ist... die Furcht vor Strafe!
Du erträgst es nicht, wenn man Dich kritisiert,
Du willst und kannst Deine Fehler nicht zugeben,
weil Du **unbewußt** fürchtest, ein Eingeständnis
als Schuld-Bekenntnis ausgelegt zu bekommen
und dafür bestraft zu werden.
Wenn Du Mißbilligung schon als Bestrafung empfindest,
siehst Du auch in der sachlichsten Kritik schon einen
Tadel und wehrst Dich verbissen, ohne zu merken,
daß Du Dich dadurch immer mehr ins Unrecht setzt.

Aus Furcht vor Strafe basteln sich die Menschen
ein Bild ihrer selbst zurecht, in welchem sie
als untadelig und großartig erscheinen.
Jede Kritik kratzt ernstlich an dieser Einbildung
und löst die Furcht aus, die die Menschen
mit ihrem Größen-Wahn gerade zu verdrängen trachten.

**So bewirkt die Furcht vor Strafe genau das
Gegenteil von dem, was sie eigentlich bewirken soll:**
Sie **hindert** die Menschen daran, sich selbst
selbst-kritisch zu betrachten und sich zu bessern.
Sie sorgt nur dafür, daß die Menschen einander
mit Vorwürfen überschütten und gleichzeitig jeden
Vorwurf, den man **ihnen** macht, ungeprüft abzuwehren.
Ein Teufels-Kreis der Unverbesserlichkeit.

Ich habe Zweifel, daß Du mir noch folgen kannst.
Schließlich sind das hier sehr ungewöhnliche
Behauptungen, über die Du Dir in aller Ruhe
Dein eigenes Urteil bilden willst. Weil ich das für
sehr wichtig halte, schlage ich Dir vor, eine Pause
zu machen und dann noch mal von S. 224 ab zu lesen.

Im Vorwort habe ich gesagt, es sei Unfug zu glauben,
alles Schlechte an Dir sei angeboren
und alles Gute anerzogen.
Fast das völlige Gegenteil ist der Fall.
Nicht alles Gute an Dir ist angeboren, aber
alles Schlechte ist mit Sicherheit anerzogen.
Mit Liebes-Entzug, Verachtung und Gewalt hat man
Dich in Deiner Kindheit mißhandelt und verängstigt.
Mit Strafen und Drohungen hat man Dich gezwungen,
auf Deine natürlichen Rechte zu verzichten,
Deine unschuldigsten Selbstverteidigungs-Versuche
in Selbst-Zurückhaltung zu ersticken und bei
jeder eigenständigen Regung Gewissensbisse zu haben.

Wenn Du heute etwas Böses in Dir hochsteigen fühlst,
ist es doch nichts anderes, als die uralte
unterdrückte Wut auf Deine früheren Peiniger. Aber
Du befürchtest immer, ein schlechter Mensch zu sein,
und das genau behindert jede Selbst-Erkenntnis.
Alles wäre so leicht, wenn Du nur glauben wolltest,
daß Du im Grunde unzweifelhaft GUT bist.
Und all die Anderen, die Du fürchtest
und deshalb verachtest, ebenso. Dann aber
wüßtest Du nicht mehr, wohin mit Deiner Wut...

Schau. Wut und Ärger sind ansich nichts Böses.
Sie werden erst dadurch bedenklich,
daß Du sie für zwingend und gerecht erklärst und
damit die Schuld an allem den **Anderen** zuschiebst.

Wenn Du bereit bist,
die Verantwortung für Deine Wut immer **selbst** zu
übernehmen, kannst Du sie mit der Zeit loswerden.

C Beschämung

Du bist auf die Welt gekommen mit
der Erwartung und dem natürlichen Anspruch,
geliebt, umsorgt und beschützt zu werden.
Nur so hättest Du lernen können,
auf eigenen Beinen zu stehen,
Deine eigenen Bedürfnisse zu erkennen und sie
selbständig zu befriedigen. Und nur so hättest Du
Deine naturgegebene Fähigkeit entwickeln können,
andere zu lieben, zu umsorgen und zu beschützen.

Anstatt dessen bist Du als Kind
doch mehr oder weniger vernachlässigt worden.
Liebe und Fürsorge waren immer nur in
mangelhaftem bis ungenügendem Maße vorhanden.
Es gab nicht zu essen, wann **Du** Hunger hattest,
nicht immer Zärtlichkeit, Wärme und Annahme,
auch wenn Du sie noch so nötig gebraucht hättest.
Ja, um irgendetwas zu bekommen, mußtet Du lernen,
erst einmal Bedingungen zu erfüllen, Anforderungen,
zu denen Dir jede Einsicht und Reife fehlte.

Mit Deinen Versuchen,
Deine natürlichen Bedürfnisse durchzusetzen,
bist Du auf unüberwindliche Hindernisse gestoßen
und mußtest lernen, Dein wahres Ich zu unterdrücken,
um nicht ständig in Kämpfe mit den übermächtigen
und unerbittlichen Erwachsenen zu geraten.
Und Du mußtest erfahren, daß die Menschen,
von deren Wohlwollen Du ganz und gar abhängig warst,
des öfteren verständnislos und abweisend und zuweilen
sogar schlecht und grausam zu Dir sein konnten.

Ein weiterer Beweis dafür, daß die Eltern
in der Mehrzahl nicht die nötige Einfühlsamkeit,
das nötige Verständnis und das nötige Wissen haben,
um ein Kind gesund und störungsfrei aufzuziehen,
ist die Tatsache, daß sie nicht merken wollen,
wie Kinder mit 3-4 Jahren ihre Geschlechts-Organe
und damit ihre sexuelle Lust entwickeln.
Die Eltern sind sexuell so verkrampft, so prüde und
auf zutiefst unbewußte Weise lust-feindlich
eingestellt, daß sie diese Unterdrücktheit auch direkt
und völlig gedankenlos an die Kinder weitergeben.
Bevor sie noch bewußt wahrnehmen,
daß ihr Kind voll unschuldiger Genüßlichkeit
an seinem Geschlechts-Teil spielt,
es streichelt und sich guten Gefühlen hingibt,
haben sie schon mit einem bösen Blick oder mit
einer feindseligen, drohenden Geste eingegriffen.

Oft genügt ein solches Signal der Ablehnung,
denn das Kind weiß ja schon, was ihm blüht,
wenn es nicht tut, was die Eltern verlangen. Es hat
gelernt, sich schlecht und ungeliebt zu fühlen,
wenn es verbotene Dinge tut. Also wird es sich
ab sofort bemühen, seinem Bedürfnis, sich
schöne Gefühle zu machen, nicht mehr nachzugeben.
Die sexuellen Gelüste sind aber stärker und
kommen immer wieder, je mehr es sie zurückdrängt.

Wenn die Furcht vor Strafe und Liebes-Verlust
sehr groß ist, gelingt die Abwehr der Lust-Regungen
sehr früh und damit besonders nachhaltig:
Organe und Lust-Erleben bleiben unter-entwickelt.

Und wenn die Unterdrückung bis dahin noch nicht
all zu tiefgreifend und lückenlos war,
dann zieht sich das Kind mit seinen Gelüsten zurück,
wartet bis es unbeobachtet ist, und ist doch dabei
immer gestört von der Furcht, entdeckt zu werden,
und von quälenden Selbst-Verurteilungen.
Also kann es sich seinen Gefühlen nicht ungeniert
hingeben, verkrampft sich und bleibt unbefriedigt.
Deshalb gibt es diese Handlungsweise auch bald auf.

Je nach dem wie kräftig das Kind bis dahin gediehen
und wie wenig es unterdrückt worden war,
gedeihen auch die Sexualität und ihre Organe.
Und je nach dem wie hart es in dieser Entwicklung
durch Unterdrückung behindert wird,
zeigt es für eine Weile seelische Störungen wie
Bettnässen, Nervosität, Zappeligkeit, Lernschwächen,
bockige Verschlossenheit, Alp-Träume und dergleichen.
Diese Störungen überwindet es zwar, aber nur
scheinbar und auch wieder nur aus Furcht vor Strafen.
Es entwickelt die sogenannte TAPFERKEIT.
Sie besteht darin, immer und immer mehr Gefühle
im Körper zu unterdrücken und aus dem Bewußtsein zu
verdrängen, und die bewußte Selbst-Wahrnehmung
auf **die** Dinge des Lebens zu beschränken,
die von der elterlichen Hoheit gebilligt
oder vorgeschrieben werden.

Dieser Verdrängung fällt auch die Erinnerung anheim,
als Kind je sexuelle Lust verspürt zu haben.
Und so bleiben die Lustgefühle untrennbar verbunden
mit der Furcht, entdeckt und bestraft zu werden.

Als Geschlechts-**Reife** gilt erst die Fähigkeit, sich fortzupflanzen, also die Reife der Organe zu Befruchtung und Empfängnis. Sie entsteht naturgemäß zwischen dem 10. und 14. Lebensjahr. Die **früh**kindliche Entwicklung bringt nur mit sich, daß das Kind sich der Organe und ihrer Lust-Gefühle gewahr wird und als Teil seines Selbst annehmen darf, **oder** gezwungen wird, sie als etwas Böses abzulehnen, zu unterdrücken und aus dem Gewahrsein zu verbannen.

Es ist ein Irrtum zu glauben, man könne ein Kind von seiner Sexualität **ablenken,** zum Beispiel indem die Mutter die Schamgegend und das kindliche Interesse dafür einfach übersieht. Dazu sind die Lustgefühle viel zu stark. Wenn das Kind auf diesen Teil seiner Entwicklung verzichtet, ihn aus eigener Kraft verneint, dann nur weil es spürt, daß es sonst die Liebe der Mutter verliert, von der es sich abhängig fühlt, oder weil es genau merkt, daß Strafen drohen.

Daß grauenhafte Drohungen wie »Pipi-Mann-Abschneiden« das Kind in den Wahnsinn treiben, ist zwar zum Glück längst weithin bekannt, daß aber **jede** Art von sexueller Unterdrückung den Menschen Zeit seines Lebens daran hindert, Liebes-Lust zu genießen, und daß diese Unterdrückung auch heutzutage noch ein ganz normaler Vorgang ist, wird weiterhin geleugnet oder einfach hingenommen, weil die Erwachsenen ihren Kindern nicht erlauben können, was sie sich selbst täglich versagen müssen: Körperliches Glück und seelische Erfüllung.

Was wäre denn natürlich?
Natürlich wäre, daß die Kinder garnicht im engen Kreise der Familie aufwachsen, sondern in einer größeren Gemeinschaft mit Gleichaltrigen. Dies ist zwar auf dem Spielplatz oder im Kindergarten gegeben, aber dort ist es ja ebenso strengstens verboten, daß die Kinder »intim« werden.

All die ganz natürlichen Spiele mit Ausziehen, Gucken, Zeigen und Anfassen sind untersagt. Und die berühmten Doktor-Spiele müssen auch vor den Erwachsenen geheimgehalten werden. **Doktor-Spiele tragen bereits das Brandzeichen moralistischer Vergiftung und Verlogenheit, denn der Besuch beim Doktor dient ja nur als Vorwand für das, worum es eigentlich geht.**

Natürlich wäre, daß die Kinder ihren Körper ohne jede Einschränkung kennen lernen könnten, mit anderen Kindern ihre Zärtlichkeiten austauschen und ihre kindgemäße Erregung erleben dürften. Dann gäbe es keine Geheimnisse um die Organe des anderen Geschlechts, und es entstünden niemals Scham-Gefühle für die eigenen Geschlechts-Organe, schon garnicht Abscheu und Ekel.

Natürlich wäre einfach ein lustvolles, glückliches, erfreuliches, erfülltes Kinder-Leben, so wie sich das auch jeder Erwachsene für **sich** wünscht. Ich kenne keinen glücklichen Menschen, der nicht so lebt, und keinen unglücklichen Menschen, der nicht genau dieses Leben als unanständig ablehnt.

Die **Männer** glauben in der Mehrzahl ernstlich,
daß Kinder nur noch an Sex denken würden, und
als Erwachsene zu lüsternen Unholden gerieten, wenn
man ihnen nicht das Spiel mit der Lust verbietet.
Von sich selbst glauben sie also eindeutig,
nicht genug unterdrückt worden zu sein, weil sie
sonst ja nicht ständig damit zu tun hätten,
ihre heutige Lüsternheit zu zügeln.
Sie unterstellen den Kindern also einfach
ihre eigene Sex-Besessenheit und tun alles,
um die kindliche Natürlichkeit zu zerstören.

Und die **Frauen** spüren in der Mehrzahl nicht genug
von ihrer Sexualität. Dafür spüren sie den Hass,
von dem sie nicht wissen, daß er eine Folge
ihrer eigenen Sexual-Unterdrückung ist,
und richten ihn auf die Männer und die Kinder,
sobald diese sich sexuellen Dingen zuwenden.

Die heute Erwachsenen können mit ihrer Sexualität
nicht richtig umgehen, **weil** sie unterdrückt ist.

Ein gesunder, reifer Mensch verfügt über seine Lust
in vollständiger innerer Freiheit,
mit Verstand und Gefühl.
Die Liebe macht ihn glücklich und zufrieden.
Der unterdrückte Mensch ist Sklave seines Triebes.
Er muß ihm ständig nachgehen und nachgeben oder sich
mehr oder weniger bewußt beherrschen und ablenken.
Und die Liebe macht ihn verwirrt, unsicher, ja sogar
ängstlich bang und läßt ihn zutiefst unbefriedigt.
Schon der bloße Gedanke an »kindliche Unzucht«
widert ihn an und macht ihn wütend.

In diesem Zusammenhang taucht die Frage auf,
ob denn die Eltern gar vor den Augen ihrer Kinder
einfach die sexuelle Liebe ausüben sollen
oder gar ihre eigenen Kinder verführen dürften.
Solche Gedanken-Gänge sind typisch für den Geist
des sexuell unterdrückten Menschen.
Lautet die Antwort JA, wendet er sich entrüstet ab.
Und lautet sie NEIN, so sagt er erleichtert AHA und
fühlt sich in seinen Schamgefühlen bestätigt.
Es ist also eigentlich eine Fangfrage.

Trotzdem will ich versuchen, sie zu beantworten.
Das Schädigende an frühkindlichen Sexual-Erfahrungen
ist nicht Freiheit, Offenheit und Unbefangenheit,
sondern verschämte oder gar häßliche Zurückweisung.
Wenn Kinder, die von ihren Eltern verführt worden
sind, später mit seelischen Störungen
in die Praxis des Psychiaters kommen, dann
weil sie gegen ihren Willen und auf brutale Weise
sexuell mißbraucht, körperlich mißhandelt und
seelisch gequält und erniedrigt worden sind.
Von **den** Kindern, die von ihren Eltern liebevoll
und einfühlsam auf ihrem Weg der Lust-Entfaltung
begleitet worden sind, hört man natürlich nichts.

Ein gesunder Erwachsener verführt kein Kind
zu sexuellen Handlungen.
Aber er wehrt sein Kind auch nicht ab, wenn es
sich ihm mit seiner körperlichen Lust zuwendet.
Er spielt das Kinderspiel nur einfach mit.

Vor allem wird er nicht eifersüchtig, wenn er mit
ansieht, wie das Kind die Nähe seines Partners sucht!

Natürlich wäre, daß das Kind seine Sexualität
unbefangen und selbstverständlich entdeckt,
entwickelt und langsam ohne weitere Probleme
zur vollen Reife bringt.
Das hieße keineswegs, daß es bald täglich
seinen Geschlechts-Verkehr bräuchte,
wie viele Erwachsene das auch glauben müssen...
Es hätte vielmehr sehr bald
Sex, Liebe, Bewußtsein und Verstand
zu einer Einheit verbunden, aus der heraus
es lernen könnte, mit seinem Paarungs-Trieb
genau auf **die** ernsthafte Weise umzugehen, die
zwar allseits gefordert, aber – warum wohl? –
nirgends auf der Welt mehr verwirklicht wird.

Wenn das Kind überhaupt zur Selbst-Lust greift,
so sehr, daß dies zum Gegenstand elterlicher
Unterdrückung werden kann, dann nicht nur, weil
ihm der sexuelle Umgang mit Gleichaltrigen
verwehrt ist, sondern sicher auch um sich
über die Lieblosigkeit des Familien-Alltags
wenigstens ein bißchen hinwegzutrösten.

Du kannst leicht beobachten, was ein Kind macht,
wenn es sich lieblos behandelt fühlt oder
irgendwie abgelehnt und zurechtgewiesen wird.
Es steckt sich zum Trost den Daumen in den Mund.
Wenn es dann eines Tages
die schönen Gefühle in Bauch und Schoß entdeckt,
hat es ein neues Mittel zur Hand,
den unaufhörlichen Mangel an Liebe in seiner
Umgebung durch Selbst-Liebe auszugleichen.

Je liebloser das Kind sich behandelt sieht,
desto stärker ist der Drang, Trauer und Schmerz
mit selbst erzeugten Lust-Gefühlen zu vertreiben.
Die Selbst-Befriedigung entwickelt sich als Ersatz
für die ausbleibende Erfüllung des eigentlichen
Verlangens nach menschlicher Wärme und Nähe.
Und die Furcht vor Hass im Falle des Entdeckt-Werdens
erfüllt diese Ersatz-Liebe mit tiefer Not.
Deshalb darf man es garnicht Befriedigung nennen.
Denn glücklich, zufrieden und entspannt macht es nie.

Mit dem Lust-Verbot gehen im Kinde
einige Veränderungen vor sich, die man
ohne Kenntnis der wahren Zusammenhänge
als naturgegeben erachten möchte.
Es verliert anscheinend ganz das Interesse
am eigenen Körper. Es fängt an,
ihn abzulehnen, sich für ihn zu schämen,
ja es ist plötzlich **immerzu** verschämt, und
will niemandem mehr gerade in die Augen sehen.

Scham ist aber nichts Natürliches.
Wenn es so etwas wie natürliche Scham geben sollte,
dann ist der Zivilisierte keinesfalls in der Lage,
sie von der anerzogenen zu unterscheiden, denn
er selbst ist in seiner Kindheit zutiefst be-schämt worden.
Scham entsteht, wenn das Kind anfängt, vor
den Eltern Heimlichkeiten zu haben und Dinge zu tun,
wegen derer es sich abgelehnt und verachtet weiß.
Es lebt nun in dem Glauben,
ein schlechter Mensch zu sein.
und in der Furcht, als solcher durchschaut zu werden.

Die Verschwiegenheit und Verlogenheit der Eltern
in bezug auf die Herkunft der Kinder einerseits
und andererseits die Greuel-Geschichten wie die
Drohung, dem Knaben das Glied abzuschneiden,
wenn er es noch einmal berührt, oder die Behauptung,
die Mädchen hätten da nichts, wo der Knabe was hat,
und das Loch sei die Wunde, die
beim Verlust des Gliedes zurückbleibt,
stürzen die Kinder in grausame Verängstigung,
in wilde schreckliche Fantasien und Träume,
in denen alles, was mit dem Unterleib
und seinen Lust-Gefühlen zu tun hat,
verfolgt, verteufelt, verdorben und vernichtet wird.

**Kein Wunder also, daß alle Kinder
genügend Gründe haben, ihre Geschlechtlichkeit
abzulehnen, aufzugeben und zu verbergen,
und damit körperlich und seelisch unterentwickelt,
geistig und gefühlsmäßig gestört
und zu gesunden beglückenden Liebes-Beziehungen
für immer unfähig zu bleiben.**

In der Pubertät brechen die unterdrückten Gelüste
und die mit ihnen verbundenen Ängste wieder hervor,
aber nicht mit dem Bewußtsein über diese
unselige Verquickung von Trieb und Selbst-Versagung,
sondern nur mit haltlosester Verwirrtheit.
Und da Eltern und Gesellschaft dem Liebes-Leben der
Jugendlichen genauso feindselig gegenüber stehen
wie der frühkindlichen Lust-Entfaltung, gibt es auch
hier keine Möglichkeit, die frühen Schäden zu beheben
und die natürlichen Empfindungen zur Reife zu bringen.

Zusammen mit Deinen Geschlechts-Teilen und ihren Lust-Funktionen hast Du Deine Fähigkeit entdeckt, außer für Dich selbst auch für andere Menschen Liebe zu empfinden, und damit auch den Wunsch, diese Liebe auszudrücken. Und trotz allem Ärger waren es als erstes wohl Deine Eltern, die Du mit Deiner Zuneigung beglücken wolltest. Du hattest ja auch garkeine andere Wahl in einem so engen Kreis von Bezugs-Personen, wie ihn die Klein-Familie nun einmal bildet.

Das zeigt aber auch, daß natürliche Liebe nicht **deshalb** aufkeimt, **weil** die gemeinte Person so besonders liebenswürdig wäre, denn sonst hättest Du Dir vielleicht gleich jemand anders ausgesucht, oder hättest garnicht erst zu lieben angefangen. Leider ist ja ganz normal, daß die eigenen Eltern auch **die** Menschen sind, die einem im Leben das meiste Leid zufügen. Und so kommt es, daß wir alle zu unseren Eltern auf vielfältigste Weise ganz gemischte Gefühle haben.

Als Kind machtest Du keinen Unterschied zwischen Sexualität und anderen Formen von Zärtlichkeit. Daß Liebe und Lust-Gefühle zweierlei seien und streng getrennt gehalten werden müßten, war Dir völlig fremd und unverständlich. Deshalb warst Du sicher wie vor den Kopf gestoßen, als Du Dich zum ersten und wohl auch letzten mal mit zärtlichen Gefühlen und sexueller Erregung an Mutter/Vater gewendet hast und damit dort auf entschiedene Zurückweisung gestoßen bist.

Und so ist es gekommen, daß
zusammen mit den verpönten Lust-Gefühlen
auch die weniger »unmoralischen« Zärtlichkeiten
in den Bann der elterlichen Ablehnung geraten sind.

Ja sogar **ohne** sexuelle Anflüge war Deine Liebe
nicht richtig willkommen.
Und es gibt wohl keine tiefere Beschämung,
die einem Menschen widerfahren kann, als
mit der eigenen selbstlosen Gebe-Liebe
auf Kälte und Abwehr zu stoßen.
Und so hast Du Dich nach dieser weiteren großen
ernüchternden Demütigung
endgültig abgelehnt, wertlos und
der Liebe – ja des Lebens – unwürdig gefühlt.

Da wir alle auf diese Weise zu Lieblosigkeit
erzogen worden sind, ist es auch eines jeden Schicksal,
diese Beschämung immer wieder zu fürchten
und sich dagegen absichern zu müssen
durch die verschiedensten Formen von Flucht,
Abwehr und Vermeidungs-Haltungen.

Was kann aus unterdrückter Liebe
oder auch nur aus zurückgewiesener Liebe
anderes werden, als Verbitterung und Hass?
Wie soll sich Liebe im Menschen entfalten können,
wenn sie bei denen, die er liebt, auf Hass stößt?
**Lust-feindliche Erziehung wird immer dazu führen,
daß wir gerade die, die wir am meisten lieben,
auch am meisten hassen...
Und damit sind alle Wege zu Glück und Frieden
bereits in unserem Innersten versperrt.**

Mit der Unterdrückung der kindlichen Sexualität
und der Zurückweisung kindlicher Gebe-Liebe
kommt es also zu einer schweren Behinderung **aller**
liebevollen Empfindungen für andere Menschen.
Sexualität und Liebe werden dabei auf heillose Weise
durcheinander gebracht und verknotet.
Daß die Menschen einander auch lieben können
ohne geschlechtliches Verlangen, steht außer Frage.
Aber diese Möglichkeit wird ihnen genommen, weil
Liebe und Sexualität **zusammen** unterdrückt werden,
bevor das Kind lernen kann,
den Unterschied zu erleben und zu erkennen.
Und was fühlst Du also, wenn ich zu Dir sage
»Ich liebe Dich.«?
Du bist befremdet, lehnst Dich zurück und denkst:
»Der spinnt.« »Der kennt mich doch garnicht.«
»Der will was von mir.« »Ich bin doch nicht schwul.«
Bestenfalls fühlst Du Dich einen Moment lang
geschmeichelt, aber dann fällt Dir auf, wie leichtfertig
ich mit dem Wort LIEBE umgehe, und dann
willst Du mich lieber nicht näher an Dich ran lassen.
Wie kann ich einfach sagen, »Ich liebe Dich.«?
Ich kann es sagen, weil ich für alle Menschen
eine tiefe, bedingungslose Liebe empfinde.
Ich kann auf Menschen auch eine Stink-Wut haben,
oder auch Furcht davor, daß sie mich verletzen.
Manche Menschen stoßen mich mit ihrem Äußeren
oder ihrem unnatürlichen Gehabe auch ab.
**Aber ich weiß eben, daß in jeder noch so fremden
Schale eine menschliche Seele wohnt, die sich sehnt,
Liebe zu geben und damit angenommen zu werden.**

Und diesem Kern bin ich immer wieder nur begegnet,
wenn ich bereit war,
über das Äußerliche hinwegzusehen, hindurchzusehen,
und **dem Menschen mit Liebe entgegenzutreten,**
anstatt mich mit seiner Schale **auseinander**zusetzen.

Was hast Du für Gefühle, wenn Du siehst,
wie zwei Männer sich um den Hals fallen und küssen?
Stößt Dich das ab? Oder wird Dir mulmig?
Macht es Dich vielleicht sogar wütend empört?
Oder bist Du innerlich frei genug,
andere Menschen so sein zu lassen, wie sie sind,
und um zu fühlen und zu wissen,
daß nicht jede Zärtlichkeit die Anbahnung,
das Vorspiel zu sexueller Betätigung sein muß?

Wie stehst Du zu dem wort UNZUCHT?
Bist Du auch der Meinung, daß Geschlechts-Verkehr
nur erlaubt sein sollte, wenn man verheiratet ist,
(oder diesen Stand zumindest ernsthaft anstrebt,)
und wenn er dem Zwecke der Zeugung dient?

NEIN! heute sind wir ja aufgeklärt! heute weiß man,
daß körperliche Liebe im Leben einfach dazugehört.
Daß das jeder braucht. Auch wenn er es nicht zugibt.
Heute macht sich **der** lächerlich,
der sich für Enthaltsamkeit ausspricht.
Heute macht man Sex zum Vergnügen und nicht mehr
nur wenn man fühlt, daß es wirkliche Liebe ist.
Also geht Sex auch ohne Liebe.
Wozu also noch der ganze Beziehungs-Knatsch? Ja.
So oberflächlich sehen wir Zivilisierte
heute die Liebe.

Und die größte Schande ist wohl die Impotenz.
Seit öffentlich bekannt ist, daß auch Frauen
Lust haben und Orgasmen kriegen können
und sich nicht nur dem Mann zuliebe hergeben,
und seit man weiß, daß ein Mangel
an sexueller Erfüllung
seelisch und körperlich krank machen kann,
ist Sex nicht mehr verpönt und tot zu schweigen,
sondern öffentlich gepriesen und gefordert.
Und nun stellt sich heraus, daß alle Menschen
irgendwie sexuelle Probleme haben. (Außer Dir...)
Sie mögen garkeinen Sex, oder sie wollen zwar
und können aber nicht richtig, oder
sie versuchen es andauernd, ohne daß es sie
zufrieden oder gar glücklich machen würde.
Alle haben sie Probleme und mühen sich damit ab.

Die ganze sogenannte sexuelle Revolution
hat bisher eigentlich nur eines gebracht:
Sie hat gezeigt, daß **die modernen Menschen**
in der Liebe nicht richtig funktionieren.
Und das ja offensichtlich nicht nur im Bett.

Die meisten wollen das aber nicht wahr haben,
weil sie die Schande fürchten,
es erkennen und zugeben zu müssen.
Und so suchen sie die Schuld für
ihre Unzufriedenheit und Lieblosigkeit
nicht bei sich selbst, sondern durchweg beim Partner.

Schuldig ist aber niemand. Schuld ist die
lust- und liebes-feindliche Erziehung, die uns
alle zu seelischen und körperlichen Krüppeln macht.

Wie kommt es, daß wir als Erwachsene
trotz mancher vernünftigen Ansichten und
trotz aller wissenschaftlichen Einsichten
ein so gestörtes, glückloses Liebes-Leben führen?
Es ist so, weil der Verstand den Gefühlen
nichts befehlen kann. Eher geschieht das Umgekehrte.

Die Gefühle leben nicht im Gehirn sondern im Körper.
Das, was sich als Gefühl im Bewußtsein meldet und
empfunden wird, ist ein körperlicher Vorgang.
**Liebe, Sehnen, Lust, Erregung, Furcht, Wut und Trauer
sind die bewußte Wahrnehmung der Vorgänge
in den Organen und Muskeln unseres Körpers.**

Als Kind hast Du nun aus Furcht vor Strafe
Deine Lustgefühle in Bauch und Unterleib unterdrückt.
Du hast das wohlige Strömen in den Eingeweiden
und in den Geschlechts-Organen verhindert, indem Du
alle beteiligten Organe und Muskeln verspannt hast.
Als Du mit Deiner Liebe auf Zurückweisung pralltest,
hat sich Dein Herz zusammengezogen, und
aus Trauer darüber hast Du fast vergessen zu atmen.

All diese Empfindungen haben Dich gequält. Deshalb
hast Du auch noch die Gehirn-Zentren verspannt,
in denen die Gefühle der Organe empfunden werden, um
möglichst garnichts mehr davon wahrnehmen zu müssen.
Und deshalb kannst Du mir diese Darstellungen heute
wahrscheinlich nur sehr schwer glauben.
Du spürst ja schon lange nichts mehr davon.
Was Du spürst ist Unlust, Scham, Ekel, Angst und Hass,
die von den gestörten Organ-Funktionen herrühren,
und hältst sie auch noch für natürlich angeboren.

Schau Dir an: Wie steht ein kleines
beschämtes, verklemmtes Mädchen z. B. da?
X-beinig, Fußspitzen und Knie zeigen nach innen.
Die Oberschenkel sind zusammengekniffen.
Das Becken ist nach hinten gezogen.
Das Kreuz durchgedrückt, der obere Rücken gebeugt.
Die Bauchdecke ist hart, die Atmung flach.
Der Kopf ist schuldvoll gesenkt,
der Blick unsicher und hilfesuchend.
Den Zeigefinger hält es sich an die Unterlippe
und mit der anderen Hand hält es sich
den Bauch oder den Schoß zu.
Warum erkennt keiner in dieser Haltung
den Ausdruck tiefster Verschüchterung und Beschämung
und der darunter begrabenen Liebes-Lust?

Vielleicht wird das Mädchen sich diese Haltung
mit den Jahren teilweise wieder abgewöhnen.
Dabei vergehen die Verspannungen aber nicht.
Es werden nur wieder neue Verspannungen aufgebaut,
um den früheren entgegenzuwirken.
Und damit ist das Menschen-Kind dann vollends
an jeder natürlichen Haltung und Bewegung gehindert
und jeder ungestörten Empfindung beraubt.

Mehr oder weniger steckt jeder von uns in einer
solchen körperlich-seelischen Klemme.
Und solange wir uns nicht als gefangen erkennen,
in einem Käfig, den wir uns mit unserem Körper
und seinen Verspannungen selbst gebaut haben,
können wir nicht erfahren, was
Liebe, Lebens-Glück und Gesundheit wirklich sind.

Körperlich in Verspannungen verklemmt und seelisch ohne Bewußtsein unseres wahren Zustandes haben wir alles Natürliche, Gesunde und Erfreuliche ins Unterbewußtsein verdrängt
und dort ins Gegenteil verkehrt.
Im Bewußtsein melden sich die Lust-Organe mit Unlust und Ekel. Der Bauch meldet Enge und Härte anstatt Weite und Weichheit. Brustkorb und Lunge melden nicht Leichtigkeit sondern Schwere. Und das Herz ist klamm und bang anstatt offen, groß und mächtig.

So können wir auch niemals aus uns herausgehen
und uns ganz und gar der Liebe hingeben,
um einen Orgasmus zu erleben.

Deine süßlichen Zuckungen im Unterleib
oder Dein prickelnder Samen-Erguß
sind ja noch lange kein Orgasmus. Sie sind nur
Deine höchst mögliche Stufe von Empfindungen.

Der Orgasmus der Liebe ergreift den **ganzen** Körper.
Er durchströmt alle Organe, Muskeln und Nerven,
Eingeweide, Lunge, Herz und Hirn –
aber nur soweit sie ohne Verspannungen sind.
Er ist der gleichzeitige Höhepunkt aller guten
Empfindungen die dem gesunden Menschen möglich sind.
Er **macht** nicht glücklich,
sondern er entsteht aus dem Glücklich-Sein.
Er macht zufrieden, aber er kann niemals
aus Unzufriedenheit hervorgehen. Er entspannt total,
aber er löst keine Verspannungen. Er macht
Dankbarkeit bewußt, aber er *erzeugt* sie nicht.

Im Alter von 3-5 Jahren entwickelt das Kind auch seine Fähigkeiten, mit anderen Menschen Kontakt aufzunehmen und Beziehungen zu knüpfen. Da es in der Familie nur eine kleine Auswahl von Bezugs-Personen vorfindet, bestimmen diese auch weitestgehend die Eindrücke und Erfahrungen des Kindes und die dabei entstehenden Einstellungen.

Im späteren Leben wird es immer wieder
die Nähe solcher Menschen suchen, die es
mit ihrem Äußeren und mit ihrem Verhalten
an die eigenen Eltern erinnern.
Es überträgt sozusagen die mit den Eltern gemachten Erfahrungen auf die anderen Personen seines Lebens und geht an jede neue Begegnung unbewußt schon mit ganz bestimmten festgelegten Erwartungen heran.
Dabei sieht es in anderen Menschen aber nicht etwa eine vollständige Nachbildung eines Eltern-Teils, sondern nur bestimmte Seiten dieser Persönlichkeit.
Es gab ja die gute, liebende, verständnisvolle Mutti und auch die böse, unduldsame, gemeine, verächtliche.
Und es gab den guten, trostspendenden, schützenden Papi und den zürnenden, ungerechten, verletzenden.

So siehst Du als Mann in schönen, liebreizenden Frauen die liebe Mutti wieder und in abweisenden, harten, schroffen Frauen, die böse Mutti.

Vor den schönen Frauen hast Du dann vielleicht Angst, weil Du aus frühkindlicher Erfahrung ahnst, daß sie Dich verraten, betrügen und mißhandeln könnten.
Und Du liebst vielleicht die herbe, abweisende Frau, weil Du nie eine andere Mutti kennengelernt hast.

Und als Frau fühlst Du Dich von Männern angezogen,
die Dich unbewußt an den guten Vati erinnern.
Dabei übersiehst Du vielleicht, daß diese leider
auch die böse Seite des Vaters verkörpern.
Und wenn Du es merkst, fängst Du an, sie zu hassen.

Die »guten« und die »schlechten« Seiten einer jeden Persönlichkeit gehören ja zusammen.
Beide sind Ausdruck des Charakters, also Masken, die die eigentliche Person daran hindern, sich zu zeigen wie sie tatsächlich ist.
Die »gute« Maske verdeckt vor fremden Menschen nur die »böse« Maske. Und diese wiederum soll vor denen, die einem nahestehen, die eigenen Schwächen verdecken: Die Verletzbarkeit, Unsicherheit, Unzufriedenheit, und die Scham für die eigene Unzulänglichkeit und Kleinheit, Bedeutungslosigkeit und Dummheit, eben diese bloße erbärmlich kümmerliche Menschlichkeit.

Und so nimmt man mit dem geliebten Elternteil auch immer den ungeliebten mit zum Partner, nur daß die meisten das erst merken, »wenn's zu spät ist«.

Auch im sonstigen Leben überträgt man immerzu das innere Bild der Eltern als Erwartung auf andere.
Von böse Dreinschauenden fühlst Du Dich verfolgt und den Mächtigen gegenüber klein und schwach oder auch trotzig. Eben wie ein Kind.
Und Du bewunderst die Stars von Show und Sport, die das unerreichbare Ideal-Bild Deiner Eltern zu erfüllen scheinen. Da Du es als Kind zu Deinem Ich-Ideal gemacht hast, eiferst Du ihnen nach. Und wehe sie versagen. Dann fällst Du über sie her...

Mit dem Erwachen der Liebe und der Sexualität
wenden die Kinder sich also meist zuerst einmal
an die Eltern. Es ist ja sonst niemand da.
Sie erleben dabei aber nicht nur
vorwiegend Ablehnung und Zurückweisung, sondern
auch noch die Eifersucht des anderen Eltern-Teils.

So entwickelt der Sohn Angst vor dem Vater,
weil er die eigene Mutter begehrt,
und die Tochter muß die Mutter fürchten,
da sie den Vater als Liebhaber ersehnt.
Beide wünschen den »Nebenbuhler« aus dem Haus
oder gar in den Tod und haben für diese Ansinnen
entsprechende Schuldgefühle, Bestrafungs-Ängste.

Der Sohn kann sich auch, von einer allzu harten
Mutter abgelehnt, dem zugänglicheren Vater zuwenden
und damit eine homosexuelle Neigung entwickeln.
Und umgekehrt kann die Tochter den Vater so ablehnen,
daß sie nur noch weibliche Personen lieben kann.
Da homosexuelles Gehabe aber erstrecht verpönt ist,
werden auch diese Bestrebungen unterdrückt.
Daraus folgen später Befürchtungen, pervers zu sein,
und aus deren Verdrängung dann Hass auf Perverse.

Je nach dem, wie die Eltern geartet sind und
sich verhalten, entwickelt das Kind also seine
mehr oder weniger gestörte Einstellung
zum eigenen und zum anderen Geschlecht.
Das Chaos, das dabei im einzelnen Menschen
und in der Gesellschaft entsteht, ist so
unendlich groß und vielschichtig, daß es hier
garnicht im einzelnen beschrieben werden kann.

Es geht ja hier auch nicht eigentlich darum,
daß Du jedes einzelnen Menschen Fehl-Entwicklung
verstehen kannst und erklären lernst, sondern darum,
Deine ganz persönlichen Schwierigkeiten
zu erkennen und zu meistern.
Dazu ist schon viel erreicht, wenn Dir jetzt klar ist,
daß **alle** Partnerschafts-Probleme durch
Fehl-Entwicklungen in der Kindheit bedingt sind
und auch eng mit zum Teil unbewußten Bindungen
und Einstellungen zu den Eltern verknüpft sind.
Und zwar sowohl bei Dir als auch bei Deinem Partner,
sonst wäret ihr zwei nie so eng zusammengekommen.

Mit dieser Einsicht kannst Du dann aufhören,
die Bedingungen für Dein Liebes-Glück
und die Verantwortung für Deinen Liebes-Kummer
immer wieder nur **da** zu suchen,
wo sie garnicht zu finden sind,
und wo Du auch garkeinen Einfluß hast:
Beim Anderen.

Dann wirst Du eines Tages ganz klar sehen:
Ein Mensch, dessen Liebes-Gefühle
frei und ungehemmt fließen können,
ist ein schöner, gesunder, glücklicher Mensch.
Er ist einfühlsam und verständnisvoll
und macht aus der Liebe kein Problem.

Und für Dich, wie für alle anderen auch,
geht es nicht zuerst darum,
einen solchen zu finden und an Dich zu ziehen
oder gar an Dich zu binden, sondern darum,
selbst ein solcher zu **werden**.

D Spaltung

Ich kenne viele nette Menschen, die ganz entschieden leugnen, daß sie in ihrem Seelen-Leben überhaupt Schwierigkeiten haben oder nicht ganz durchblicken. Sie vertrauen fest auf ihren »gesunden Verstand« und halten sich für normal, also völlig in Ordnung.

Wenn ich daran meine Zweifel äußere, werden sie aber ganz schnell recht unsicher. Sie fangen an, mir zu beteuern, wie gut sie sich »im Griff haben«, und daß bei ihnen alles stimmt. Und sie sagen das mit solchem Nachdruck, als ob ihre ganze innere Ruhe davon abhängt, daß ich ihnen glaube, und als ob ich sie erst wegen ihrer Vernünftigkeit richtig schätzen könnte.

Wenn ich dabei bleibe, sie seien sich ihrer Gefühls-Welt garnicht richtig bewußt, werden sie langsam zornig oder beleidigt. Ihre Gefühle beginnen sich gegen den inneren »Griff« zu wehren, und ihr Bewußtsein kämpft sehr tapfer, daß **ja** keine Gefühls-Wallungen sichtbar werden. Aber von außen kann sie längst jeder sehen. In einem solchen Zustand ist so ein Mensch gewissermaßen in meiner Gewalt. Lasse ich von ihm ab, beruhigt er sich wieder. Bohre ich aber weiter, wird er die Fassung verlieren. Er wird zum Angriff übergehen, mir vorwerfen, daß ich ihn zur Weißglut treibe, und er wird mich zurechtweisen und seinerseits anfangen, an meiner Person herumzumäkeln, damit ich unter ihm genau so leiden möge, wie er unter mir.

Er wird mich für gemein und verrückt erklären
und mir die Schuld für seine Wut und für
seinen Mangel an Selbst-Beherrschung zuschieben.
Mit dieser Ausflucht fängt er sich wieder etwas.
Aber ich brauche ihn nur mit ein bißchen Wahrheit
zu beleidigen, und er fährt wieder aus der Haut.

Wenn er sich einigermaßen kennt, hat er gelernt,
solchen Peinlichkeiten aus dem Weg zu gehen,
indem er eine Flucht ergreift:
Er läuft einfach davon
und läßt sich nie mehr blicken,
oder er wechselt zielstrebig das Thema,
was das gleiche ist, nur gerissener.
Er macht dabei auf jeden Fall eine bessere Figur.

Später, wenn er sich abgelenkt und beruhigt hat,
kann ich ihm dann gestehen,
daß ich ihn absichtlich hochgenommen habe,
daß er auf mich hereingefallen ist.
Und das wird er wieder energisch abstreiten.
Er wird behaupten, ich hätte selbst
ganz schön gezappelt und getobt.
Aber er wird mir großmütig verzeihen –
oder auch nicht...

Und **sein** Verhalten wird er für vollkommen natürlich
und der Sachlage angemessen erachten.
Ein Mensch, den man reizt, so meint er schließlich,
reagiere nun einmal mit Wut: »Das hat man
bei Tier-Versuchen eindeutig festgestellt.«(!) Und
jede Selbstbeherrschung bricht irgendwann zusammen.
»Jede Geduld hat ein Ende.« Auch seine.

Er schämt sich vielleicht auch ein wenig, weil
seine Behauptung , er habe sich gut im Griff,
sich doch als reichlich wackelig herausgestellt hat.
Aber eher noch ist er stolz darauf, wie lange
seine Selbstbeherrschung doch standgehalten hat.
Und das, »obwohl es ihm doch gerade heute garnicht
gut geht, nach all dem Streß in der Firma«...

Wenn ich nun versuchen wollte ihm klarzumachen,
daß er wirklich sich **selbst** beherrscht hat,
daß also das, was er beherrscht hat,
ein Teil seines wahren Selbst ist,
wird er sich abermals sträuben:
Ich könne ihn doch nicht mit seinen
Emotionen gleichsetzen!
Er wird sich das nicht von mir einreden lassen.

Und dabei merkt er nicht, daß **er** sich bloß
mit seiner Selbst-Beherrschung gleichsetzt. Und
von seiner Wut und Verletztheit nimmt er Abstand,
so als würden sie garnicht zu **ihm** gehören.

Er wird froh sein, wenn er aus dieser Hirn-Mühle
mit mir bald wieder raus ist. Und er wird zusehen,
daß ich ihn nicht wieder in sowas reinziehe.
Vielleicht gibt es ihm aber auch zu denken.
Er kann dann selbst erkennen, daß seine Wut weder
angemessen noch überhaupt angebracht gewesen ist.
Daß er genau deshalb nicht Herr der Lage war.
Daß also irgendetwas in ihm doch nicht
so unzweifelhaft in Ordnung ist,
wie er sich bislang immer eingeredet hatte.
Zweifel ist der erste Schritt zur Selbst-Erkenntnis.

Dann fragt er sich – oder gar mich,
wie eine gesunde Reaktion denn wohl aussehen könnte.
Und die Antwort wäre:
Ein Mensch, der klare Sinne hat,
dem sein Seelen-Leben bewußt ist,
der mit seinen Gefühlen im Reinen ist,
gibt nur wenig darauf, daß ein anderer das bezweifelt.
So eine Unterstellung würde ihn niemals aufwühlen,
als wäre es eine ungeheuerliche Verdächtigung.

Er würde solche Rede erst einmal in Ruhe
in sich aufnehmen und wirken lassen.
Er würde ernstlich prüfen, ob was dran ist,
wie sicher er wirklich in sich ruht,
sich seine immer noch vorhandenen
Unbewußtheiten eingestehen,
und dann vielleicht antworten:
»Ja, Du hast Recht.
Der Weg zu innerer Harmonie ist lang aber schön.
Willst Du mir weiterhelfen? Oder mich begleiten?«

Von dieser Klarheit und Offenheit sind wir Normale
weit weit entfernt. Aber wir können sie erreichen.
Dazu müssen wir als erstes begreifen,
daß unsere Persönlichkeit gespalten ist
in einen bewußten und einen unbewußten Teil.
Vieles was in unserem Bewußtsein vorgeht,
wird, ohne daß wir etwas davon merken,
vom Unterbewußtsein beeinflußt oder sogar erzeugt.

Solange wir ein Unterbewußtsein haben, müssen wir davon ausgehen, daß wir uns nicht richtig kennen, und nicht wissen, was uns eigentlich bewegt.

Das Gebaren meines (un-)beherrschten Freundes
entspringt dieser Spaltung.
Sie behindert jedes natürliche Empfinden
und jedes vernünftige Verhalten.
Ohne heilende Einsichten wird mein Freund
sich jederzeit wieder herausfordern lassen
und dann flüchten oder seinerseits angreifen.
Er wird sich immer fühlen, als handle er in Notwehr.
Seine innere Bedrängnis empfindet er
wie eine äußere, körperliche Bedrohung,
ja wie einen Angriff auf sein Leben,
denn hinter seiner wütenden Abwehr jeder
noch so harmlosen Stichelei oder
sogar nüchtern sachlicher Kritik
steckt eine immerwährende, unbewußte Angst.
Das ist nicht nur die Furcht vor liebloser Ablehnung.
Es ist das Enge-Gefühl, das entsteht,
wenn im Unterbewußtsein Gefühle aufgewühlt
und Antriebe in Bewegung gebracht werden, die
gerade deshalb dort gefesselt und verschüttet liegen,
weil sie in der Kindheit großes Leid bereitet
oder die Gefahr vernichtet zu werden
heraufbeschworen hätten. Es sind
die **Not** der Verkümmerung,
die **Schmerzen** der Unterdrückung
und die angestaute **Wut** auf die »Schuldigen«,
eingefleischt in den Organen und Muskeln,
einprogrammiert in die entsprechenden Hirn-Zentren,
abgespalten von der bewußten Selbst-Wahrnehmung,
ausgeschlossen vom Ich, vom Erleben, vom Ausdruck
und von jeder vernünftigen Bewältigung.

Ohne das Leid der Verkümmerung,
ohne die Wut auf die Unterdrücker und
ohne die Unterdrückung des Ausdrucks dieser Gefühle
gäbe es nicht dieses fortwährende
grundsätzliche Unzufrieden- und Unglücklich-Sein
und nicht diese unaufhörlich brodelnde Wut,
gäbe es keine Verdrängung aus dem Bewußtsein,
keine unbewußte Trauer, keinen unbewußten Hass,
kein Unterbewußtsein.

**Alles was in Dir vorgeht,
wäre Dir bekannt und vertraut,
würde von Deinem Verstand ohne Probleme
geordnet, gelenkt und bewältigt werden.
Dein Verhalten wäre von Gefühlen getragen
und von Vernunft geleitet,
so wie die Natur es vorgesehen hat.**

Anstatt dessen schmort in Deinem Unterbewußtsein
alles, aber auch alles, was Du als Kind
nicht vernünftig bewältigen konntest und durftest,
irreführend und bedrohlich vor sich hin.

Das ist es, was die Angst schafft, durchschaut,
aufgewühlt und aus der Fassung gebracht zu werden.
Und diese Angst schafft wiederum die Bereitschaft,
Dich zu verteidigen und jeden zu bekämpfen, der Dein
künstliches Gleichgewicht ins Wanken zu bringen droht,
und der Deine Großartigkeit und Einmaligkeit
und Deine innere Sicherheit und Ausgeglichenheit
infragezustellen wagt.
Und so trottelst Du auch ergeben jenen nach, die Dich
in Deiner schönen Selbst-Vorstellung bestätigen.

Diese Ergebenheit und Kampf-Bereitschaft
streitest Du logischerweise ebenfalls ab,
es sei denn Du kannst sie für sachlich gerecht
und für irgendwie sinnvoll erklären.
Dann aber sind sie umso fürchterlicher.

All zu leicht kann man Dir deshalb einreden,
die Schuld für Deine Unzufriedenheit
oder für irgend ein tatsächliches Übel liege
bei ganz bestimmten Widersachern.
(Nachbar, gegnerische Partei, feindliches Land o.ä.)
Du müßtest nur den Kampf mit ihnen suchen,
sie besiegen und für Recht und Ordnung sorgen.
Dann wären alle Probleme gelöst.
Du wirst immer wieder die Schuld an allem
bei anderen Menschen und äußeren Umständen finden
und nie bei Dir selbst.
Denn ohne daß Dich jemand oder etwas dazu zwingt,
traust Du Dich nicht an Dein Unterbewußtsein heran.

Mit jemand meine ich z. B. Deinen Partner,
den Du nicht verlieren willst,
und etwas, das könnte eine Krankheit sein, oder
die Einsichten, die dieses Buch Dir nahelegt.

Dazu gehört auch die Erkenntnis,
daß Du Dich AUF DEIN ICH VERSTEIFT hast,
daß Du nur als ICH anerkennst, was Dir **bewußt** ist.
Das Unterbewußtsein leugnest Du.
Und für das was von ihm ausgeht,
lehnst Du die Verantwortung ab.
Die Angst vor dem Unterbewußtsein ist
die Ursache und die Triebfeder der VERSTEIFUNG.

E Versteifung

Deine frühkindliche Entwicklung ist niemals
als gut und richtig infrage gestellt worden.
Sie ist Dir vielmehr beharrlich
als selbstverständlich naturgewollt
und ungestört hingestellt worden,
damit Du nun ohne viel zu fragen zusiehst,
was Du daraus machst;
damit Du Dich ohne nach rechts und links zu schaun
bemühst, ein anständiger, erfolgreicher, tüchtiger,
ehrlicher und liebenswerter Mensch zu werden.
Aber auf dem Boden eines so weitgehend
zerrütteten Gefühls-Lebens wird diese Aufgabe
zu einer nie endenden, unerfreulichen und
letztlich immer wieder erfolglosen Mühsal.

Es ist Mühsal, weil Du infolge der Spaltung
ständig mit Deinem Bewußtsein beschäftigt bist,
- die Lustlosigkeit mit Fleiß und gutem Willen
  zu überwinden,
- Trauer und Schmerz mit Tapferkeit
  hinunterzuschlucken,
- Liebe und Sehnsucht mit Scham zu bedecken,
- Wut und Hass mit Stolz niederzuringen und
  mit Angst vor Strafe im Zaum zu halten,
- Furcht mit Mut zu besiegen, und
- Liebes-Unlust mit neuen Techniken und
  künstlichen Reizen zu vertreiben.

Und sie ist erfolglos, weil das eigentliche Ziel,
nämlich innerlich glücklich und frei zu sein,
auf diese Weise niemals erreicht werden kann.

Um nicht unter dieser Einsicht leiden zu müssen,
gewöhnen sich die meisten Menschen an
zu glauben, so sei das Leben nun einmal,
da könne man nichts machen.
Und wenn Du das **so** siehst, hast Du natürlich
auch keine Chance, etwas zu ändern.
Du treibst Raubbau mit Deinen
seelischen und körperlichen Kräften.
Und so wirst Du zwangsläufig auf die Dauer
zu einem dankbaren Opfer der Ärzte und Apotheker.
Das mag noch Dein gutes Recht sein,
selbst zu entscheiden,
ob Du an einer leidvollen Krankheit oder lieber
eines natürlichen, friedvollen Todes sterben willst.
Aber wenn Du für andere Menschen
mit verantwortlich bist, für Deinen Partner
und vor allem für Deine Kinder,
dann hast Du vielleicht nicht mehr das Recht,
auf Deine Unverbesserlichkeit zu bestehen,
auf Deine Launen, Deine Wutausbrüche, Deinen Hass,
Deine Achtlosigkeit, Deine Abhängigkeiten.
Dann wirst Du vielleicht verdammt noch mal
dieses Kapitel durchkauen und Dich fragen lassen,
ob Versteifung die richtige Art ist, mit Deiner
Verkümmerung-Unterdrückung-Beschämung-Spaltung
fertig zu werden.
Schau Dir mal in Ruhe an, was Du machst.
Wenn Du Dich erkennst, bist Du erst richtig frei
zu entscheiden, ob all das Dein eigener Wille ist
oder nur ein anerzogener Zwang,
eine verinnerlichte Nötigung.

Ganz allgemein sorgt Versteifung dafür,
daß Du Deine inneren Nöte nicht mehr spürst.
Du hast die bewußte Verbindung zu dem,
was in Dir vorgeht, zum größten Teil verloren
und verlagerst alle Lebens-Konflikte nach draußen,
um Dich von Deinen inneren Mißbildungen abzulenken.

Wirklich tiefen menschlichen Begegnungen
gehst Du aus dem Weg, denn sie könnten Dich zu sehr
verwickeln und aufwühlen, Gefühle heraufbeschwören,
von denen Du lieber nichts merken und wissen willst.
Aus Angst vor Enttäuschungen bist Du nicht bereit,
Dich auf innige, offene, herzliche Weise
auf einen anderen Menschen einzulassen.

Deine Beziehungen bleiben immer hübsch oberflächlich:
Stamm-Tisch, Sport-Club, flüchtige Liebschaften,
ödes Nebeneinanderher-Leben in der Ehe,
Kinder-Erziehung von oben herab.
Gesprächs-Themen sind Sport und Auto, Küche und Mode,
Sex und dumme Witze, bestenfalls Kultur und Politik.
Wirklichen Tiefgang scheut der versteifte Mensch
und vermeidet ihn hartnäckig und zielstrebig.
Daß er vielleicht etwas in seinem Leben,
an seinen Einstellungen und an seinem Charakter
ändern müßte, um gesund und zufrieden zu sein,
streitet er mit einer Heftigkeit ab,
die im krassen Gegensatz zur Offenkundigkeit
seiner persönlichen Schwierigkeiten steht.

Und er merkt nicht, wie er sich vor anderen entlarvt,
wenn er Dinge schlichtweg ablehnt,
ohne sie auch nur im geringsten geprüft zu haben.

Der versteifte Mensch ist voller Vor-Urteile
und zwar besonders da, wo er auf
keinerlei eigene Erfahrung zurückgreifen kann.
Selbstverständlich auch gegenüber den
tiefen-psychologischen Erkenntnissen und Techniken,
von denen er nicht das Geringste versteht,
die er aber schrecklich fürchtet, weil er spürt,
daß sie an seinem Lack kratzen, ihn infrage stellen
und an die Dinge rühren, die er tief in sich
begraben hat und dort lieber vergessen möchte.

Er ist so versteift und festgelegt auf
seine Ansichten, Meinungen und Überzeugungen,
daß er von allem was hier steht,
nicht das Geringste begreifen will.
Er versteht einfach alles falsch oder auch garnichts.
Er kann nichts damit anfangen, oder
er lehnt es sogar mit äußerstem Nachdruck ab.
Innerlich wähnt er sich vollkommen unbetroffen,
und trotzdem fühlt er sich persönlich angegriffen,
ist empört und gereizt.

Wenn Du versteift bist, aber klug und gebildet,
zeigst Du Dich wahrscheinlich hoch interessiert.
Wer was auf sich hält, kennt sich aus,
will mitreden können.

Aber Du registrierst alles nur mit dem Verstand.
Du kannst dann gescheit darüber Auskunft geben
und blendend darüber diskutieren, aber
Du willst es nicht auf Dich selber anwenden.
Es sind alles nur Theorien.
Spielzeug für Deinen Denk-Apparat.

Sehr versteifte, verbitterte Menschen
finden einfach alles schlimm und schändlich,
empörend, beschämend und unerhört unverschämt.
Sie reden fortwährend nur von ihren Ansichten,
von ihren Prinzipien, von Anstand und Sitten
und von ihren Schamgefühlen, die verletzt werden,
wenn andere Menschen ihre Gesetze übertreten.

Damit gängeln und quälen sie Partner und Nachbarn
und vor allem die Kinder,
die sie durchweg dazu nötigen wollen,
anders zu sein, als sie nun einmal sind,
und vor deren Natur sie keinerlei Achtung haben.

Schnell rufen sie auch nach den Ordnungs-Hütern.
Und mit jeder kleinen Streitigkeit
ziehen sie vor Gericht. Für jedes Vergehen
fordern sie die härteste Bestrafung.
Sie sind gefürchtet und verhasst.
Es fließt ihnen keine Liebe zu
und es geht keine Liebe von ihnen aus.

Es kommt bei solchen Menschen nicht darauf an,
was man an sie heranträgt, wenn es sich nur
gegen ihre inneren Festlegungen richtet.
Sie spüren sofort, aber gänzlich unbewußt,
wie ihr Welt-Bild ins Wanken gerät,
und fürchten, daß es zusammenbrechen könnte.
Es kann also nur eine Schein-Welt sein,
(Die Wirklichkeit bricht nicht zusammen.)
eine Welt aus Wunsch-Träumen und Luft-Schlössern,
aber voll Sorgen und Zwängen,
Ängsten und Versagungen.

Solche Menschen kämpfen ständig mit ihrer Umwelt
für ihr Recht und für den Sieg ihrer Weltanschauung.
Sie sind in allen politischen Lagern zuhause.

Dabei tun sie nicht nur anderen Unrecht,
sondern vor allem sich selbst. Ständig tun sie
sich Gewalt an, um sich daran zu hindern,
sich zu einem glücklichen Menschen zu entwickeln.
Sie halten ihre wahre Natur im Zaum,
weil sie ihr nicht trauen.
Dabei kennen sie sie gar nicht.
Und so verkommt sie im Verborgenen, wo sie
an schweren Erkrankungen zugrunde geht.

Mit der Versteifung wendet sich der Mensch endgültig
von seinem Innersten ab, weil er in der Kindheit
die falsche Erfahrung gemacht hat, daß von dort nur
Verbotenes, Böses und Schmerzliches droht.
Er beschränkt sein Bewußtsein auf den Kopf
und auf seine Umwelt.
Er denkt anstatt zu fühlen.
Er macht was, anstatt zu wirken.
Indem er aber das Leid vermeidet,
erstickt er auch Liebe und Freude, und
indem er sich mit Geld und Dingen bereichert,
verarmt er in seiner Seele.

Er glaubt auch, Glück, Gerechtigkeit und Frieden
kämen **von außen,** von der gesellschaftlichen Ordnung,
vom Wirtschafts-System und politischen Entscheidungen.
Und an dieser Front kämpft er, ohne zu sehen,
daß es die Umwelt, die ihn glücklich machen soll,
niemals geben wird, weil **er** glücks-unfähig ist.

E a Versteifung gegen Verkümmerung

Mangel an Versorgung mit Nahrung und Geborgenheit,
mit Mutter-Milch und Mutter-Liebe,
hat Deinen Organismus als Ganzen geschwächt
und in seiner Entwicklung gehemmt.
Mangel an Reizen hat Deine Sinne verödet, oder
Überflutung mit hässlichen Reizen hat sie gelähmt.
Trübsinn, Lustlosigkeit, Hoffnungslosigkeit,
innere Leere und äußere Schwäche (Faulheit geschimpft)
sind die Folgen, die überwunden werden müssen.

Mit Furcht vor Tadel und vor einer Zukunft ohne
Versorgung und Absicherung baust Du Fleiß in Dir auf,
der Dich all-morgendlich aus den Federn scheucht.
Mit Drogen wie Kaffee und Zigaretten
bringst Du Deinen trägen Körper auf Trab
und Dein trübes Gemüt zu künstlichen Freuden.
Bei der Arbeit geht Dir nichts ohne Mühe von der Hand.
Zu allem mußt Du Dich zwingen und aufraffen
und mit den rechten Gedanken erst überreden.
Deshalb macht sie Dich auch nicht zufrieden.

Mit Speisen und Getränken stopfst Du
ein ewig gähnendes Loch im Bauch, das
eine unerklärliche Sehnsucht in Dir meldet.
Deine Furcht vor dem Verlust aller Lebens-Grundlagen
verleitet Dich zu vielerlei Anschaffungen, was
bis zu Raffgier und blindem Kauf-Eifer oder
zu rastloser Jagd nach Geld führen kann.
Um Deine innere Leere zu vergessen, umgibst Du Dich
mit tausenderlei schönen aber nutzlosen Dingen,
die Dein eigentliches Sehnen garnicht betreffen.

Aus Furcht vor Armut und Verlusten gehst Du brav
zur Arbeit und zahlst Deine Alters-Versorgung. Und
aus Furcht vor Krankheiten zahlst Du gar noch mehr
Versicherungs-Prämien, als das Gesetz schon verlangt.
Du sagst, das sei vernünftig. Aber
was tut Deine Vernunft zu Deiner Gesund-**Erhaltung?**

Aus Furcht vor Einsamkeit gehst Du unter Menschen,
und aus Furcht vor Nähe und tieferen Begegnungen
bleibst Du einsam in Dir wie alle anderen auch.
Aus Furcht vor Lieblosigkeiten bemühst Du Dich,
zu sein oder wenigstens zu erscheinen wie die Anderen,
oder so wie die Anderen es von Dir verlangen,
Deine Eltern, Dein Partner, Deine Freunde,
Deine Kollegen, Dein Chef, die öffentliche Meinung.

Mit Ehrgeiz und Prahlerei kämpfst Du um Bewunderung,
wo Du eigentlich einfach nur Annahme erhoffst.
Mit besonderen Leistungen versuchst Du, Deine
Mitmenschen zu Lob und Anerkennung zu bewegen.
Durch Geschenke wirbst Du um ihre Gunst und
um den Anspruch darauf, auch beschenkt zu werden.
Mit Lieb- und Freundlich-Sein versuchst Du
zu beweisen, daß Du Liebe verdient hast.

Mit oberflächlichen Ablenkungen und Vergnügungen
spiegelst Du Dir ein bißchen Schein-Glück vor.
Für Dein Leben, für Dich und Deine Welt hast Du
eine schwarze und eine rosa Brille zur Hand:
Himmelhoch jauchzend und zu Tode betrübt.
Die Wirklichkeit ist so einfach und schön.
Aber die siehst Du nie
vor lauter Einbildungen und Enttäuschungen.

E b Versteifung gegen Unterdrückung

Der Aufbau einer selbständigen Persönlichkeit
ist Dir durch Unterdrückung versagt worden.
Verzweiflung und Selbst-Beschränkung waren die Folge.
Um nicht zu leiden, hast Du Dein Bewußtsein
von diesen inneren Vorgängen zurückgezogen,
sie damit ins Unterbewußtsein verdrängt.
Dort sind sie umgeschlagen in unvernünftige Wut,
in Hass, Streit-Sucht, Gewalt-Lust, Hinterlist.
Dafür wiederum hast Du Schuld-Gefühle, die
– ebenfalls verdrängt –
Verfolgungs-Ängste erzeugen.
Diese machen Dich glauben,
Du seist wirklich von anderen bedroht,
dabei ist es nur Dein Unterbewußtsein,
dessen verdrängter Hass Deine Mitmenschen bedroht.

Wenn Du Selbst-Behauptung als einen Kampf
erlebt hast, den Du nur immer verlieren kannst,
dann überwiegen Ängste und Selbst-Unterwerfung.
Du hast dann aufgehört,
Dich gegen Deine Unterdrücker aufzulehnen,
denn Du glaubst nicht mehr an die Möglichkeit,
irgendwann einmal zum Erfolg zu kommen.
Als Ersatz dafür nimmst Du an Kämpfen Teil,
die von anderen ausgefochten werden,
und bildest Dir ein, dazuzugehören.
Du jubelst, als hättest Du selbst gewonnen,
wenn es eben doch nur »Dein« Fußball-Club war.
Und Du bist bedrückt, wenn er verloren hat,
als wäre es Deine eigene Niederlage.

Du schaust Dir immer wieder neue Filme an,
in denen die Helden in gute und böse getrennt sind,
und wo zumeist der Gute, Schöne, Gerechte siegt
und dafür sorgt, daß die Bösen bestraft werden.
Dabei fühlst Du Dich innerlich voll beteiligt,
weil diese Geschichten Dein eigenes, inneres
ganz persönliches Schicksal widerspiegeln.

Sie sprechen Dein eigenes Empfinden an,
selbst zutiefst und nachhaltig mißhandelt,
zu unrecht verfolgt und gequält worden zu sein.
Der Tod eines bösen Cowboys, Gangsters oder
Weltall-Monsters ist Dir eine tiefe Genugtuung,
denn jede seiner Missetaten hatte Dich zuvor
empört und wütend gegen ihn aufgebracht,
oder auch vor Furcht erschauern lassen.

In den Horror-Geschichten nehmen Deine kindlichen
Fantasien wieder Gestalt an, die Du damals
aus Furcht vor Vernichtung durch die Eltern und
aus dem Wunsch, all Deine Peiniger zu vernichten,
zu foltern und zu zerfleischen
gesponnen und geträumt hattest.
Und sie erfüllen Dich mit schauriger Lust:
»Rache ist Blutwurscht...«

Als Intellektueller ergreiftst Du Partei für
die unterdrückten ausgebeuteten Menschen-Massen,
machst ihre Not zu Deiner Angelegenheit
und kämpfst mit Demos und machtlosem Protest
gegen die »herrschende Klasse« und ihre Vertreter.
Aber so edel das ist, die Ideale verblassen bald
vor Enttäuschung und Erfolglosigkeit.

Wenn Du Dein Selbstbehauptungs-Streben aber
nie ganz aufgegeben hast, dann versuchst Du heute,
der Zwangs-Jacke Deiner Selbst-Unterdrückung
wild strampelnd zu entkommen,
indem Du nach Macht-Positionen strebst.
Als leitender Angestellter, als Meister oder Militär,
als Beamter andere verwaltend, kontrollierend,
als Direktor gar, als Anwalt oder Politiker,
als Richter oder Polizist auf Verbrecher-Jagd
wendest Du die einst gegen Dich gerichtete Gewalt
jetzt gegen die Anderen.

Indem Du ihnen Deinen Willen aufzwingst,
erleichterst Du Dich von dem Druck, mit dem sonst
Dein ganzer Wille gegen Dich selbst vorgeht.
Einst zum Gehorsam vergewaltigt,
kannst Du jetzt Gehorsam von anderen verlangen.

Und bist Du nur ein kleiner Fisch, dann bist Du
doch noch zuhause und in der Stamm-Kneipe der Größte.
Irgendwo und irgendwie muß jemand vor Dir zittern,
und wenn's nur Frau und Kinder sind,
sonst müßtest Du unter dem Bewußtsein leiden, ein
unbedeutender, unfähiger Durchschnitts-Mensch zu sein.

Um all das nicht zu sehen wie es ist,
hast Du längst die Augen zugekniffen.
Um Dir nichts mehr sagen lassen zu müssen,
hältst Du Dir schon lange die Ohren zu.
Und Du hast Dir ein Weltbild zurechtgelegt,
in welchem Dein krankes Gefühls-Leben
eine ebenso kranke aber
scheinbar logische Berechtigung bekommt.

Also müssen Zucht, Ruhe und Ordnung sein.
Die Mehrheit braucht Führer und muß gehorchen.
Die Minderheiten erstrecht.
Verbrecher und Perverse müssen gnadenlos bestraft
und von der Gesellschaft ausgeschlossen werden.
Deine Kopf-Arbeit ist mehr Geld wert
als die Drecks-Arbeit Deiner Untergebenen.
Gast-Arbeiter und Kommunisten sind Minderwertige.
Frauen sollen schön sein und die Klappe halten.
Kinder müssen still sitzen, kuschen, beten
und essen, was auf den Tisch kommt –
und zwar restlos, sonst setzt's Prügel.
Jugendliche sollen erst einmal was leisten,
bevor sie ein bißchen Freude im Leben
oder gar 'ne sturmfreie Bude verlangen.
Wer nicht spurt, wird gedrillt,
bis er's einsieht und sich zusammenreißt. Na also!

Du selbst reißt Dich täglich zusammen, ohne
daß jemals ein Lob oder gar eine Belohnung dabei
für Dich herausspringt. Deshalb bleibt Dir als
einzige Genugtuung, daß jene bestraft werden,
die sich nicht zusammengerissen haben.

Und weil Du so brav das Böse in Dir bekämpfst,
glaubst Du auch an Dein Recht,
dem Bösen in der Welt mit Gefängnissen und Bomben
zuleibe rücken zu dürfen, ja zu müssen.
Egal ob dabei das Lebens-Glück eines Menschen
oder einer ganzen Nation zugrunde geht,
oder die Zukunft Deiner eigenen Kinder.
Was kannst **Du** denn dafür? – Stimmt's?

Verkümmerung und Unterdrückung bilden zusammen
den Boden für Selbstmord-Gedanken.

Das Wort Frei-Tod hat mir früher einmal gefallen,
weil es mir wenigstens die Freiheit zusprach,
mit meinem Leben zu machen, was ich will.
Heute denke ich, daß Selbst-Mord die unfreieste
aller menschenmöglichen Handlungen ist, und
daß das Wort Freitod einen Vorgang verherrlicht,
den man nur als einen Gipfel menschlicher Tragik,
seelischer Unfreiheit und geistiger Verwirrung
bezeichnen kann.

Beim Selbst-Mörder ist die Verkümmerung so maßlos
und die Unterdrückung so grausam gewesen, daß er
im Leben immer wieder nichts als Leid erfährt.
Überwiegt die Verkümmerung,
dann hat der Mensch oft zu wenig Energie,
um sich gegen sein inneres Chaos zu versteifen.
Er bricht zusammen und versucht, seine Umwelt
damit zu treffen, daß er Dinge tut, die zeigen:
»Seht, wie schlecht Ihr zu mir seid,
daß ich nicht mehr leben will!«
Ein letzter verzweifelter Hilfeschrei
nach Annahme, Verständnis und Unterstützung.
Bei solchen Beweggründen kommt es oft vor, daß der
Selbstmord-Versuch unbewußt-absichtlich mißlingt.

Überwiegt dagegen die Unterdrückung, dann ist es
der Hass auf die eigenen Eltern, der hier
zu einem letzten fehlgeleiteten Ausbruch kommt.
Ein Rach-Akt, bei dem der Wunsch, die Eltern zu
verletzen/ermorden, gegen sich selbst gerichtet wird.

Es gibt sicher Millionen Menschen,
die sich schon mal das Leben nehmen wollten
und nur nicht bereit waren,
dafür auch die Verantwortung zu übernehmen.
Viele Unfälle auf der Straße und beim Sport
geschehen, weil der betreffende im Unterbewußtsein
mit Selbstmord-Gedanken zu ringen hatte
und keine andere Möglichkeit fand,
auf seine leidvolle verzweifelte innere Lage
aufmerksam zu machen.
Und was von außen ganz wie ein
zufälliges Unglück aussieht, ist nicht selten
eine unbewußte Gewalt-Tat gegen sich selbst.

Als versteifter Charakter schimpfst Du
über diese fahrlässigen, hirnlosen Idioten,
weil Du nicht weißt, was in ihren Seelen vorgeht,
und machst selbst ähnliche Dummheiten.

Das eigene Leben aufs Spiel setzen ist eine
altbewährte Methode, mit dem verkümmerten,
unterdrückten Leben tief im eigenen Inneren doch
irgendwie ein wenig in Berührung zu kommen.
**Ob Drogen-Trip oder Geschwindigkeits-Rausch,
Stier-Kampf, Bank-Überfall oder Krieg,...
nur in Gefahr fühlen verkümmerte, unterdrückte
Menschen sich überhaupt richtig lebendig.**

Selbst beim Rauchen und Saufen ist das Bewußtsein,
daß es einem schadet, nicht etwa störend
sondern geradezu eine aufreizende Erheiterung.
Die Warnung des Gesundheits-Ministers
erhöht im Trotz nur noch den Genuß.

Eine viel schönere Möglichkeit, mit dem Leben etwas anzufangen, das da in Dir schlummert, ist (von der Liebe mal abgesehen) das Singen und Tanzen.

Freies Tanzen hat zwar heute eine gewisse gesellschaftliche Duldung erlangt, (früher tanzte man ja nur gesittete Gesellschafts- und Salon-Tänze mit strengen Schritt- und Haltungs-Regeln, die zwar auch ihre Reize haben,) aber lautes Singen und Schreien und wirklich wildes, ausdrucksvolles Tanzen ist auch heute noch immer den Künstlern und sonstigen Stars auf der Bühne vorbehalten.

Daß sie damit solchen Erfolg haben zeigt, daß die Mehrheit das als Ausdruck **ihrer eigenen** Gefühls-Regungen empfindet und bejaht. Aber die meisten sind eben zu versteift, um es sich selbst und den anderen zu erlauben. Höchstens mal beim Applaudieren (oder wenn ein Tooooor fällt...).

Beim Publikum, das sich zum Zuhören und Zuschauen selbst verurteilt hat, stauen sich deshalb die aufgepeitschten Energien unter der Selbst-Versagung bis sie nicht mehr beherrscht werden können (wollen). Dann liefern sich die Fußball-Rowdies ihre haltlosen Straßen-Schlachten und die Rock-Fans demolieren kreischend das Konzertsaal-Mobiliar. **Und kommt auch noch ein Führer hinzu, der sowas für sinnvoll und richtig erklärt, dann machen alle mit beim großen Spiel »Welche Horde ist die schlimmste?«.**

E Versteifung gegen Beschämung

Die Fähigkeit, Liebe und Glück zu erleben, ist
der Erziehung zur Keuschheit zum Opfer gefallen.
Verschmähte Liebe führt zu tiefer Beschämung
und damit zu einer starken Abwehr gegen jede Art
inniger Beziehung zu sich und anderen Menschen.
Mit steifem Stolz drückt der
gegen Beschämung versteifte Mensch
seine abwehrende Einstellung aus:
»Ich lasse Dich nicht an mich heran.
Dann kannst Du mich auch nicht
zurückstoßen und verletzen.
Ich kann Dich nicht lieben, weil Du
mich abweisen wirst, verletzen, beschämen,
ausnutzen, mißbrauchen, demütigen und verlassen.«

Die Versteifung besteht darin,
daß Du Deine unnatürlichen Regungen
für richtig, selbstverständlich und natürlich hältst
und nicht merken kannst,
daß Du mit diesen Einstellungen
Deinem eigenen Glück im Wege stehst,
es Dir immer wieder selbst vermasselst.

Im Unterbewußtsein quält Dich endloses Verlangen.
Aber da Du es nicht wahrnehmen und zugeben kannst,
nicht vor Dir und nicht vor anderen,
kannst Du es auch nicht zur Befriedigung bringen.
So erfüllt Dich nur mit Neid der Anblick
alles Lebendigen, Glücklichen und Verliebten.
Und Deinen Partner trifft
dunkelstes Mißtrauen und glühende Eifersucht.

Selbst von Deinen Kindern verlangst Du
Verzicht auf Liebes-Glück, nur weil Du
Dir selbst keines gestatten kannst.

In Deinen Fantasien und Träumen,
da erlebst Du seltsame, vielleicht perverse
Formen von körperlicher Liebe, malst Dir aus,
was Dich wirklich befriedigen könnte,
Vergewaltigung, Gruppen-Orgien, Inzest.
Aber dafür schämst Du Dich viel zu sehr,
um es zu wagen, diese geheimen Gelüste
jemandem anzuvertrauen
oder sie gar in die Tat umzusetzen.
Wenn solche Dinge zur Sprache kommen,
oder gar zur Sache,
hast Du nur Angst und Scham-Gefühle.

Hinter Angst und Scham verbirgt sich
im Unterbewußtsein der Hass auf jene Person, die
Dich einst abgewiesen, unterdrückt und beschämt hat.
Und solange dieser Hass besteht,
gibt es für Dich auch keine Liebes-Erfüllung.

Solange Deine Wünsche unerfüllt bleiben,
tröstest Du Dich mit der Meinung,
das Körperliche sei schließlich nicht so wichtig.
Aber mit zärtlicher Annahme eines anderen Menschen,
mit Duldsamkeit und Verständnis für seine Wünsche,
seine persönlichen Bedürfnisse,
mit Einfühlsamkeit und Großherzigkeit
ist es ja auch nicht besser um Dich bestellt.
Und so hat auch niemand anders
dergleichen für Dich übrig. So ist es doch...(?)

Den meisten Menschen ist garnicht so recht bewußt,
was ihre äußere Erscheinung
auf andere für einen Eindruck macht.
Deshalb sind sie erstaunt oder gar entrüstet,
wenn man versucht ihnen zu verdeutlichen,
wie ihr Benehmen nach außen hin wirkt.

Vor allem, wenn man ihnen klar machen will,
daß ihr Gehabe sexuell aufreizend wirkt,
wehren Sie sich gegen solche Unterstellungen und
behaupten, die anderen bildeten sich das nur ein.
Der charmante Frauen-Held und die kokette Sekretärin
wissen also oft garnichts von ihrem sex appeal.
Hinter ihrer verführerischen Erscheinung verbergen
sich dann auch immer sexuelle Schwierigkeiten.
Sie wollen zwar begehrt und umschwärmt sein,
aber sie haben Angst vor wirklicher Intimität
und sind in der Liebe reichlich verklemmt.

Ein Mann, der immer wieder neue Eroberungen braucht,
um sich sexuell ausleben zu können, ist eigentlich
immer wieder unbefriedigt. Ohne den besonderen Reiz,
wieder eine Frau zu »besiegen«, ist er nicht erregbar.
Ein entspanntes, befriedigendes, verantwortliches
Liebes-Leben ist ihm garnicht möglich.

Die Frauen, deren Äußeres betont verführerisch wirkt,
werden ganz plötzlich hart und abweisend oder kalt,
wenn ein Mann sich ernsthaft um sie bewirbt.
Mit jeder Abfuhr, die sie erteilen, rächen sie sich
unbewußt für die Zurückweisung, mit der sie
in ihrer Kindheit selbst beschämt worden sind,
und die ihre heutige Verklemmtheit bewirkt hat.

E d Schein oder Sein

Versteifung bewirkt,
daß die äußere Erscheinung des Menschen
seine inneren Probleme und Nöte verdeckt.
Ohne diesen Vorgang zu kennen,
fällt man einfach auf jede solche Maske herein,
und das nicht nur bei anderen, sondern
am liebsten sogar bei sich selbst.

Verkümmerte, zutiefst traurige Charaktere
tragen nicht selten den Clown zur Schau.
Sie sind überall beliebt, weil sie
mit ihrem scheinbar unbekümmerten Auftreten,
mit ihrem spontan wirkenden Witz,
ihrem geistreichen Humor
und ihrer mitreißenden Heiterkeit
schnell für gute Laune sorgen.
Nach geselligen Anlässen geht ein solcher Mensch
meist still und betrübt nach hause
mit dem Gefühl, nur für die Unterhaltung
der Anderen gesorgt zu haben
und selbst dabei leer ausgegangen zu sein.

Und gehst Du tiefer auf ihn ein,
wird sich bald seine Traurigkeit melden,
und es stellt sich heraus,
daß all sein Frohsinn nur aufgesetzt war,
um ihn selbst und die anderen
von seiner inneren Wirklichkeit abzulenken.
Dann braucht er plötzlich jemanden,
der ihn tröstet und festhält.
Ein Häufchen Elend.

Du kennst sicher auch Menschen, von denen man sagt,
sie seien einfach wahnsinnig nett,
freundlich und zuvorkommend.
Manchmal ist es geradezu peinlich,
wie sehr sie sich bemühen,
es einem recht zu machen.
Auch das ist in jedem Fall wieder nur eine Maske.

Ein wirklich liebender Mensch drängt niemandem
seine Freundschaft oder Dienstbereitschaft auf.
Er unterwirft sich nicht voreilig
und Hals über Kopf seinen Mitmenschen.

Hinter der Maske des netten, lieben Jungen
und des braven, beflissenen Mädchens,
des freundlichen, sanften Herren
und der gutmütigen, fürsorglichen Tante
verbirgt sich viel Feindseligkeit und
ein Fass voll Widerwillen und Rachegelüste.
Sie fürchten es, auf eigene Ansprüche zu pochen,
und ehe es zum Kampf kommt,
geben sie lieber erst mal kleinbei.

So haben sie seit ihrer Kindheit
ihre Selbst-Behauptung hintangestellt
und dabei viel Nachträchtigkeit angestaut.
Gelingt es, sie zu reizen,
ist der Ausbruch fürchterlich.
Aber hinter dieser Ungehaltenheit melden sich
aus der nächst-tieferen Seelen-Schicht bald
wiederum nichts als Verletztheit,
vergrabene Erinnerungen an Mißhandlungen
und Enttäuschungen früher Kinderjahre.

Manche Menschen haben auch ein betont
selbstsicheres Auftreten.
Man ist leicht geneigt, sie um ihre scheinbare
Unbekümmertheit, ihre Unantastbarkeit,
ihre Zuversicht und Sieges-Sicherheit zu beneiden.

Aber auch dieses Verhalten dient nur dazu,
tiefer liegende Gefühle zu überwinden
und vor anderen zu verbergen.
Es dient als Schutz vor Angriffen, vor Ablehnung
und Herausforderungen, die garnicht wirklich drohen.
Dahinter steckt die Furcht,
als das erkannt zu werden, was man ist,
oder was man zu sein glaubt:
Klein, schwach und hilfebedürftig,
sehnsüchtig, einsam und schüchtern.

Die harte Schale, mit der manche Menschen
ihren weichen Kern schützen wollen,
ist schon sprichwörtlich geworden.
Diese Menschen sind leicht verwundbar
und kommen jedem Angriff zuvor mit
vorgetäuschter Unerbittlichkeit und Gefährlichkeit.
Sie strafen ihre Umwelt schon für Verletzungen,
die ihnen in Wirklichkeit garniemand zufügen wollte,
wenn sie nur nicht selbst gerade
so schroff und verletzend wirken würden.
Sie können sich nicht von ihrer Ur-Erfahrung lösen,
daß sie von denen, die sie am meisten liebten und
brauchten, am tiefsten gekränkt worden sind.
Und so verbinden sie mit dem Wunsch nach Nähe und
Wärme immerzu die Furcht vor abweisender Kälte.

E e Trotz und Ersatz

Viele unserer alltäglichen Verhaltensweisen können
wir nur als Trotz- oder Ersatz-Handlungen verstehen.
Wir suchen heute zu erlangen, was uns als Kind
gefehlt hat, und uns heute so zu verhalten,
wie es uns als Kind verboten worden ist.
Das Ergebnis kann selbstverständlich
kein erwachsenes, reifes Handeln sein,
sondern nur ein kindliches Gehampel, das
beim ausgewachsenen Menschen kindisch wirkt.
In jedem Fall ist es selbstschädigend.

Wenn Du Dir Deiner unbewußten Beweg-Gründe
plötzlich bewußt werden könntest, würdest Du
ungefähr so von Deinem Innen-Leben berichten:

– Als Baby habe ich nicht zu essen bekommen,
wann ich wollte, und ständig durfte ich nicht
genug an die Mutter-Brust.
Trotzdem will ich satt werden
und meinen Mitmenschen recht nahe sein.
Jetzt wo ich groß bin,
nehme ich mir von allem so viel ich will und kann,
auch wenn mich das nie richtig befriedigt.
Wenn der Magen mit Essen voll ist, trinke ich eben.
Und weil mir das noch nicht genug ist
für meine Saug-, Kau- und Schluck-Gelüste,
rauche ich von einer Mahlzeit zur anderen.
Wenn ich mit anderen Menschen zusammen bin,
stelle ich den Kontakt mit ihnen her,
indem ich mit ihnen esse, trinke und rauche.
Davon werde ich zwar nicht gesünder. Aber was soll's.

– Meine Mutter hat mir damals immer nicht zugehört
und nicht genug mit mir gesprochen.
Trotzdem habe ich sprechen gelernt. Aber wie!
Immerzu rede ich, damit ich die Aufmerksamkeit
und die Zuwendung meiner Mitmenschen erlange.
Sie sollen mir zuhören,
damit ich mich geliebt fühlen kann.
Ich weiß zwar, daß ich damit garkeine Liebe ernte,
aber – besser als garnichts...

– Als Baby bin ich angeschrien worden,
damit ich still bin.
Gut. Ich bin still.
Aber ich mag auch niemandem zuhören.
Ich habe mich gegen viele Worte und gegen
die Gefühle und Meinungen anderer verschlossen.
Ich habe selbst genug Probleme.

– Als Baby durfte ich nie schreien und Lärm machen.
Dafür haue ich jetzt richtig auf den Putz.
Ich dreh' die Stereo-Anlage auf,
bis die Nachbarn aus den Betten fallen.
Ist mir doch egal.
Im Stadion und beim Rock-Konzert
da johle und brülle ich aus Herzenslust.

– Als Kind durfte ich nicht wütend werden.
Ich habe gelernt mich zu beherrschen.
Aber ich kann auch anders.
Vor den Stärkeren ducke ich mich lieber,
aber bei den Anderen setze ich mich
um so entschiedener durch.
Zur Not mit Gebrüll und Handgreiflichkeiten.

– Als Baby sind mir Todes-Ängste bereitet worden.
Trotzdem habe ich mich nicht einschüchtern lassen.
Ich schlage mich mit jedem,
bin sogar stolz auf meine Narben.
Ich habe zwar – ehrlich gesagt – auch Angst.
Aber ich habe noch mehr Mut.
Ich bin keine Memme, sondern stehe meinen Mann.
Brust raus, Bauch rein, Arschbacken zusammenkneifen.

– Als Baby haben sie mir gleich gezeigt,
wie böse ich von Natur aus bin.
Trotzdem bin ich ein anständiger Mensch geworden.
Ich spüre das Böse in mir
und ich kann es beherrschen.
Aber wenn mir einer quer kommt, kann er was erleben.
Meine Selbstbeherrschung kostet mich zwar viel Kraft,
und ein Magengeschwür ist schon in Sicht.
Aber das kann man ja operieren.

– Ich habe auch gehorchen gelernt.
Deshalb kann ich auch befehlen. Unerbittlich.

– Als Baby durfte ich nicht
mit meinen Geschlechts-Teilen spielen.
Dafür mache ich das heute jeden Tag.
Ob allein oder zu zwein.
Was sein muß, muß sein.
Ob das natürlich und gesund ist, weiß ich nicht.
Danach habe ich allerdings immer so'n komisches
unzufriedenes, hohles Gefühl im Bauch.
Ob ich gut im Bett bin?!
Na bestimmt!
Kommt ja auch nicht so drauf an. Oder?

– Als Baby bin ich mit meiner Liebe
bei meinen Eltern abgeblitzt.
Trotzdem bin ich in der Liebe ein Ass.
Ich kann jede/n verführen – wenn ich will.

– Als Kind hat man mir eingeredet, ich tauge nichts.
Trotzdem habe ich die Schule geschafft
und einen Beruf erlernt/
bin eine tüchtige Hausfrau und Mutter geworden/
und habe es zu etwas gebracht.

– Als Kind durfte ich nicht viel warum und wieso fragen.
Die haben mich immer ausgelacht
weil ich nichts wußte, oder
haben mir die Antwort verschwiegen,
weil ich angeblich immer für alles zu klein war.
Ich bin also kein Genie geworden.
Vieles mache ich, ohne zu wissen warum, und
ohne zu fragen, ob es auch in Ordnung ist.
Und ich weiß, daß ich vieles nicht verstehe
in Politik und Wirtschaft und so.
Aber dafür haben wir ja Spezialisten.
Und da weiß ich schon, welche die Besten sind
und welche ich das nächste Mal wieder wähle.
Es gibt zwar bessere Zeitungen als Quild und Bick,
aber die sind mir zu kompliziert, zu links,
zu einseitig, zu speziell, zu langweilig.
Hauptsache die nächste Lohn-Erhöhung...

Fallen Dir andere Selbst-Betrachtungen ein?
waren schon welche für Dich dabei?
Ein nettes Spiel, oder nicht?
Deinem Charakter auf der Spur...

Viertes Kapitel

»Charakter und Körper«

In den vorangegangenen Kapiteln habe ich versucht
zu schildern, daß Dein Charakter ein
mehrschichtiges Gebilde von seelischen Störungen ist.
Er ist die Folge frühkindlicher Erfahrungen, welche
Deiner naturgewollten Entwicklung zuwiderliefen.
Diese Störungen und Fehl-Entwicklungen hindern
Dich als Erwachsenen oder Jugendlichen daran,
zu erkennen, wer Du eigentlich bist,
also was Deine wirkliche Seele ist,
was Deine wahren Gefühle, Deine wahren Bedürfnisse.

Dein Bewußtsein ist ganz von all dem beherrscht,
was man Dir beigebracht oder gar eingebläut hat.
Und in Deinem Unterbewußtsein wimmelt es vor
unerfüllten kindlichen Wünschen, unterdrückter Wut,
unverdauten Schmerzen und unterdrückenden Ängsten.

In diesem Kapitel will ich Dir nun aufzeigen,
wie Deine Ur-Erfahrungen auch
die Entwicklung Deines Körpers beeinflußt haben,
und daß Deine körperliche Gesundheit darunter leidet.
Vielleicht merkst Du heute noch garnichts davon,
oder Du kämest nicht einmal im Traum darauf, daß
Deine Krankheiten etwas mit Deinem Charakter
zu tun haben könnten.

Aber von alleine **kannst** Du garnicht darauf kommen,
weil Du ja gerade von dort,
wo Seele und Körper Dich schmerzen,
Dein Bewußtsein, Dein bewußtes Empfinden,
zurückgezogen hast.
Um Leid zu vermeiden, blieb Dir als Kind
ja damals keine andere Wahl.

A Charakter und äußere Erscheinung

Wenn man bedenkt, daß der Charakter eine Folge von
Einflüssen in der frühen Kindheit ist,
und daß diese Einflüsse das Kind dazu bringen,
bestimmte Muskeln und Organe zu verspannen,
diese Verspannungen ständig beizubehalten, und
– weil sie so schmerzvoll sind –
aus dem bewußten Empfinden zu verdrängen,
braucht es einem auch nicht verwunderlich
oder gar unwahrscheinlich vorzukommen,
daß Körper-Bau und Gesichts-Züge jedes Menschen
mit seinem Charakter zusammenhängen.
Mit entsprechenden Kenntnissen und etwas Übung
kann man deshalb auch den Charakter jedes Menschen
durchaus an seiner äußeren Erscheinung ablesen.

Da der Charakter aber ein **Schichtgebilde** ist aus
einander überlagernden, verdeckenden Einstellungen,
und da jeder Mensch sich bemüht, sich möglichst nur
von **der** Seite zu zeigen, die er für seine beste hält,
ja sich sogar selbst nur im besten Lichte zu sehen,
läßt man sich auch all zu leicht täuschen.

Und am liebsten fällt man natürlich herein
auf die Vortäuschung eigener Vorzüglichkeiten.
Deshalb ist man bei dem Versuch, sich selber
näher kennen zu lernen und besser zu verstehen,
immer ganz besonders damit beschäftigt,
die verdrängten, verdeckten, tiefergelegenen
Einstellungen und Charakter-Züge zu übersehen,
für die man glaubt, sich schämen zu müssen.
Der Körper aber lügt nie...

Wir glauben ja eigentlich grundsätzlich,
daß der Körper-Bau natürlich vererbt ist,
daß z. B. die endgültige Körper-Größe,
die Länge der Arme und Beine
und auch die Gesichts-Züge
von Natur aus festgelegt sind.
Grundsätzlich stimmt das auch.
Wenn aber starke äußere Einflüsse wirksam werden,
dann gerät dieser natürliche Plan
unweigerlich durcheinander.

Bedenke nur, daß ein Kind, das gezwungen wird,
seine Bewegungs-Lust schon früh zu beherrschen,
das nicht weglaufen darf, wenn es Furcht hat,
das nicht strampeln darf, wenn es wütend ist,
oder sich nicht wehren darf, wenn es etwas
essen soll, was es einfach nicht mag,
seinen Bewegungs-Apparat teilweise
oder sogar weitestgehend verkrampfen muß,
um den drohenden Strafen zu entgehen.

Diese verkrampften Muskeln behindern nun
mit Sicherheit das Wachstum der Knochen,
sodaß sie nicht so lang werden können,
wie sie von der Vererbung her
eigentlich veranlagt worden sind. Also
wird ein in der Kindheit stark unterdrückter Mensch
nicht so groß wie er hätte werden können.
Er ist eher gedrungen, untersetzt, und
seine Muskeln sind stark aber unelastisch.
Und so sind auch seine Bewegungen etwas eckig,
vielleicht sogar linkisch, tapsig.

Der stark unterdrückte Mensch
kann seinem Gefühls-Leben nicht richtig
durch Bewegung Ausdruck verleihen,
obwohl es sehr sehr bewegt ist,
voll Sehnsucht und Liebe, aber auch voll von
jenem ungeheuren angestauten Hass,
der in seiner Kindheit zuerst angestachelt
und dann unterdrückt worden ist.
Deshalb sammeln sich seine Energien auch
gleich da, wo sie entstehen: Im Bauch.

Man sagt ja z. B. kleine Männer seien eitel
und leicht reizbar, jähzornig und ehrgeizig,
weil sie klein sind und glauben, sie müßten
den anderen Männern gegenüber etwas wettmachen.
Die Beobachtung ist zwar richtig,
aber die Vermutung der Ursache ist falsch.
Eitelkeit, Ehrgeiz und Jähzorn haben dieselbe Wurzel
wie der zu klein geratene Körperbau,
nämlich eben die frühkindliche Unterdrückung.

Ständig verspannte Muskeln belasten auch ständig
die Gelenke und schränken ihre Beweglichkeit ein.
Mit den Jahren werden die Knorpel und Sehnen
abgenutzt, und es entstehen dort Beschwerden, wo
die Fehl-Belastungen am größten sind: Meistens
in den Knien, in den Hüft-Gelenken und im Kreuz.
Und die Muskeln selbst werden auf die Dauer krank,
denn Durchblutung und Stoff-Wechsel sind behindert.
Muskel-Rheuma, Krampf-Adern, Verhärtungen
und die Neigung der Muskeln, bei Überlastung
zu reißen, sind die schmerzlichen Spät-Folgen.

Wenn die Unterdrückung in der Kindheit
nicht so schlimm war, daß
das Knochen-Wachstum behindert worden ist, so
sind doch die Deiner Unterdrücktheit entsprechenden
Muskel-Verspannungen vorhanden,
von innen her schmerzlich fühlbar und von außen
ertastbar und in Haltung und Bewegung zu erkennen.

Insbesondere
- der unterdrückte Wunsch zu strampeln
  in verspannten Beinen und unbeweglichen Hüften,
- krampfhaftes Einhalten von Darm- und Blasen-Inhalt
  in Verspannungen des Becken-Bodens und
  der hinteren Oberschenkel-Muskeln,
- Angst vor Schlägen auf den Po in
  einem krampfhaft vorgeschobenen Becken,
- krampfhaftes Sich-Aufrecht-Halten
  in einem steifen Kreuz,
- zurückgehaltene Schlage-Wut in
  zusammengezogenen Schulter-Blättern,
- Angst vor Schlägen auf den Kopf
  in hochgezogenen Schultern.

Von diesen eingefrorenen Haltungen merkt der Mensch
selbst garnichts. Er hält sie für ganz normal.
Er kennt das Leben ja garnicht anders.
Erst wenn er ärgere Beschwerden hat,
wird er sich gewahr, daß etwas nicht stimmt.
Aber es gibt kein Medikament und keine Behandlung,
die ihn wirklich von seinem Leid befreien könnten,
solange doch vom Gehirn – unbewußt – immer wieder
der Befehl ausgeht, die Muskeln anzuspannen.

Erst wenn Du erkennst, daß es sich bei diesen
unbewußten Befehlen um Entscheidungen handelt,
die Dich zwar als Kind
vor dem Schlimmsten bewahrt haben,
die Dir aber heute nichts mehr nützen,
sondern nur noch schaden,
kannst Du Dich von Deinen Verspannungen erlösen.

Aber wie willst Du das erkennen,
solange Du daran zweifelst,
als Kind brutal mißhandelt worden zu sein, und
deshalb jetzt voll verdrängter Wut zu stecken?
Das verbietet Dir doch Deine Selbst-Achtung und die
immer noch aufblickende Haltung zu Deinen Eltern.

So oder ähnlich hängen Charakter und Körper zusammen.

Ein Kind, das im ersten Lebensjahr stark verkümmert,
und deshalb keine Bewegungs-Lust entwickeln kann,
hat zunächst eine lasche Muskulatur.
Das Zusammen-Spiel zwischen Muskeln und Knochen
ist gestört, die Knochen haben zu viel Spielraum
und wachsen übermäßig in die Länge.
Ein langer, hagerer Körperbau zeugt später von
einem Menschen, der sich schwach auf den Beinen,
also innerlich äußerst unselbständig fühlt.
Das kann allerdings zu einer Gegen-Haltung führen,
und einen Menschen hervorbringen, der
scheinbar recht selbständig und lebenstüchtig ist.
Doch er schafft dies nur mit größter Anstrengung
und mit entsprechenden Muskel-Verspannungen.
Immer wiederkehrende Erschöpfungs-Zustände und
rheumatische Beschwerden sind die Spät-Schäden.

In der nächst tieferen Seelen-Schicht
ist der krampfhaft Selbständige weiterhin
auf kindlichste Weise anlehnungs-bedürftig.
Er lebt in einer Traum-Welt
und hält sich mit großen Ziel-Setzungen auf Trab.
Aber weil er sich gegen seine Unselbständigkeit
versteift hat, kann er nicht erkennen, was ihm fehlt.
Er will sich und anderen seine Hilfe-Bedürftigkeit
nicht eingestehen, hat auch Angst sich zu verlieben,
das hieße, in die Hände eines Anderen zu fallen
und dann fallen-gelassen zu werden.

Lieber bürdet er sich noch die Nöte anderer auf. Und
seine Partner-Wahl trifft einen noch Unselbständigeren.

Mit der Zeit entwickelt so ein Mensch wahrscheinlich
störende Fall-Ängste und Gleichgewichts-Probleme und
riskiert Verletzungen durch dumme Stürze weil seine
verkrampften Beine ihm nicht mehr gehorchen können.

Muskeln, die nicht rechtzeitig in der Entwicklung
zum Aufleben kommen und den Anschluß verpassen
zum Rest des Körpers und seinen Bewegungen, entwickeln
sich zu schlaffem, schlecht durchblutetem Gewebe,
aus dem sich die lästigen Fett-Polster bilden.
Also: Überall wo sich Fett ansammelt, liegen
verkümmerte, gefühllose, abgeschlaffte Muskeln,
und darunter verspannte und verkrampfte, die
das Knochen-Gerüst nur notdürftig zusammenhalten.
Da hilft die brutalste Hunger-Kur nichts. Erst wenn
dieses Fleisch richtig zum Leben gereizt wird,
kann es sich straffen und sich zu der Form entwickeln,
die ihm von der Vererbung her vorgegeben ist.

Kinder, die zu früh auf den Beinen stehen wollten,
weil sie z. B. im Laufstall eingesperrt waren
und doch viel lieber in der Nähe der Mutter
gewesen wären, sich also zu früh aufgerappelt haben,
kriegen verspannte Fuß-Muskeln also Hohl-Füße.
Kinder, die dagegen zu lange von der Mutter getragen
oder gar im Bett und im Kinderwagen festgeschnallt
worden sind, kriegen ein schwaches Fuß-Gebäude,
also Platt- oder Spreiz-Füße.

Jeder körperliche Zustand meldet sich im Gehirn
als Gefühl, er bereitet dem Menschen Empfindungen.

Ein »klappriges Fahrgestell« legt den Menschen
auf die Empfindung fest, unsicher dazustehen.
So findet er keinen eigenen Standpunkt,
läßt sich also leicht überreden und übervorteilen,
und hat für seine Absichten kein Steh-Vermögen.
Wenn man auf etwas besteht, stampft man von Natur aus
kräftig mit dem Fuß auf den Boden.
Ein Mensch mit zu schwachen Beinen kann das garnicht.
Er ist immerzu auf die Hilfe anderer angewiesen.
Und wenn sie ihn im Stich lassen, ist er ihnen böse.

Ein Mensch mit verkümmerten, schwachen Armen
hat dem-entsprechend auch das Gefühl, er könne
im Leben nichts selber machen und sich nicht wehren.
So kann er natürlich auch nichts ändern und
sein Leben nicht in die eigenen Hände nehmen.
Und mit einer verkümmerten Rumpf-Muskulatur
kann er sich nur mit Mühe aufrecht halten.
Man sagt, er hat kein Rückgrat.
Und so fühlt er sich und handelt er auch...

Ein weiteres körperliches Merkmal
der Folgen frühkindlicher Verkümmerung
ist eine flache, schwache Atmung.

In tiefer Trauer verbringt der einsame Säugling
viele Wochen oder Monate in sich zusammengesunken,
zusammengerollt wie ein Ungeborenes, und
gewöhnt sich daran, so wenig wie möglich zu atmen,
um so wenig wie möglich von seinem Kummer zu spüren.
Wenn er diese Haltung schon in den ersten Wochen
einnimmt, werden die Atem-Muskeln schwach sein.
Der Brustkorb ist zwar beweglich, aber die Atmung
ist trotzdem auf ein Mindestmaß gedrosselt.
Kommt der Kummer später, so ist er mit
tiefem Weinen und Schluchzen verbunden.
Dann werden die Atem-Muskeln später verspannt sein,
und der Brustkorb unbeweglich und eingefallen,
sodaß die Lunge sich nur mit Mühe füllen läßt.

Mit einer schwachen Atmung fühlt der Mensch sich
unentwegt lustlos, traurig und pessimistisch.
Dann fragst Du Dich: »Was ist bloß mit mir los.
Nichts macht mir richtig Freude.
Das Leben läuft so träge und sinnlos dahin.
Ich habe keinen Schwung und keine Ausdauer.«

Es kann nicht anders sein,
solange Du ständig zu wenig atmest, also
Deinen Körper mit zu wenig Sauerstoff versorgst,
der zur Energie-Gewinnung nun einmal nötig ist.
Besonders nachts ist die Atmung schwach,
weil Dich im Schlaf nichts in Bewegung hält, und
so fühlst Du Dich morgens oft müder als abends

Die Atmung des Menschen mit stark unterdrücktem
Charakter-Zug ist auf andere Weise gestört.
Als Kind war er voll Zorn, wütend und aufgebracht.
Aber er durfte das ja auf keinen Fall zeigen,
durfte nicht toben und brüllen, wie ihm zumute war.
Also blieb er in der Einatmungs-Haltung stecken.
Geladen, aufgebläht, wie aufgeplustert,
mußte er sich zurückhalten
um nicht zu explodieren.
Und so ist der Brustkorb beim Erwachsenen dann
stramm, prall, unbeweglich und »geladen«.
Er kann nicht ausatmen und fühlt sich deshalb auch
wie ein Pulver-Fass. Wehe man reizt ihn.
Lange läßt er sich nichts anmerken.
Aber auf einmal platzt ihm der Kragen.
Dann kann er manches anrichten, was ihm später
zutiefst und aufrichtig leid tut.
Deshalb ist der Unterdrückte immer auf der Flucht vor
seiner eigenen Gewalt und damit auch vor all jenen,
die ihn beleidigen und vor den Kopf stoßen könnten.
Und das sind ja oft gerade die, die er doch liebt.

Erst eine intensive Arbeit mit seinem Atem kann den
verkümmerten Menschen zu der Lebendigkeit erwecken,
die seit seiner Baby-Tage in ihm schlummert,
also von der Vererbung her durchaus gegeben war.

Und auch den unterdrückten, über-beherrschten
und deshalb zuweilen haltlosen Menschen
befreit die Arbeit mit dem Atem,
also Entspannung seiner Brustkorb-Muskulatur
von seiner andauernden gespannten Reizbarkeit.

Körper-Empfindungen kann der Mensch unterdrücken, indem er die Atmung drosselt und die entsprechenden Körperteile und Organe anspannt.

Wie wir später noch genauer sehen werden,
kommt alle Lebens-Energie aus den Eingeweiden.
Ob Wut oder Liebe – wenn der Mensch sich als Kind angewöhnen muß, starke Bauch-Gefühle niederzuhalten, entsteht eine Einschnürung auf Magen-Höhe,
am unteren Rippen-Bogen entlang.
Darunter entwickelt sich ein dicker Bauch, in welchem sich die aufsteigenden Energien gestaut haben.
Wenn von Anfang an die Eingeweide selbst
angespannt worden sind, damit sie
erst garkeine Energie erzeugen können,
dann ist der Bauch flach oder gar eingezogen,
und die Bauch-Decke ist hart wie ein Brett.

Ein Kind, das Furcht vor seinen sexuellen Gefühlen hat, weil es dafür Strafen befürchten muß, oder
weil es sich dabei schlecht findet,
verkrampft die Geschlechts-Organe
und schnürt den Bauch über der Stelle zu,
wo die verbotenen Gefühle herkommen.

Männer haben in diesem Fall eine Einschnürung
eine Hand breit unter dem Bauchnabel, also
zwischen Bauch und Becken, in der Leistenbeuge.
Die Hüftgelenke sind dadurch etwas versteift.
Der Penis und die Hoden können mehr oder weniger unterentwickelt sein. Und sie sind hochgezogen
oder gar in den Bauch zurückgezogen.
Ihre Funktionen sind damit erheblich gestört.

Frauen, deren Geschlechts-Organe ja **im** Bauch liegen,
verkrampfen diese direkt,
sodaß sie unterentwickelt bleiben,
oder sie schnüren den Bauch oberhalb davon ab.
Dann bilden sich um die Organe Fettgewebe und
auf Höhe des Bauchnabels eine tiefe Kerbe:
Der »typische Frauen-Bauch«.

Auch hier sind die Funktionen der Organe gestört.
Sie können keine Lust erzeugen,
oder die Einschnürung sorgt dafür, daß
keine Lust zu den anderen Organen und zum Kopf,
also ins Bewußtsein aufsteigen kann.
In Fällen von besonders starker, sehr früher
sexueller Unterdrückung ziehen sich die Muskeln
innerhalb des Beckens zusammen, sodaß dieses
nicht seine naturgewollte Ausdehnung erreicht.
Schmal geblieben verhindert es freie Bewegungen,
gesunde Lust-Empfindungen und schafft
bei Schwangerschaft und Geburt Komplikationen.

Angst vor Empfindungen in den Geschlechts-Organen,
oder auch Furcht davor, dort verletzt zu werden,
führen dazu, daß das Kind das Becken nach hinten zieht
und krampfhaft die Beine zusammenpresst.
Diese Haltung fällt uns später als typisch weiblich auf:
X-beinig und hohl-kreuzig. Ein sicheres Zeichen
für eine verklemmte Weiblichkeit.

Über Jahrzehnte hinweg führen derart widernatürliche,
verkrampfte Haltungen unweigerlich zu
großen Beschwerden und ernsten Erkrankungen.
Vorbeugen wäre so einfach...

Menschen ohne Erfüllung in der Liebe werden hart und gehässig wie die sprichwörtliche alte Jungfer und der verzickte, verkrampfte Sitten-Apostel. Ihre Verbitterung steht ihnen ins Gesicht geschrieben: Die Lippen sind schmal und zusammengepresst, und die Mundwinkel sind heruntergezogen und zeigen damit Ärger, Neid und Verachtung für die Liebenden.

Im Gesicht zeigen sich auch alle anderen Charakter-Züge wie in einem offenen Buch. Man muß nur hinsehen und seinen Augen trauen, anstatt sich von der dünnen Schicht Schminke, aufgesetztem Lächeln, gespielter Heiterkeit, gezwungener Freundlichkeit täuschen zu lassen, und ohne sich von oberflächlicher Zurückweisung Kälte und Härte abstoßen zu lassen, die doch nur die Angst vor menschlicher Nähe verdecken sollen.

Der feste Wille, sich zu behaupten, sich nicht unterkriegen zu lassen, ist leicht zu erkennen an ständig zusammengezogenen Augenbrauen. Der Stier-Nacken zeugt von unbeugsamer Hartnäckigkeit und unbedingtem Durchsetzungs-Willen, wenn nötig mit skrupelloser Gewalt oder auch mit höflichem, gescheitem Getue, das die eigene Herrsch-Sucht vernebeln soll, Ein stolzer langer Hals und eine hochgetragene Nase (Hochnäsigkeit) verraten die Furcht vor Beschämung und die Entschlossenheit, sich nicht verlocken und nicht in Beziehungen schleifen zu lassen, in denen man nicht mehr die oberste Kontrolle hat. Wer den Kopf hochträgt, fürchtet ihn zu verlieren.

Ein trotzig vorgeschobenes Kinn macht deutlich:
»Ich werde auf keinen Fall nachgeben,
egal ob das vernünftig ist oder nicht. Ich mach **doch,**
was ich will. Ob es Dir passt oder nicht.«
Hochgezogene Nasenflügel verraten unbewußten Ekel.
Zusammengebissene Zähne und
ein unbeweglicher Unterkiefer zeigen an:
»Ich will nicht weinen, nicht heulen.«
Eine zugeschnürte Kehle und eine gepresste Stimme
verdecken unterdrückte Schreie.
Ob es Schreie der Wut oder des Schmerzes sind,
kann man an anderen Gesichts-Zügen ablesen,
denn Trauer und Schicksals-Ergebenheit
sehen anders aus als Hass, Groll und Ingrimm.
Meist ist ja beides gegeben, das eine mehr,
das andere weniger oder umgekehrt.

Man sagt, die Augen sind der Spiegel der Seele.
Man braucht nur zu lernen, in ihnen zu lesen.
Ob ein Mensch Freude am Leben hat,
gern auf der Welt ist und die Menschen liebt,
oder ob er sich lustlos dahinschleppt
und die Menschen nicht eben gut leiden kann,
sieht man leicht auf einen Blick,
und wenn die Maske noch so glaubhaft wirkt.

All das sei ohne jede Verurteilung gesagt.
Es ist nicht der Vorwurf, daß der Mensch versucht,
seine Umwelt absichtlich oder böswillig zu belügen.
Er macht anderen und auch sich selbst etwas vor,
weil er sich selbst verurteilt, wie er sich sieht,
und weil er befürchtet, verurteilt zu werden.

Dies war nur eine kleine Auswahl von
äußeren Erscheinungs-Merkmalen des Charakters.
All solche Merkmale im Gesicht und
in der Körper-Haltung und Bewegung des Menschen
sind ganz natürliche Formen des Selbst-Ausdrucks.
Nur – wer sie ständig beibehält,
sie nicht aufgeben kann,
sondern auch noch verdecken muß,
um nicht damit durchschaut und erkannt zu werden,
der hat diese Gefühle und inneren Zustände
in sich eingeschlossen, eingefleischt,
unterdrückt und verdrängt,
sodaß er ihnen zum Opfer fällt.

Er ist auf diese Gefühle festgelegt,
und die Entfaltung seiner natürlich angeborenen
Lebens-Möglichkeiten bleibt ihm verwehrt.

Ich möchte, daß Du das Zusammenwirken von
Körper und Charakter noch tiefer verstehst.
Dazu wird als nächstes eine kleine Auffrischung
Deiner Schul-Kenntnisse in Sachen Biologie nötig.
Bitte trag's mit Fassung.
Es geht ja um Deinen eigenen Körper
und Deine eigene Seele.

B Das körperliche Innenleben

Wenn ich an meine Schulzeit zurückdenke,
habe ich immer den Eindruck,
man hat damals alles versucht, um uns
von den wirklich wesentlichen Dingen des Lebens
so wenig wie möglich wissen zu lassen
und uns von den unwichtigen Dingen
so viel wie möglich einzutrichtern.
Was die Biologie (Lebens-Lehre) betrifft, kam z. B.
die Fortpflanzung »natürlich« überhaupt nicht vor,
obwohl wir uns brennend dafür interessiert hätten,
vor lauter Verschämtheit aber nicht gewagt haben,
darüber zu sprechen oder gar Fragen zu stellen.
Und auch heute wird sie den Kindern
auf so wissenschaftlich kalte, ja abstoßende Weise
dargestellt, als handele es sich dabei um Viehzucht,
mathematische Gleichungen oder Erste-Hilfe.
Und dabei geht alles so verlogen zu,
wie sonst wohl nirgends, denn von
Liebe, Glück und Lust ist nur wenig die Rede.

Als ob es für einen jungen Menschen
von gleichgroßer Bedeutung wäre,
wie Glied und Scheide funktionieren,
wie eine natürliche, beglückende Paarung verläuft,
und
daß bei der Vererbung die in den Kernen
der Keimzellen gespeicherten Gen-Informationen
aus Chromosomen bestehen, deren Grund-Substanz
der Molekular-Forscher Desoxyribonukleinsäure nennt.

Vergiss es!

Das letzte Geheimnis des Lebens
haben wir der Natur noch lange nicht entrissen.
Und das würde auch garnichts nützen,
denn jeder von uns hat nur **ein** Leben.
Das muß er verstehen; und auch nur **so** weit,
wie es nötig ist, um am Leben zu bleiben
und zwar möglichst gesund und glücklich.

Das Leben ist wirklich zutiefst wundersam.
Aber für jeden einzelnen Menschen
fangen die Geheimnisse erst da an wichtig zu werden,
wo er die bewußte Verbindung zu seinem Körper, zu
seinen Organen und Muskeln, zu ihren Gefühlen
und zu seinem inneren Energie-Fluß verloren hat.
Dieser Verlust entsteht durch Erziehung.
Ich hoffe, daß ich dies bis hierher
deutlich und verständlich machen konnte.

Die Unterdrückung und Verdrängung unserer Gefühle zerstört unsere innere Lebens-Harmonie und unsere naturgegebene Fähigkeit, sie zu verstehen.
Im Chemie-Labor und unter dem Mikroskop können wir
viel über das Leben erfahren. Aber wir werden dabei
nie unserem eigenen Leben begegnen, denn der Weg
dort hin führt genau in die andere Richtung.

Wenn wir uns jetzt trotzdem eine Nachhilfe-Stunde
in Biologie antun, dann weil wir erst einmal von
außen betrachten und kennenlernen müssen, was uns
von innen her zu erfühlen, zu erleben und zu erfassen
derzeit nicht möglich ist. Wenn wir dann wissen,
was wir suchen, wird es uns leichter fallen,
die verlorenen Verbindungen wieder herzustellen.

Vorsicht. Vieles was jetzt kommt,
ist Dir vielleicht schon leidlich bekannt.
Diesmal sollst Du es aber nicht im Kopfe speichern,
sondern Dir zu Gemüte führen. Erkenne, daß es
sich um Dich persönlich handelt, um **Deinen** Körper.

Tu doch einfach so, als wüßtest Du von allem
noch garnichts. So ist es ja auch tatsächlich.
Von dem was in Deinem Körper vorgeht,
weißt Du nichts und merkst Du (fast) nichts.
Alles kann man auch nicht merken und wissen.
Und nicht **jedes** Wissen ist wirklich hilfreich.
Vieles verwirrt anstatt zu klären.
Deshalb machen wir's kurz
und halten uns an das Wesentliche.

Wir brauchen nicht zu wissen, wie die Natur es
anstellt, daß ein Lebewesen entsteht und gedeiht.
Jede Mücke ist genau so unergründlich wunderbar
wie ein Mensch – nur unwesentlich kleiner,
und zu ihrem Glück nicht mit so einem Monstrum
von Gehirn gestraft, das nur Verwirrung stiftet.

Irgendwie hängt das Leben mit Energie zusammen.
Es beruht auf dem unergründlich vielfältigen
chemischen Vorgang, bei dem
aus der Verschmelzung von Bestandteilen der Luft
(Sauerstoff) und der Nahrung (Kohlenstoff)
Wärme hervorgeht, und bei dem
aus Sauerstoff, Kohlenstoff, Wasserstoff, Stickstoff
und vielen anderen Stoffen Eiweiß entsteht,
der chemische Ur-Stoff des Lebens. Aber das
brauchen wir hier nicht näher zu studieren.

Wirklich wichtig für Dein Bewußtsein
sind Atmung und Verdauung, ohne die
der chemische Lebens-Vorgang nicht stattfinden kann.
Wenn Atmung oder Verdauung nicht richtig klappen,
ist der ganze Lebens-Vorgang gestört.

Beim Atmen saugen wir Luft in die Lungen.
Das Blut fließt auf seinem Weg durch den Körper
auch durch die Lungen und wird hier mit Sauerstoff
– wie man so schön sagt – angereichert.

Im Verdauungs-Kanal (Magen und Darm) wird die
Nahrung zersetzt, auf vielerlei Weise verwandelt
und in nützliche und unnütze Stoffe getrennt.
Die Nutz-Stoffe gelangen durch die innere
Darm-Oberfläche in das darunter fließende Blut.

Und über den Blut-Kreislauf, der von den
Pump-Bewegungen des Herzens und der Adern besorgt
wird, werden alle Körperteile versorgt mit
– Brennstoffen, also Sauer- und Kohle-Wasser-Stoffen
  (Auch Kohle-Hydrate genannt, von hydro: griechisch = Wasser, oder Kalorien von calor: lateinisch = Wärme)
– mit Aufbau-Stoffen, also Eiweiß (gr. = Protëine)
– und Neben-Nutzstoffen (Vitamine und Mineralien).

Durch die langsame Verbrennung der Nährstoffe
entsteht Wärme und dabei verbinden sich
Sauerstoff und Kohlenstoff zu
Kohlen-Säure oder Kohlen-di-Oxyd (CO_2).
Dieses Gas ist eine Art Gift.
Es geht wieder ins Blut über, wird
über die Venen zum Herzen und von dort
zur Lunge gebracht und ausgeatmet.

Alle diese chemischen Vorgänge sind äußerst
vielfältig und höchst verwickelt,
aber wir brauchen sie nicht zu kennen.
Wenn das lebens-notwendig wäre, gäbe es
schon lange kein Leben mehr auf der Erde.
Es ist das Eigentümliche des Lebens,
daß es selbst weiß, wie das Leben funktioniert.
Jeder Organismus weiß das von ganz alleine.

Und das Gehirn weiß das natürlich nicht.
Es ist ja nur ein **Teil** vom Ganzen und
braucht nicht zu wissen, was es machen müßte,
wenn es eine Niere oder eine Leber wäre.
Es weiß nicht einmal wie eine einzige
seiner Milliarden Nerven-Zellen funktioniert.
Und auch das braucht es nicht zu wissen.
Die Nerven wissen das schon selber.

Die Aufgabe des Gehirns besteht darin aufzupassen,
daß dem Rest des Körpers nichts zustößt,
und Vorkehrungen zu treffen, damit alle Organe
sich wohlfühlen und damit
das Leben eine Freude ist und keine Not.
Dann darf es sich mitfreuen und glücklich sein.

Es darf auch den Muskeln befehlen zu arbeiten.
Aber die Muskeln wissen selber, wie sie
durch Zusammenziehen Bewegung erzeugen können,
wie sie dabei Brennstoffe verbrauchen, wie sie
die Überreste, die Kohlensäure über das Blut
und die Schlacken über Schweiß und Lymph-Bahnen
absondern, wie sie sich erholen können
und mit Aufbaustoffen neue Kraft gewinnen.

Zum Atmen braucht das Gehirn auch nichts beizutragen.
Die Muskeln des Brust-Korbes und des Zwerchfells
besorgen das unaufhörlich, und ich bin sicher,
es macht ihnen Spaß, sonst würden sie es lassen.
Ja. Je mehr Spaß das Leben macht,
desto fleißiger sind sie und je weniger desto träger.
Nur wenn Du Dich fürchtest,
halten sie plötzlich ganz schön still.
Und wenn der Schreck vergeht,
weil die Ursache sich als harmlos herausstellt,
dann tanzen sie und erzeugen ein kräftiges Lachen.

Ebenso lebensfroh pocht das Herz vor sich hin,
und mit ihm die Schlag-Adern, die Du am Hals,
am Handgelenk (Puls-Fühlen), in der Leistenbeuge
und an vielen anderen Stellen ertasten kannst.

Die Nieren reinigen das Blut von den Gift-Stoffen,
die im alltäglichen Stoffwechsel des Körpers
entstehen. In Wasser gelöst gelangen diese als Harn
von den Nieren über die Harnleiter in die Harn-Blase.
Und wo das hinführt, weißt Du ja wohl selbst.

Leber und Bauchspeichel-Drüse erzeugen Säfte,
die im Darm die Auflösung der Nahrung bewirken.
Der Saft der Leber heißt Galle.
Er wird in der Gallen-Blase gespeichert,
wenn die Verdauung ruht.
In Leber, Milz und Bauchspeichel-Drüse
finden noch viele andere chemische Vorgänge statt,
die für das Funktionieren des Lebens
unerläßlich sind, und von denen wir erst
etwas merken, wenn sie schwer gestört sind.

Die Speisen werden zwischen den Zähnen
zerkleinert und mit Speichel vermengt und dann
durch walkende Bewegungen der Speise-Röhre,
des Magens und des Darms
durch den Verdauungs-Kanal befördert.
Und die Überreste der Verdauung treten dann
auf diese peinliche Weise wieder ans Tageslicht,
über die wir Wohl-Erzogene nur mit Ekel oder
mit verschämtem Lachen sprechen können,
und wobei wir am liebsten alleine sind.

All diese Vorgänge sind Teile des Lebens:
Sie ereignen sich ganz und gar von selbst und
erzeugen ein Gesamt-Gefühl von Wohlbefinden,
solange alles störungsfrei abläuft.
Alles geschieht aus organischer LUST,
aus einem angeborenen natürlichen Eifer.
Und Störungen, die diese Lust beeinträchtigen
erzeugen selbstverständlich Unlust oder gar Schmerz.
Dadurch fühlt sich der Organismus dann veranlaßt, die
Störung zu beseitigen und die Schäden zu heilen.
Auch das geschieht ganz von alleine. Und nur
wenn er daran gehindert wird, entstehen Krankheiten.
Wie kann es zu einer Behinderung kommen?

Um das zu verstehen, mußt Du noch
die inneren Steuerungs-Organe kennen.
Es sind die Hormon-Drüsen und das Nerven-System.

Die Hormone sind Säfte, die von Drüsen erzeugt
und in die Blut-Bahnen gegeben werden,
um die Tätigkeiten der einzelnen Organe
zu steuern und aufeinander abzustimmen.

Die Hormone steuern auch das Wachstum und das Altern.
Und sie beeinflussen über die Tätigkeit der Organe
und der Nerven auch die Gemüts-Verfassung:
Müdigkeit oder Leistungs-Bereitschaft,
Lust oder Unlust, Liebe oder Furcht oder Angst,
Klarheit der Sinne und des Geistes oder Trübsal.

Welche Hormon-Drüse genau was bewirkt,
kannst Du in jedem Lexikon nachlesen.
Allerdings muß das nicht immer stimmen,
denn vieles an der Wirkung der Hormone ist noch
garnicht wissenschaftlich abgeklärt. Wozu auch?

Das natürliche innere Gleichgewicht von
Erregung und Erholung, von Spannung und Entspannung
kann nicht künstlich erzeugt werden.
Auch durch Verabreichung noch so gesunder,
natürlicher Stoffe kann man dieses Gleichgewicht
nur stören oder dem Bewußtsein **vortäuschen.**
Das gesunde Leben reguliert sich *ganz* von selbst.

Dafür sorgt nicht zuletzt das Nerven-System.
Nerven sind kleine Körper-Zellen mit langen Leitungen.
Sie geben elektrische Strömungen weiter
und bilden im Körper ein Netz, das
jede einzelne Zelle im Körper und alle Organe
über das Nerven-Zentrum (Hirn und Rückenmark)
miteinander in Verbindung setzt.
Auf diese Weise hängen alle Körper-Funktionen
zusammen und beeinflussen einander.
Im Gehirn laufen alle Fäden zusammen.
Hier werden die Vorgänge im Körper wahrgenommen und
von hier werden sie auch weitestgehend gesteuert.

Daß alle körperlichen Vorgänge vom Gehirn aus
gesteuert werden, bedeutet natürlich nicht,
daß Du für jeden einzelnen Vorgang
mit Bewußtheit sorgen mußt.
Dann hätte Dein Bewußtsein ja
für nichts anderes mehr Zeit.
Die allermeisten Steuer-Entscheidungen
– es sind ja in jeder Sekunde unzählbar viele –
fallen direkt im Rückenmark (Reflexe)
oder weiter oben in Gehirn-Zentren, die
selbständig ohne Zutun des Bewußtseins arbeiten.
Doch auch zwischen diesen Zentren und dem Bewußtsein
gibt es jede Menge nervlicher Verbindungen,
sodaß Du viele Vorgänge im Körper wahrnehmen, also
die entsprechenden Gefühle empfinden kannst.
Und ebenso ist es möglich, mit bewußtem Wollen
in diese Vorgänge gezielt einzugreifen.

Genau diese Fähigkeiten jedoch gehen durch die
widernatürlichen Einflüsse der Erziehung
je nach Härte mehr oder weniger verloren.
Die Entwicklung dieser Nerven-Bahnen bleibt
infolge Verkümmerung ganz oder teilweise aus.
Und infolge Unterdrückung werden bereits bestehende
Verbindungen durch andauernde Reizung blockiert.

Laß uns das an ein paar Beispielen betrachten.

Du kannst wahrscheinlich bewußt in Deinen
Atem-Ablauf eingreifen,
also den Atem anhalten oder beschleunigen,
ohne dafür unter Wasser tauchen
oder einen Dauerlauf machen zu müssen.

Aber Deinen Puls, die Herzschlag-Zahl pro Minute,
kannst Du nicht direkt willentlich beeinflussen.
Es gibt Menschen, die können das ohne weiteres.
Du kannst es vielleicht auch, aber nur indirekt.
Wenn Du den Atem anhältst, wird Dein Herzschlag
zunächst langsamer und danach um so schneller.

Oder denke an etwas Aufregendes,
etwas Lustvolles oder Furchterregendes.
Dann wird Dein Herz schneller und stärker schlagen.
Stärker, das heißt es weitet sich und kann dadurch
mit jedem Schlag eine größere Menge Blut befördern.

Denke an etwas, das Dich wütend macht,
und Du wirst wütend. Deine Muskeln spannen sich,
das Herz pocht und die Verdauung steht still.
Denke an etwas, das Dich beruhigt,
und Dein Körper entspannt sich.
Oder denke an eine heiße Liebes-Nacht,
und Du wirst sexuell erregt.
Denke an etwas Grausames, das man Dir antut,
und alles an Dir zieht sich zusammen.
Oder denke an etwas Appetitliches zu Essen,
und es läuft Dir das Wasser im Munde zusammen.

Und nun denke Dir einmal aus, daß Du von Kind auf
– und zur Unterbewußtheit verdrängt –
unaufhörlich solche Vorstellungen im Hirn hast, die
in Deinem Körper Gelüste, Wut und Furcht erzeugen.
Was da für ein Durcheinander herrschen muß!
Lust und Hass, und Angst und Freude,
Appetit und Ekel, Glück und Verzweiflung,
Liebe und Scham, und **alles auf einem mal...**

Wenn Du in Dein unbewußtes,
durcheinander geratenes Gefühls-Leben
nicht irgendwann Ordnung bringst, indem Du Dir
Bewußtheit verschaffst über das, was
in Deinem Gehirn und in Deinem Körper vorgeht,
ruiniert es Dein Leben mit Sicherheit.
Spätestens im Alter kommt die Rechnung,
und je später desto schlimmer und hoffnungsloser.

Daran willst Du vielleicht lieber garnicht denken.
Es macht Dir Furcht. Und diese wehrst Du ab,
indem du sagst: »Man lebt nur einmal.
Jetzt will ich es genießen. Und was später ist,
soll mir egal sein. Das hat Zeit.«
Das ist nur zu verständlich, weil Du noch nicht weißt,
- was Du alles tun und ändern kannst,
- wie glücklich es machen kann,
  es Leib und Seele **wirklich** gut gehen zu lassen
- und daß wirkliches Glück und Gesundheit einander
  nicht ausschließen sondern bedingen.

Was Dich bisher daran gehindert hat, das zu sehen
und Dein Leben in die **eigenen** Hände zu nehmen,
ist der Umstand, daß zwischen
den verdrängten Vorstellungen im Gehirn und
den von ihnen herbeigeführten Körper-Zuständen
ein verhärtetes, versteiftes, unbewegliches,
nur **scheinbar** gesundes Gleichgewicht herrscht:

Die verspannten Muskeln und Organe melden Unlust
oder Schmerz, die Gehirn-Zentren sind mit den
schmerzlichen Erinnerungen der Kindheit gekoppelt,
und das Bewußtsein will von alledem nichts wissen.

Das Bewußtsein will nicht leiden.
Und es will das unbewußte Leid nicht wahrhaben.
Deshalb fällt es Dir jetzt so schwer weiterzulesen.
Aber vielleicht drängt es Dich auch,
noch mehr zu erfahren, um endlich etwas tun zu können.
Also wollen wir uns anschauen,
wie die unbewußten Störungen Deines Gefühls-Lebens
und Deine inneren Organe zusammenhängen.

B a Das Herz

Nachhaltige Verkümmerung bewirkt eine Schwächung
des ganzen Herz-Kreislauf-Systems.
Das dementsprechende Körper-Empfinden
raubt Dir jede gefühlsmäßige Grundlage, Dich
den Anforderungen des Lebens gewachsen zu sehen.
Schon wenig Training kann bewirken,
daß Du Dich wohler und stärker fühlst (Jogging),
voll Tatendrang und Optimismus und Lebensfreude.

Wenn Herz und Adern aber verkrampft sind, so
ist das die Folge tief begrabener Trauer
oder zutiefst enttäuschter, gekränkter Liebe.
Freude und Liebe, Dankbarkeit und Demut
sind Gefühle des Herzens.
Aber ein von kind auf verkrampftes Herz
kann sich nicht zu diesen Gefühlen ausdehnen.
Es ist eng und versteinert. Und so
bestimmt es Deinen Charakter mit ständiger
Trauer, Verschlossenheit und abweisender Kälte,
mit Undank und Kleinherzigkeit und mit
Angst vor dem Risiko zu lieben und
zurückgewiesen, enttäuscht und verletzt zu werden.

Ein hartes, enges Herz, das nicht lieben kann,
findet auch keine richtige Liebe.
Deshalb glaubst Du vielleicht, Dein Leid käme daher,
daß es niemanden gibt, der Dich liebt
und Deiner Liebe wert wäre.
Aber wenn Du einmal das verdrängte Herze-Leid
erkannt, zugelassen und durchlebt hast,
Trauer-Arbeit nennt man das, oder Hass-Arbeit,
dann wird sich Dein Herz entkrampfen
und für die Liebe öffnen. Und dann erst
triffst und erkennst Du die Menschen,
die Deine Liebe sehen und erwidern wollen.
Und dann verschließt Du Dein Herz nur noch bewußt
und nur noch, wenn wirklich Verletzungen drohen.

Tränen der Freude sind salzig oder gar süß.
Die Tränen der Trauer und des Hasses sind bitter.
Das ist nicht nur eine hohle Volks-Weisheit.
Sie sind so bitter, daß sie
die Augen-Schleimhäute verätzen und entzünden.
Sie sind voll der giftigen Stoffe,
die sich im verkrampften, kranken Herz-Muskel
im Laufe der Zeit angesammelt haben und die sich
jetzt beim Weinen lösen und den Körper verlassen.

Wenn Du nicht irgendwann den Weg zu diesen Tränen,
zu Deinem Herz-Leid und zu seinen Ursachen findest,
wird daraus ein Herz-Leiden, das Dich
geradezu schlagartig ereilen kann.
Erstrecht wenn Du den Berufs-Streß dazu benutzt,
Dich von Deinen Herz-Gefühlen abzulenken,
und sie dadurch nur noch verschlimmerst.

Immer wenn sich in Deinem Körper irgendein Muskel oder ein Organ nach langer Verkrampftheit entspannt, fließen Tränen, begleitet von tiefem Schluchzen oder gar kläglichen oder wütenden Schreien.
Wenn Du Dir das erlaubst, anstatt wie bisher davor zurückzuschrecken, fühlst Du Dich schon kurz danach erleichtert, entspannt, fröhlich und um einen Schritt gesünder, weil Du Dir gestattet hast, Deine Gefühle einmal auszudrücken, was Dir als Kind verboten war und was Du seit dem in Dich hineinfressen mußt.

B b der Magen

Der Magen ist tatsächlich die Müllgrube
aller nicht ausgedrückten Gefühle.
Ob Du auf jemanden eine Stink-Wut im Bauch hast,
oder ob Du einen »Schlag in die Magengrube«
hinnehmen mußtest,
ob Du verknallt bist und Dich nicht traust,
mit der Liebes-Erklärung rauszurücken,
ob Trauer Dich quält, und Du Dich schämst,
in angemessener Weise zu klagen,
ob Dich Sorgen bedrücken oder
im Beruf nichts richtig klappen will...

Wenn Du alles im Leben runterschluckst,
ständig harte Brocken zu verdauen hast,
und Dir nie gestattest, auch mal tüchtig zu kotzen,
dann ist es mit der Gesundheit Deines Magens
bald zu Ende. Also machst Du im Leben
irgend etwas immer wieder falsch.
Das muß sich unbedingt ändern lassen.
Dazu muß man die wahren Ursachen ausfindig machen.

Daß Dein Magen heute verkrampft ist
und dadurch so übersäuert, daß er sich
von innen selbst verdaut, was zum Geschwür führt,
liegt ja nun keinesfalls daran,
daß Dein Leben **tatsächlich** so unerträglich
ärgerlich, unerfreulich und schlimm wäre.
Andere Menschen haben es genau so schwer oder auch
noch schwerer und haben **kein** Magen-Leiden.

Es liegt daran, daß Dein Magen schon
seit früher Kindheit zusammengezogen ist,
weil Du nie frei äußern durftest, wie sehr Dich
die Erziehungs-, sprich Unterdrückungs-Maßnahmen
Deiner Eltern bedrückt, gequält und geärgert haben.
Deshalb geht Dir jetzt schon jede Kleinigkeit
auf die Nerven. Jedes kleine Hindernis,
das sich Dir in den Lebensweg stellt,
schlägt Dir auf den Magen,
weil er kein bißchen mehr Spannung ertragen kann.

Weil Dein verkrampfter Magen im Gehirn Unlust meldet,
und weil Du deshalb schon früh Dein Bewußtsein
von diesem Gehirn-Teil abgezogen, abgewendet hast,
spürst Du von Deinem Magen eigentlich nur wenig.
Mit Deinen ärgerlichen, nervösen Reaktionen
auf die wirklich harmlosesten Dinge des Lebens
versuchst Du unbewußt,
jede Belastung Deines Magens zu verhindern,
jede weitere Über-Reizung zu vermeiden,
die das verdrängte Unwohl-Sein im Ober-Bauch
zu unverdrängbaren Schmerzen steigern könnte.
Und erreichst damit doch immer nur das Gegenteil.

Du willst keinen Ärger.
Und wenn es Dir nicht gelingt, ihn zu vermeiden,
ärgerst Du Dich doppelt.

Weil Du Deinen Magen nicht spürst,
mißhandelst Du ihn mit schlechtem, fettem Essen.
Und damit es besser rutscht, gibt's nachher
Alka-Selzer oder einen Kräuter-Schnaps.
Dann hilfst Du noch mit Kaffee und Zigaretten
der Verdauung auf die Sprünge.
Du trinkst gern schön heiß und schön kalt,
dann kommt es Dir vor, als ginge es Deinem Magen gut.

Und wenn er dann eines Tages »richtig krank« wird,
dann hat es »natürlich« am Streß und am Ärger und an
den schlechten Ess- und Trink-Gewohnheiten gelegen.
Urlaub oder Kur tun gut.
Und magenschonende Kost ist zwar doof aber hilft.
Nur damit hat sich immer noch nicht das Geringste
an dem kleinen Hirn-Krampf geändert,
der immer noch zu allem NEIN sagt,
auch wenn es sich nicht ändern läßt und
ja nicht einmal wirklich schlimm ist.

»Nein, nein, nein! Ich will das nicht.
Hört auf, mich zu zwingen und zu nötigen,
Dinge zu essen, die ich nicht mag,
und zu tun, was ich nicht will.
ICH WILL NICHT!«
Das ist Deine unterdrückte, verdrängte Einstellung
zu Deinen Eltern gewesen, als Du noch Kind warst.
Und so ist sie es heute gegenüber allem und jedem,
weil sie Dir nicht bewußt ist.

Wenn der Magen nicht Dein schwächster Punkt ist,
dann ist es vielleicht

B c Der Darm.

Vielleicht kannst Du nachempfinden, was ein
kleines Kind fühlen muß, wenn es von seiner Mutter
mit Kälte oder gar kaltem Hass angeschaut wird.
Da zieht sich einem doch alles im Leib zusammen.
Da erschauerst Du förmlich vor Frost.
Und im Bauch wird es dadurch ziemlich eng.
Kinder die unter hassenden Müttern aufwachsen,
leben ständig in diesem Gefühl.
Ihre Gedärme sind verkrampft, ja verknotet.
Sie haben schlimme Beschwerden bis hin zum
Darm-Verschluß, der operiert werden muß.
Ihr ganzer Körper-Bau wird dünn und drahtig,
und die Bauch-Decke ist gespannt und hart.

Wenn Hass und Unterdrückung **später** einsetzen,
also z. B. vom Vater ausgehen, der
erst im 2. oder 3. Lebensjahr auf den Plan tritt,
dann ist der Darm gut entwickelt und sammelt
aus der Nahrung viele Nutzstoffe für den Aufbau
und für den Kampf um die Selbst-Behauptung.
Wenn das Kind diesen Kampf verliert und
anfangen muß, seine Kampf-Energien zu bändigen
seinen ganzen Körper gegen seine Wut und
gegen seine Gewalt zu verspannen und zu versperren,
dann bleiben die vom Darm gewonnenen Nähr-Stoffe
im Bauch stecken, sammeln sich als Fett-Klumpen
zwischen den Darm-Windungen
und treiben den Bauch auf.

Man hat festgestellt, daß die Mutter-Milch
hass-kranker Frauen sauer oder gar bitter ist.
Kein Wunder, wenn Darm und Magen des Kindes
rebellieren und es sich freudig der Flasche zuwendet,
obwohl sie kein vollwertiger Ersatz für
Mutter-Brust und Mutter-Liebe sein kann.

Hass-kranke Mütter werden auch unduldsam,
aufbrausend und brutal, wenn
ihr Kleines nicht essen will oder
das gerade Gegessene wieder erbricht.
Klar, daß sich unter solchen Bedingungen kein
gesunder Verdauungs-Apparat entwickeln kann.

Wenn Du gezwungen worden bist, zu essen und
zu verdauen, was Dir nicht schmeckte,
(und das war sicher eine gesunde Empfindung bei Dir)
dann haben sich auch Gallen-Blase und
Bauchspeichel-Drüse oder auch
ihre Zuleitungen in den Darm verkrampft und
verschlossen, was auf die Dauer zu Gallen-Steinen
und anderen Fehl-Funktionen führt.
(Dafür kann es aber auch noch andere Ursachen geben.)

In Deinem Unterbewußtsein jedenfalls,
dort wo die Darm-Gefühle dem Gehirn Meldung machen,
sind die natürliche Liebe zu Deiner Mutter
und die Angst vor ihrem kalten Hass
oder die Wut auf den unterdrückerischen Vater
solange unlösbar an einander gebunden,
wie Dir dieser Zustand verborgen bleibt, also
solange Du Angst und Wut und Deinen eigenen Hass
nicht spüren willst, sondern immer nur leugnest.

B d Die Lungen

Über die Atmung hast Du hier schon Einiges erfahren.
Von ihrem gesunden Funktionieren hängt so viel ab,
und doch ist sie beim normalen Zivilisierten
mindestens leicht, wenn nicht schwerstens gestört.
Eine leichte Störung ist die verkümmerte Atmung.
Die Atem-Muskeln sind einfach schwach und träge.
Die Sauerstoff-Versorgung ist mangelhaft,
der Körper schlaff, die Seele lustlos.
Die Stimme ist entsprechend leise, kleinlaut.
Der Mensch lebt auf Sparflamme oder
verkümmert sogar immer weiter,
bis er garnicht mehr leben will.
Atem-Training und Bewegung helfen hier unmittelbar.

Meist ist die Atmung aber Opfer der Unterdrückung.
Der Brust-Korb ist in irgendeine Haltung gezwängt,
sodaß die Atmung zwar kräftig sein **kann,**
aber trotzdem immer flach bleibt.
Bei der kleinsten nicht einmal bewußten Erregung
muß die Atem-Muskulatur schwer arbeiten.
Dann wird die Stimme unter der Anspannung
entweder zu laut oder mühsam niedergehalten gepresst.

Immerzu bekommen das Blut und der Körper
nicht genug Sauerstoff und ständig werden sie
nicht genug von der giftigen Kohlensäure befreit.
Besonders wenn die Brust in der Einatmungs-Haltung
stecken geblieben ist sind die Lungen überfüllt
mit Kohlensäure, sodaß Blut, Muskeln und Organe
nicht richtig entgiftet werden können.
Man kann sagen, sie ersticken so langsam.

Wir werden immer wieder auf die Atmung zurückkommen.
So auch bei unseren Betrachtungen über

B e Das Nerven-System

Das Nerven-System besteht aus
rund zehn Milliarden Nerven-Zellen.
Die meisten davon befinden sich im Gehirn
und im Rückenmark, aber ihre Leitungen
erstrecken sich wie ein Netz im ganzen Körper.
Nerven funktionieren, vereinfacht gesehen,
wie Glühbirnen: Sie sind entweder an oder aus,
erregt oder nicht erregt.
Es gibt Nerven, die leiten Ströme vom Zentrum
zu den Organen, geben **Befehle** weiter.
Und es gibt solche, die den Strom
von den Organen zum Zentrum leiten.
Sie geben **Gefühle** weiter, Wohlbefinden, Lust,
Bedürfnisse, Spannungen, Unlust und Schmerzen.

Durch Verkümmerung wachsen auch die Nerven weniger.
Sie sind dann nur schwach oder garnicht erregbar.
Die sogenannten schwachen Nerven sind eigentlich
stark aber über-erregt, während »starke Nerven«
vielleicht nur einfach schwach sind, stumpf.
Gesunde Nerven sind hoch erregbar aber entspannt.
Durch besonders schlimme Verkümmerung erreichen
manche Nerven mit ihren Leitungen gar nicht das
von Natur aus vorgegebene Ziel, also den Anschluß
zur benachbarten Nerven-Zelle oder zu dem Organ,
dem sie eigentlich zugeordnet sind. Das ist die
nervale Seite der seelisch-geistigen und körperlichen
Störungen, die durch Verkümmerung entstehen.

Von Natur aus bildet das Nerven-System
mit Gehirn und Rückenmark und all seinen Knoten,
Bahnen, Enden und Verknüpfungen eine Einheit.
Daß in der modernen Medizin eine Teilung gelehrt wird,
ist in zweierlei Hinsicht nur eine Folge der Erziehung:

– Erstens erleben sich die Wissenschaftler selber als
mit ihrem Bewußtsein vom Rest des Systems getrennt.
Deshalb können sie zu keiner anderen Ansicht kommen.
– Und zweitens entsteht die Teilung ja tatsächlich;
aber eben nicht dank
der unergründlichen Weisheit der Natur, sondern
dank der durchaus ergründbaren Dummheit, Härte
und Widernatürlichkeit unserer Erziehung.

Das Groß-Hirn, in welchem sich das Bewußtsein bildet,
hat mit **allen** anderen Nerven des Systems Kontakt
und so auch mit allen Organen, mit jeder einzelnen Zelle,
sofern die Entwicklung naturgemäß verläuft.
Durch Verkümmerung können Kontakte allerdings fehlen.
Und durch Unterdrückung werden Kontakte unterbrochen.

Nehmen wir ein Beispiel, um zu sehen wie das geht.
Als Kind hat Dir eine Forderung Deiner Eltern nicht
gepasst: Du hast Dich geweigert, brav aufzuessen.
Es wird geschimpft und gedroht, man hält Dich fest
und steckt Dir den vollen Löffel in den Mund.
Du wehrst und windest Dich und dabei wirst Du immer
wütender. Wenn Du nicht so klein und schwach wärest,
würdest Du lauter brüllen als Deine Eltern
und härter zupacken, um sie Dir vom Leib zu halten.
Das Gehirn-Zentrum, das zur Selbstverteidigung
naturgemäß die Wut-Reaktion erzeugt, ist erregt.

Nun erkennst Du, daß Deine Eltern auf Deine Wut
noch böser reagieren, als auf Deinen Appetit-Mangel.
Du würdest jetzt gerne davon laufen,
Dein Flucht-Zentrum ist erregt.
Aber Du hast keine Chance.
Um Dich zu retten, mußt Du Dich beherrschen.
Du mußt die Wut- und Flucht-Befehle Deines Gehirns
irgendwie zurücknehmen, aber das geht nicht.

Du kannst ihnen nur einen Riegel vorschieben,
indem Du Dich ganz und gar verspannst.
So halten die Muskeln am ganzen Körper
einander gegenseitig fest.
Du bist aufs höchste erregt und gespannt.
Dein Herz pocht wie wahnsinnig.
Den Atem hältst Du zurück, so gut Du kannst.
So bist Du ein braves Kind. Warum nicht gleich so?
Na also. Jetzt noch ein gequältes Lächeln,
damit Mama und Papa wieder gut sind,
und dann runter mit dem blöden Haferschleim.

Um Dich zu beruhigen, hast Du im Gehirn auch noch
die Entspannungs-Zentrale erregt. Dazu gleich mehr.

Da unterdrückende Erziehungs-Maßnahmen zum Alltag
gehören, solange Du Dich nicht gehorsam unterwirfst,
bleibt Dir auf die Dauer garnichts anderes übrig,
als um des Friedens willen Deiner Furcht und Wut
ganz gewohnheitsmäßig mit Verspannungen und mit
Reizung des Beruhigungs-Zentrums entgegenzuwirken.
Du steckst in einer körperlich-seelischen Klemme,
die nichts anderes ist als die Widerspiegelung
Deiner tatsächlichen frühkindlichen Lebens-Lage.

Verspannte Muskeln und Organe melden Unwohlsein.
Das bewußte Empfinden zieht sich von ihnen zurück.
Die ständig gereizten Nerven und Organe
werden vom Bewußtsein garnicht mehr wahrgenommen.
Es ist ja ein scheinbar normaler Dauer-Zustand.

Es ist, als hättest Du in einer Dachkammer
Deines Hauses das Licht zu löschen vergessen.
Von draußen sieht jeder, daß es brennt, aber
Du liegst woanders im Bett und schläfst.
Die Kammer gefällt Dir auch ganz und garnicht.
Es hängen zu viele unerfreuliche Erinnerungen
mit seiner Form und seiner Einrichtung zusammen.
(Vielleicht liegt eine Leiche drin...?)
Du gehst also überhaupt nicht mehr hinein.
Das Licht bleibt brennen. Auf die Dauer
wunderst Du Dich über Deinen hohen Strom-Verbrauch.
Aber Du zahlst sorglos die Rechnungen.
Und mit der Zeit werden in der Kammer die Leitungen
heiß und es gibt einige kleine Kurzschlüsse.
Aber anstatt ihre Ursache zu ergründen,
schraubst Du einfach stärkere Sicherungen ein.
Du zahlst immer höhere Rechnungen,
denn Kurzschlüsse kosten viel Strom.

Am Ende fängt in der verwünschten Kammer ein Kabel
zu brennen an. Bald steht alles in hellen Flammen,
und Du verbrennst oder erstickst am Rauch
in Deinem eigenen Haus.
Das Beispiel hinkt, weil das Haus bist Du selbst.
Du denkst nur – hier Du und dort das Haus und
die Kammer – das sei zweierlei.

Die Kammer ist ein Teil von Dir.
Sie ist Dein verspanntes, entzündetes Wut-Zentrum.
Sie enthält die Erinnerungen an die Gewalt,
die man Dir angetan hat, an die Furcht,
die man Dir eingeflößt hat, an die Schrecken,
die Dir die Menschen, die Du liebtest und
von denen Du abhängig warst, eingejagt haben,
und die Du dafür zuweilen hättest umbringen mögen.
(Das ist die Leiche, von der Du manchmal träumst...)
Das erleuchtete Fenster ist Deine äußere Erscheinung,
an der Dich erkennt, wer sich nicht täuschen läßt.

Die heißen Leitungen, das ist Dein Hass,
die Kurzschlüsse sind Deine Wut-Ausbrüche.
Die Sicherungen sind die Pillen und Drogen,
die Strom-Rechnungen sind Arzt-Rechnungen,
der Brand in der Kammer eine schlimmere Krankheit,
das brennende Haus Dein Tod.
Deine unbekümmerte Achtlosigkeit ist Geistes-Hemmung,
ist Dein Von-Der-Wahrheit-Nichts-Wissen-**Wollen,**
keine Vergesslichkeit sondern Verdrängung.

Aber zurück zum Nerven-System.
Die Zweiteilung, die Du empfindest ist unnatürlich.
Natürlich ist, daß die Steuerung der Lebens-Vorgänge
ohne Zutun des Bewußtseins erfolgen **kann.** Insofern
ist das Nerven-System unabhängig vom Bewußtsein.
Es funktioniert auch im Schlaf und in Narkose.
Aber das Bewußtsein ist **nicht** unabhängig vom Körper
und vom Nerven-System und es hat zweifellos Zugang
zu den unabhängigen Zentren. Das beweist ja auch
der Tatbestand, daß das Kind sich beherrschen lernt.

Das Bewußtsein ist nur eine Erscheinungs-Form,
eine Leistung des Nerven-Systems, welches
als Einheit, als Ganzes, unabhängig ist,
nur darauf ausgerichtet,
die äußere Wirklichkeit zu verstehen und zu meistern,
und die innere Wirklichkeit zu verstehen und
so zu steuern wie sie es braucht: Gesund und glücklich.

Dazu aber muß es innerlich frei sein: Frei von
organischen, nervlichen, also seelischen Störungen,
frei von krankhaften Hemmungen,
von Ängsten, Spannungen und Verkrampfungen,
frei von Vorurteilen und aufgezwungenen Maßregeln.

Beim Wohl-Erzogenen ist das Gegenteil der Fall.
Er denkt, sein Bewußtsein sei frei; sein Denken,
seine Meinungen und seine Willens-Entscheidungen;
und der Rest des Nerven-Systems sei selbständig.
(Deshalb nennt er es »autonom«; und
weil es die Lebens-Vorgänge regelt, auch »vegetativ«.)
Und seine Unfreiheiten sucht er ausschließlich
in den Ansprüchen und Anmaßungen seiner Mitmenschen.
Oder in den unabänderlichen Sach-Zwängen.

So hat er es als Kind erfahren. Und dabei bleibt er,
solange er nicht das Gegenteil erfährt.
Das **kann** er aber garnicht, weil er unbewußt
auf die Erfahrungen seiner Kindheit festgelegt ist.
Er hat sich ja gegen die Erkenntnis versteift,
verkümmert, unterdrückt und beschämt zu sein.
Und so zieht er aus allem was er erlebt,
immer wieder nur den Schluß, **er** sei ganz O.K.
Schuld an allem seien die Anderen.

Tatsächlich ist er nur festgelegt auf seine frühkindliche Erfahrungs-Welt und merkt nicht, daß er als Erwachsener garnicht mehr zu gehorchen, zu kuschen, zu liebedienern, sich zu schämen, sich zu beherrschen und beherrschen zu lassen braucht. Und er hätte es auch nicht mehr nötig, sich von anderen zwingen, nötigen, beschämen, verletzen und herumkommandieren zu lassen. Er könnte aus vernünftiger Einsicht aufhören, unter den wirklichen Sachzwängen des Lebens zu leiden. Und einige Zwänge könnte er aus der Welt schaffen oder als garnicht sachlich gegeben erkennen. Er könnte manches ändern in seiner Umwelt, wenn er nicht innerlich so festgefahren wäre.

Die größte und stärkste Klemme, in der er steckt, ist die Zange aus den zwei Haupt-Ästen des Nerven-Systems, Vagus und Sympathikus. Das klingt vielleicht etwas befremdend, ist aber ganz einfach zu verstehen.

Der eine Haupt-Ast des Nerven-Systems heißt Vagus. Er sorgt mit seiner Erregung für Entspannung. Dann ruht der ganze Muskel-Apparat, und Atmung, Herz und Kreislauf schalten auf Feierabend. Dafür werden Die Verdauungs-Organe aktiv: Magen, Darm, Bauchspeicheldrüse, Leber und Gallenblase.

Die Erregung des Sympathikus bewirkt das Umgekehrte. Die Verdauung ruht, und den Rest des Körpers drängt es, etwas zu schaffen, sich zu betätigen. Wenn gar Gefahr oder Kämpfe drohen, herrscht Alarm. Dann kann der Sympathikus sehr unsympathisch werden...

Beim gesunden Menschen wechseln sich der Vagus
und der Sympathikus in der Erregung ab.
Man ist entweder entspannt **oder** aufgeregt.
Man ruht oder man arbeitet,
man verdaut oder man kämpft,
man liebt oder man fürchtet sich.

Durch eine unterdrückerische Erziehung werden
die beiden Lebens-Nerven gegeneinander aufgehetzt.
Die seelischen Folgen davon machen sich
als Charakter-Züge bemerkbar, wie ich sie
in den vorangegangenen Kapiteln beschrieben habe.
Die Folgen für das körperliche Innen-Leben
sind immer mit denselben Charakter-Zügen gepaart.
Über Herz, Magen, Darm und Lunge konnten wir
schon entsprechende Feststellungen treffen.
Wie steht es um

B f Die Leber und die Nieren

Beides sind Reinigungs-Organe und Erneuerer
der im Körper umlaufenden Flüssigkeiten.
In ständig angespanntem oder gar verkrampftem
Muskel-Apparat entstehen übermäßig viele und auch
giftigere Abfall-Stoffe als in gesunder Muskulatur,
auch wenn sie täglich viel schuftet oder nur ruht.
Und diese Abfälle überlasten Leber und Nieren
auf äußerst krankheit-erregende Weise.
Wenn sie nicht selber merkbar krank werden,
so wirkt sich ihre Überlastung aus
in einer mangelhaften Entgiftung des Blutes
oder der verkrampften Körper-Teile und in
einer **ihnen** entsprechenden Erkrankung.

Die Leber stellt die Galle her.
Das ist ein bitterer, grüner Saft, der nicht nur die Verdauung anregt und steuert, sondern auch Cholin enthält (von Chole = Galle), ein Stoff, der auf den ganzen Organismus entspannend wirkt. Leber und Galle werden ja vom Vagus gesteuert, dem inneren Schlichter und Friedens-Minister.

An den Nieren dagegen sitzen die Neben-Nieren. Sie erzeugen das berühmt gewordene Adrenalin.
(Von Ad = neben, renis = Niere, renal = die Niere betreffend und -in = Endung für Stoff = Ad-renal-in. Ein schönes Beispiel für das Versteck-Spiel, das die Experten mit den Laien treiben.)
Adrenalin ist das Hormon, das den Menschen antreibt und ihn bei Wut und Schreck in allerhellste Aufregung versetzen kann. Es verteilt sich blitzschnell im ganzen Körper, wenn der Sympathikus das Zepter schwingt.

Deshalb schlagen einem harte Kämpfe auf die Nieren und schwere Selbstbeherrschungs-Prüfungen auf die Leber. Du ahnst schon worauf das hinausläuft: Im Menschen mit unterdrücktem Charakter-Zug herrscht auch eine Störung des Hormon-Haushalts.

Der typische, besonders gepeinigte Vertreter ist der Choleriker. Er steht andauernd an der Schwelle zum nächsten Wut-Ausbruch. Man sagt, ihm läuft die Galle über. Er kann im Gesicht und im Augen-Weiß ganz gelb werden und neigt zu Gallen-Steinen und Gelbsucht. Das ist aber erst die Gegen-Reaktion auf seinen über alle Maßen gereizten, tobenden Sympathikus.

Beim Choleriker sickert das Cholin aus der Leber
direkt ins Blut, weil der Gallen-Gang zum Darm
– vom Sympathikus gesteuert –
krampfhaft verschlossen ist.
Die Galle sammelt sich dann in der Gallen-Blase
und verdichtet sich dort zu Gallen-Steinen.
Wenn die Gallen-Blase operiert wird, und die Galle
von da an ungehindert in den Darm fließt,
gerät die Verdauung in Dauer-Streß.
Es werden zu viele Nährstoffe aufgenommen,
was ein gesunder Organismus niemals täte,
und der zuvor eher dürre, hagere Gallen-Patient
bekommt auf einmal massive Gewichts-Probleme.
Dafür beruhigt sich sein Gemüt ein wenig
aber leider nicht entscheidend, denn
die Ursache seines Leidens blieb unangetastet:
Die andauernde Über-Erregung seines Sympathikus
durch unterdrückte und dann verdrängte
und auf diese Weise verewigte Wut. Sein Hass.

Der mehr verkümmerte als unterdrückte Charakter
neigt zu Verbitterung. Er ist ein Choleriker
ohne Energie, ohne Liebe, ohne Hoffnung.

Der Sympathikus kann auch durch Sehnen und Hoffen
über-erregt sein. Das äußert sich dann in
krankhaftem Eifer, blindem Fleiß und Ehrgeiz.
Das befähigt den betreffenden Menschen auch
durchaus zu erstaunlichen Leistungen.
Aber da er die Grenzen seiner Belastbarkeit
nicht spürt und sich keine Ruhe gönnt,
bricht er auf die Dauer unweigerlich zusammen.

Der unbändige Schaffens-Drang erzeugt im Bewußtsein
die Meinung, es gäbe immerzu noch irgend etwas
unaufschiebbar Wichtiges zu erledigen,
es ginge immerzu ums Ganze, »um die Wurscht«.
Aber dem Hans-Dampf-in-allen-Gassen,
dem tüchtigen Manager und der perfekten Hausfrau
ist garnichts Wurscht.
Da bleibt nichts liegen und da brennt nichts an.
Trotzdem schwebt Ihnen ein Zeitpunkt vor,
ein Ziel, an dem sie eines Tages angelangen
und wo sie sich für ihre Mühen
die gerechte Belohnung gönnen werden.
Unterbewußt wollen sie dieses Ziel
aber garnicht wirklich erreichen.
Sie würden sich dort nämlich nur
zu Tode langweilen.
Also schuften sie sich lieber zu Tode.
All dies sind nur wenige Beispiele dafür, daß
das Bewußtsein durch Abtrennung vom Rest
des Nerven-Systems die Möglichkeit verloren hat,
im Dienste des eigenen Lebens, des eigenen Glücks
und der eigenen Gesundheit zu arbeiten.
**Dein Bewußtsein hat keine oder
falsche Wahrnehmungen von Deinem Innenleben,
Deiner inneren Wirklichkeit.
Und dadurch hat es auch nie die Fähigkeit
entwickeln können, die Bedeutung, die Einflüsse
und Auswirkungen der äußeren Wirklichkeit
auf das Innen-Leben zu erkennen und zu verstehen,
um zu lernen, in vernünftiger,
also beglückender Weise damit umzugehen.**

Die Über-Erregung des Sympathikus wirkt sich auch auf

B g Das Kreislauf-System

in verheerender Weise aus.
Die Kette der Zusammenhänge bildet einen Kreis.
Es ist egal, wo wir die Betrachtung ansetzen.
Das Herz ist ständig überreizt und kommt
nie richtig zur Ruhe. Auch nicht im Schlaf.
Bestimmte Muskel-Gruppen sind ständig angespannt
oder sogar verkrampft oder verhärtet.
Das sind die drei Stufen der Versteifung:
– Der **verspannte** Muskel kann noch durch Hirn-Befehle
und Entspannungs-Übungen gelockert werden.
– Der **verkrampfte** Muskel bleibt von sich aus gespannt,
auch wenn der unbewußte Befehl plötzlich ausbliebe.
– Der **verhärtete** Muskel ist schwer krank.
Das Fleisch ist durch jahrelange Verkrampfung
verengt, vertrocknet und vergiftet.

Je schlimmer nun ein Muskel geschädigt ist
durch seine andauernde Anspannung,
desto enger sind seine Durchblutungs-Kanäle (Gefäße),
und desto dichter und undurchlässiger ist das Gewebe.
Um den Muskel durchbluten zu können,
– und das braucht er ja, um am Leben zu bleiben –
muß der Kreislauf einen höheren Druck erzeugen.
Das ist bei Anstrengungen ganz natürlich.
Aber da der Muskel nie entspannt ist,
verlangt er **andauernd** nach hohem Blut-Druck.
Verspannte Muskeln, verengte Gefäße, Blut-Stau,
Blut-Hochdruck, Herz-Rasen, all das macht nervös,
rastlos, ungeduldig, reizbar und ver-rannt.

Wegen der beschriebenen Behinderung der Atmung
ist das umlaufende Blut ja auch noch minderwertig.
Es ist zu arm an Sauerstoff
und mit Kohlensäure überladen.
Auch deshalb muß es schneller fließen,
um die Versorgung des Körpers zu bewerkstelligen.
Noch ein Grund dafür also, daß der Kreislauf nie
zur Ruhe kommt, und so auch nicht die Person.

Am Ursprung der Ruhelosigkeit stehen
frühkindliche Erlebnisse und Erziehungs-Inhalte,
die den Menschen mit Schuld-Gefühlen quälen,
sobald er sich einmal selbst etwas Gutes gönnt,
und wenn es nur die wohlverdiente Nacht-Ruhe ist.
Diese charakterliche Einstellung prägt auch die
Entwicklung des Körpers, sodaß er später
mit seiner Rastlosigkeit **die** Gefühle erzeugt und
im Gehirn meldet, die dem Bewußtsein
die am Ursprung stehende Einstellung bestätigen,
bestärken und verewigen. Bis zum Zusammenbruch.
**So oder ähnlich ist jede körperliche Krankheit
durch Prägung und Charakter verursacht und auch nur
in Verbindung mit entsprechenden Veränderungen
der Persönlichkeit und des Lebens-Stils zu heilen.***

B h Der Stoff-Wechsel

Unter diesem Begriff sind alle biochemischen
Vorgänge des Lebens zusammengefaßt. Diese sind
unendlich in ihrer Vielfalt und Kompliziertheit.
Jede Krankheit ist immer auch eine Störung
des Stoffwechsels im erkrankten Organ und damit,
zwar weniger auffällig, im ganzen Körper.

Jede Erkrankung weckt ja im Körper
seine natürlichen Heil-Kräfte.
Schon eine kleine Schnitt-Wunde löst im Stoff-Wechsel
ganze Revolutionen aus. Hormon-Spiegel heben oder
senken sich, das Blut gerinnt schneller als normal,
der Puls geht schneller, und und und.
Der Körper schaltet auf eine Art Wachstum.
Und nach ein paar Tagen ist die Wunde vernarbt.

Man hört heute viel von Wunder-Heilern. Ich finde,
jede Heilung ist ein Wunder, ob Grippe oder Krebs,
ob mit oder ohne Medizin, mit oder ohne Hand-Auflegen.
Denn das ganze Leben **selbst** ist doch ein Wunder.
Das vergißt man nur immer wieder, weil
viele vorlaute Wissenschaftler gerade so tun,
als wäre es nur noch eine Frage von ein paar Jahren,
daß sie aller Rätsel letzte Lösung präsentieren.

Aber das ist alles dumme Selbst-Vergötterung.
Keiner hat mehr Wissen von der Wahrheit des Lebens,
als er am eigenen Leibe erfahren hat.
Und das haben die berühmtesten Nobel-Preisträger
nicht selten noch weit weniger getan, als
mancher Durchschnitts-Mensch, als Du oder Ich.

Wenn nun ein Muskel oder ein Organ von kind auf
verspannt, verkrampft oder verhärtet ist,
und nicht richtig durchblutet werden kann,
dann leidet ab sofort auch sein Stoff-Wechsel.
Das führt zu schleichender Vergiftung
und es kommt der Tag, wo das Gewebe anfängt
abzusterben und bei lebendigem Leibe zu verwesen.
Aus den Rückständen bilden sich dann die **Krebs-Zellen.**

Für die Forscher, die diesen Sterbe-Vorgang von
der Verhärtung zur Verwesung und letztendlich zur
Krebs-Zellen-Bildung entdeckt und bewiesen haben,
ist das keine bloße Theorie, sondern längst
zu einer Selbstverständlichkeit geworden.
Die skandalöse Tatsache, daß die sonstige Fachwelt
von dieser Errungenschaft seit über 40 Jahren
einfach keine Notiz nimmt oder sie gar totschweigt,
ist aber für uns ganz leicht zu erklären:

Erstens müßten alle anderen Forscher ihre Bemühungen
als nutzlos, ja als völlig fehlgeschlagen anerkennen,
und dazu fehlt es ihnen an Bescheidenheit und Demut.
Ja es fehlt ihnen genau **das** edle Ansinnen,
das sie besonders für sich beanspruchen, nämlich
der Menschheit einen Dienst erweisen zu wollen.
Sonst würden sie ja jubelnd erkennen, daß sie längst
des Zieles ihrer Eitelkeit beraubt sind,
selbst derjenige zu sein, der eines Tages
das Rätsel Krebs lösen wird und der
den Ruhm dafür ernten darf, die Menschheit von
einer ihrer schlimmsten Geißeln befreit zu haben.

Und zweitens führt ja die Krankheits-Geschichte
jedes (Krebs-) Patienten nach unserer Auffassung
bis tief in seine frühe Kindheit zurück.
Und davon wollen die Mediziner noch viel weniger
wissen und hören, als jeder andere normale Mensch.
Die Kindheit ist TABU, weil die Unfehlbarkeit
der Eltern die Annahme der eigenen Unfehlbarkeit
stützt; und weil eine gesunde Erziehung
alle Ärzte arm mache würde.

Für den versteiften Charakter gilt:
»Meine Eltern haben es gut gemeint und gut gemacht.
Meine Seele ist unbedingt gesund.
Mein Geist ist unbedingt ohne Störung.
Mein Charakter ist angeboren.
Und so auch mein Körper und seine Schwächen.
Die Seele kann vielleicht körperliche Krankheiten bewirken. Aber die sind dann eingebildet und dumm.
Mir persönlich kann das nicht passieren.
Wer krank wird, ist entweder selber schuld, weil er ungesund gelebt hat, oder er hat Pech, daß er so schwach ist und ihn was anstecken konnte.
Deshalb ist die moderne Medizin der größte Segen, den der Mensch seiner Intelligenz zu verdanken hat.«

Ich will die wirklichen Verdienste der Mediziner hier nicht leugnen, schmälern oder gar schmähen. Aber **eigentlich verdankt die Medizin ihre** heutige besondere, **riesenhafte Bedeutung** viel mehr **der Dummheit des Menschen,** mit der er gegen seine Natur verstößt, mit der er seine Gesundheit zugrunde richtet und mit der er seine Kinder von Generation zu Generation systematisch auf diesen unglückseligen Weg zwingt.

Das ist die Welt-Seuche Nr. 1,
daß das Kind, um sich vor den Eltern zu retten, seine Lebens-Energien gegen sein natürliches Selbst wenden muß, um es zu beherrschen und zu unterjochen,
bis es unfähig geworden ist, dieses Selbst zu sehen,
bis es die Gesetze der Eltern und ihrer Gesellschaft für höher und göttlicher hält, als die der Natur.

Von allen natürlichen Antrieben werden am härtesten
und am sichersten von der Unterdrückung getroffen

B i Die Geschlechts-Organe

Früher hat man gedacht, zu viel Sex macht krank.
Heute glauben viele, zu wenig Sex wäre schädlich,
genügend Sex wäre sogar ein All-Heilmittel.
Beides sind oberflächliche Betrachtungen,
die nicht berücksichtigen, daß die Sex-Organe
schon in der Kindheit geschädigt werden,
und das auf sehr unterschiedliche Weise.
Verkrampfte oder gar verhärtete Organe
können nicht störungsfrei funktionieren
und werden auf die Dauer unweigerlich krank,
ob mit oder ohne Betätigung, ob im Kloster
oder auf dem Strich oder im aufgeklärtesten Ehebett.

Ein Mensch hat gestörte Sex-Organe,
weil er als Kind zutiefst beschämt und
für den Ausdruck seiner Lust bestraft worden ist.
Das ist die **gemeinsame Ursache** für
die seelischen **und** die körperlichen Störungen.
Man braucht das garnicht zu unterscheiden,
denn sie sind ja ganz dasselbe.
Das **verhärtete** Organ meldet im Gehirn Unlust
und Ekel oder unterbewußt sogar schon Schmerzen.
Also ist auch das Denken des Menschen sex-feindlich.
Das **verkrampfte** Organ meldet zwar Lust **auf** Sex,
aber dann keine Lust mehr **am** oder **beim** Zusammensein.
Dann bedeuten dem Menschen seine Eroberungen mehr,
als das sexuelle Erlebnis selbst. Er wird also
immer nur wieder neue Liebschaften suchen.

Und der Mensch, dessen Sex-Organe
Lust auf und Lust an Liebes-Spielen haben, aber
zu keiner gesunden Befriedigung dabei kommen können,
weil sie **verspannt** sind, der braucht es immer wieder,
der ist aus Überzeugung sex-bejahend bis -besessen.

Wenn in der Kindheit die Lust-Empfindungen aufkommen
und unterdrückt und verdrängt werden müssen,
dann reagieren Junge und Mädchen zunächst
auf die gleiche Weise mit Verspannungen.
Das Mädchen geht dabei aber so weit, seine Organe
ganz und gar zu leugnen und zu vergessen.
Das kann der Junge nicht, denn er kommt nicht umhin,
sein Eiersäckchen und sein Stengelchen zu sehen und
zumindest beim Pipi-Machen in der Hand zu halten.
Und wenn sein Penis sich von selber aufrichtet,
mag die Lust-Empfindung noch so verdrängt sein.
Das Bewußtsein kommt nicht drum herum,
diesen Vorgang zumindest äußerlich wahrzunehmen.
So sind die sexuellen Schäden mehrheitlich gesehen
beim Mann etwas geringer als bei der Frau.
Frauen haben daher fast garkeine sexuelle Reaktion,
jedenfalls keinen wirklich entspannenden Höhepunkt,
weil ihre Organe mindestens **verkrampft** sind.

Männer erleben dagegen zwar einen Höhepunkt, der
sich zumindest in einem Samen-Erguß abzeichnet.
Aber dieser ist nicht einmal unbedingt lustvoll
und schafft ebenfalls keine echte Befriedigung,
weil die Organe mehr oder weniger **verspannt** sind.

Deshalb sind die meisten Männer eher triebhaft
und die meisten Frauen eher lustlos bis kalt.

Eine harmonische, beglückende und befriedigende Liebes-Paarung ist unter diesen Voraussetzungen selbstverständlich völlig ausgeschlossen.
Wenn beide Partner die eigene Reaktion für ungestört natürlich halten, schieben sie die Schuld am Scheitern jeweils dem Anderen zu.
Und dann gibt es für beide kein Voran-Kommen.
Sie fühlen sich beide in der Beziehung als Opfer des Partners, dabei sind sie beide nur Opfer ihrer allereigensten Störungen.

Scheiden-Ausfluß, Eierstock-Entzündungen,
harmlose wässrige Geschwulste im Unterleib,
Schleimhaut-Entzündungen, Pilz-Wucherungen,
Entzündungen der Harn-Röhre und der Blase bis hin
zu schweren Geschlechts-Krankheiten und Krebs,
all das sind **weder** die Folgen einer unerfüllten,
lustlosen, abstoßenden, ärgerlichen Partnerschaft,
(also wie man heute sagt, seelisch bedingt,)
noch die bloße Folge einer
unglücklichen oder unvorsichtigen Ansteckung,
(so deutlich die Erreger auch unter dem Mikroskop
zu erkennen sein mögen,)
sondern durchweg die Folge
frühkindlicher Beeinträchtigungen, die sich
sowohl organisch **als auch** seelisch ausgewirkt haben.
Der organische Schaden ist die Funktions-Störung
und eine mit der Zeit auftretende Krankheit.
Und der seelische Schaden besteht nicht nur
in Unzufriedenheit und gestörten Liebes-Gefühlen
sondern vor allem in der Unfähigkeit, dem Unwillen,
die eigene Behinderung zu erkennen und zu beheben.

Wenn die Heilung kranker Geschlechts-Organe
früher oft daran scheiterte, daß es unmoralisch war,
sie dem Arzt zur Untersuchung und Behandlung
zu zeigen und berühren zu lassen,
so scheitert sie heute immer noch genau so
an der Moral, nur daß es jetzt als ehrenrührig gilt,
überhaupt sexuelle Störungen zu haben.

Und genau so unmöglich ist es heute noch, daß
der Arzt seinen Patienten zu heilung-versprechenden
Techniken der Selbst-Massage (-Befriedigung) anleitet,
anstatt ihm eine krampflösende Pille zu verordnen.
Der Patient würde sich sonst ja beleidigt fühlen.

Volks-Moral und Staats-Gesetz verhindern weiter
jeden wirklichen Fortschritt, denn sie selbst
sind ja Ergebnis der (Sexual-) Unterdrückung und
können nicht anders als wieder unterdrücken,
sich entrüstet oder neid-geifernd einmischen
mit ihrer kranken lüsternen Fantasie, und
Menschen auf ihrem Weg zu privatem Glück
öffentlich anprangern und verfolgen.

So unendlich groß das Leid ist,
das die Unterdrückung der kindlichen Sexualität
über die Menschen bringt, so erschreckend
ist die Hilflosigkeit, mit der wir weiterhin
vor diesem Leid und seiner Verursachung stehen.
All das hier Gesagte ist ja noch garnicht
allgemein bekannt und anerkannt.
Man streitet noch immer, antstatt zu handeln.
Bei den Wissenschaftlern und Fachleuten ist die
Verwirrung ja genauso groß wie bei jedem Laien auch.

Jeder geht ja von seiner eigenen Gestörtheit aus,
als wäre sie das Natürliche und Gesunde.
Dabei ist sie nur normal, also krank.
Jeder hofft, die Anderen mögen sich irren,
damit **er** sich nicht bekennen und ändern muß.
Unzählige Bücher sind geschrieben worden.
Unzählige Untersuchungen sollten erweisen,
was denn nun gesund und natürlich ist,
und was krankhaft oder gar pervers.
Und immer ist »natürlich« nur herausgekommen,
was normal ist.

B j Das gesunde sexuelle Verhalten und Erleben
ist so selten, daß es statistisch überhaupt nicht
ins Gewicht fällt sondern womöglich sogar
als Fehler-Ergebnis gestrichen wird.
Leider kann ich bei diesem Urteil nicht direkt
auf meine Selbst-Wahrnehmung zurückgreifen, denn
ich bin selbst erst auf dem Weg der Genesung. Aber
so weit dieser hinter mir liegt, macht er deutlich,
wie behindert und gestört ich früher war,
und wohin er mich noch führen wird.
Deshalb habe ich wenig Bedenken hier zu beschreiben,
was ich für natürliche, ungestörte Sexualität halte.

Die sexuelle Erregung erfasst den ganzen Körper.
Nur dort, wo Muskeln oder Organe krank sind,
also verspannt, verkrampft oder verhärtet,
macht die Erregung halt.
An diesen Stellen ist der Körper
für die Strömungen der Lust blockiert.
Hier stauen sich die Lust-Wellen und fluten zurück.

Die Erregung wird unwillkürlich und nur
mehr oder weniger bewußt vom Gehirn ausgelöst.
Sie entsteht aber als Lust-Strömung im Bauch
und breitet sich von dort her aus über die Haut
und nach oben zu Herz, Atmung und Kreislauf
und nach unten zu Becken und Geschlechts-Organen.
Bei der Paarung wird die Lust so lange gesteigert,
bis sie den ganzen Körper von Kopf bis Fuß
mit tiefen Wonne-Gefühlen erfüllt, ihn
zu unwillkürlichen, wellenförmigen Bewegungen treibt
und dabei für kurze Zeit sogar
das alltäglich, nüchterne Ich-Gefühl auslöscht.
Alle Organe und Muskeln sind an den weichen
gleichmäßigen Zuckungen beteiligt, die
beim Mann zum Ausspritzen des Samens führen
und bei der Frau zu Saug-Bewegungen der Scheide.

Danach ist der ganze Mensch mit tiefen Empfindungen
von Wonne und Dankbarkeit erfüllt.
Er ist körperlich total entspannt
und seelisch voll Liebe und Frieden.

Das mag Dir alles sehr nüchtern und gefühllos
oder auch lüstern und verwerflich klingen.
Die Liebes-Paarung ist in der Tat kein Ereignis,
dem man mit Beschreibungen in Wort oder auch Bild
gerecht werden kann.

Und dies ist kein erotischer Roman
und keine medizinische Abhandlung,
sondern nur ein sicherlich untauglicher Versuch,
den Moment des höchsten menschenmöglichen Glücks
einigermaßen wirklichkeits-nah widerzugeben.

Ein Mensch gesund an Geist und Körper kennt keine Abscheu, keinen Ekel, keine Angst, keine Scham und keine moralischen (Vor-)Urteile gegen die Liebe, auch nicht gegen die gestörte; nicht bei Erwachsenen und Jugendlichen noch bei Greisen oder Kleinkindern.

Da er seine Liebe ungehindert leben und erleben kann, nicht nur in der Partnerschaft, sondern auch im Umgang mit all seinen Mitmenschen in Familie und Gesellschaft, ist er nicht darauf angewiesen oder versessen, seine Gefühle regelmäßig im Geschlechts-Verkehr auszudrücken. Deshalb kann er ohne Störungen an Körper und Gemüt auch über viele Jahre hinweg enthaltsam sein. Und wenn er sich für einen Partner entscheidet, dann ist es ihm ernst. Nicht bitter ernst, sondern tief empfundene freudige Hingabe an die Liebe, voll Verantwortungs-Bewußtsein für sein Tun und voll Achtung und Einfühlung für den Anderen.

Für ihn ist Sex der Ausdruck großer Liebe, die er auch im Rest des Körpers spürt, im Bauch, im Herzen, in der Lunge, im Blut, in den Muskeln, »unter der Haut« und im Kopf. Nur so ein Mensch weiß, was Liebe ist. Und nur er/sie könnte uns sagen, wie ein Orgasmus sich anfühlt. Wenn Du einem solchen begegnest, frag' ihn.

Er wird sagen, der Orgasmus sei ein besonderer Höhepunkt der Strömungen von Lebens-Energie, die er bewußt als Liebe empfindet, und die nicht die Folge sondern die Ursache aller Lebens-Vorgänge ist.

Für den Gesunden hat diese Energie nichts
Wundersames oder Problematisches an sich.
Sie ist einfach selbstverständlich da.
Er fühlt sie in sich, fühlt sich als Teil davon
und einem unendlich viel größeren Ganzen zugehörig.

Von alledem merkt der »Wohl-Erzogene« garnichts,
denn dazu ist sein Körper viel zu verspannt,
sein Charakter viel zu versteift,
sein Bewußtsein viel zu begrenzt und abgeschnitten
vom andauernden Orgasmus seines Lebens.
Und so ist er unfähig, wirklich zu lieben
und den Höhepunkt der Liebe zu erfahren.
An seiner Art, Sexualität zu erleben,
treten seine charakterlichen Störungen und deren
körperliche Behinderungen deutlich zutage als

B k Energie-Blockaden.

Diese können mehr oder weniger stark sein,
also mehr oder weniger Energie ab-blocken.
Sie befinden sich entweder direkt im Organ oder
sie schirmen ein Organ oder den Rest des Körpers
gegen den Energie-Strom ab.
Z. B. kann ein blockiertes Herz keine Liebe empfinden.
Es kann aber auch sein, daß es durch eine Blockade
auf Höhe des Zwerchfells vom Energie-Strom nicht
oder nur schwach erreicht wird.
In diesem Fall ist der ganze Körper oberhalb
des Zwerchfells nur schwach durchströmt,
also tieferen Lust-Gefühlen nicht zugänglich.
Und es können auch mehrere verschieden starke Blocks
in einem Körper wirken. Das ist leider ganz normal.

Nach oben hin kann der Körper blockiert sein
im Brustkorb (Atmung), im Schultergürtel (Schlagen), im Hals (Schreien und Erbrechen), im Gesicht (Mimik und Sinne, vor allem Hören und Sehen), im Nacken (Furcht) und im Gehirn, wo sich alle vorhandenen Körper-Blockaden widerspiegeln und festigen.

Ein tiefer liegender Block kann sich weiter oben auswirken, wenn die Funktionen zusammenhängen. Das Weinen betrifft z. B. Atmung (Schluchzen), Hals (Heulen) und Augen (Tränen) und kann durch eine Blockade im Zwerchfell oder im Hals behindert sein. Nach unten können das Becken (Sex) und die Beine (Selbständigkeit, Freiheit) blockiert sein.

Nun geht jeder Energie-Strom vom Bauch aus.
Ein Mensch ohne Blockierungen kann
innerlich frei entscheiden, was er damit anfängt.
Ob er ihn als Schaffens-Kraft nutzt
oder zu einem Tanz oder einer Liebes-Paarung.
Unter äußeren Zwängen wird er ihn dazu einsetzen,
sich zu wehren oder zu flüchten, oder um
– wie es in der Erziehung vom Kind verlangt wird –
aus Furcht vor Schmerz und Not zu gehorchen,
sich zu beherrschen und um
gegen die ursprünglich frei fließende Energie
durch Verspannungen Blockaden zu errichten.

Wenn diese Blockaden dann einmal bestehen,
– unbewußt und also nicht so leicht auszuräumen –
dann prallt der Fluß der Lebens-Energie an ihnen
zu einem mehr oder weniger großen Teil ab
und staut sich.

Vielleicht hast Du schon bemerkt, daß ich
Furcht und Angst nicht wahllos als gleichbedeutend
verwende. Dies ist der Grund:

Furcht ist eine natürliche Reaktion auf eine Gefahr,
die von außen wenigstens zu drohen scheint.
Angst ist dagegen das Gefühl, das aufkommt,
wenn unbewußt Energien von innen aufsteigen,
die zu verbotenem Verhalten drängen,
und deshalb als Bedrohung empfunden werden.
Das kann Lust oder Wut oder Furcht sein.
Die Stauungs-Angst (innere Enge) ist dieselbe.
Und man weiß nicht recht, woher sie kommt.

Sie kann geringfügig sein und nur ab und zu
als kleine Selbst-Belästigung empfunden werden,
aber sie behindert sicherlich jede Liebes-Freude.

Sie kann aber auch sehr stark sein und
das Bewußtsein dazu treiben, in seiner Umgebung
nach der möglichen Ursache seiner Angst zu suchen,
ja sogar, diese Ursache in irgendeiner harmlosen Sache
oder friedlichen Person **zu erkennen sich einbilden.**
So entstehen Höhen-Angst, Platz-, Fall- und Flug-Angst
und die Angst vor anderen Menschen, besonders
wenn sie einem zu nahe kommen (selbst in Liebe)
bis hin zu Verfolgungs-Angst und Verfolgungs-Wahn.
Wenn diese Angst vor Menschen verdrängt ist, also
ständig unbewußt bleibt, dann schlägt sie in Hass um.
Dann behandelt man andere Menschen schlecht,
weil man sich unbewußt von ihnen bedroht fühlt.
Alles, weil die blockierte Lebens-Energie sich staut,
anstatt sich in Liebe und Vernunft auszuleben.

Das ist nun doch schon alles reichlich kompliziert. Kein Wunder wenn Du streikst. Aber tröste Dich: Da befindest Du Dich mit der Mehrzahl der heutigen Fachleute in bester Gesellschaft.

Wenn es Dich interessiert, wirst Du mit der Zeit vieles besser verstehen, weil Du es an Dir selbst oder bei jemand anderem erlebt und erfahren hast. Ich werde Dir auch einige Bücher empfehlen, die auf viele Einzelheiten und Zusammenhänge ausführlicher eingehen, als das in diesem Buch der Fall sein kann. *

Laß uns zum Abschluß dieses wohl schwierigsten Kapitels noch einmal zurück kommen auf die Behinderung der Liebes-Lust durch Blockaden. Der Erregungs-Strom fließt vom Bauch in die Organe und Muskeln und lädt sie auf. Die Energie sammelt sich bis zu einer Schwelle, wo das Gewebe keine weitere Aufladung mehr zuläßt, und sich anstatt dessen entläd, indem es zuckt und Wärme und Energie an die Umgebung abstrahlt. Ein verkrampftes Organ kann nur wenig Ladung ertragen, und ein verhärtetes garkeine. Bei der Liebes-Paarung sollen aber von Natur aus alle Körperteile aufgeladen werden und an der Entladung im Orgasmus teilhaben. Wenn also das Becken und die Geschlechts-Organe verhärtet sind, können sie garkeine Ladung aufnehmen. Sie reagieren nur mit Unlust und Schmerz. Und wenn sie verkrampft sind, entladen sie sich sehr bald, weil sie nur wenig Ladung zulassen und halten können.

So bleibt das Lust-Erlebnis kurz, flach und fad,
also unbefriedigend.
Die Lust auf Lust kehrt bald wieder und führt
immer wieder zum gleichen lustlosen Ergebnis.

Wenn die Beine blockiert sind,
prallt die Lust-Welle an ihnen ab
und überflutet die Geschlechts-Organe,
was abermals zu einem verfrühten und
unbefriedigenden Ladungs-Verlust führt.

Und ebenso schwappt die Lust-Welle
von höheren Blockaden zurück,
ohne die oberen Eingeweide und vor allem
Herz und Gehirn erreicht zu haben.
Ohne Verbindung zum Rest des Körpers und
zum Bewußtsein bleibt das Lust-Erlebnis
immer wieder unvollständig
und nur wenig erfreulich,
geschweigedenn wirklich beglückend. Danach ist man
zurückgeworfen auf die gewohnte Unlust, die
von den blockierten Muskeln und Organen herrührt.
Man ist enttäuscht und man fragt sich,
was das Ganze eigentlich immer wieder soll...

Klar, daß ein unbefriedigendes Liebes-Leben
das ganze Leben zur Hölle macht,
ob einsam, ledig, verliebt oder verheiratet.
Es sei denn man erkennt – wie Du jetzt hier –
als wahre Ursache für die Unzufriedenheit
die eigenen Charakter-Züge,
die eigenen inneren Energie-Blockierungen,
und beginnt damit, an ihnen zu rütteln.

Was in der Liebes-Beziehung und
während des Geschlechts-Aktes alles
im Unterbewußtsein vor sich geht,
ist sehr unterschiedlich und äußerst vielschichtig
und verworren. Es hängt davon ab,
aus welchen frühkindlichen Erlebnissen
welche Blockierungen hervorgegangen sind.
In jedem Fall ist viel Angst und Hass »im Spiel«,
die einst dem unterdrückenden Eltern-Teil galten
und jetzt (leider) auf den Partner gerichtet sind.
Das Bewußtsein ist entsprechend verwirrt.

Auch diese Einzelheiten sprengen bei weitem
den Rahmen dieses Buches und sind für Dich
persönlich auch zum größten Teil ohne Bedeutung,
da es Dir ja in erster Linie einmal darum gehen muß,
Dir Deiner **eigenen** seelisch-körperlichen Zwangs-Lage
bewußt zu werden und Dich ihrer anzunehmen.

Dazu gehört im Zusammenhang mit Lust und Liebe
die Einsicht, daß man diese nicht willentlich wecken
und aus ihren Blockierungen befreien kann,
indem man nur fleißig übt und sich ehrlich bemüht –
so sehr Dir das viele Experten auch einreden wollen.
**Erfüllung in Liebe und Partnerschaft ist
unabdingbar mit dem gesamten Charakter verknüpft.**

Ohne tiefgreifende Veränderungen der Persönlichkeit
ändert sich auch nicht viel am Liebesleben, denn
dieses ist nur ein Ausdruck der Persönlichkeit.
Einstudiertes, Angeübtes ist unecht und aufgesetzt
und zerschellt unweigerlich an Deinen
Charakter-Blockaden, an Deiner inneren Wirklichkeit.

B 1 Der Puls des Lebens

Der ganze Lebens-Vorgang ist Pulsieren:
Ein unaufhörliches, andauerndes Abwechseln von Ausdehnen und Zusammenziehen der Organe, ja jeder einzelnen Zelle **und** des Gesamt-Orgasmus.
Solange das Leben ungestört pulsieren kann, empfindet das Lebewesen das Leben als Lust.
Man könnte sagen, das ganze Leben ist ein fortwährender, vielschichtiger Dauer-Orgasmus.
Jedes Organ, jede Faser unseres Körpers gehorcht der Lebens-Lust und genießt sie.
Das Zusammenziehen ist Lust **auf** Lust,
und das Ausdehnen ist Lust **an** der Lust,
Behinderung oder Stillstand des Pulsierens bewirken unverzüglich Unlust oder gar Schmerz.

(Der Vorgang der Atmung könnte hier zu einem Mißverständnis führen. Zur Klärung:
Das Ausdehnen des Brustkorbes (= Einatmen) entsteht durch Zusammenziehen der Atem-Muskulatur, das Ausatmen durch Entspannung (Ausdehnung) der Muskeln, also durch Zusammenfallen des Brustkorbes.
Deshalb ist das Einatmen die Lust **auf**
und das Ausatmen die Lust **an** der Lust, zu Atmen.)

Durch **Verkümmerung** ist das **Zusammenziehen** geschwächt. Der Organismus oder einzelne Organe/Muskeln sind lasch und träge, die Lebens-Lust flach und fad.
In schlimmen Fällen hat der Mensch Angst davor, auseinander zu fallen, sich aufzulösen,
und fällt tatsächlich leicht in Ohnmacht,
weil er sich nicht zusammenziehen (-reißen) kann.

Durch **Unterdrückung** ist die **Ausdehnung** behindert. Organe oder Gesamt-Organismus sind ständig zusammengezogen, also verspannt, usw.
Die Lebens-Lust ist in Erwartungen eingesperrt, die nicht zur Erfüllung gelangen können.
Der Mensch kann nicht loslassen.
Er hat Angst davor, zu platzen, zu zerbrechen.

Der Verkümmerte will sich gern zusammenziehen, Lust **auf** Lust haben, und kann nicht.
Der Unterdrückte will sich gern ausdehnen, Lust **an** der Lust haben, und kann nicht.
(Weil er seine Lust durch Verspannungen selbst behindert, ist man geneigt zu sagen, er **will** nicht.)

Durch ständiges Zusammenziehen der Nerven, geht ihre Lebendigkeit und Leitfähigkeit zugrunde. Sie merken nichts mehr von dem, was im Organismus geschieht. Und so merkt das Bewußtsein nichts mehr von den Störungen seines Körper- und Seelen-Lebens, außer der unterschwelligen immerwährenden Unlust der verspannten Nerven und Gehirn-Zentren.

Der gesunden, natürlichen Lebens-Lust steht also die Unlust und als Steigerung davon der Schmerz der gestörten Lebens-Funktionen gegenüber.
Lust-Gefühle sind: Liebe, Freude, Dankbarkeit, Ersehnen und Erfüllung, und auch Wut und Furcht.
Unlust-Gefühle sind: Schwäche, Unterdrücktheit, Hass, Angst, Scham, Ekel und Schmerzen.
Um die Lebens-Lust in uns zu entfalten, müssen wir sie aus der Schwäche und der Unterdrückung befreien.
Mehr dazu im Zweiten Teil.

Schluß-Wort zum IV Kapitel

Ich hoffe, es ist mir gelungen zu zeigen, daß Körper- und Seelen-Leben **als Einheit** funktionieren.

Im Gehirn denkt und empfindet der Mensch. Hier nimmt er seine Einstellungen und Meinungen wahr und hier trifft er seine bewußten Entscheidungen.
Die Gefühle aber sind Körper-Funktionen.
Die Vorgänge und Zustände in den Muskeln, Organen und im Nerven-System bestimmen die Eigenschaften und die Stärke unserer Gefühle und Antriebe.
Und wenn diese Funktionen gestört sind,
und ihre bewußte Wahrnehmung unterdrückt, dann verwirren sie die Empfindungen und Gedanken, zerstören die innere und äußere Harmonie des Lebens und schaffen eine gestörte Persönlichkeit.

Es gibt keine körperliche Störung, die sich nicht irgendwie seelisch auswirkt. Und es gibt keine seelische Störung, die ihre Wurzeln nicht in einer organischen oder nervlichen Schwäche, Verspannung, Verkrampfung, Verhärtung also Erkrankung hätte.
Ich habe dafür in diesem Kapitel nur einige wenige aber grundlegend aufschlußreiche Beispiele angeführt, um zu belegen:
KÖRPER UND SEELE SIND EINS UND UNTRENNBAR.
Außer im Tod.
Sollte es etwas geben, das weiterlebt, (wandert,)
so ist dies bestimmt nicht der Charakter,
der erst durch die frühkindliche Prägung entsteht,
sondern die natürliche, göttliche, formgebende Kraft,
die das Wunder des körperlichen Lebens hervorbringt.

Charakter-Züge sind körperlich-geistige Störungen.
Von der Neigung zu Ansteckungs-Krankheiten
(eine Schwäche der eigenen Abwehr-Reaktionen)
bis zum Krebs (eine Verwesung infolge Schrumpfung
des verhärteten Gewebes und der Blut-Zellen
infolge Mangel an Sauerstoff und an Entgiftung)
sind alle Krankheiten (bis auf wenige Ausnahmen)
auf äußere Störungen in der Entwicklung des Embryo,
des Säuglings und Klein-Kindes zurückzuführen.

**Ohne die Bearbeitung der geistigen Störung,
kann die körperliche Störung nicht geheilt werden.**
Medizinische Erfolge, die scheinbar ohne die
Befolgung dieses Grundsatzes möglich sind,
schieben die Krankheit immer nur auf,
weil sie ihre Wurzeln nicht erreichen.
Selbst indem man ein krankes Organ einfach entfernt,
wird der Gesamt-Organismus nicht gesund sondern
eher noch kranker. Und sehr bald verschafft sich
die charakterliche Störung wieder Ausdruck
in einer neuen körperlichen Erkrankung. (Metastasen)
Das soll die Leistungen der reinen Körper-Medizin
nicht schmälern. Es besagt nur:
Sie kann zwar hervorragend lindern,
aber sie kann nicht heilen und nicht heilen helfen.
Indem sie lindert, kann sie Leben retten.
Meistens aber verhindert sie durch Linderung
die Heilung, weil der Kranke davon abgehalten wird,
die wahren Ursachen seines Leidens zu ergründen.

Diese Auffassung setzt sich in Fachkreisen immer
mehr durch und wird vielleicht bald Allgemeingut sein.

Fünftes Kapitel
»Charakter und Gesellschaft«

Es ist noch nicht lange her, daß Wissenschaft und Öffentlichkeit zugeben mußten, daß jeder einzelne Mensch in der Entwicklung seines inneren Empfindens, seiner Einstellungen und seines privaten und gesellschaftlichen Verhaltens den Einflüssen seiner familiären und gesellschaftlichen Umwelt unterliegt.
Mit dieser Erkenntnis war aber noch lange nicht geklärt, wie es kommt, daß diese **äußeren** Einflüsse **innerlich** wirksam werden können.

Wenn der Mensch von Natur aus dazu veranlagt ist, sich sein Erleben, Empfinden und Verhalten von seinem äußeren Umfeld **vorschreiben** zu lassen, dann ist er ja immer nur das Opfer »höherer Gewalten« und folglich nicht für sein Handeln verantwortlich. Dann sind es ja immer wieder nur die »Anderen« und die gesellschaftlichen und politischen Zwänge, denen der Einzelne die Schuld an allem zuweisen kann.

Wenn Du meine Ausführungen in diesem Buch bis hierher richtig verstanden hast, wirst Du einsehen, warum ich zur Frage der Verantwortung für das gesellschaftliche und politische Leben die Auffassung vertrete, daß es nicht in erster Linie **gesellschaftliche Einflüsse** sind, die den Menschen formen, das heißt seinen Charakter prägen und seine politische Haltung bestimmen, sondern seine **frühkindlichen Erfahrungen,** daß also an der Wurzel aller gesellschaftlichen Vorgänge die charakter-bestimmende Funktion der Mutter-(Eltern-)Kind-Beziehung steht.

Was den Erwachsenen zum Opfer von Umwelt-Einflüssen macht, ist sein eigener Charakter.
Und wie der entsteht, haben wir jetzt gesehen.
BESCHÄMUNG macht den Menschen unfähig, sich und seine Mitmenschen einfach so anzunehmen, zu mögen und zu lieben, wie sie wirklich sind.
Sie macht ihn unfähig, Liebe und Annahme der Anderen als beglückend zu empfinden und zu genießen.
So ist er entweder neidisch auf die Anderen, oder er bewundert sie in Demuts-Haltung.
Und also kämpft er um höhere Stellungen, um beneidet oder bewundert zu werden.
VERKÜMMERUNG macht ihn von vielen Dingen abhängig, z. B. von mitmenschlichen Zuwendungen. Und da es keine gibt in einer verkümmerten, beschämten Gesellschaft, sondern nur Lob oder Neid für Erfolg, strebt er (ersatzweise) nach gesellschaftlicher Anerkennung.
Abhängig ist er von der Befriedigung kindlichster (weil in früher Kindheit unbefriedigt gebliebener) Bedürfnisse wie Saugen (Rauchen), Lutschen (Naschen),

- Fütterung als Ersatz für Mutterliebe (Völlerei),
- Drogenrausch als Ersatz für echtes Wohlbefinden,
- Partnerschaft als Ersatz für Mutter-Geborgenheit,
- Geselligkeit aus Angst vor Einsamkeit,
- Geld als Ersatz für inneren Reichtum,
- Besitz als Ersatz für innere Sicherheit,
- schöne Dinge als Ersatz für eigene Schönheit,
- Anschaffungen als Ersatz für persönliche Entfaltung,
- Arbeit als Mittel gegen Langeweile und gegen das Gefühl, unbedeutend und wertlos zu sein,
- Kinder-Haben als Ersatz für Selbst-Verwirklichung.

UNTERDRÜCKUNG macht die Menschen
macht-los oder macht-gierig, meistens sogar beides.
Sie kriechen nach oben und treten nach unten,
in Familie, Kinder-Erziehung, Beruf, Politik.
Unterwürfig und unselbständig sind sie führbar
und dadurch eben auch leicht **ver**führbar zu
politischen und kriegerischen Abenteuerlichkeiten.
Ihr Hass wartet nur darauf, von oben irgend eine
politische, juristische oder rassistische
Rechtfertigung geliefert zu bekommen, und
entsprechende Erlaubnisse oder gar Befehle,
um sich in seiner ganzen Widernatürlichkeit,
seiner zutiefst unmenschlichen Art auszutoben.

Das Volk ist immer selber schuld, wenn es sich
von (einem) Idioten regieren läßt und es gestattet,
daß er sie sogar zu Krieg und Völkermorden treibt.
Da kann eine noch so unverdorbene, gesundgebliebene
Minderheit nicht das Geringste entgegensetzen.

Es ist wahr, daß in der Entwicklung zum Faschismus
immer ein Punkt kommt, wo es kein Zurück mehr gibt,
weil eine gut organisierte Minderheit von besonders
gewalttätigen, skrupellosen Geistes-Kranken
mit Waffen-Gewalt und Mord-Drohungen und
mit Unterstützung einer macht-geilen Justiz
das Volk durch Terror unter Kontrolle genommen hat.
Aber vernünftige Menschen haben solche Katastrophen
immer in der Geschichte schon zu einem Zeitpunkt
vorausgesagt, wo es noch möglich gewesen wäre,
das Unheil abzuwenden; wenn es nur...
eine vernünftige **Mehrheit** gegeben hätte!

– Da eine selbst verkümmerte Mutter
ihr Kind auch verkümmern läßt,
– da eine haßerfüllte Mutter wieder Haß züchtet,
– da unterdrückte Eltern unterdrückerisch erziehen,
also unterwürfige, herrschsüchtige Kinder haben,
– da beschämte Eltern auch die Liebe
und die Sexualität ihrer Kinder zerstören,

kann sich die Widernatürlichkeit,
in welcher die Menschheit weitestgehend lebt,
unangefochten fortsetzen und erhalten.
Das erscheint bei oberflächlicher Betrachtung
wie Vererbung oder wie die bloße Auswirkung
der gesellschaftlichen Gegebenheiten.
Und so mag es dem oberflächlichen Betrachter auch
so erscheinen, als gäbe es Möglichkeiten, das weitere
Schicksal der Menschheit zum Guten zu beeinflussen
nur auf den Gebieten der Politik und der Vererbung.
(Krieg-Gewinnen, innere Ordnung, Rassen-Reinheit).
In Wirklichkeit ist aber die **Oberflächlichkeit**
solcher Betrachtungen **selbst ein Charakter-Zug,**
nämlich die Abspaltung des Bewußtseins
von den eigenen Ur-Erfahrungen.
Und solange nicht große Mehrheiten damit anfangen,
diese Spaltung zu erkennen und zu überwinden,
um den Ursprung des eigenen Charakters in
den prägenden Erlebnissen der Kindheit zu suchen,
wird es die Veränderungen nicht geben, die zu einer
Wende in der bisherigen geschichtlichen Entwicklung
(Unterdrückung, Ungerechtigkeit, Gewalt, Verfolgung,
Umwelt-Zerstörung, Krieg, totale Vernichtung...)
führen könnten.

Aus all diesen Gründen muß jeder Mensch,
dem es ehrlich um die Zurück-Gewinnung
der Menschlichkeit geht,
den Hebel als erstes bei sich selbst ansetzen.
In politischen Kämpfen reibt man seine Kräfte
dagegen nur größtenteils nutzlos auf.
Eine Gesellschaft kann
– weder in Demokratie noch in Totalitarismus –
mehr menschliche Züge tragen,
als die überwiegende Mehrheit der Einzel-Personen.
Menschlichkeit kann zwar demokratisch beschlossen
oder diktatorisch befohlen und verordnet werden,
aber dadurch wird sie niemals auferstehen.
Sie kann auch nicht in Schulen und Volks-Hochschulen
und nicht in Vereinen, Jugend-Verbänden
oder Parteien herangezüchtet werden.
Sie kann nur entstehen, indem jeder Einzelne
seine Menschlichkeit entdeckt und entwickelt,
also seine mißratene Persönlichkeit erkennt
und seinen Charakter auflöst und abschüttelt.

Dann kann er
– selbst einmal einigermaßen menschlich geworden –
– wissend was es heißt ein Mensch zu sein –
anderen vielleicht dabei helfen und vor allem
seinen Kindern diesen Umweg
durch naturgemäße Betreuung gleich ersparen.

Von all dem soll
im Zweiten Teil dieses Buches die Rede sein.

Schluß-Wort zum

ERSTEN TEIL

Lieber Mitmensch.

Im ersten Teil dieses Buches habe ich versucht, Dir mit meinen bescheidenen schriftstellerischen Mitteln so einfach und einleuchtend wie möglich zu zeigen, daß Deine Persönlichkeit keinesfalls angeboren ist, sondern sich aus angeborenen Fähigkeiten und Möglichkeiten und aus anerzogenen Behinderungen zusammensetzt, also aus Person und Charakter.

Der Charakter ist ein Gebilde aus Einstellungen,
die in frühester Kindheit entstanden sind
als Folge von Erlebnissen,
an die Du Dich nicht mehr erinnern willst,
weil sie verbunden sind mit
zu vielen unerfreulichen Gefühlen von Leid,
Einsamkeit, Enttäuschung, Trauer und Schmerz,
und mit vielen verbotenen Antrieben, wie
Wut, Furcht, Wut, Lust, Wut, Liebe und Hass,
verbunden mit Heuchelei und Verlogenheit,
mit Aufbegehren, Gebrochenheit und Unterwerfung,
schlecht verdeckt und notdürftig bewältigt mit
später erworbenem, künstlichem, unechtem Verhalten.

Deshalb ist Dir Dein Charakter nur wenig bewußt
und erstrecht nicht Deine darunter begrabene Person.
Du hast Furcht und Angst vor den Tiefen Deines
Seelen-Lebens, weil dort tatsächlich heute noch
die dunkle Seite Deiner Vergangenheit weiterlebt.
Und so kommst Du an Deine wahre Natur nicht heran,
weil sie noch tiefer liegt,
eingekerkert und bewacht von
inneren Polizisten, Deinen Charakterzügen.

Dein Seelen-Leben ist aber keineswegs
auf Geist und Gehirn beschränkt.
Das Gehirn ist nur der Körperteil,
von welchem die Vorgänge im Körper gesteuert
und in welchem sie als Gefühle wahrgenommen werden.
Da diese Steuerungs-Befehle und Wahrnehmungen
zu einem großen Teil aus dem Bewußtsein
verdrängt sind, merkst Du selbst nicht,
wie Dein Körper ständig Befehlen gehorcht,
die ihn auf die Dauer krank machen oder
sogar schon in Mitleidenschaft gezogen haben,
und wie Dein Körper ständig Gefühle erzeugt,
die Du nicht bewußt empfinden kannst oder willst.

Aus alledem mußt Du den Schluß ziehen,
daß Dich Dein Charakter nicht nur daran hindert,
Dich und Deine Mitmenschen richtig zu lieben
und Frieden mit ihnen zu halten,
glücklich und zufrieden zu leben
und glückliche, lebensfrohe Kinder aufzuziehen,
sondern auch daran, körperlich gesund zu werden.

Ohne diese Einsicht wirst Du auf die Dauer
Unglück und Krankheit nicht verhindern können
und von bereits bestehenden Krankheiten wirst Du
nicht nachhaltig und endgültig genesen können.
Medikamente und Kuren können Wohlbefinden vortäuschen
und den Zusammenbruch aufschieben,
aber sie können Dich nicht
aus der Zwangs-Jacke Deines Charakters befreien,
von den kleinen Nerven-Krämpfen im Gehirn und all
den körperlichen Störungen, die sie verursachen.

Ob mit oder ohne dieses Wissen,
Du bist verantwortlich.
Nicht schuldig, sondern zuständig.

Du kannst nichts dafür,
aber Du kannst was dagegen.

Du bist nicht verantwortlich
für den Charakter Deiner Mitmenschen
und für die gestörten Reaktionen, die
er **in ihnen** Dir gegenüber erzeugt,
sondern für Deine eigenen Reaktionen,
die die Anderen **bei Dir** auslösen.

Außer für Dich selbst bist Du erst verantwortlich,
wenn Du einmal gelernt hast, darauf zu verzichten,
daß die Anderen für **Dich** die Verantwortung tragen.
Und bis dahin ist es ein gutes Stück Weg...

Nur für Deine Kinder bist Du schon heute
und ganz und gar verantwortlich, weil sie
von Deinem Verhalten geprägt werden.

Mit etwas Einsicht und gutem Willen
kannst Du viel Schaden vermeiden
und viel Gutes tun.

Ich hoffe sehr,
daß es mir bis hierher gelungen ist,
Dich für den Zweiten Teil zu öffnen.

WAS TUN?

ZWEITER TEIL
»Was tun.«

Lieber Mitmensch.

Wenn Du zum wirklichen Nutzen dieses Buches
gelangen willst, solltest Du vermeiden,
im Zweiten Teil zu lesen, ohne den Ersten
mindestens einmal sorgfältig, also besser noch
zwei mal gelesen zu haben.
Der Erste Teil ist für den Zweiten das Fundament.
Er vermittelt Wissen und schafft Einsichten,
ohne welche die Antwort auf die Frage WAS TUN
bedingungslos mißverstanden werden.

WAS TUN ist keine Anleitung zu einem besseren Leben,
keine Sammlung von Tips und Verhaltens-Maßregeln,
sondern die Beschreibung eines Weges
fortschreitender Befreiung Deiner Persönlichkeit.
Dieser Weg verlangt Selbst-Erkenntnis, also
ein hohes Maß an Bescheidenheit, Demut und Geduld
und ein persönlich erfahrenes, tief empfundenes
Wissen von den Gesetzmäßigkeiten der
frühkindlichen Entwicklung und ihren Störungen.

Es ist nicht meine Sache,
anderen Menschen Rezepte aufzuschwatzen,
die sie nicht zu verstehen brauchen,
sondern angeblich nur befolgen müssen,
um innerhalb weniger Wochen
all ihre Lebens-Probleme gelöst zu haben.
Wenn es für mich überhaupt ein »Rezept« gibt,
dann kann es nur lauten:
Erfahre Dich, erkenne Dich, verstehe Dich und
entscheide über Dich. UND ZWAR **SELBST.**
Das Buch kann bestenfalls ein Spiegel sein.

Wenn all das wahr ist,
was im ersten Teil dieses Buches geschrieben steht,
dann drängt sich der Schluß auf,
daß die zivilisierten Menschen
so ziemlich alles im Leben falsch machen.
Man kann sie dabei aber nach zwei
grundverschiedenen Haltungen einteilen.

Die einen merken einfach überhaupt nichts davon,
und wenn man versucht es ihnen zu zeigen, dann
streiten sie alles mit großer Entschiedenheit ab,
ja sie können sogar recht zornig dabei werden.
Und **die anderen** merken zwar,
daß irgendetwas nicht stimmt,
aber sie wissen nicht was es ist
und wie sie etwas ändern könnten.

Auch unter **ihnen** gibt es noch einmal viele,
die gerade das, was auf sie selbst zutrifft,
nicht wahr haben wollen.
Diese Abwehrhaltung schützt sie davor, sich genau
der inneren Vorgänge und Zustände bewußt zu werden,
von denen sie ihr Bewußtsein zurückgezogen haben,
weil diese mit so viel Schmerzen und vor allem
mit Hass und vielleicht noch mehr mit den
ach so verpönten Lust-Gefühlen verbunden sind.
Also sträuben sie sich mit Händen und Füßen und
vor allem mit dem Kopf gegen jede Selbst-Einsicht.

Viele Menschen besitzen andererseits schon
ein großes Maß an Selbst-Kritik, aber
auch Ihnen fehlen zumeist noch die Kenntnisse,
die zur Auflösung ihres Charakters nötig sind.

Vielmehr gilt weltweit ja noch die Auffassung, der Charakter sei doch das **Gute** am Menschen, und sein **Kern** sei das Schlechte, Gefährliche, Lüsterne, Schwache, Süchtige, Verbrecherische. Ich hoffe, ich konnte Dich im Ersten Teil davon überzeugen, daß das ganze Gegenteil zumindest bei weitem wahrscheinlicher ist.

Dann ist Dir auch klar, daß es Dein Charakter ist, der so krampfhaft daran festhält, daß **Du** Dich nicht zu ändern brauchst, sondern daß an allem die Anderen schuld sind, der daran festhält, daß Du Dich nicht ändern **kannst,** und daß die Anderen Dich deshalb so nehmen müssen, wie Du nun einmal bist.

Ich will noch betonen, daß ich im Ersten Teil nicht über annähernd alle Einzelheiten berichten konnte, daß ich auch keine Vollständigkeit angestrebt habe, denn das wäre ein ganz aussichtsloses Unterfangen. Die Vielfalt der charakterlichen Möglichkeiten, mit den frühkindlichen Schädigungen fertig zu werden, ist unendlich groß, denn die Schädigungen selbst sind ja schon so vielschichtig und verwickelt. Und Deinen eigenen Charakter würdest Du dort ja doch nicht gefunden haben. Dafür hätte er mit seiner (serienmäßig eingebauten) Verblendung schon selbst gesorgt.
Es bleibt Dir also nichts anderes übrig, als Deinen Charakter bei Dir selbst aufzustöbern.
Und zu dieser Reise soll Dir der Zweite Teil etwas »die Koffer packen« helfen.

Der erste schwere Schritt dieser Reise ist der,
die Möglichkeit als gegeben ins Auge zu fassen,
daß alles was Du im Leben bisher gedacht hast,
gemacht, geglaubt, entschieden und verteidigt,
falsch oder nichtig gewesen ist.

Dies ist auch einer der wichtigsten Grundsätze
für jeden ehrlichen Wissenschaftler,
daß er seine Lieblings-Theorie opfern muß,
sobald ihre Richtigkeit
sich als Trug-Schluß herausstellt,
so schmerzlich das für ihn auch sein mag.
Dieser Grundsatz muß auch für jeden Menschen gelten,
wenn er es mit der Liebe zur Wahrheit und
mit seiner Achtung vor dem Leben ernst meint.

So muß ein Medikament, das schädlich sein kann,
verboten und vernichtet werden,
auch **wenn** sein Erfinder noch kurz zuvor
den Nobel-Preis dafür bekommen hat.
Leider sind die Reichen im Geiste nicht immer
auch die Nobelsten im Charakter.
Aber das darf **Dir** nicht als Entschuldigung dienen.

Wenn Dein Kind also irgendwann anfängt,
anders zu werden, als Du es zu erziehen
eigentlich die Absicht hattest,
dann mußt Du die Aufrichtigkeit haben,
Deine Erziehungs-Künste als untauglich anzuerkennen,
und Deine Einstellung zu Deinem Kinde ändern,
anstatt weiter gebieterisch auf ihm herumzuhacken,
anstatt von ihm zu verlangen, daß es die Suppe,
die **Du** ihm eingebrockt hast, nun alleine auslöffelt.

Und wenn Du mit Deinem Charakter unzufrieden bist,
dann mußt Du bereit sein, Dein
schönfärberisches Bild Deiner Eltern aufzugeben,
und zu erkennen, daß ihre Liebe fehlgeleitet war,
daß Du das Opfer ihrer zwar gut gemeinten aber
eben schlecht geratenen Erziehungs-Methoden bist.

Das darf nun aber keinesfalls heißen,
– und damit kommen wir zum zweiten Schritt –
daß Du Deine Schuld-Gefühle jetzt einfach
auf Deine Eltern abwälzen sollst,
sie verfluchen und verachten,
daß Du Deine Hände in Unschuld waschen und
erwarten kannst, daß sie oder andere kommen,
um Dir aus der Patsche zu helfen.

Es gibt heute nur einen Weg zu Dir selbst:
Du mußt die Verantwortung für Dich selbst,
für alles was Du fühlst, denkst und tust,
ganz alleine übernehmen.
Dazu soll im Ersten Kapitel dieses Teils
noch eine Menge gesagt werden.

Der dritte große Schritt ist der,
daß Du bereit wirst, Schmerzen zu ertragen.
Es geht um die Schmerzen,
auf die Du stößt, die Du in Dir weckst,
wenn Du aufhörst,
vor Deinem Innen-Leben
krampfhaft die Augen zuzukneifen.
Das wovor Du Angst hast in Dir,
pack' es an, geh drauf zu.
Stell Dich Dir selbst.

Was ich empfehle, könnte man
als eine Flucht nach vorn bezeichnen, denn
das »dicke« Ende kommt sowieso mit Sicherheit.
Die Schmerzen Deiner frühkindlichen Schädigungen
ereilen Dich früher oder später ja doch unausweichlich.
Nur ein frühzeitiger Tod kann Dich davor bewahren.
Und darauf willst Du ja wohl nicht bauen.

Die Illusionen, an denen Du Dich täglich hochziehst,
Dein Beruf, Dein Erfolg, Deine Ehe, Deine Familie,
all das kann irgendwann platzen und verderben.
Und Dein Körper wird den jahrzehntelangen
Fehlbelastungen und Fehl-Funktionen
in ärgerlichen, qualvollen Krankheiten erliegen.
Diese Qualen werden nicht nur viel schlimmer sein,
als das was Du heute als Vorbeugung dagegen
zu ertragen hättest, sondern
die Erleichterung und der Gewinn an Lebens-Freude
und an Glück und Liebe kommt Dir unmittelbar zugute,
sobald Du anfängst, an Dir zu arbeiten.

Es kann dabei Höhen und Tiefen geben,
schwere Krisen, vielleicht Krankheiten sogar.
Aber nichts kann schlimmer werden als es wird,
wenn Du tatenlos zusiehst,
oder gar: tätig wegsiehst,
wie Dein Leben weiter seinen fehlgeleiteten,
widernatürlichen Lauf nimmt.

Mag heute nur Furcht vor der Zukunft Dich treiben.
Es kann schon bald Freude am Alltag sein,
die Dich dafür belohnt,
heute die ersten Schritte getan zu haben.

Wenn Du Dich in Presse, Funk und Fernsehen umsiehst,
wirst Du überall freundlichen Ratgebern begegnen,
die ihre Weisheiten unter die Leute streuen,
wie die Karneval-Jecken ihre Kamellen.
Wenn Du die alle befolgen wolltest,
hättest Du von morgens bis abends zu tun
und würdest sicher zu dem Schluß kommen,
daß sie allesamt nichts taugen, weil sie
weder an Dir noch an Deinem Leben **die**
grundlegenden Veränderungen herbeiführen würden,
die eigentlich notwendig sind.

Es gibt tausend Tips, Tricks und Kniffe, um besser
mit den Alltags-Sorgen und Problemen fertig zu werden,
ohne an diesen oder an sich selbst etwas
ändern zu müssen. Aber das ist leider alles
unechtes, aufgesetztes Zeug, mit dem Du nur wieder
neue Wege auftust, um Dich von Deinem Innen-Leben,
wie es wirklich ist, **abzulenken,** um Dich
zu neuen Verhaltensweisen zu vergewaltigen, die
immer nur Deinem Charakter gerecht werden,
aber Deinem Aller-Innersten nicht weiterhelfen.

Auch mit den besten Vorsätzen kann man bekanntlich
nur den Weg in die Hölle pflastern.

Ich werde Dir solche Tips also nicht geben,
weil ich weiß, daß es garkeine
Zauber-Formel gibt für
Glück und Liebe, Gesundheit, Frieden **und** Erfolg.
Zu diesem Gesamt-Ziel führt nur ein langer Weg.
Und das ist der nach innen, zu Dir selbst.
Und der ist Dir durch Deinen Charakter versperrt.

Deshalb wäre es natürlich einfacher,
die äußeren Umstände und die anderen Menschen
ließen sich zu Veränderungen bewegen,
die Dir das Leben erleichtern und versüßen.
Aber darauf kannst Du lange warten.
Auf diesem Gebiet kannst Du lange kämpfen.
Du kannst eine Gehalts-Erhöhung erarbeiten
oder Deine Forderungen politisch durchsetzen,
aber es wird Dich nicht befriedigen und
schon garnicht glücklich und gesund machen.

Du kannst Deinen Partner und Deine Kinder
durch einschüchterndes Gehabe dazu nötigen,
ihr äußeres Verhalten zu ändern aber
niemals ihr inneres Empfinden, ihren Wesens-Kern.
Im Gegenteil: Eines Tages werden sie sich dafür
an Dir rächen oder sich von Dir abwenden.
Und dann hast Du sie verloren.

Das einzige auf der Welt, das Du ändern kannst,
ist Dein Charakter.
Und der ist auch das Einzige,
was sich lohnt, geändert zu werden,
weil Du nur so erkennen lernen kannst,
was Du Dir wirklich innerlich wünschst
und was Dich davon ablenkt und fernhält.

Der vierte Schritt auf unserem Weg ist
– nach der Bereitschaft zu Selbst-Kritik,
Selbst-Verantwortung und Selbst-Verschmerzung –
der Schritt zur tätigen Selbst-Erfahrung.
Damit stehst Du dann schon mittendrin in dem,
was heute noch Dein Unterbewußtsein bildet.

Je mehr Du Dir durch Selbst-Erfahrung bewußt wirst,
was Du tust, was Dich dazu treibt
und ob es Dir gut tut oder schadet,
desto freier wirst Du dann auch, zu entscheiden,
ob Du dabei bleiben willst oder nicht. Und
wo Du Dich zu Selbst-Veränderungen veranlaßt siehst,
wirst Du anfangen an Dir zu arbeiten.
Das kann manchmal hart werden und schmerzhaft,
aber dann wirst Du schon aus Selbst-Erfahrung wissen,
daß Dich nach jeder kleinen Anstrengung
Entspannung und Zufriedenheit erwarten.

Dieses Buch kann Dir diesen Weg weisen,
aber es kann Dich nicht auf ihm begleiten.
Es gibt eine solche Fülle von Möglichkeiten,
Anleitungen, Techniken und Methoden,
daß ich sie hier nur kurz vorstellen kann,
um aus unserer Sicht,
daß nämlich der Charakter die Behinderung
der natürlichen Persönlichkeits-Entfaltung ist,
ihren Tiefgang und ihre Wirksamkeit zu erörtern.

Also werde ich Dir im Anhang eine kleine Sammlung
von Büchern vorstellen, aus denen Du viele weitere
Einzelheiten erfahren und ausprobieren kannst,
und die Dich vielleicht dazu bewegen werden,
mit Freunden eine Gruppe zu bilden oder
zu einem berufsmäßigen Gruppen-Leiter
oder Einzel-Helfer zu gehen.
Vieles läßt sich aber alleine machen,
zusammen mit einem Freund(in), mit Deinem Partner
und sogar im Kreise Deiner Familie.

Der erste große Schritt für Dich war eigentlich der, den Ersten Teil dieses Buches gelesen zu haben und jetzt gespannt darauf zu sein, wie's weiter geht. Der erste Schritt ist ja immer der wichtigste und der nächste Schritt ist immer der schwerste. Ich glaube deshalb, daß es hilfreich sein wird, dieses Buch immer wieder einmal aufzuschlagen und darin zu lesen, denn die wichtigsten Erkenntnisse über die grundlegenden und entscheidenden Vorgänge in Körper, Seele und Charakter sind irgendwo in ihm enthalten. **Das erkennst Du nur erst um so mehr, je weiter Du mit Deiner Selbst-Erkenntnis und mit der Auflösung Deiner Bewußtseins-Behinderungen fortschreitest.**

Deshalb ist es übrigens auch kein Zufall, wenn ich mich zuweilen inhaltlich wiederhole. Mit »einmal **gesagt**« ist ja noch lange »nichts **getan**«. Und manche Gedanken und Erkenntnisse hängen so vielseitig mit einander zusammen, daß sie auch mir immer wieder aus neuer Sicht begegnen.

Sicher wirst Du oft in Zweifel geraten, weil Du so vieles anders gelernt hast, und weil in vielen anderen Büchern und von vielen Gelehrten viel Gegenteiliges behauptet wird. Was dann hilft, ist die Schlüssel-Frage: Welche Seite ist mit ihren Ansichten in der Lage, für den angenommenen Irrtum der Gegenseite die charakterliche Verursachung nachzuweisen, die tiefere seelische Ursache ihres Denk-Fehlers. Das ist nicht selten höchst aufschlußreich.

Wenn Du Kinder hast, dann drängt es Dich vielleicht
jetzt dazu, Deine Selbst-Erfahrung aufzuschieben,
um erst einmal zu erfahren, was Du tun kannst,
um durch Dein Verhalten als Erzieher
Schädigungen bei Deinen Kindern zu vermeiden.
Oder es brennen Dich Deine
Partnerschafts-Probleme unter den Nägeln.

Du solltest aber bedenken, daß man
ein naturgemäßes Eltern-Verhalten nicht einfach
einstudieren kann wie eine Theater-Rolle
oder gar austauschen wie eine Verkleidung.
Meine Ausführungen können Dir helfen,
am heutigen Verhalten Deiner Kinder
Deine früheren Fehler und Verirrungen zu erkennen
und zukünftige grobe Fehler zu vermeiden.
Aber sie machen Dich nicht von heut' auf morgen
zu einem natürlicheren, liebevolleren, geduldigeren,
verständnisvolleren Menschen.
Und **das** ist es doch letztlich,
was Deine Kinder brauchen, um glücklich, gesund,
leistungsfähig und friedfertig aufzuwachsen.
Und genau das brauchen von Dir auch
Dein Partner und andere Mitmenschen,
so sehr sie selbst sich auch damit schwer tun mögen.

Glaube nicht, daß das Glück der Anderen auch
einfach Dein Glück mit herbeiführen wird.
Es ist genau umgekehrt.
Jeder Mensch muß erst einmal zu sich selber finden,
um Glück überhaupt erleben zu können. Und dann
steckt er die anderen ganz unabsichtlich damit an.

Sechstes Kapitel

»Selbst-Erfahrung«

Viele Menschen möchten sich gerne ändern.
Sie sind mit sich unzufrieden,
können sich selbst nicht leiden
und sind aufrichtig bemüht, sich zu bessern.
Aber diese Bemühungen schlagen immer wieder fehl,
weil die Menschen es einfach falsch anpacken.

Sie stellen sich im Geiste ein Verhalten vor,
das sie gern an den Tag legen würden,
und dann versuchen sie, sich mit gutem Willen
und äußerster Aufmerksamkeit dazu zu zwingen.
Das kann zwar mehr oder weniger gut gelingen,
aber es ist eben nicht ihr **eigener** Ausdruck,
sondern nur eine einstudierte, aufgesetzte Rolle.
Mit diesem Theater sind sie dann auch so beschäftigt,
daß sie vor lauter Ich-Kontrolle garnicht mehr
wahrnehmen können, was in ihnen und um sie herum
geschieht, was andere Menschen ausdrücken,
sagen, zeigen und mitteilen wollen. Es braucht nur
irgendetwas Unvorhergesehenes zu passieren,
und ihre ganze Maskerade bricht zusammen.
Dann entspricht ihr Verhalten plötzlich wieder ganz
ihrem wahren Charakter, und es bleibt Ihnen nichts
anderes übrig, als sich abermals darüber zu ärgern,
daß es mit dem Besserungs-Versuch nicht klappen will.

Man kann sich nur bessern und verändern, wenn man
seinen Charakter ablegt. Es geht nicht darum,
neues, besseres Verhalten **dazu** zu lernen,
sondern das alte gestörte Empfinden und
die alten unerfreulichen falschen Einstellungen
abzuschaffen, zu **ver**-lernen.

Alles Gute und Wünschenswerte ist schon in Dir.
Aber es wird von Deinem Charakter unterdrückt.
Um so zu werden, wie Du sein willst,
mußt Du nur aufhören, Dich daran zu hindern.
Und das kannst Du nur, wenn Du erkannt hast,
worin diese Selbst-Behinderungen bestehen,
wie sie funktionieren.
Dann kommt die Befreiung ganz von alleine.
Das ist kein hohles Versprechen.
Ich sage nicht, daß das leicht sei.
Aber es ist einfach.

Was Du brauchst, um Dich zu wandeln,
ist Selbst-Erkenntnis. Nichts als das.
Doch erkennen kann man sich nur, **wenn man**
sich selbst erlebt, wie man tatsächlich ist.
Man muß bereit sein, die Erlebnisse zu **suchen**,
in denen sich das eigene Selbst offenbart.
Und das ist ja genau das Gegenteil von dem,
was wir sonst ständig machen:
Wir flüchten vor der Begegnung mit uns selbst.

Denke nur einmal daran, was Du fühlst, wenn Du
vom Tonband Deine eigene Stimme anhören sollst.
Wendest Du Dich da nicht peinlich berührt ab?
Und trotzdem gefällst Du Dir in der Behauptung,
Du wüßtest bestens über Dich bescheid.

Nur im tatsächlichen Erleben
können Erfahrungen gemacht werden,
kann Selbst-Erfahrung stattfinden.
Deshalb hoffe ich, daß dieses Buch zu lesen
für Dich eine Art Erlebnis ist.

Selbst-Erfahrung ist notwendig, weil wir
als normale Zivilisierte von unserem ganzen SELBST
nur einen kleinen Teil bewußt wahrnehmen können.
Durch Selbst-Erfahrung können wir aber lernen,
unser Bewußtsein nach innen zu erweitern.

Das geschwollene, geheimnisvolle Wort
Bewußtseins-Erweiterung bedeutet nichts anderes,
als daß Du Dein Bewußtsein Schritt um Schritt
immer weiter auf Dein ganzes Selbst ausdehnst.
Auf einer sehr hohen Stufe von Bewußtheit sind
dann auch Erlebnisse und Erkenntnisse möglich,
die weit über das eigene kleine Selbst hinausgehen.
Aber bis zu einer solchen Meisterschaft von
Vergeistigungen bringen es nur wenige. Viele dagegen
machen dabei sich und anderen gerne etwas vor.
Sie verstehen Bewußtseins-Erweiterung als einen Weg,
bei dem man sein eigenes Selbst einfach überwindet,
zurückläßt, abstreift wie einen Schlaf-Anzug,
um mit dem ICH in höheren Himmeln zu wandeln.
Solche Schwärmer kann man ganz leicht entlarven,
indem man sie auslacht und mit Zweifeln reizt.
Dann geht ihre aufgesetzte Erleuchtung schnell
in fleißigen Beteuerungen oder gar
feindseligem Gezeter unter.

Wir wollen hier einfach und bescheiden ergründen,
was in unserem Gehirn und in unserem Körper alles
vor sich geht, ohne daß wir davon wissen, ohne daß
wir dazu unsere ungeteilte Zustimmung gegeben haben.
Da werden wir bestimmt genug zum Ausmisten,
Erneuern und Umgestalten finden.

A Selbst-Verantwortung

Der Richter spricht wie immer:
»Angeklagter. Haben Sie noch etwas zu Ihrer Verteidigung zu sagen, bevor sich das Gericht zur Urteils-Findung zurückzieht?«
Und der Angeklagte stammelt die Worte, die ihm sein Verteidiger anempfohlen hat:
»Ich kann nur sagen, daß ich die Tat zutiefst bereue und versuchen werde, sie im späteren Leben wieder gut zu machen.«
Er hätte getrost »...in **einem** späteren Leben« sagen können, denn in **diesem** Leben wird er wohl kaum Gelegenheit bekommen, irgendetwas wieder gut zu machen.
Zunächst wird er im Gefängnis sitzen. Und wenn er dieses nach einigen Jahren verläßt, hat er seine noch so ehrlich gemeinte Reue längst vergessen und sich eine Stink-Wut auf seine Richter und auf das Volk das sie vertreten angefressen.
Und selbst wenn er noch so reumütig wäre, so steht er doch hilflos und mittellos vor der Tatsache, daß er überhaupt nichts tun kann, um wieder gut zu machen, ja daß es außer religiösen Seelsorgern garniemanden gibt, der sich für seine guten Absichten interessiert.

Er ist geächtet und verstoßen und kann nur zu einem noch ärgeren Feind jener Ordnung werden, deren Schutz er durch seine seelisch-geistige Verirrung einmal und für immer verloren hat.

Hat all das etwas mit Verantwortung zu tun?

Der Minister, der mit seinen Regierungs-Geschäften
gescheitert ist, stellt sich seiner »Verantwortung«,
indem er »seinen Hut nimmt«, das heißt
zurücktritt, sein Amt zur Verfügung stellt.
Auch ihm bleibt keine Gelegenheit
seine Fehler wieder gut zu machen.
Da gibt es zu viele »Kollegen«, die
in ihrem Macht-Hunger nur darauf brennen,
seinen Platz einzunehmen.

Und das »wohl-erzogene« Kind
wird von Gewissens-Bissen geplagt, wenn es
etwas Verbotenes getan hat. Das Gewissen ist
die krankhafte Geistes-Haltung, die ihm sagt,
es könne erst wieder ruhig schlafen, spielen, lernen,
wenn es die drohende Strafe hinter sich gebracht hat.
Also beichtet es »freiwillig« und bringt dem Vater
auch noch den Teppich-Klopfer aus der Besenkammer.

Solange es seine Missetat aber verheimlicht,
fühlt es sich verfolgt und verängstigt.
Und wenn die drohende Bestrafung schlimmer ist
als ein Leben in andauernder Verfolgung, wenn also
die Furcht vor der Bestrafung größer ist
als die Sehnsucht nach Erleichterung, dann
wird das Kind sich an sein schlechtes Gewissen, an
sein Gefühl ein schlechter Mensch zu sein gewöhnen,
nur immer verschlagener und mißtrauischer werden
und zu einem unehrlichen, betrügerischen oder
gar verbrecherischen Menschen heranwachsen.
Es vedrängt sein Gewissen, **weil** es schlecht ist,
und wird so zu einem »Gewissenlosen«.

Das verstehen wir »Wohl-Erzogene« also
unter Verantwortung, daß man für das,
was man angestellt hat, geradestehen muß.
Und Gerade-Stehen heißt, willig und ergeben eine
völlig sinnlose, ja nur noch alles verschlimmernde
Bestrafung über sich ergehen zu lassen.
Anstatt daß Eltern und Gesellschaft für die
offensichtlich (noch) Verantwortungslosen
die Verantwortung übernehmen und Ihnen helfen
zu lernen, wie man für sich verantwortlich handelt,
lehnen sie kalt lächelnd jede Verantwortung ab und
trachten nach nichts anderem als nach Vergeltung.

Ist Verantwortung also nur ein anderes Wort
für das angebliche Recht der Menschen,
jene anderen, die Unrechtes getan haben,
mit Bestrafung zu verfolgen?
Ist Verantwortung und Schuld einfach dasselbe?
Dann wäre verantwortlich gleich schuldig
und also nichts anders als strafbar.

Für mich ist dieser Schwachsinn schuld daran,
daß wir uns so schwer damit tun, für das was wir
so alles machen, selbst die Verantwortung zu tragen.

**Weil ja jede Selbst-Kritik eine Selbst-Anklage ist,
die in unserer mitmenschlichen Umgebung nichts als
Strafen, Ablehnung und Verachtung hervorrufen kann,
hüten wir uns davor,
unsere Fehler und Schwächen einzugestehen.**
Wir schweigen sie sogar vor uns selber tot,
bis wir uns für ganz und gar untadelig halten
und für garnichts mehr Reue empfinden können.

Im Unterbewußtsein leben die totgeschwiegenen
Schuld-Gefühle und Bestrafungs-Ängste aber weiter
und machen sich auf diese verdrehte Weise Luft,
daß wir umso mehr auf anderen Sündern herumhacken.

Alles wäre so einfach, wenn keine Strafen
drohen würden. Dann wäre es ein Kinder-Spiel,
Verantwortung zu tragen, das heißt,
die eigenen Fehler und Charakter-Züge
zu erkennen und sich zu ihnen zu bekennen.
Und dann wäre es eine Freude, sie zu beseitigen.

Weil wir uns aber ständig fürchten müssen
vor Tadel, Mißbilligung, Liebes-Verlust und Schande,
suchen wir die Verantwortung für unser eigenes Tun,
ja für unsere allereigensten inneren Regungen
immer wieder nur in äußeren Verhältnissen oder
im Verhalten unserer Mitmenschen. Ungefähr so:

Wenn es regnet, bin ich schlecht gelaunt.
Wenn mich einer beschimpft, bin ich beleidigt.
Wenn mich einer beleidigt, schimpfe ich zurück.
Wenn Du mich nicht liebst, bringe ich mich um.
Wenn Du mich betrügst, bringe ich Dich um.
Wenn Du mich ärgerst, werde ich böse.
Wenn Du Böses tust, werde ich wütend.
Wenn Du mich kritisierst, lehne ich Dich ab.
Wenn Du mich ablehnst, hasse ich Dich.
Wenn Du mich beschuldigst, verteidige ich mich.
Wenn Du mich lobst, bin ich stolz und zufrieden.
Wenn Du friedlich bist, bin ich es auch.
Wenn Du mir drohst, schlage ich zu.
Wenn-dann, wenn-dann, wenn-dann,...

Können wir denn wirklich nicht anders?
Müssen wir leiden oder uns ärgern, nur
weil das Wetter zu kalt oder zu heiß ist?
Weil uns keiner richtig liebt,
weil alle anderen nur an sich denken,
weil der Partner Fehler hat,
weil der Chef ein Nörgler ist,
weil das Geld nicht für Kaviar reicht,
weil der Nachbar es besser hat?

Ja ist der Mensch nichts als ein Automat, der
auf Knopfdruck mechanisch und programm-gemäß
gehorcht und garnicht anders kann?

Nein. Das ist nicht seine Natur.
Auch wenn die gescheitesten Tier-Psychologen
uns das einreden wollen und
uns mit ihren Labor-Ratten gleichsetzen.
Es ist nur der Charakter, der die Menschen festlegt.
Ihre Erziehung hat sie zu Maschinen gemacht.
Kein Wunder also, daß die Tier-Verhaltens-Forscher
in ihren Experimenten nichts anderes finden, als
ihre eigene charakterliche Beschränktheit.

Aber der Mensch ist nicht von Natur aus
ein hilfloser Sklave seiner Umwelt-Reize.
Er wird nur zum Opfer seiner inneren Festlegungen,
seiner charakterlichen Mechanismen gemacht. Und diese
können ihn auch nur beherrschen, weil sie ihm nicht
bewußt sind. Und diese Einschränkung seiner
Bewußtheit ist eine Sperre in seinem Gehirn, die
ihn (geistig vielleicht) zuweilen mit manchem
anderen Tier auf eine Stufe stellt.

Deshalb können wir immerzu nicht anders.
Und wenn wir es dennoch versuchen,
so ist es aufgesetzt, unecht und erzwungen.
Wir tun nur so, **als ob** wir innerlich frei wären, wenn
wir unsere programmierten Reaktionen unterdrücken
und uns äußerlich nichts anmerken lassen,
wie wir innerlich leiden, hassen und uns schämen.

Und so geht es uns erstrecht immer schlechter,
weil wir nicht von der Meinung loskommen, nur die
hilflosen Opfer unserer äußeren Bedingungen zu sein.

Wenn Dich jemand einen Idioten schimpft,
bist Du z. B. beleidigt und wirst zornig.
Doch hätte er nur im selben Tonfall gesagt:
»Sei beleidigt, werde zornig!«
dann hättest Du nur gelacht.
Wo aber war denn der Unterschied?
Der andere wollte Dich beleidigen. Stimmt. Aber
warum tust Du ihm den Gefallen und BIST beleidigt?
Wo Du doch die Freiheit hattest, zu lachen?
Was kann ER dafür, daß Du nicht anders kannst?
Daß Du innerlich so automatisch bist...

Ja, sagst Du, so bist Du nun eben.
Deshalb müssen die Anderen Rücksichten nehmen,
Dich schonen, höflich und nett zu Dir sein,
und dürfen nicht zeigen,
wie sie selbst empfinden,
was sie persönlich bewegt,
und schon garnicht was sie über Dich denken.
Sie könnten Dich damit ja verletzen.
Und das **tut man** nicht.

Weil keiner bereit ist, sich selbst zu verantworten,
und folglich alle einander gegenseitig
die eigentlich eigene Verantwortung anlasten,
ist jeder dermaßen damit beschäftigt,
für die Anderen Verantwortung zu übernehmen,
daß er von sich selbst bald garnichts mehr merkt.
Jeder Einzelne sitzt in der Falle der Anderen.
Aber nur, **weil er nicht darauf verzichten will,**
daß **diese** ihm **seine** Selbst-Verantwortung abnehmen.
Es sind also die Fesseln seiner eigenen Erziehung,
die ihn **innerlich** seinen Mitmenschen ausliefern.

Um Dich davon zu befreien, mußt Du sie zunächst
einmal als Teile Deiner selbst anerkennen und
auch für diese die Verantwortung selbst übernehmen.

Andere Menschen mögen Dich also beeinflussen wollen,
Dich bekümmern oder reizen, Dich herausfordern
oder Dich gar quälen, beleidigen oder beschämen.
Was immer Du dabei fühlst, denkst, sagst und tust,
es sind alles Deine ur-eigensten Antworten, und es
ist **Deine** Angelegenheit, damit fertig zu werden.
Reagiere nur, wie immer Dir auch zumute sein mag,
aber schau Dir von heute an dabei zu. Schau Dir an,
was Du da machst mit Dir und mit den Anderen.

Und beobachte Deine Schuldgefühle, wie sie Dich
dazu treiben, alle Schuld woanders zu suchen, als
bei Dir selbst, nur weil Du sie nicht ertragen willst.
Dann siehst Du auf einmal ganz deutlich,
Daß Schuld-Gefühle und der Schuld-Gedanke selbst
nur eine seelisch-geistige Sackgasse sind,
ein großer, dummer, tragischer Irrtum.

Wenn Du einmal Deine Schuldgefühle erkannt hast
als verdrängte Furcht vor Bestrafungen, die
zwar tatsächlich drohen, von denen Du Dich aber
garnicht treffen zu lassen brauchst, (Auslachen,
Ablehnung, Schmach, Tadel, Beschimpfungen...)
bist Du schon dabei, Dich von ihnen zu befreien.

Übe es nur immer wieder, Dich zu weigern,
für die Gefühle anderer verantwortlich zu sein,
und Du wirst merken, daß Du, aufrichtig und offen
Deine Gefühle und Deine Schwächen zeigend,
viel mehr Annahme und Liebe findest,
als zurückhaltend, höflich und verstellt.
So erhalten die Anderen auch von Dir die Chance,
sich ihrer eigenen Gefühle besser anzunehmen,
anstatt diese **ihre** Aufgabe **Dir** anzulasten.

Schuld auf sich nehmen, die man gar nicht hat,
ist andererseits eine gute Übung, um
mit dem Hass der Anderen besser umgehen zu lernen.
Ohne Schuldgefühle wärest Du nicht mehr verletzbar
und könntest mit Annahme und Verständnis antworten,
wo immer man Dir mit Feindseligkeit begegnet.

Wenn das nächste mal ein Schuldiger gesucht wird,
und keiner will's gewesen sein, dann melde Du Dich
und rufe: Alle Tadel auf mich. Wenn sie dann alle
genug gemeckert haben, kann man umso entspannter
zu den Dingen kommen, die wirklich wichtig sind.
Und dann merken die Meckerer vielleicht auch,
wie lächerlich ihr gehässiges Schuld-Denken ist:
Eine Störung ihrer eigenen Persönlichkeit.
Zu solchen Übungen aber später noch mehr.

Noch hast Du Angst davor, daß die anderen
Dich so sehen könnten, wie Du Dich siehst,
und Dich wegen Deiner Fehler ablehnen.
Aber wenn Du Dich stellst, wirst auch Du
eines Tages die ergreifende Erfahrung machen,
daß Deine wahre Persönlichkeit mit all ihren
Fehlern und Mängeln auf mehr Liebe stößt,
als Deine Maske von Erhabenheit, Vernünftigkeit,
Rechtschaffenheit, Heiterkeit und Stolz
oder von Bitterkeit, Abstand und Spott.

Du kennst Deine Masken höchst-wahrscheinlich
noch garnicht, weil die anderen Menschen Dir ja
aus falscher Rücksicht und aus Furcht vor Ablehnung
nie so offen sagen, wie sie Dich sehen.
Nicht einmal wenn Du sie fragen würdest.
Und Du fragst ja auch gar nie, weil Du Dich
vor der Schmerzlichkeit ihres Urteils fürchtest.
Aus demselben Grunde drückst Du Dich um

B Selbst-Kritik

Als Kind konntest Du garnicht lernen,
Deine Fehler zu erkennen, **weil Du aus Furcht vor Strafen viel zu sehr damit beschäftigt warst, nach Ausreden zu suchen und Deine Taten zu vertuschen.**
Der Weg zu mehr Selbst-Kritik fällt schon leichter,
wenn Du die Fähigkeit dazu als einen Wert erkennst,
der die meisten Deiner Fehler umgehend ausgleicht.
Man kann viele Fehler machen, aber **haben** kann man
eigentlich nur einen: Unverbesserlichkeit.
Nichts ist so schlimm wie das Festhalten
an der eigenen Uneinsichtigkeit.

Selbst-Verantwortung und Selbst-Kritik sind ziemlich schmerzhaft, aber nur so lange, wie Du an Schuld-Gefühlen und Schuld-Gedanken festhältst. Wenn Du Dich dann einmal auf Deine Schlechtigkeiten eingelassen hast, sind sie plötzlich garnicht mehr so schrecklich schlimm. Und je besser Du sie kennst, desto leichter wirst Du mit ihnen fertig.
Auch das kann man spielerisch üben. Dann werden sie langsam aber sicher immer bedeutungsloser und sind irgendwann unversehens verschwunden.

Hinter den Schlechtigkeiten stößt Du auch bald auf tiefere Seelen-Schichten, in welchen sich viel Leid, Schmerz und Enttäuschung angesammelt haben. Viele Deiner Schlechtigkeiten hast Du nur entwickelt, um Dich dagegen zu wehren, daß diese Seelen-Schichten von anderen Menschen angesprochen, geweckt und in Bewegung gebracht werden.

Du mußt bereit werden, diese Schmerzen zu ertragen, sonst baust Du immer höhere Mauern um Dich herum. Und wie Du Dich gegen diese alten Schmerzen schützt, so schneidest Du Dich auch von den Freuden ab, die das tägliche Leben bietet, und die Du unbeachtet, unerkannt und ungenutzt vorbeiziehen läßt.

So wirst Du niemals Glück empfinden können. So kannst Du keine Liebe geben und annehmen und keinem Menschen unvoreingenommen entgegentreten. **Du mußt erkennen, daß die meisten Schmerzen, von denen Du glaubst, daß andere sie Dir heute zufügen, in Wirklichkeit alte unbewältigte Gefühle sind, die von Deinen frühkindlichen Erfahrungen herrühren.**

Wenn Dinge Dir Schmerzen bereiten,
die sich nicht ändern lassen, dann sind
diese Schmerzen mit allergrößter Wahrscheinlichkeit
auf eine alte Wunde zurückzuführen, denn
die Wirklichkeit ist nur selten so schlimm,
daß man unweigerlich unter ihr leiden müßte.
Also weckt sie nur – Dir unbewußt –
unverschmerzte frühkindliche Verletzungen in Dir.
Wenn Dich z.B. an einem Mitmenschen etwas stört,
er macht Dich immer wieder ärgerlich oder traurig
und will oder kann einfach nicht anders,
dann gibt es für Dich nur zwei Möglichkeiten:
Weiter leiden oder etwas ändern.
Und wenn Du Dich für's Ändern entscheidest,
gibt es wieder nur zwei Möglichkeiten:
Entweder Du änderst **Dich** oder
Du gehst diesem Menschen in Zukunft aus dem Weg.
Wenn Du von diesem Menschen abhängig bist,
aus Liebe oder aus Sach-Zwängen,
und **Dich** nicht ändern willst oder kannst,
gehst Du über kurz oder lang kaputt.
Da kann Dir keiner helfen, außer Du selbst.
In den meisten Fällen nützt es übrigens garnichts,
sich mit Veränderungs-Versuchen an der Außen-Welt
abzumühen oder vor ihr die Flucht zu ergreifen.
Denn die Wunden nimmst Du ja immer unbewußt mit.
Sie sind wie ein Schatten von Dir.
Unter neuen Lebens-Bedingungen mögen sie
für eine Weile Ruhe geben, aber auf die Dauer
stehst Du doch immer wieder vor demselben Problem.
Besser also, Du packst es bald richtig an.

C Selbst-Verschmerzung

...habe ich den Weg genannt, der dazu führt,
daß man seine alten unverarbeiteten, unverdauten,
längst nicht mehr begründeten Schmerzen
aus der Versenkung des Unterbewußtseins hervorholt
und sich von ihnen befreit, indem man sie
endlich und ein für alle mal durch**leidet.**
Auch **da**mit fängst Du einfach schon an, sobald Du
für Dein Innen-Leben ausnahmslos nur noch
bei Dir selbst die Verantwortung suchst.

Anstatt mit anderen Menschen zu streiten, das heißt
sie zu bekämpfen, damit sie Dir nicht wehtun können,
laß es jetzt zu, daß sie Dich be-leid-igen.
Du bist nur so lange verletzbar, wie noch
alte Verletzungen ungeheilt in Dir verbleiben.
Die anderen Menschen legen ja nur den Finger auf
Deine Wunden. Dadurch merkst Du erst, wie fertig Du
noch bist von dem Krieg, der Deine Erziehung war,
von der Mißachtung Deiner natürlichen Rechte,
von der Schlacht um Deine Selbst-Behauptung,
von der Niederlage Deiner Liebes-Gefühle.

Die Wunden sind nicht geheilt, weil Du Dich
darauf versteift hast, daß sie garnicht da sind.
In Wirklichkeit warten Sie darauf, daß Du endlich
anfängst sie zu lecken, zu pflegen und zu heilen.
Und dazu mußt Du eben erst einmal
die schwerzliche Erfahrung machen, **daß** sie da sind,
ziehend, drückend, reißend, brennend und eiternd.
Schmerzen sind das sicherste Zeichen dafür,
daß Heilung nottut.

Unverschmerzte Kindheits-Verletzungen sind
Einsamkeit, Lieblosigkeit, Feindseligkeit,
Schimpfe, Schläge, Einsperren, in der Ecke stehen,
Drohungen mit Schauer-Geschichten, Verachtung,
Verhöhnung, Auslachen, Beherrschung, Ausnutzung
Demütigung, Demütigung, Demütigung...
Klein-Halten, Abhängig-Halten, Nieder-Halten.

Um nicht mehr leiden zu müssen,
hältst Du Dir die Menschen vom Leib; und zwar
meist mit genau **den** Kampf-Mitteln, mit denen Du
als Kind von Deinen Erziehern zurecht-gerückt,
zurecht-gestutzt worden bist (= siehe oben...).

Mit all dem bist Du heute unbewußt
dermaßen beschäftigt, daß Du
Deine äußere Wirklichkeit, so wie sie ist,
garnicht wahrnehmen und empfinden kannst.
Du kannst zwischen äußeren Anlässen
und inneren Zwängen garnicht unterscheiden.
Du hälst Deine Reaktionen auf die Außenwelt
meistens zwar für sachlich angemessen,
aber doch nur weil Du nicht anders **kannst.**
Und »Nicht-Anders-Können« ist ja nur
ein anderer Ausdruck für Charakter.
Und dieser schmerzt nun mal grundsätzlich –
besonders wenn es ihm an den Kragen geht.

Ob also körperlich oder seelisch gesehen,
Selbst-Erkenntnis tut weh
und ist doch der einzige Weg
zu innerem Frieden und zu der Freiheit,
das Leben zu lieben und zu meistern wie es ist.

D Ich-Erkenntnis

Wenn Du einmal beschlossen hast,
für alles was in Dir vorgeht und für alles
was Dich zum Handeln antreibt, Dich bewegt, selbst
die Verantwortung zu tragen, wirst Du bald merken,
daß das im Alltag garnicht so einfach ist.
Immer wieder ist Deine erste unbedachte Reaktion
auf äußere Widerstände die, daß Du Dich verteidigst,
daß Du Deine Empfindungen versuchst zu rechtfertigen,
um nicht einsehen zu müssen, daß es doch
immer wieder nur Deine eigenen Probleme sind,
die Dich darauf festnageln,
zu leiden oder Dich zu ärgern,
traurig, verletzt oder wütend zu werden.

Aber Du erfährst dieses Festgenagelt-Sein
mit der Zeit immer schneller, leichter und
deutlicher als eigene innere Behinderung, die Dich
um die Freiheit bringt, in aller Ruhe, mit innerer
Gelassenheit (nicht äußerlicher, vorgetäuschter!),
mit echt empfundenem, freundlichen Wohlwollen
und mit offenem Herzen zu reagieren.
Und je mehr Du diese Behinderung wahrnimmst,
desto kleiner wird sie, sodaß auf dem Boden
gutmütiger, weicher, annehmender Gefühle langsam
auch wirkliches immer tieferes Verständnis für Dich
und andere Menschen entstehen kann.

In erster Linie muß es Dir immer darum gehen,
Dich selbst anzunehmen und zu verstehen, denn
nur in **dem** Maße, wie Dir **das** gelingt, kannst Du auch
Deine Mitmenschen annehmen, erkennen und verstehen.

Das Hauptwort SELBST benutze ich als Bezeichnung
für die Ganzheit der Persönlichkeit.
Das Wort ICH verwende ich dagegen nur für
den Teil der Persönlichkeit, der dem Bewußtsein
ohne besondere Bemühungen zugänglich ist.
Das ICH ist also **der** Teil vom SELBST,
den man für sein Selbst **hält.**

Wohl-erzogen ist der Mensch ja gespalten
und lehnt große Teile seines Selbst
halb oder ganz bewußt, oder ganz unbewußt ab.
Er will einfach nichts davon wissen,
weil es ihm so nicht paßt.
Ohne sich viel Gedanken zu machen, ist dem Menschen
aber nicht einmal sein ICH richtig bewußt,
obwohl ihm das ohne weiteres möglich wäre.
Er vermeidet sogar das Ich-Bewußtsein,
weil er unbewußt fürchtet, das zu verlieren,
was er völlig fälschlicherweise
mit Selbst-Bewußtsein bezeichnet.
Was er mit »Selbst-Bewußtsein« meint, ist eigentlich
ICH-SICHERHEIT, also ein trügerisches Gefühl,
mit dem er seine Selbst-**Un**sicherheit verdeckt.

SELBSTBEWUSSTSEIN ist dagegen nur das,
was er sich mit Ich-Erkenntnis und Selbst-Erfahrung
erst noch erarbeiten muß.

Selbst-**SICHERHEIT** ist daraus dann wiederum
das natürliche Ergebnis.
Auf den folgenden Seiten wollen wir gemeinsam
versuchen, Dein ICH mit Bewußtsein zu erhellen
und mit wohlwollender Kritik zu betrachten.

Was spürst Du eigentlich, wenn man Dich kritisiert?
Kommst Du ins Schwimmen?
Kämpfst Du um Fassung?
Bekommst Du Furcht vor Schmerzlichkeiten?
Vor Erniedrigung oder Ablehnung?
Wirst Du traurig, weil Du Dich fallen gelassen
siehst, oder wütend, weil man Dich beschämt,
weil man Dich verkennt?

Und was machst Du?
Zwingst Du Dich, Dir alles in Ruhe anzuhören,
oder fängst Du möglichst bald an,
Dich zu verteidigen?
Suchst Du nach sachlichen Gegenreden oder
nach Ausreden, weshalb Du nicht anders kannst?
Rettest Du Dich mit dem Hinweis,
das mache doch jeder so, das sei doch ganz normal,
oder verschanzt Du Dich hinter der Behauptung,
das sei alles garnicht wahr,
(obwohl Du weißt, daß es stimmt)?
Schlägst Du zurück mit einem trotzigen »Du auch!«?
Suchst Du also Deinerseits
nach Fehlern beim Anderen.
Prüfst Du erst in aller Ruhe, ob der Vorwurf trifft,
und verteidigst Du Dich erst, wenn Du sicher bist,
daß er unberechtigt ist?
Erleichtert es Dich, wenn er unberechtigt ist?

Kannst Du etwas **nur** zugeben, wenn es **wahr** ist,
oder auch wenn Du überzeugt bist, daß es **unwahr** ist?
Kommt es darauf an, wer Dich kritisiert,
oder auf welche Art und Weise?

Was Du auch immer als Antwort wählen mußtest,
es sind alles – bis auf eine – gestörte Reaktionen.
Findest Du die Gesunde, Ungestörte heraus?
Schau ruhig noch einmal zurück...

Wenn ein anderer Dich in einer Form kritisiert,
die verletzend und demütigend ist, dann ist das
für Dich garkein zwingender Grund zu leiden,
beschämt oder verletzt zu sein und/oder Dich
mehr oder weniger heftig zur Wehr zu setzen.
Aber wahrscheinlich hast Du ja schon Schwierigkeiten,
einfach erst einmal in Ruhe zuzuhören und
sachlich zu prüfen, worum es inhaltlich geht,
auch wenn der Andere seine Kritik mit
aller Freundlichkeit und Zurückhaltung vorbringt.

Und wenn Du so tust, als wäre Dir der Andere egal,
innerlich bebend und äußerlich abweisend wurschtig,
machen Dir doch Schmerz, Wut und Angst zu schaffen.
Und so bleibt Dir jede Möglichkeit genommen,
aus der Kritik anderer zu lernen und zu wachsen.

Du mußt Dir einfach unbedingt eingestehen, daß Du
ein zivilisierter Mensch bist, also voller Fehler,
daß Du niemals der Mensch werden kannst, den
Deine Eltern gern aus Dir gemacht hätten,
den sie Dir als Ziel-Bild hingestellt haben
und dem Du gleichkommen mußtest,
um gut und liebenswert gefunden werden zu können.
Du **bist** gut und liebenswert. **Mit** Deinen Fehlern.
Was es den Anderen so schwer macht, Dich zu lieben,
ist nur Deine Abwehr-Haltung gegen ihre Bemühungen,
Dich zu etwas Ich-Erkenntnis zu bewegen.

Als Zivilisierte haben wir uns ein Menschen-Bild
zurechtgelegt, in welchem der Körper nur
die wertlose, gegenständliche, lästige materielle
und dem Tod geweihte Hülle für das eigentlich
Lebendige, Menschliche ist: Die Seele.
Aber auch von der Seele haben wir keine
klare, gesicherte, beruhigende Vorstellung.
Es ist uns ja nur unser ICH bewußt.
Und dessen Beschränktheit durch Verdrängung
leugnen wir mit größtem Eifer
und geringster Überzeugungs-Kraft.

Wenn wir unser Ich für unsere Seele halten, dann
müßte gerade **das** als göttlich und unsterblich gelten,
was man uns doch – als wir noch Kinder waren –
erst eintrichtern mußte, was wir durch Erziehung erst
zu glauben, zu meinen, denken, fühlen **gelernt** haben,
was man uns gezwungen hat, für wesentlich zu halten:
Unser moralisches Gewissen, unseren guten Willen
und immer wieder unsere Selbst-Beherrschung.

Sagt dieses Wort nicht schon alles?
Wenn es etwas Unsterbliches gibt, dann ist dies
doch wohl eher das wahre natürliche Selbst und nicht
der anerzogene, aufgesetzte Beherrscher!
Und was **der** beherrscht, ist ja ebenfalls nicht
das wahre Selbst, sondern nur ein verwirrtes,
irregeführtes, unterdrücktes Gefühls-Leben
aus Trübsal, Hass, Angst und Lüsternheit,
aus Abhängigkeit, Träumen und Hoffnungen.

Kurz: Ob unsterblich oder nicht,
was meinst Du also, wenn Du »Ich« sagst?

Da ist zunächst einmal Dein Denk-Apparat.
Das Großhirn kommt leer zur Welt.
Alles was sich hier abspielt, ist erlernt.
Selbst das Lernen will aber erlernt sein.
Und wenn **dieser** Lern-Schritt verpaßt worden ist,
tut man sich ganz allgemein mit dem Lernen schwer.

Die Erwachsenen reden sich dann damit heraus, sie
seien eben schon zu alt dafür. Sie leugnen einfach,
daß es auch Schulkindern und Studenten zumeist
eine Last ist, und daß sie selbst nur zu träge sind,
sich heute noch solchen Mühen zu unterziehen.
Außerdem sind sie zu stolz und meinen,
sie hätten es ja jetzt wohl nicht mehr nötig.
Alles um zu vertuschen, daß der normale Denk-Apparat
keineswegs so tüchtig und unbestechlich arbeitet,
wie jeder Normale so gern von sich behauptet.

Normal heißt offen gesagt: Kopfrechnen schwach,
Erinnerung dürftig, Schulbildung – alles vergessen,
Latein und Mathe' – nur gut, daß es vorbei ist,
Rätsel-Lösen – Fehlanzeige,
Logisch-Denken – was ist überhaupt Logik?
Durchblick in Recht und Politik und Wirtschaft –
nur frech vorgetäuscht, jeder weiß es besser
und je unsicherer, desto lauter...

Wir sollten in aller Bescheidenheit zugeben,
daß es ruhig von allem etwas mehr sein dürfte.
Das Gehirn des Normalen ist nur zu 10-15 %
seiner natürlichen Begabung in Betrieb.
Milliarden Grauer Zellen können getrost eingehen,
ohne daß der Geist ernstlich Schaden nehmen würde!

Der Verstand ist also ganz offensichtlich
garnicht richtig entwickelt,
geschweigedenn ausgereift.
So ist auch die Vernunft irgendwo in der
naturgewollten Entwicklung stecken geblieben.

Unter Vernunft verstehe ich die innere Ordnung,
in welcher der Verstand im Dienste des Glücks,
der Gesundheit, der lebens-bejahenden Gefühle steht.
Aber auf dem Boden eines so gestörten Gefühls-Lebens
wie es in jeder normalen Erziehung entsteht,
kann auch kein vernünftiger Verstand aufwachsen.

Ja. Der Verstand kann durchaus unvernünftig sein.
Ein unvernünftiger Mensch ist nicht ohne Verstand.
Er braucht sogar sehr viel Verstand, um
seine Unvernunft zu begründen und zu rechtfertigen.

Man kann ja noch so logisch (folgerichtig) denken,
wenn der **Ausgangs-Gedanke** falsch ist,
sind auch alle Schlüsse falsch.
Und entscheidend für die Ausgangs-Gedanken
sind immer irgendwelche Gefühle.
Diese Behauptung bewegt Dich vielleicht
zu einem sofortigen, entschiedenen NEIN.
Aber damit beweißt Du nur, daß Du Dir
des Einflusses Deiner Gefühle auf Deine Gedanken
nicht bewußt wirst. Überlege einmal:
Wenn es doch nur eine Wahrheit gibt,
wie willst Du erklären, daß jeder Mensch
andere Vorstellungen davon hat?
Oder glaubst Du im Ernst, daß jeder Mensch
seine eigene, private Wahrheit beanspruchen kann?

Wenn zwei sich streiten, können beide Recht haben?
Behauptet nicht einer vom andern, daß dieser irrt?
Und ist es nicht schon immer irrig zu meinen,
die eigene sei die einzig wahre Wahrheit?
Wie kann ein Mensch, der **das** denkt,
beanspruchen, daß er überhaupt Verstand besitzt?!

Wäre das Denken und Fühlen
und das Wahrnehmen der Welt und des Lebens
so unbestechlich wic cine Rechen-Maschine,
dann müßten wir Menschen uns doch
in allen sachlichen Belangen **einig** sein.
Anstatt dessen streiten wir uns über jeden Scheiß(!)
und schlagen uns wegen unserer Meinungen
sogar die Köpfe ein...

In Wirklichkeit ist dem wohl-erzogenen Menschen nur
das Bewußtsein für seine Gefühle ausgetrieben worden.
Und so merkt er nicht, was es eigentlich ist,
das sein Denken bewegt und lenkt.

Bist Du z. B. ein schwacher, lustloser Mensch,
weil Du die Urerfahrung gemacht hast,
daß das Leben sich nicht lohnt, dann
werden Dir auch keine aufmunternden Gedanken kommen.
Du wirst bei all Deinen geistigen Anstrengungen
immer nur **noch** einleuchtendere Beweise
dafür sammeln, daß das Leben keinen Sinn hat,
daß Liebe und Glück unerreichbar sind,
und daß die Welt bald untergeht,
daß es nichts einbringt, sich einzusetzen,
daß Deine Bemühungen ja doch
keine Aussicht auf Erfolg haben.

Und dann in Hochstimmung oder im Rausch
da denkst Du plötzlich ganz anders
und hältst die Gedanken für dumm,
die Dich sonst immer so runterziehen.
In Wahrheit sind es aber nicht die Gedanken,
die schuld an Deinen Gefühlen sind,
sondern es ist genau umgekehrt.

Bist Du ein Mensch, dessen Eigenständigkeit
unterdrückt worden ist, der gelernt hat,
daß man im Leben nichts darf und nichts kann,
außer gehorchen und seine Pflicht erfüllen,
dann trittst Du mit Deinem Verstand auch
für Disziplin und Gehorsam ein.
Du erwartest, daß man Dir Befehle erteilt, oder
strebst selbst nach Befehlshaber-Stellungen. Dein
Verstand wird jede Menge Argumente hervorbringen,
die für einen starken Staat, für harte Erziehung,
für Zucht und Ordnung und für unerbittliche Härte
gegen alle Anders-Denkenden sprechen.

Dann rauchst und trinkst Du auch weil's erlaubt ist
und bist gleichzeitig entschieden für die Verfolgung
und Bestrafung anderer Formen von Drogen-Mißbrauch.

Bist Du selbst sexuell unterdrückt,
voller Schamgefühle oder gar potenzgestört,
dann fallen Deinem Geist sämtliche Ansichten ein,
die die Sexualität als verwerflich ausgeben,
zumindest als eine Angelegenheit,
über die man nicht öffentlich spricht,
ja nicht einmal (erst recht nicht?) zwischen
Partnern und schon garnicht mit Kindern.

Dann bist Du auch dafür,
daß Nackt-Herumlaufen eine Schande ist,
besonders für häßliche Menschen, und daß ein
erfülltes Liebes-Leben keine Lebens-Notwendigkeit ist,
von der das eheliche Glück abhängen kann.
Dann bist Du für Treue und führst ins Feld,
daß man sich zu leicht anstecken kann,
daß Ehebruch ein Scheidungs-Grund ist
und verboten sein müßte.

Wenn Du dagegen nicht weißt, wohin mit Deiner
Lüsternheit, dann trittst Du mit Deinen Meinungen
für die freie Liebe ein, für Partner-Tausch
und Gruppen-Sex und Pornographie.

Wenn Du Dir selbst nichts Beglückendes gestattest,
bist Du auch dafür, daß es anderen verboten wird,
und freust Dich, wenn Andere für Dinge bestraft
werden, die Du selbst gern tätest,
aber eben nicht zu tun wagst.
Dann sprichst Du Dich zumindest innerlich für
die Todes-Strafe aus und weigerst Dich anzuerkennen,
daß es Deine eigene unterdrückte Mord-Lust ist,
die sich in einem Verbrecher nur
gerade das rechte Opfer ausgesucht hat.

Der Verstand ist also immer ein Sklave
der Gefühle und gehorcht ihnen blindlings,
wenn nötig mit schierer Dummheit!
**Die größten Gelehrten und Intelligenz-Bestien
besitzen nicht MEHR Fähigkeiten dazu, die Probleme
ihres Lebens in Ehe und Familie zu lösen,
als jeder unbedarfte Durchschnitts-Mensch.**

Der Einfluß der Gefühle auf das Denken
ist gerade deshalb so stark, weil er unbewußt ist.
Wir haben gelernt, unsere Gefühle zu unterdrücken,
weil sie uns als unrichtig und unwichtig
hingestellt worden sind.
Sie bringen einen ja angeblich um den Verstand.
Gefühlsmäßig handeln gilt als äußerst unvernünftig.
Da weiß man nie, was einem rausrutscht.
Dinge, die man hinterher vielleicht bereut
oder nicht mehr wieder gut machen kann,
die andere einem vorwerfen oder nachtragen.

Also besser nachgedacht und runtergeschluckt.
Selbst unsere bewußten Gefühle behandeln wir so,
als würden sie garnicht richtig zu uns gehören.
Wenn wir geistig ausflippen, uns die Wut übermannt,
»uns Eine rausrutscht«, oder wenn wir
einen Wein-Krampf nicht bändigen können,
schieben wir die Verantwortung vom Ich weg
und sagen, das seien nur die Nerven.
»Ich bin eben zur Zeit nicht gut drauf.
Zu viel Streß und so...«

Wir wollen nicht sehen, daß die Wut und der Schmerz
genauso Teile unserer selbst sind,
wie die Beherrschung, die uns manchmal verläßt.

Wir handeln im Ernst so, als ob die Gefühle, die wir
nicht ausdrücken, auch nicht vorhanden sind, als ob
Trauer oder Neid nicht auch unsere Seele bewegen,
wenn wir uns **nicht** gestatten, sie zu empfinden
oder sie gar auszudrücken. Und **da**durch erst
werden sie zu einer schleichenden Macht.

Wenn Du gestreßt und müde bist, dann trifft das
zu allererst Dein Bewußtsein, den Teil von Dir,
der andauernd damit beschäftigt ist, die störenden
unerwünschten Gefühls-Wallungen niederzuhalten.
In solchen Momenten von Hirn-Schwäche brechen
die verbotenen Gefühle unkontrollierbar hervor.

Nimm ein ganz alltägliches Beispiel: Du sitzt
im Auto und quälst Dich durch den Feierabend-Verkehr.
Mehr und mehr gerätst Du in Streß.
Mehr und mehr ärgerst Du Dich nicht nur
über die ganze dumme, wie wohl unabänderliche Lage
sondern über ganz bestimmte Autofahrer,
die Deiner Meinung nach schlecht fahren und
den Verkehr damit noch zusätzlich aufhalten oder
sich gar unerlaubte Vorteile verschaffen wollen,
um 10 bis 20 Sekunden früher zuhause zu sein.
Vor allem Dein Vordermann geht Dir auf die Nerven,
als ob er an allem alleine schuld wäre.
Hand auf's Herz. Ist doch so...
Du fängst an zu fluchen, Dein Fahrstil wird hektisch,
und Du schimpfst wie ein Rohrspatz.
Wehe es passiert jetzt noch etwas Ärgerliches.
Die Anderen kriegen Deinen **ganzen** Ärger ab, obwohl
sie für Deine Ungehaltenheit am wenigsten können.

Du meinst, das wäre natürlich.
Wenn man gestreßt ist, wird man leichter wütend.

In Wahrheit ist es nur eine andere Seite von Dir,
daß Du auf viele Dinge eine Stink-Wut hast
und Dir nie gestattest, sie mal rauszulassen,
Dir mal richtig Luft zu machen.

Du bist unaufrichtig mit Dir und den Anderen,
wenn Du immer so tust, als wäre alles in Butter.
Und wenn Du gestreßt bist oder betrunken,
dann fällt es Dir nur einfach leichter dieses
»Das wollte ich Dir schon immer mal sagen...«

Wenn das Bewußtsein müde, verwirrt oder betäubt ist,
dann gelangen die unterdrückten Seelen-Schichten
an die Oberfläche und bestimmen Dein Verhalten.
Nach solchen Ausbrüchen von Aufrichtigkeit
entschuldigt man sich meist mit den Worten,
»Ich wußte nicht mehr, was ich tat.«
oder sonst einer billigen Ausrede, nur um nicht
zugeben zu müssen, daß man im Innersten
ganz ein Anderer ist, als man zu sein vorgibt.

Hauptsache man gilt als vernünftig und gezügelt.
Deshalb zeigt man so wenig wie möglich Inneres.
Und Zurückhaltung ist Selbst-Unterdrückung.
So behinderst Du Dich bei **allem,** was Du empfindest.
Du kannst nicht richtig lieben, tanzen, lachen,
Freude zeigen, nicht richtig trauern und leiden
und nicht vernünftig wütend sein.

All das erstickst Du besser gleich im Keim.
Da kommt nichts Sinnvolles bei heraus.
Bloß nicht weinen, jammern oder gar brüllen.
Das macht alles nur noch schlimmer.
Und es macht einen schlechten Eindruck.
Besser schnell vergessen. Egal wie.
Weg damit, Ablenken. An was anderes Denken.
Ja. So gehen wir mit unseren Gefühlen meistens um
und wundern uns, daß das Leben so ärgerlich ist...

Wahrscheinlich glaubst auch Du an die
Freiheit Deines Willens.
Du hälst ihn für Deine erhabenste Kraft.
Dabei ist er meistens nichts anderes als Furcht:
Ein Drang, befürchtete Vorkommnisse zu vermeiden.

So kämpfen Verstand und Wille (also Furcht) gemeinsam
gegen alle möglichen anderen inneren Regungen.
Sie kämpfen um Deinen Ausdruck,
ob man Dir ansieht, was in Dir vorgeht oder nicht,
ob Du lachst oder weinst,
schreist und tobst oder schweigst und stillhältst,
ob Du locker wirkst oder verkrampft,
ausgeglichen oder aufgewühlt,
verliebt oder gleichgültig,
schüchtern oder selbstsicher.

Dadurch wirkt Dein Verhalten auf andere ganz anders,
als Du es gern hättest, denn es ist unecht: gewollt.
Mit Deinen Masken kannst Du nur Dich selber täuschen
und all die, die nicht richtig hinschauen wollen.
Und so mag es Dir bei anderen auffallen,
was Dir bei Dir selbst entgeht:

Ein Mensch, der seine Unsicherheit überspielen muß,
wirkt überheblich oder gar protzig.
Der Ängstliche trägt Tollkühnheit zur Schau.
Der Potenzgestörte ist ein Schürzenjäger.
Die Schüchternen, Höflichen ringen mit ihrem Hass,
Die Stolzen mit ihrer Sehnsucht, usw.
Hinter jedem gekünstelten, unechten oder auch nur
übertrieben wirkenden Gehabe verbirgt sich immer
die ganz entgegengesetzte Empfindung.

Der normale Wohl-Erzogene ist viel zu gehemmt
für Natürlichkeit, menschliche Wärme und Nähe,
für gefühlvolle Entscheidungen,
für einfache fließende Bewegungen,
für Einfühlung und Sinnlichkeit,
für Hingabe und Versunkenheit.
All das verkümmert unter der Herrschaft der
Furcht vor dem Verlust der Selbst-Beherrschung.
Immer ist Dein Verhalten das Ergebnis eines Kampfes
zwischen Verstandes-Wille und tieferen Empfindungen.

Es ist doch seltsam, daß man das Tun
mit VERHALTEN bezeichnet. Als ob dabei erst einmal
etwas verhalten, also zurückgehalten werden müßte.
Und so ist es wohl auch beim Wohl-Erzogenen.
Er verhält sich. Und was dabei herauskommt,
ist unecht, aufgesetzt und gefühllos.

Alles ist vom Kopf gesteuert und gehorcht den Regeln,
die ihm in der Erziehung eingeprägt worden sind.

Wenn er verliebt ist, **weiß** er nur, was er
fühlen und tun muß. Aber er fühlt es nicht wirklich
und deshalb macht er alles falsch.
Er ist unfähig zu tief empfundener Zärtlichkeit,
unfähig, den Ausdruck seiner Liebes-Gefühle
freifließend zuzulassen und sich ihnen hinzugeben.
Und wenn er ein Kind betreuen soll,
glaubt er zu **wissen,** was es braucht.
Aber er sieht nicht das Kind und seine Bedürfnisse.
Er fühlt nicht, wonach es verlangt. Im Gegenteil:
Er meint sogar, Gefühle seien fehl am Platze,
wenn es um Kinder-Erziehung geht!

Die Furcht, die Deinen Willen speist, redet Dir ein,
es sei lebens-gefährlich, anders zu sein
als die Anderen. Anstatt Deinen Verstand dazu zu
benutzen, für Dein inneres Wohlergehen zu sorgen,
setzt Du ihn dazu ein, Dich genau **da**von abzulenken
auf lauter zweitrangige Angelegenheiten,
nur weil die Anderen es von Dir verlangen.

Wo kämen wir schließlich hin, wenn sich jeder nur
noch nach seinen privaten Gefühlen richten wollte?!
Die haben bitte der Allgemeinheit zu weichen.
So opfern alle ihr Eigen-Leben für die Gemeinschaft
aber letztlich hat **keiner** was davon.

Wir müssen wieder lernen,
unseren eigenen Bedürfnissen zu folgen.
Das heißt ja nicht unweigerlich, daß man damit
gegen die Ansprüche der Gemeinschaft **verstößt.**
An sich selber denken heißt ja nicht gleich
andere ausnutzen, über Leichen gehen.

Wie soll man je erfahren, wie man eigentlich den
Anderen gerecht wird, wenn man garnicht weiß,
was einem **selber** recht ist?
Wieso ist jeder Einzelne immer nur
für das Wohl der **Anderen** verantwortlich?
Doch bloß, weil die Anderen über Dich herfallen,
wenn Du es Dir gut gehen läßt.
Sie gönnen Dir nichts und erklären **Dich**
für **ihre** Unzufriedenheit verantwortlich.
So verzichtest Du auf Deine Selbst-Entfaltung,
um Dich nicht der Verachtung derer auszusetzen,
die sich selbst keine Freude am Leben gestatten.

Wenn man Dich fragt »Wie geht es Dir«,
kannst Du garnicht gleich antworten.
Du mußt erst einmal Nachforschungen anstellen.
Und so fragst Du lieber zurück »Und Dir?«,
um dann zur Tagesordnung überzugehen.
Wetter, Beruf, Schule, Geld, Wochen-Ende.
Du willst garnicht wirklich wissen,
wie es Dir geht. Und wie es dem Anderen geht,
ist Dir genauso egal.

Unbewußt fühlst Du Dich einfach schlecht
und bist froh, wenn Dich keiner fragt.
Mit Deiner Unzufriedenheit willst Du
nichts zu tun haben. Was Dir nicht gefällt,
das gehört einfach nicht zu Dir.
Du sagst also zwar »Ich bin krank«, wenn Du
einen Schnupfen oder Bauchweh hast, aber
eigentlich zählt Dein Körper nicht zu Deinem Ich.

So mag ein Dauerläufer mit Stolz berichten,
daß er täglich seine 5 km heruntertrabt.
Da ist er ganz eins mit seinem Körper, mit
seinen Muskeln, Lungen, Herz und Kreislauf.
Aber wenn er das nächste mal Seitenstechen kriegt,
und schlapp macht, dann ist es plötzlich nur noch
sein Körper, der ihn im Stich gelassen hat.
»**Ich** wollte ja noch, aber die Schmerzen...«
Wo Du Dich gut findest, wo Dir etwas gelingt,
da bist Du ganz Du selbst.
Du bist stolz und zufrieden mit Dir und setzt Dich
dabei mit Deinen Taten und Leistungen gleich.
Ganz anders, wenn Dir was daneben geht.

Wenn Dir nämlich ein Mißgeschick passiert,
schon dieser Ausdruck macht es deutlich,
Es passiert Dir, dann lehnst Du
dafür die Verantwortung lieber ab:
»Das habe ich nicht gewollt.
Da kann ich nichts für...«
Obwohl es ganz und gar Deine Hand war,
aus der der Teller geglitten ist,
ganz Deine Aufmerksamkeit, der das Stop-Schild
entgangen ist, ganz Dein Fuß, der stolperte.
Ganz Dein Penis, der nicht steif blieb, oder
ganz Deine Scheide, die trocken bleibt und brennt.
Wieder ist es die Furcht vor Strafe, vor Schande
und vor Liebes-Entzug, die Dich dazu bewegt,
einen Teil Deiner selbst abzulehnen, zu leugnen.

Überall und immerzu bist Du auf der Flucht
vor der Einsicht, daß Du **Du** bist,
und daß Du nicht **der** bist,
der Du zu gern sein möchtest,
nicht perfekt, gesund, heil und tadellos,
sondern durcheinander, verklemmt und gespalten.

Mehrfach gespalten sogar.
Eine der schlimmsten Spaltungen ist die
zwischen Deinem Körper und Deiner Seele.
An den körperlichen Merkmalen des Charakters
kommt man mit dem Bewußtsein ja nicht so leicht
vorbei. Da erklärt man das alles lieber für
bedeutungslose Äußerlichkeiten. Und schon bist Du
nur noch Geist und Seele. Und das Fleisch
ist wertlos, schwach und nebensächlich.

Körperlich krank sein gilt heute ja einfach
als ganz normal: Das Herz macht nicht mehr mit,
die Knochen sind müde, die Sehnen rheumatisch,
die Augen brauchen Verstärkung,
Zahn-Ausfall, Hexenschuß, Blut-Hochdruck,
Muskel-Schwund, Leber-Drücken, Darm-Trägheit,
Magen-Krämpfe, Nieren- und Gallen-Steine,
Nerven-Schwäche und Migräne, 3 mal Grippe im Jahr,
und Krebs an allen Ecken und Enden.

All das sichert einem das Mitleid seiner Nächsten
und die Zahlungsbereitschaft der Krankenkasse.
Kaum einer käme darauf, sich dafür zu schämen.
Manche bringen das fertig, aber die Anderen
machen Dir wegen einer Krankheit keine Vorwürfe.

Vielleicht hast Du etwas falsch gelebt
oder Dich zu ungesund ernährt, zu viel gearbeitet,
zu viel geraucht oder getrunken.
Aber das ist schließlich ganz normal.
Wer da nicht krank wird, der ist ja nicht gesund...

Mit dem Geiste ist das was ganz anderes.
Geistig krank sein bedeutet für jeden Zivilisierten
eine große Schande. Da gilt er **lieber** als böse!
Also reagiert der Normale zutiefst beleidigt,
oder sogar mit offener Feindseligkeit,
wenn man ihm unterstellt, er sei
nicht ganz zurechnungs-fähig oder wirrköpfig.
Und wenn man ihm die Vermutung nahelegt, seine
körperlichen Leiden könnten seelisch bedingt sein,
sträubt er sich mit Händen und Füßen dagegen,
so einen Gedanken auch nur in Erwägung zu ziehen.

Es heißt nämlich durchweg:
Für seinen **Körper** kann keiner was. Das ist
alles angeboren oder kommt von außen (Ansteckung).
Aber für seinen **Geist** ist jeder selbst zuständig.
Und wer nicht normal ist, nicht ist wie die Anderen,
»auffällig«, der wird nicht für voll genommen sondern
wird verlacht, verachtet, gemieden oder gar verfolgt.

Zweifel an der eigenen geistig-seelischen Gesundheit
können den normalen Menschen deshalb ganz schön
verunsichern. Also denkt er lieber erst garnicht an
sowas. Und **das** ist der Fehler, denn auf diese Weise
bleibt ihm sein innerer Zustand auf ewig verborgen.

Eine Erkrankung am eigenen Körper festzustellen
ist auch nicht weiter schwierig.
Du hast irgendwo Schmerzen oder sonstige
verdächtige Anzeichen, oder es ist einfach
mal wieder Zeit für eine Sicherheits-Kontrolle.
Also gehst Du voll Vertrauen zu Deinem Haus-Arzt,
der untersucht Dich (ziemlich oberflächlich)
und sagt Dir, wie es (ihm nach) um Dich steht.
Du bekommst vielleicht ein paar Pillen verordnet
oder eine Spritze irgendwo hin
oder eine Reihe seltsamer Bestrahlungen,
und alles ist angeblich wieder gut.
Zur Not hilft eine kleine Operation.

Naja. Es wird schon wieder werden. Du wirst es
dem Onkel Doktor doch nicht antun wollen,
trotz all seiner Heil-Künste krank zu bleiben.
Ob Du allerdings nicht auch **ohne** sie genesen wärst,
wirst Du nie mehr ermitteln können...

Geist und Seele **merken nicht** so leicht,
ob sie gesund oder krank sind.
Du kannst zu einem Psychologen gehen,
und der kann ein paar Tests mit Dir veranstalten,
Deine Intelligenz vermessen, Deinen Charakter
mit einem fremd-klingenden Titel versehen
und Dich für normal erklären.
Vielleicht hat er **auch** irgend eine Pille oder
ein Riechfläschchen für Dich in seiner Trick-Kiste,
zur Beruhigung oder um Dich in Schwung zu bringen.
Und er wird Dir ein paar warme Ratschläge geben,
was Du bei Deiner Veranlagung
besser tust oder läßt.

Für ihn ist normal gleichbedeutend mit gesund.
Aber die NORM ist nur ein statistischer Mittelwert.
**Und dem gemäß ist körperlich krank sein ganz normal,
und geistig normal sein angeblich ganz gesund!**

Bedenke also: Wir halten uns für geistig gesund,
nur weil wir normal sind.
Dabei kann normal sein doch ebenso gut krank sein.
**Wie will der Geist denn wissen,
ob er gesund ist, wenn er doch krank ist?**
Auch die vielen derzeit lebenden Napoleons
halten sich schließlich für normal und gesund.

Die Wahrheit ist, daß garkein Mensch wissen kann,
was geistige Gesundheit überhaupt ist.
**Bei allem was Du aus diesem Buch erfahren kannst,
ist es geradezu der beste Beweis für
geistig-seelische Unzulänglichkeit, wenn man
NICHT an der eigenen Gesundheit zweifelt.**

E Gesundheit

Im Ersten Teil des Buches habe ich versucht
deutlich zu machen, daß Körper und Seele
eine Einheit bilden, das heißt (auch),
daß die Gefühle **im Körper** stattfinden
und **im Gehirn** zu Bewußtsein kommen,
und daß Denken und Handeln ganz und gar
dem Einfluß der Gefühle unterliegen.
Deshalb kann ein gesunder Geist nur
in einem gesunden Körper gedeihen.
**Ein kranker Körper erzeugt kranke Gefühle,
und diese erzeugen kranke Gedanken.**

**In der frühen Kindheit werden diese
kranken Gefühle und Gedanken jedem Menschen
von seinen Eltern und Erziehern beigebracht
und erscheinen deshalb wie biologisch vererbt.
Weil sie es aber nicht sind, können sie
durch naturgemäße Kinder-Betreuung verhindert
durch Selbst-Erkenntnis beseitigt
und somit ganz aus der Welt geschafft werden.**

Durch frühkindliche Prägung haben die Menschen
ihr Gefühl für das Natürliche im Leben nicht richtig
entwickeln können und so haben sie auch
kein Vertrauen zu ihrer Natur. Nun setzen sie
alle Hoffnungen auf das, was ihnen bewußt und
vertraut ist, ihren Geist, und erwarten, daß ihnen
die Wissenschaft mit ihren künstlichen Mitteln
den beschwerlichen Weg zurück zur Natur
und das demütigende Bekenntnis
zu ihrer tierischen Herkunft ersparen kann.

Das kann die Wissenschaft natürlich nicht,
weil ein widernatürlich eingestellter Geist
nie und nimmer in der Lage ist,
naturgemäße Erkenntnisse zu erarbeiten
oder gar die Natur zu ergründen.
Er kann nur mit seinen verirrten Vorstellungen
der Natur ins Handwerk fuschen
und alles nur noch schlimmer machen.
Im Vertrauen auf die Natur können wir dagegen
durchaus das Bild eines gesunden Menschen entwerfen:

- Der Mensch ist **von Natur aus** gesund.
Keine gesunde Mutter gebiert ein krankes Kind.
Und von Natur aus wird der Mensch auch nicht krank.
Eine Krankheit ist immer die Folge einer Störung
in der natürlichen Entwicklung seiner Lebens-Vorgänge.
Ein gesunder Mensch steckt sich nicht mit ein paar
zufällig vorbeifliegenden Bakterien an, sondern
zerstört in seinem Organismus jeden natürlichen
aber seinem Leben entgegenwirkenden Fremd-Körper.
Natürlich kann er durch einen Feind von außen
vergiftet oder verletzt werden.
Genau das geschieht ja in der Erziehung.
Und dann ist es mit der Gesundheit auch vorbei.

- Ein gesunder Mensch ist körperlich fit und
voll Spiel-Lust, Fantasie und Taten-Drang.

- Ein gesunder Mensch ist von Natur aus glücklich.
Gesundheit ist für ihn die einzige Bedingung,
um glücklich sein zu können.
Glück ist sein natürlicher Normal-Zustand.
Er genießt das Leben ohne Vorbehalte.

• Ein gesunder, glücklicher Mensch schafft sich die äußeren Bedingungen für ein gesundes, glückliches Leben ohne Qual und Mühe, denn er ist arbeits-froh und lern-freudig, geschickt, begabt und geistig wach. Und er macht sein Glück nicht von **un**natürlichen Bedingungen abhängig.

• Ein gesunder, glücklicher Mensch kann trauern, aber das macht keinen unglücklichen, kranken Menschen aus ihm. Deshalb verwindet er unbeschadet die meisten Enttäuschungen und Verluste.

• Ein gesunder, glücklicher Mensch ist voll Liebe, und da er liebt, **wird** er geliebt – von den Gesunden und gehaßt von den Kranken.

• Ein liebender Mensch haßt niemals. Er kann wütend werden, um sich zu wehren, aber er kennt keine Rache-Gefühle und Macht-Gelüste.

• Ein liebender Mensch ist voll Verständnis, Nachsicht und Duldsamkeit für seine Mitmenschen und wird Böses nie mit Bösem vergelten oder mit noch Böserem bestrafen wollen.

• Ein natürlicher Mensch weiß, daß Gesundheit, Liebe, Glück und Frieden nicht einzeln sondern immer nur vereint möglich sind, weil sie einander bedingen.

• Ein gesunder Mensch stirbt gesund und freiwillig, voller Hingabe, so wie er gelebt hat. Er weiß, wann seine Zeit gekommen ist und kann sie ergeben willkommen heißen. Sein Sterbe-Alter liegt bestimmt über 100 Jahren.

Dieses Ideal-Bild ist nicht aus der Luft gegriffen.
In Völkern und Kulturen, wo die Erziehung weniger widernatürlich verläuft, zeigen die Menschen auch weniger Störungen an Körper und Seele.
Und es ist kein Geheimnis und kein Streit-Punkt, daß primitivere, naturbelassene Völker auch zufriedener, glücklicher und gesünder sind als das in zivilisierten Staaten der Fall ist.
So finden wir auch die ältesten Menschen nicht in modernen Gesellschaften sondern in vom Fortschritt eher unberührten Stämmen.

Es ist aber nicht das moderne Leben die Ursache aller Leiden, Laster und Gebrechen sondern umgekehrt.
Ein gesundes Volk käme niemals darauf, sein Glück und seinen Frieden dem Fortschritt von Maschinen, Luxus-Gütern und Raketen zu opfern.

Gemessen an unserem Ideal-Bild ist der Zivilisierte jedenfalls ein jämmerliches, heruntergekommenes, erschütternd unglückseliges Geschöpf.
Und wenn man weiß, welche Einflüsse ihn in seiner Kindheit dazu gemacht haben, kann man diesen Entwicklungs-Verlauf bei jedem Baby beobachten und anhand des Charakters der Mutter vorhersagen.
(Sofern es auch bei ihr aufwächst.)

Und ebenso kannst Du ermitteln,
was Dich von diesem Ideal-Bild unterscheidet,
was Dich daran gehindert hat, so zu werden,
und was Du tun kannst,
um ihm näher zu kommen.

F Ich-Erweiterung

Die meisten Eltern behaupten gegenüber ihren Kindern, sie hätten mehr Erfahrung, weil sie eben älter sind. Damit rechtfertigen sie Beschlüsse und Anordnungen, die gegen die Wünsche ihres Kindes gerichtet sind, und die sie nicht besser begründen können/wollen.

So eine Behauptung ist natürlich Unfug.
Wenn man einen Charakter hat,
dann ist man darauf festgelegt,
immer wieder dieselben Erfahrungen zu machen.
Das mag sich dann 10 oder 100 mal wiederholen.
Aber damit hat man nicht **mehr** Erfahrung als vorher.
Und der Schluß, den man daraus zieht,
wird dadurch auch um keinen Deut richtiger.

Verkümmert machst Du immer wieder die Erfahrung,
daß es sich nicht lohnt, sich anzustrengen.
Selbst wenn Du Erfolg hast, bist Du doch weiterhin
unfähig, Glück und Liebe zu genießen.
Unterdrückt machst Du immer wieder die Erfahrung,
daß man die anderen hart anpacken muß,
damit »der Laden läuft«, daß man
gegen »die da oben« doch nichts ausrichten kann
und den Anweisungen von oben eben gehorchen muß,
um keine Schwierigkeiten zu bekommen. Also
hältst Du Freiheit für so unmöglich wie schädlich.
Beschämt machst Du immer wieder die Erfahrung,
daß Liebe und Sex Dich nicht befriedigen.
Also erscheint Dir erwiesen, daß das Glück
irgendwo anders, nur nicht dort zu finden sei.
Aber all das **sind** garkeine Erfahrungen!

ERFAHRUNGEN SIND ERLEBNISSE, DIE VERÄNDERN!
So beeinflussen die Ur-Erfahrungen in der frühen Kindheit die persönliche Entwicklung. Wenn man auf diese Erst-Erfahrungen festgelegt ist, wenn sie also zu einem Charakter-Zug geworden sind, ist einem der Weg zu neuen, gegensätzlichen Erfahrungen innerlich versperrt. Ja, ohne besondere Einsichten und Anstrengungen kann man **gar**keine Erfahrungen mehr machen! Man kann nichts mehr erleben, was einen verändert, weil: Einen Charakter haben heißt, sich nicht mehr ändern **wollen.**

Deshalb ist es wichtig, daß Du Dich niemals auf die Erfahrungen der Anderen verläßt, erstrecht nicht, wenn sie Dir ihre Erfahrungen aufdrängen wollen, anstatt Dir zu gestatten oder anzuraten, Deine Erfahrungen unbedingt **selbst** zu machen.

Das ist so ein guter, wichtiger Beigeschmack des Wortes Selbst-Erfahrung, daß man alles **selbst** erfährt. Dann merkt man bald, daß **die meisten Erfahrungen, die man macht, sich garnicht durch weitere ganz gleiche Erfahrungen bestätigen, sondern daß das Leben größtenteils immer wieder ganz anders ist, als man es auf grund seiner Erfahrungen erwartet.**

Ein wirklich erfahrener Mensch weiß nur eines: Daß er sich auf seine Erfahrungen **nicht** verlassen kann. Das braucht er auch garnicht, denn er verläßt sich viel besser auf seine Fähigkeit, das Leben so zu sehen, zu nehmen und zu meistern wie es kommt.

Diese Fähigkeit, dem Leben zu begegnen, ohne es ständig an früheren Erfahrungen zu messen und es dabei immer wieder gründlich zu verkennen, diese Fähigkeit entsteht durch Ich-Erweiterung:
Ich muß nicht versuchen, **die Welt** zu ergründen, **sie** zu begreifen, ihre unendlich vielen Zusammenhänge zu erfassen, all die anderen Menschen zu verstehen, sondern ich muß lernen, **mich selbst** zu kennen, wie ich auf diese äußeren Ereignisse und Gegebenheiten innerlich reagiere.

Wo ich mich dabei als festgelegt und unbeweglich erfahre, kann ich mich auch befreien.
Wo ich mich dabei ertappe, wie ich mein Innen-Leben durch Festlegungen und Vorurteile behindere, kann ich auch lernen, damit aufzuhören.
Was man **nicht** lernen kann, ohne sich dabei noch mehr zu verkrampfen und festzulegen, ist einfach anders zu reagieren, alles anders zu machen, ohne zuvor diese Selbstbehinderungen abzulegen.

Also zwinge Dich nicht zu neuen, noch künstlicheren, noch aufgesetzteren Verhaltens-Weisen.
Versuche nicht, plötzlich alles anders zu sehen, anders zu empfinden und anders zu machen als bisher.

Wörter wie Selbst-Entfaltung oder Selbst-Veränderung, Selbst-Verwirklichung und Selbst-Bestimmung klingen mir immer nach Selbst-Vergewaltigung.
Der Weg nach innen ist Ich-Erweiterung, ist **das Bewußt-Machen der eigenen Persönlichkeit.**
Dazu gehört **eine neue geistige Tätigkeit:**
Die des INNEREN BEOBACHTERS.

Viele Psychologen warnen davor, sich all zu viel
selbst zu beobachten, weil sie meinen,
man würde dann nur immer verkrampfter werden
und könne sich dann erstrecht nicht entspannen.
Es ist richtig, daß Entspannung ein wichtiger Teil
der Ich-Erweiterung ist, aber man kann sie nicht
dadurch erreichen, daß man sich bemüht,
sich zu entspannen und sich (d. h. sein Bewußtsein)
von seinen Verspannungen abzulenken.

Durch Selbst-Beobachtung werden diese Verspannungen
vielmehr nur erst richtig **bewußt** und
erscheinen einem deshalb zunächst als gesteigert.
Aber genau dadurch erst wird es einem möglich,
sie in ihrer ganzen Größe und Gefährlichkeit zu sehen.

Laß Dir nie einreden, Du könntest Dich verändern,
ohne Dich erst einmal richtig kennen gelernt, also
in Deiner ganzen Beschränktheit erlebt zu haben.
Das mag schmerzlich und beängstigend sein und
weniger Freude versprechen als die Hoffnung
auf eine schmerzlose Wunder-Heilung.
Aber wenn eine Pflanze nicht gedeiht, wirst Du
auch nicht versuchen, sie zum Wachsen zu bringen,
indem Du an ihren Blättern und Ästen ziehst.
Du mußt Dir schon die Finger beschmutzen und
dem Gewächs einen neuen Topf und frische Erde geben,
damit seine **Wurzeln** sich stärken und entwickeln.

Und die Wurzeln Deiner Persönlichkeit liegen in
Deiner Seelen-Tiefe und ersticken dort unter einer
mit Dünge-Mitteln, Unkraut- und Schädlings-Giften
verdorbenen Erd-Schicht, Deinem Charakter.

Als Beobachter betrachtest Du Dein Innen-Leben
einfach so wie es ist, ohne zu urteilen,
ohne einzugreifen oder gar zu unterdrücken.
Sei wie Du bist, tu wonach Dir zumute ist,
und beobachte Dich dabei.
Schau Dir an, wie Du traurig wirst
und Deine Tränen zurückdrängst,
wie Du wütend wirst und Deinen Drang zu schlagen
oder zu schreien niederringst,
oder wie er Dich übermannt,
wie Deine Selbst-Beherrschung zusammenbricht.

Schau zu, wie Du jemandem etwas sagen willst
und Dich nicht traust oder
wie Du jemandem Deinen Willen aufzwingen willst.
Sieh Dir an, welche Wünsche Dich antreiben
und ob Du ihre Erfüllung genießen kannst oder
Dich dafür schämst und Dich davon abhältst.

Sieh hin, wie Du ständig weg-schaust im Leben
und wie Du immer wieder vergißt,
Dich zu beobachten.
Wie Du versuchst, anders zu sein als Du bist
und anders zu erscheinen, als Du Dich fühlst,
wie Du Dich bewertest und verurteilst,
wie Du Dich beschuldigst und herausredest,
wie Du Deine Mitmenschen behandelst und
wie Du Dich von ihnen behandelt fühlst,
wie Du andauernd damit beschäftigt bist,
Dich daran zu hindern, all das Innerste
offen und unbefangen und aufrichtig wahrzunehmen
und freiweg auszudrücken.

Im täglichen Leben ist es am Anfang sehr schwer, den inneren Beobachter eingeschaltet zu halten, denn zu sehr ist man in die Aufgabe verstrickt, seine Pflichten zu erfüllen, seine Rollen zu spielen, sich auf seine Arbeit zu konzentrieren und vor allem anderen Menschen gerecht zu werden, damit sie tun, was man von ihnen erwartet, und sich nicht auf den Schlips getreten fühlen durch das, was man ihnen persönlich entgegenbringt.

Deshalb ist es leichter, man beginnt mit der Selbst-Beobachtung in den eigenen vier Wänden. Dort kannst Du Dich vor einen Spiegel setzen, Dir mal in Ruhe genau ansehen, wie Du aussiehst, was Deine Gesichts-Züge ständig so ausdrücken, was Du für Grimassen schneiden kannst, welche Gefühle Du damit ausdrücken kannst, und welche Muskeln dabei schmerzen.

Ich will Dir hier mal keine Aufzählung von möglichen Feststellungen anbieten sondern Dich ernsthaft dazu auffordern, Dir täglich die Zeit zu nehmen, Dich vor den Spiegel zu stellen und Dich im Gesicht und von Kopf bis Fuß zu betrachten.

Beobachte, wie Du Dich schämst, daß Du überhaupt in den Spiegel schaust. Hatte man Dir nicht gesagt, daß es eitel und folglich unschicklich ist, sich mehr als nötig im Spiegel zu betrachten? Und beobachte, wie Du Dich fühlst, wenn Du Dich betrachtest, wie Du anfängst Dich zu beurteilen, nach schönen und häßlichen Körper-Zonen zu schielen oder Dich zurückhältst, überhaupt richtig hinzusehen.

Vielleicht blätterst Du dabei zurück zum Kapitel »Charakter und Körper« und versuchst zu ermitteln, welche Merkmale Dein Äußeres kennzeichnen, also Deinen Charakter verraten. In diesem Buch kann ich Dich leider nicht weiterführen. Ich muß Dich auf andere Bücher verweisen, in denen ganz ausführlich beschrieben wird, wie man seinen eigenen Körper erforscht und wie man mit ihm arbeitet, um seine Verspannungen zu lösen.

Daß dabei auch der Charakter angesprochen wird, seine Versteifungen langsam einbüßt und aufhört, über Dein Innen-Leben zu herrschen, liegt auf der Hand.

Der Körper ist der eindeutigste und am leichtesten zu verstehende Zeuge Deiner Persönlichkeit. Und wie Dein Bewußtsein zu **ihm** steht, so steht es auch zu Deiner wahren Natur und zu Deinem ganzen Leben: Aufgeschlossen, annehmend, anteilnehmend, bewußt, ihn liebend, pflegend und genießend, oder abgekehrt, ihn verachtend, mißhandelnd, ausnutzend, ihn vernachlässigend und sich für ihn schämend.

Genau so wie der Charakter als seelische Behinderung aufgelöst und abgelegt werden kann, so können auch schwere körperliche Störungen und Behinderungen, ja Verkrüppelungen, durch Übungen und Massagen vermindert und sogar gänzlich behoben werden. Solche Heil-Arbeit an Körper und Charakter muß sinnvollerweise Hand in Hand gehen, denn, **da der Charakter die Körper-Haltung bestimmt und die Körper-Verspannungen den Charakter festigen, kann nur beides oder keines von beiden geändert werden.**

Daran, wie Du mit Deinem Körper umgehst,
kannst Du erkennen, wie Du mit Deinem Leben umgehst,
ob Du ihm mit Verstand und Gefühl gerecht wirst,
oder ihm mit Achtlosigkeit oder gar
mit Selbst-Schädigung in den Rücken fällst.

Als Raucher merkst Du offenbar nicht mehr, wie Du
Dir mit jedem Zug an der Tabak-Glut Schaden zufügst.
Oder Du merkst es zwar noch und
nimmst es sogar billigend inkauf, daß Du
Dein Leben damit Zug um Zug zerstörst.
Du sagst, es schmeckt Dir und es täte Dir gut.
Aber wenn Du Vertrauen zur Natur hättest, dann
wüßtest Du, daß dieser Widerspruch unnatürlich ist,
daß etwas, das dem Leben schadet, auch nicht schmeckt.

Wenn Du gezwungen wärest, mit dem Rauchen aufzuhören,
würdest Du wahrscheinlich Dein inneres Gleichgewicht
verlieren, nervös, reizbar und unbeherrscht werden
und im täglichen Leben nicht mehr zuverlässig
funktionieren können. Die Mediziner glauben deshalb,
daß Dein Körper und vor allem Dein Nerven-System
durch die lang anhaltende Gewöhnung
süchtig geworden ist. Aber das ist ein Irr-Denken.

Du bist süchtig geworden, weil Dein Charakter
Deine inneren Lebens-Vorgänge stört, und Du deshalb
eine Droge brauchst, um nicht durchzudrehen.
Und so ist es mit allen Sucht-Mittelchen.
Die Menschen, die sie nehmen, sind schon **vorher**
krank. Der Drogen-Mißbrauch vollendet nur, was
ihre charakterliche Neigung zur Selbst-Zerstörung
eingeleitet hat.

Selbst das Essen ist in diesem Sinne eine Droge.
Der Zivilisierte ist ganz einfach ess-süchtig. Wir
alle essen von klein auf täglich ein Vielfaches von
dem, was wir um gesund zu leben wirklich brauchen.
Die Berechnungen der Ernährungs-Forscher sind
– wie sie heute öffentlich anerkannt werden –
keinesfalls unumstritten. Im Gegenteil.
Wer logisch denken will, kommt ganz leicht
zu dem Schluß, daß sie garnicht stimmen können:

Viele Menschen arbeiten viel,
essen wenig und sind kerngesund.
Andere Menschen arbeiten auch viel, essen viel
und sind trotzdem übergewichtig.
Andere essen viel, arbeiten aber wenig
und sind trotzdem gerten-schlank und robust.
Und wieder andere essen sogar äußerst wenig,
arbeiten auch viel und sind trotzdem fettsüchtig.

Es ist geradezu seelische Grausamkeit, einem Menschen
der an Übergewicht leidet, auch noch vorzuwerfen, er
esse eben einfach zu viel, wo er doch täglich sieht,
wie andere das doppelt-und-dreifache verschlingen,
sich keinen Zwang antun und keine Figur-Probleme haben.

Wir essen zu viel, weil wir sonst unter einem Gefühl
ständig andauernder innerer Leere leiden müßten.
Daß die einen davon fett werden und andere nicht,
hängt mit ganz anderen Dingen zusammen und läßt sich
mit Brenn-Werten (Kalorien, Joule) und
Vitamin-Einheiten überhaupt nicht erklären.
Es kommt vielmehr darauf an, ob Verdauung und
Stoffwechsel naturgemäß oder gestört arbeiten.

Wie der Normale ess-, trink- und rauch-süchtig ist,
so ist er auch medikamenten-süchtig.
Für jedes allerkleinste Wehwehchen hat er
eine Pille oder sonst ein Mittelchen im Schränkchen
und nimmt es ein, sobald er in seinem Körper
irgend ein unangenehmes Gefühl verspürt.
Unlust und Schmerz sind aber Signale dafür,
daß etwas nicht richtig funktioniert, daß
die natürlichen Funktionen des Körpers leiden.
Und das kann nur daran liegen, daß Du falsch lebst
oder mit Deinem Körper etwas falsch gemacht hast.
Mit einem Medikament änderst Du an der Ursache
Deines Leidens niemals etwas zum Besseren.
**Es gibt auf der Welt kein einziges Medikament,
das im Leben wirklich eine Heilung bewirken könnte.**
Die meisten richten eher nur noch mehr Un-heil an.
Das kleinste Unheil ist dabei noch, daß der Körper
betäubt wird, den Schaden nicht mehr wahrnehmen kann
und sich dadurch nicht mehr veranlaßt sieht,
seine **natürlichen Heil-Kräfte** in Bewegung zu setzen.
So wird ihm die Möglichkeit gesund zu werden
durch das Medikament sogar genommen!
Dies gilt für Grippe und Übelkeit genauso wie für
Kopfschmerzen, Rheuma, Herz-Krampf oder Krebs, kurz
für alle Krankheiten, die auf charakterlich bedingte
Störungen der inneren Lebens-Vorgänge beruhen.
Also im Überblick: Schwächung des Energie-Haushalts
und der Abwehr-Kräfte (Immun-System) und/oder
von kind auf anhaltende Verspannungen, Verkrampfungen
oder Verhärtungen bestimmter Muskeln, Drüsen,
innerer Organe oder Nerven-Bahnen.

Die Medizin hat dieselbe Berechtigung zu wirken
wie die Feuerwehr. Sie kann »Brände löschen« und
Leben retten, aber sie kann nicht viel tun,
ja sie bemüht sich nicht einmal richtig darum,
das Notwendig-Werden ihres Einsatzes zu verhindern,
also gezielt und wirkungsvoll vorzubeugen.

Da wo sie es versucht, scheitert sie weitestgehend,
ganz einfach, weil sie nicht fähig und bereit ist,
charakterliche Störungen überhaupt **als krankmachend
anzuerkennen,** zu untersuchen und zu behandeln.
Und deshalb kann sie ihnen auch nicht mit den
nötigen naturgemäßen Erkenntnissen und Einflußnahmen
bei der Schwangeren-Betreuung, der Säuglings-Pflege
und der Kinder-Erziehung rechtzeitig entgegenwirken.

Die dazu nötigen Einsichten scheitern
– ich muß mich wiederholen –
an der charakterlichen Behinderung
der Ärzte und Forscher persönlich.
Sie sind auch nur Menschen und versuchen doch
ihr Leben lang zu beweisen, daß sie mehr sind,
indem sie – Göttern gleich – die Natur nur
beherrschen wollen, anstatt ihr zu dienen.
Und daß daraus immer nur Zerstörung hervorgehen kann,
leuchtet jedem ein, der die Natur nicht verachtet,
sondern ihr vertraut und sie folglich liebt,
schützt, pflegt, verehrt und dankbar versteht.
Und das zeigt sich am deutlichsten in der Erziehung.

**Krankheit ist etwas Widernatürliches.
Und mit widernatürlichen Mitteln und Methoden
kann niemals Natürlichkeit wiedergewonnen werden.**

Wenn Du also z.B. ständig erschöpft bist, dann stellt der Arzt einfach einen Vitamin-Mangel fest. Er fragt nun aber keineswegs, wie es zu diesem Vitamin-Mangel gekommen ist. Er verabreicht Dir einfach etwas zum Einnehmen, das den Mangel beheben, ausgleichen soll.

Wenn Du Schmerzen hast, fragt der Arzt sich auch nur selten, wie diese Störung wohl zustandegekommen ist, sondern gibt Dir einfach ein Schmerz-Mittel, damit Du nicht weiter leiden mußt. Aber dadurch ändert sich an Deiner Krankheit leider garnichts.

Wenn ein Organ nicht mehr so richtig will, dann wird es bestrahlt oder heraus-operiert, ohne daß richtig gefragt wird, worin die Ursache für seine Funktions-Störung wirklich besteht.

Wenn der Stuhlgang nicht recht klappt, gibt es Abführ-Mittel. Wenn die Regel schmerzt, gibt es krampflösende Schmerz-Mittel. Wenn's bei der Liebe juckt und brennt, gibt es ein Pilz- und Bakterien-Mittel. Nichts, aber auch garnichts geschieht, um die wirkliche Krankheit zu ergründen und zu beheben. Wenn morgens der Rücken steif ist, gibt es eine neue, härtere Matratze. Wenn die Verdauung gestört ist, gibt es eine Magen-Darm-Diät. Gegen jede nur mögliche Entzündung gibt es entzündungs-hemmende Medikamente, obwohl doch eine Entzündung immer die äußere Erscheinung eines inneren **Heilungs**-Vorgangs ist.

Ärzte sind eben ganz normale Zivilisierte,
also genau so dazu erzogen,
ihren Körper nicht von innen her wahrzunehmen.
Kein Wunder, wenn ihre ehrlichsten Bemühungen um
Kenntnisse und Heil-Verfahren genau da scheitern, wo
sie auf die Barrieren des eigenen Charakters stoßen;
auf die Versteifung, daß Persönlichkeit, Erziehung
und Gesundheit **nicht** miteinander zusammenhängen,
auf die Furcht vor der einfachen Wahrheit, daß sie
auf falschen Fährten schnüffeln und jagen,
und daß sie mit allem von vorne anfangen müssen,
also bei sich selbst.

Wir haben alle so sehr jedes Gefühl für unser Leben
verloren, daß wir ständig so handeln, als ob
alles Gute für den Körper **durch den Mund** kommt.
Wenn der Darm ein bißchen träge ist, warum
massieren wir uns nicht erst einmal den Bauch oder
hüpfen ein paar Minuten lang auf der Stelle, um ihn
wachzurütteln, sondern nehmen ein Abführ-Mittel?
Warum massieren wir uns nicht Nacken und Schläfen,
um unsere Kopf-Schmerzen loszuwerden,
sondern schlucken lieber eine Aspirin? (Merknix-Pille)
Warum machen wir morgens nicht etwas Gymnastik,
um den Schlaf aus den Gliedern zu schütteln,
anstatt uns mit Kaffee wachzuputschen?

Das Frühstück, in unserer Kultur heilig gehalten,
ist gerade vor der Arbeit völlig fehl am Platze.
Wir beginnen nur deshalb den Tag mit einer Mahlzeit,
weil Essen fast das einzig Genüßliche ist, was wir
dem alltäglichen Leben abzuringen im Stande sind.

Wenn die moderne Frau unter Regel-Beschwerden leidet, nimmt sie schmerz- und krampflösende Medikamente, um weniger darunter zu leiden. Verständlich. Aber warum unternimmt sie nichts, um ihre Gebärmutter von ihren ewigen Verkrampfungen zu befreien, die doch auch ihr **all-**tägliches Gefühls-Leben stören?
Viele Menschen nehmen Aufputsch-Mittel ein, um bei der Arbeit und der Liebe besser drauf zu sein.
Unter leiblichem Wohl verstehen wir immer nur voll gedeckte Ess-Tische und mit Geselligkeit verbinden wir Fress-Orgien und Sauf-Gelage.
Der Mund ist das einzige Genuß-Organ, das wir ohne sittliche Vorbehalte benutzen dürfen.
Und das auch nur zum Essen und Trinken.
Küssen und Schmusen fallen schon unter die Verbote unserer lust- und liebes-feindlichen Moral.

Wie bringen wir es überhaupt fertig,
den ganzen Tag unbeweglich dazusitzen
und nicht zu spüren, daß wir immer weiter
körperlich und seelisch verkommen?? Nun:

Der **Tast-Sinn** und die **Haut-Gefühle** sind verödet, weil wir als Babys in Stoff gepackt keinen Kontakt zur lebendigen Haut der Mutter haben durften.
Und sie sind unterdrückt, weil sie all zu leicht die verpönten sexuellen Strömungen im Körper erzeugen.

Die **Augen** sind verödet, weil wir als Babys zu wenig Schönes, Farbenfrohes und Bewegtes zu sehen bekamen.
Und sie sind verspannt, weil wir damals vieles einfach nicht sehen **wollten** (strafende Blicke) oder **durften** (der Eltern Fehler, Nacktheit u. v. m.).

Das **Gehör** ist verödet, weil wir als Babys
nur Mißklänge zu hören bekommen haben.
Und es ist verspannt, weil wir uns als Kinder
innerlich gegen das Gehorchen versperren mußten,
um einen eigenen Willen entwickeln zu können.

Und selbst der **Geruchs-Sinn** ist gestört, wenn
durch Erziehung zum Ekel die Furcht vor Gestank
größer ist als die Lust an Wohl-Gerüchen.
(Du schmunzelst. Und das ist der Beweis...)

So ist uns durch die Beeinträchtigung der 5 Sinne
die natürliche Fähigkeit genommen, das Leben
von **all** seinen genießbaren Seiten vollständig
wahrzunehmen und uns täglich daran zu erfreuen.

Und das ist **ein** Grund dafür, daß wir grundsätzlich
unzufrieden sind und ständig danach trachten, uns
mit immer neuen, immer stärkeren Reizen zu füttern.
Von allem muß es immer **mehr** sein. Alles muß
noch größer, **noch** schöner, **noch** sensationeller sein.
Wie sollen wir auf diesem Wege unserer wahren Natur,
unseren echten Gefühlen von Liebe und Glück begegnen?
Von dem Überfluß an Reizen bleiben wir nicht nur
immer wieder betäubt und unbefriedigt, sondern wir
werden auch noch von ihnen abhängig, ja süchtig,
weil das Leben nach Lust verlangt, weil es Lust **ist**,
weil es – schwer behindert – zu Un-Lust wird,
zu Leid, Schmerz, Krankheit und Sterben.
Welchen anderen Schluß können wir aus all dem ziehen,
wenn nicht den, daß wir auf der Stelle
neue Wege suchen müssen, um zu uns selbst und
zu einem wirklich erfreulichen Leben zu finden?

Wie Du mit Deinem Körper und Deinem Leben umgehst, so gehst Du auch folglich mit Deinen Krankheiten um. Du tust alles, um so wenig wie möglich davon zu merken und um so schnell wie möglich Dein gewohntes, oberflächliches Wohlbefinden wiederzuerlangen.
Das heißt, Du kämpst mit allen Mitteln(!) **gegen** die Krankheit und glaubst, Du hättest gesiegt, wenn die Beschwerden vergangen sind.
Mit Medikamenten und Kuren beseitigst Du aber immer nur die äußeren Erscheinungen Deines Krank-Seins und niemals die wahren, tieferen Ursachen.
Diese Ursachen sind (nicht oft genug gesagt) die alten, in früher Kindheit entstandenen Störungen Deiner natürlichen Lebens-Entwicklung.

Um sich von diesen Störungen zu befreien, mußt Du ganz anders mit Deinen Krankheiten umgehen.
Du mußt erkennen, daß es sich um schwere Krisen Deines Lebens und Deiner Persönlichkeit handelt, und daß sie als solche Gelegenheiten darstellen, um Dir Deiner Störungen bewußt zu werden und um Dich und Dein Leben zu überdenken und zu **ändern**.
Krankheiten sind Kreuz-Wege in Deinem Lebens-Lauf, an denen Du blindlings weiter geradeaus fahren oder neue Wege einschlagen, die Richtung ändern kannst.

Jede Krankheit zeigt Dir unmißverständlich, was Du falsch machst, wo Du im Leben und im Umgang mit Dir selbst immer wieder denselben Fehler machst, bis die Schädigungen, die Du Dir dabei selbst zufügst, die Grenzen Deiner Belastbarkeit überschreiten und Dich zusammenbrechen lassen.

Selbstverständlich ist es nicht leicht, aus der Art einer Krankheit die richtigen Rückschlüsse auf die Persönlichkeit zu ziehen. Und wenn es sich um die eigene Persönlichkeit handelt, ist es doppelt schwer, weil man ja darauf versteift ist, alles zu tun, um sich selbst **nicht** wahrzunehmen.

Man möchte einfach nicht leiden und wünscht sich, ja man verlangt, daß alles so schnell wie möglich vorübergeht, und so verpaßt man leicht die Chance, die die Krankheit bietet.
Wenn man an ihre Wurzeln herankommen will, ihre Ursachen erkennen und endgültig beseitigen will, muß man sich auf die Beschwerden **ein**lassen.
Man muß sie willkommen heißen und durch**leiden**, anstatt sie zu bekämpfen und vor ihnen zu fliehen, muß sie als Ausdruck der eigenen Persönlichkeit betrachten und ihre Bedeutung **ergründen.**

Genau so wenig wie es nützt, ein Anderer sein zu wollen, nützt es, die **Krankheit** nicht zu wollen.
Erkenne, daß die Krankheit Dein Wille **ist**.
Ein Teil von Dir **will** krank sein, oder besser:
Will nicht mehr so leben, wie Du es ihm abverlangst oder es Dir von Deiner Umwelt vorschreiben läßt.

Diese Umwelt verlangt ja sicher auch von Dir, daß Du alles unternimmst, um möglichst bald wieder auf den Beinen zu sein und Deine Pflicht zu tun, Deine Arbeit wieder aufzunehmen, also weiterzumachen wie bisher. Und ein Teil von Dir will das **auch**, weil er fürchtet, daß Du Deine Arbeit oder gesellschaftliche Stellung verlierst.

Krank stehst Du folglich aber vor der Entscheidung, ob Du Deinem Ich gehorchen willst, Deinem Gewissen und Deinen Ängsten vor Verzicht und Verlust oder Deiner inneren natürlichen Stimme, die Dir sagen will, daß es so nicht weitergeht.

Eine Krankheit, die man künstlich vertreibt, mit Medikamenten bekämpft oder auch nur übergeht, ist niemals aufgehoben sondern immer nur aufgeschoben. Und je mehr Krankheit Du im Leben so vor Dir her schiebst, desto näher kommt der Tag, an dem Dich die selbst aufgetürmte Lawine überrollt und zerschlägt.

Das ist der fragwürdige Segen aller Medizin, daß sie bedenkenlos hilft, Beschwerden zu vertreiben, anstatt sie als Hinweis zu verstehen auf Fehler in der persönlichen Entwicklung und Lebens-Führung. Wo alles andere zu spät ist, mag sie hilfreich sein, doch wo sie eingreift und, Heilung vortäuschend, Heilung verhindert, **ist Medizin** nichts anderes als **die höchste Errungenschaft der Menschen im Kampf gegen Selbst-Einsicht und Selbst-Verantwortung, gegen Selbst-Verschmerzung und Natürlichkeit und gegen die Erkenntnis, daß alles Unheil in der Welt auf die Beeinträchtigung oder gar Zerstörung der natürlichen kindlichen Entwicklung zurückgeht.**

Erkenne Krankheit als Ausdruck des Kampfes zwischen Deinem natürlichen Selbst und Deinem aufgesetzten Ich. Anstatt das erkrankte Organ zu verfluchen, nimm Dich seiner endlich an, leide mit ihm und verstehe, daß es ein Opfer der Willkür ist, mit der Dein Ich Dein Leben mißbraucht.

Wie Du mit Deinen Krankheiten umgehst, so
gehst Du wiederum auch mit Deinen Problemen um.
Probleme entstehen immer auf der Gefühls-Ebene,
denn die Bedeutung jeder Lebens-Frage
wird durch die Gefühle bestimmt, die von der Antwort
also von der Lösung des Problems abhängen.

Deshalb kann man sagen, daß alle Probleme
eigentlich aus derselben Frage heraus entstehen:
Wie werde ich glücklich? Und
da der Normale auf's Unglücklich-Sein festgelegt ist,
verdreht er die Frage gleich in:
Wie **vermeide** ich Un-Glück, Leid, Schmerzen, Trauer,
Enttäuschungen und Krankheit.
Sein Haupt-Beweggrund ist also Furcht.
Furcht vor schlechten Gefühlen, anstatt
Lust auf gute Gefühle: Das ist die innere Haltung,
die zu Problemen führt, weil sie dazu drängt, die
vermeintlich äußeren Ursachen des Unglücklich-Seins
zu bekämpfen und Unglücks-Gefühle zu unterdrücken.
Und **dadurch** ist es dem Menschen dann unmöglich,
Glück zu erkennen, Glücks-Gefühle zu genießen
und zu merken, wie er mit seinem Charakter und mit
seinen Einstellungen **selbst** jedes Glück vermeidet.

Furcht ist also das Haupt-Hindernis, das
der Ich-Erweiterung im Wege steht. Solange Du
der Furcht gehorchst, kommst Du nicht weiter.
Also kann die Lösung Deiner Probleme
nur dadurch erfolgen, daß Du Dich der Furcht
und **dem**, was Du befürchtest, stellst. Und zwar,
indem Du **gerade das** tust, wovor Du Dich fürchtest...

Und nicht zuletzt: Wie gehst Du mit der Liebe um?
Wenn Du normal bist, dann ist Deine Liebe nur Sehnsucht und Abhängigkeit.
Vornehmlich willst Du **geliebt werden**.
Und an Deinem Partner hängst Du, weil Du am Anfang mit ihm die Erfahrung gemacht hast, daß Du Liebe von ihm bekommen kannst. Und jetzt möchtest Du ihn am liebsten darauf festnageln, daß er Dich auf gleichbleibende Weise weiter liebt, bis daß der Tod... und so. Täglich, stündlich, auf Kommando und ohne Probleme zu machen.

Aber das kann Dein Partner auf garkeinen Fall. Genau so wenig wie Du das kannst, so sehr Dein Partner es auch seinerseits von **Dir** erwartet.

Wenn auch die Verliebtheit, die Begeisterung und das »Große Glück« bald verflogen sind, so willst Du doch auf keinen Fall die Trennung. Wenigstens ist es ja mit der Einsamkeit vorbei, in die Du erst einmal zurück müßtest.
Und außerdem eignet sich Dein Partner bestens für Deine Neigung, an anderen Menschen herumzunörgeln, ihnen Deine Sorgen aufzuhalsen und ihnen mit Deiner eigenen Unzufriedenheit den Nerv zu töten.

Dein Partner wird zum Haupt-Verantwortlichen für Dein Glück. Und da er Dich nicht glücklich macht, (wie könnte er, wo ihr doch beide glücks-unfähig seid?) wird er zum Haupt-Schuldigen für Dein Unglück.
Eingeklemmt zwischen Sehnsüchten und Vorwürfen bleibst Du auf die Dauer das Opfer Deiner von Ekel, Scham und hemmenden Gedanken gestörten Liebes-Lust.

Die Beziehung mit Deinem Partner kommt Dir bald
als abgekühlt, ja abgenutzt vor.
Du kannst Dich nicht mehr für ihn erwärmen.
Zärtlichkeit, Wonne und Hingabe sind verbraucht.
Und so verlockt Dich der Reiz des Neuen.
Folgst Du ihm, gibt es Ärger: Dein Partner
fällt mit dem Vorwurf der Untreue über Dich her.
Und folgst Du ihm **nicht**, gibt es **auch** Ärger:
Dann wirfst Du Deinem Partner vor, er verlange Treue,
ohne Dir zu bieten, wonach es Dich gelüstet.

In den allermeisten Verhältnissen ist es so, daß
der Mann immer nur »das Eine« will, und das auch noch
auf recht drängende, ungestüme, übereilige Weise.
Und die Frau hätte es gern mit mehr Geduld und
mit viel viel mehr Zärtlichkeit und Kontakt.

Der Mann, zum Mann erzogen, mag nicht weich sein,
muß stürmen, erobern, zupacken und vollenden...
Und die Frau, zur Frau erzogen, ist eigentlich gar
nicht für Sex und läßt es nur dem Mann zuliebe zu.
Wie soll da Erfüllung stattfinden, wo die eine nur
sinnlich sein will und den Sex fürchtet, ablehnt
oder für unwichtig hält, weil er ihr nichts gibt;
und der andere unter Liebe nichts als Sex versteht
und auch **da**bei noch nicht einmal Befriedigung findet,
weil er alles »falsch« macht?

Und wie soll das weitergehen, besser werden,
solange beide darauf bestehen, daß
ihre Auffassung von Liebe die eigentlich richtige sei
und vom Anderen anerkannt werden müsse?
Eine böse Zwickmühle...

Als junger Mensch hofft man, daß die Liebe,
die Vereinigung mit einem geliebten Menschen,
endlich die große Wende im Leben bringen werde.

Von kind auf war das Leben Drangsal, Zwang,
Lieblosigkeit, Angst vor Strafe und Mißerfolg,
Sklaven-Dasein unter Eltern, Großeltern, Lehrern,
und nun soll doch endlich durch die Liebe
Sonnenschein und Glückseligkeit aufkommen.
Aber da Du und alle anderen Normalen nicht
lieben **können**, nicht lieben lernen **durften**,
kann es nur zu einem bösen Erwachen kommen,
ja zur alles-entscheidenden Enttäuschung.

Und wo die Liebe enttäuscht wird und stirbt,
wie sollen da glückliche Kinder aufwachsen?
Die Kinder sollen auch noch dafür herhalten,
die Liebe zu einem Partner zu ersetzen, den
Mangel an Erfüllung in der Liebe auszugleichen.
Und da sie das niemals können,
ja mit ganz anderen Erwartungen und Bedürfnissen
auf die Welt kommen, werden auch sie wieder nur
enttäuscht, abgeschoben, mißbraucht und beschämt,
und später als Erwachsene ebenso unfähig sein,
Eltern, Partner und Kinder zu lieben.

**Liebe ist das, was die Menschen friedlich
und glücklich macht. Und sie ist das, was in der
Kindheit am aller strengsten verboten, unterdrückt,
beschämt, zerstört und getötet wird. Und nur
Liebe kann es sein, was Dich und alle Anderen
erlösen kann aus Blindheit, Dummheit und Hass,
aus Unglück, Krankheit und Verzweiflung.**

G Schlußwort zum VI Kapitel

Es nützt nichts, all die Fehler,
die wir im Leben machen,
mit unserem Körper, unserer Seele, unseren Gefühlen,
unseren Krankheiten und Problemen und mit der Liebe,
zu leugnen oder zu verurteilen.

Wenn wir sie leugnen, bleiben wir das Opfer
unserer inneren Festlegungen: Unglücklich, lieblos,
feindselig, unduldsam, verständnislos und krank.
Und wenn wir sie verurteilen und uns also bemühen,
sie mit festem Willen, wilder Entschlossenheit
und größter Anstrengung zu bekämpfen,
verlieren wir uns in inneren Kämpfen,
sodaß wir mit der äußeren Wirklichkeit
erstrecht nicht mehr fertig werden.

Das einzige, was wirklich nützt ist Bewußtheit:
Schau Dir immer wieder ganz genau an, was Du tust,
welchen inneren Befehlen Du folgst, wie Du
– Sklave Deiner inneren Versteifungen –
ständig gegen Deine ureigensten Anliegen verstößt.
Wenn Du das nur lange genug beobachtest,
es Dir immer wieder schonungslos, unerbittlich,
klar und deutlich vor Augen hältst,
hörst Du irgendwann ganz von allein damit auf.
Dann sagst Du plötzlich: Moment mal. So habe ich ja
noch **nie** reagiert. Da bin ich doch sonst immer
ängstlich geworden, (oder wütend oder verzagt).
Und eben jetzt war ich zum ersten mal ganz gelassen,
total entspannt, sicher, friedfertig, annehmend,
in ganz und gar derselben Situation...

Dann hat sich ein Knoten in Dir gelöst.
Ein Stück innerer Freiheit ist entstanden.
Und so kann es Schritt um Schritt weitergehen,
zwanglos, ungewollt,
frei von Vorsätzen und Leit-Bildern,
nur durch Selbst-Beobachtung,
Selbst-Verantwortung,
Selbst-Verschmerzung,
mit dem Mut, Dich Deinem Innersten zu stellen,
durch Ich-Erweiterung
Deiner Seele auf der Spur,
immer mehr ICH-SELBST werdend ...

Siebentes Kapitel

»Ich-Selbst-Werden«

Mit dem Abschnitt Ich-Erweiterung habe ich versucht,
Dir die Richtung zu weisen, in der Du suchen mußt,
wenn Du Deinem Selbst auf die Spur kommen willst.
In diesem Kapitel will ich Hinweise darauf geben,
was Du im täglichen Leben dafür machen kannst, ohne
an Deinen **äußeren** Bedingungen etwas ändern zu müssen.

Der Titel ist schon das Schlüssel-Wort dazu.
Durch Selbst-Erfahrung und Ich-Erweiterung kannst Du
immer mehr Du-Selbst werden. Das soll heißen,
daß Dein Ich und Dein Selbst Dasselbe werden,
daß Du Dein wirkliches Selbst kennst
und es auch meinst, wenn Du »Ich« sagst,
daß es zwischen Deiner Natur und Deinem Bewußtsein
keine Schranken und Abgründe mehr gibt.
Das ist selbstverständlich nicht im Hand-Umdrehen
zu erreichen, sondern es ist ein langer Weg.

Das Leben ist aber auf jeden Fall ein langer Weg.
Doch Du hast selbst die Wahl,
wie dieser Weg aussieht und wie Du ihn empfindest:
Als Last und Mühsal und Unlust,
oder als Freude und Erfüllung.

Das Leben des normalen Zivilisierten ist auf jeden Fall
auch Last, Mühsal und Unlust. Aber er kann entscheiden,
ob er diesen Aufwand sinnlos verpulvert,
ob er dieses Opfer dem Götzen des »Wohlstands« bringt,
oder ob er den Einsatz seiner Lebens-Kraft lieber
auf die Wieder-Gewinnung seiner göttlichen Natur,
auf die Befreiung seiner natürlichen Liebe, auf die
Entwicklung seiner natürlichen Begabungen und auf
die Mitarbeit an einer besseren Welt richten will.

A Lesen

Das Lesen ist das einfachste und billigste Mittel,
das eigene Bewußtsein zu vergrößern.
Anders als bei allen anderen Medien (Audio, Video)
kannst Du beim Lesen das Tempo unmittelbar
selbst bestimmen und Dir zu allem die Zeit nehmen,
eigene Gedanken zu haben und zuende zu denken.
Du kannst Pausen machen, wann Du willst und
wie lange Du willst, und keiner treibt Dich an,
keiner macht Dir Vorschriften.
Du bist mit dem Autor alleine und er ist
in Deiner Gewalt. Du kannst denken was Du willst,
so sehr er auch versucht, Dich zu beeinflussen.

Viel Wissen verwirrt allerdings.
Es kommt also nicht darauf an, recht viel zu lesen,
sondern mit größter Aufmerksamkeit und
ständig prüfend, ob Dir die Dinge einleuchten,
ob sie Dir zusagen oder Deinen Widerspruch wecken.
Vor allem muß Dir immer klar werden, ob die Dinge
mit Dir und Deinem Leben etwas zu tun haben.
Auf diese Weise kannst Du aus Büchern
viel über Dich selbst erfahren und
– Dich immerfort beobachtend –
viele falsche Einstellungen erkennen und ablegen.

Die überwiegende Mehrzahl der Buch-Autoren wollen Dir
aber nur vorgaukeln, daß es genüge, hier und da
ein bißchen an der Oberfläche auszubessern,
um ein erfülltes Leben, eine harmonische Liebe,
eine kindgemäße Erziehung und einen erfolgreichen
Beruf oder einen perfekten Haushalt zu erreichen.

Wer Deine Hoffnung auf schnelle, leichte
Veränderungen schürt, mit guten Ratschlägen
und Patent-Rezepten, ist unehrlich oder dumm,
das heißt: Er irrt oder er
will Dich nur an der Nase herumführen.

Wer versucht, Dich von Deinem innersten Kern
abzulenken auf bloße Veränderungen Deines Verhaltens,
Deiner Umwelt und Deiner Mitmenschen
oder Deiner Art mit ihnen umzugehen,
der müßte Dir nach dem Lesen dieses Buches hier
sofort als gutmeinender Träumer oder als
überheblicher, oberflächlicher Schwätzer auffallen.

Am Ende dieses Buches habe ich eine Auswahl
von Büchern zusammengestellt, die ich
für empfehlenswert halte, weil sie darauf abzielen,
Dir die Augen zu öffnen, anstatt Dich zu verführen.

Wer gelernt hat zu sehen,
der braucht sich nichts sagen zu lassen.
Und wer gelernt hat zu hören,
der braucht sich nichts zeigen zu lassen.
Der sieht und hört alles selber
und bildet sich sein eigenes Urteil.

Lerne also zu sehen und zu hören.
Und das heißt eben als Erstes (ja Einziges):
Erkenne was Dich daran hindert!

Alle anderen Lehren sind Betrug.
Alle anderen Hoffnungen sind Selbst-Betrug.

B Übungen

In vielen Büchern, auch in den von mir empfohlenen, werden Übungen vorgeschlagen. Aber um sie zu machen, muß man das Buch aus der Hand legen und gar aufstehen. Da fällt es dann viel leichter, einfach weiter zu lesen. Und die Übung ist vergessen.
Es steht aber außer Frage,
daß Übungen nützlich sind und gut tun.
Und wenn Du Ich-Selbst werden willst, dann reicht das Lesen doch allenfalls zum Anlauf-Nehmen.
Viele Übungen sind wirklich wichtig und hilfreich.
Aber das kann man erst erkennen, wenn man sie nicht nur einmal sondern über eine längere Zeit hinweg einigermaßen regelmäßig ausgeführt hat.

In unserer geregelten, alles verplanenden Welt ist es fast unmöglich, ohne feste Zeit-Einteilung zu leben.
Und ohne sich willentlich die Zeit für Lesen und Übungen einzuteilen, kommt man nie dazu.
Am Anfang hält man Übungen für eine weitere Last im ohnehin schon überladenen Alltag.
Da möchte man sich, wenn es Feierabend ist, doch nur einfach hinflezen, ablenken und vom Fernseh-Apparat tatenlos berieseln lassen.

Tu das getrost wie bisher. Aber beobachte Dich dabei.
Wie du dahängst, angeödet, gelangweilt, lustlos, künstlich gespannt durch Krimi, Quiz und Sport, und wie wenig das alles mit Dir und Deinem Leben und mit der Bewältigung Deiner Probleme zu tun hat.
Mach einfach weiter so und schau Dir dabei zu.
Dann hast Du auf einmal die Nase voll davon...

Ebenso geht es Dir vielleicht auch mit den
anderen Feierabend- und Wochenend-Vergnügungen.
Du hast immer irgendwie gewußt, wie hohl und flach
das alles ist und daß es Dich nur von Dir ablenkt.
Jetzt geh' hin und schau es Dir ganz bewußt an.
Dann wirst Du Dich fragen, was Du da noch sollst.
Dann wirst Du diese Leere als
das Grab Deiner Gefühle, Deines Lebens erkennen.
Dann wirst Du, wie so viele schon vor Dir,
den Fernseher verschenken und den Stammtisch meiden
und auf einmal Zeit haben,
Dich um Dich selbst zu kümmern.

Dafür gibt es tausenderlei Übungen. Z.B. die mit dem
Spiegel, wo Du Deinem Gesicht und Deinem Körper
begegnest, ihrem Aussehen und ihrem Ausdruck.
Es gibt endlos viele Übungen für den Körper,
die nichts mit Sport oder Gymnastik zu tun haben,
sondern mit Selbst-Wahrnehmung und -Befreiung.
Es gibt Übungen zur Entwicklung der Sinne.
Vor allem für das Sehen (Brille) und Fühlen...
Es gibt Denk- und Frage-Spiele, die man mit
Partner, Familie oder Freunden spielen kann.
Es gibt Begegnungs-Spiele,
die das Eis und die Lüge zwischen den Menschen
bewußt machen und durchbrechen helfen.

Und es gibt eine wachsende Zahl von Menschen,
die es sich zum Beruf gemacht haben, Dich
am Anfang oder wenn es nicht mehr weitergehen will
– allein oder in Gruppen –
anzuleiten, zu beraten und Dir zu helfen.

Diese Selbsterfahrungs-Übungen sind nicht dazu da,
irgend etwas zu lernen oder einzuüben,
um irgend ein Können zu erwerben,
ein Verhalten einzustudieren,
oder gar Leistungen zu steigern.
Sie sollen nur helfen, Dein Bewußtsein mit Deinen
noch unbewußten Körper- und Seelen-Vorgängen
in Kontakt zu bringen.
Indem Du mit Deinem Körper und Deinem Geist
arbeitest, werden die verdrängten Einstellungen
und Erinnerungen wachgerufen, beobachtet,
erkannt, verstanden und damit **entmachtet**.

So kannst Du vor dem Spiegel in Deinen Augen
und in Deinem Gesichts-Ausdruck lesen,
welche Gefühle ständig da sind,
ohne daß sie Dir bewußt wären.
Und an Deiner Körper-Form und Körper-Haltung
kannst Du Deine Charakter-Züge erforschen.

Beim Einnehmen ungewohnter, sonst vermiedener
Körper-Haltungen und bei der Ausführung
fremder oder sonst verbotener Bewegungen
wird auch immer das Unterbewußtsein angesprochen,
das verdrängte Selbst geweckt und bewegt.

So kannst Du z. B. beim Stehen auf gebeugten Beinen
plötzlich Deine Fall-Ängste empfinden,
Deine Unselbständigkeit erfühlen und
Dich an ein Kindheits-Erlebnis erinnern, wo Du
zum Stehen oder Aufstehen gezwungen worden bist.
Du zitterst und bebst und nimmst Gefühle wahr,
die Du sonst durch Steifheit vermeidest.

Beim Schlagen auf ein Sofa oder
bei einem freiwilligen Tobsuchts-Anfall auf dem Bett
spürst Du plötzlich die Machtlosigkeit, mit der Du
einst der elterlichen Gewalt gegenüber standest, und
der Du Dich mit Selbst-Beherrschung beugen mußtest.
Dann spürst Du auch den alten Hass auf Deine Eltern,
den Du seit dem angestaut und verdrängt hast,
und wenn Du Dir gestattest, ihn auszudrücken,
(sie sind ja nicht dabei...)
ihn an einer Matratze einmal richtig auszulassen,
bist Du auf einmal erleichtert und befreit und
spürst die Liebe, die unter dem Hass begraben liegt.

Wenn Du Dich auf tiefe Atem-Übungen einläßt,
kommen Dir schnell viele Tränen gelaufen.
Wenn Du sie unterdrückst, spürst Du Wut oder Angst.
Wenn nicht, dann erfühlst Du Deine ganze Armseligkeit,
Deine Hilfe-Bedürftigkeit, Deine innere Einsamkeit,
all das, was Du im täglichen Leben ständig
unbewußt niederringen mußt, um zu bestehen.
Und dann merkst Du, daß dieser ganze innere Kampf
garnicht nötig sondern schädlich ist, daß
alles viel leichter und schöner ist, wenn man
es innerlich gelöst und entspannt betrachtet.

Auch bei Entspannungs-Übungen und Massagen
entdeckst Du Deine tief verdrängten Gefühle
und erinnerst Dich längst vergangener Anlässe,
die heute garkeine Bedeutung mehr hätten,
wenn Du sie nur **einmal** bewußt verarbeitet hättest.
Jetzt kannst Du es tun, indem Du Deinen Tränen freien
Lauf läßt und Deinen Körper-Ausdruck nicht zurückhältst.

Wenn Du Deine Gefühls-Ausbrüche dagegen beherrschst,
kannst Du spüren und erleben, wie Du damit
Deinem Körper und Deiner Seele Gewalt antust,
wie Du Dich dadurch schlecht und krank fühlst.

Beim Rede- und Antwort-Streß hörst Du
Dich plötzlich Dinge von Dir sagen,
die Dir völlig fern zu liegen schienen, die
Dich beschämen oder auch erleichtern,
nach dem Motto: »So. Nun ist es raus.«

Bei Begegnungs-Übungen kannst Du sehr viel tiefer
mit anderen Menschen in Berührung kommen,
als das im Alltag möglich ist. Und so erfährst Du,
daß Du Dich und die Anderen immerzu ganz falsch
siehst, beurteilst, bewertest und behandelst.
Du erfährst Deine eigene übermäßige Verletzbarkeit
und Deine Kraft und Neigung, andere zu verletzen.
Du erfährst, wie Du auf andere wirkst,
weil sie es Dir unverblümt mitteilen dürfen.
Und Du erfährst in aller Wirklichkeit,
wie sehr jeder Einzelne sich im Innersten nach
nichts anderem sehnt, als nach Liebe und Frieden,
nach Annahme, Verständnis und Geborgenheit;
auch wenn er nach außen hin sonst immer
den Starken, Unerschütterten, Selbstsicheren mimt,
oder gar zu Rücksichtslosigkeit und Brutalität neigt.

Ich will hier nicht zu Einzelheiten kommen, weil das
nur Vorgriff auf Deine eigene Selbst-Erfahrung wäre.
Und was Du nicht selbst erfährst, mag Dich zwar
neugierig machen und in Bewegung setzen; Gelesenes
aber erspart Dir nicht, Deinen Weg selbst zu gehen.

Viele Übungen kann man ganz alleine machen.
Mehr Spaß macht es natürlich zusammen mit
einem Freund, einer Freundin oder dem Partner.
Viele Übungen **muß** man zu zweit machen.
Und wieder andere eignen sich für die Familie
oder den Freundes-Kreis.

Diese sind aber nicht ganz unbedenklich,
weil die meisten zwischen-menschlichen Beziehungen
auf Dauer-Lügen beruhen, auf unbewußte Masken-Spiele
und auf tief-wurzelnde innere Abhängigkeiten.
Daran zu rühren, bringt die alte Ordnung ins Wanken,
und Haltlosigkeit und Zerwürfnisse können folgen.

Besser also, man geht alleine oder als Pärchen
in eine Gruppe mit ansonsten fremden Teilnehmern.
Da können solche Beziehungen, die auf Täuschungen und
frommen Wünschen beruhen, garnicht erst entstehen.
Im Gegenteil. Dort entstehen neue, wahrhaftigere
Freundschaften auf einer viel offeneren, ehrlicheren
und mehr Tiefgang und Nähe schaffenden Ebene.

Jeder Anfänger hat mehr oder weniger Angst davor,
sich in eine Selbst-Erfahrungs-Gruppe zu begeben.
Und es fallen ihm alle möglichen Gründe dafür ein,
daß er sowas garnicht nötig habe.
Aber die Angst selbst ist schon der beste Beweis dafür,
daß er »sowas« wie jeder andere Zivilisierte
bitter nötig hat.
Und wenn er die eigene Angst auch nicht spürt,
so verraten ihn doch gerade seine besten Argumente.
Denn wer »sowas« noch nie selbst erlebt hat,
kann sich darüber auch kein Urteil erlauben.

Und wer eine Selbsterfahrungs-Gruppe erlebt hat
und immer noch davon überzeugt ist,
daß ihm das nichts bringt
und außer ihm alle Beteiligten verrückt sind,
der zeigt mit seiner Haltung nur,
daß er so »zu« ist, daß er nicht gemerkt hat,
was mit ihm und den Anderen wirklich passiert ist.

Und wie so oft kann man nur feststellen, daß
wer's am nötigsten hätte, cs am wenigsten merkt.

Es gibt sogar viele Psychologen und Psychiater,
die es ablehnen, in eine Übungs-Gruppe zu gehen,
oder mit Körper und Gefühlen überhaupt zu arbeiten.
Sie überhäufen Dich mit einem Schwall von Argumenten
und wissen nicht einmal, wovon sie überhaupt reden.
Mit solchen Helfern kommst Du nicht sehr weit,
denn sie sind diejenigen, die Dir einreden wollen,
daß es garkeine Seele gibt, daß Gefühle dumm sind,
und daß man nur lernen muß, sie zu beherrschen.
Und daß das alles mit dem Körper schon gleich
überhaupt nichts zu tun hat.
Naja. Du weißt es nun schon bedeutend besser.

Ich möchte im nächsten Abschnitt näher auf
Helfer und ihre Methoden eingehen, weil es
schließlich von entscheidender Bedeutung ist,
an wen Du Dich wendest, wenn Du mit Deinen Problemen
in Ehe, Erziehung und Innen-Leben Hilfe brauchst,
oder einfach nur mal so anfangen willst,
Deine innere Freiheit zu vergrößern,
Deine innere Lebens-Qualität zu verbessern.

C Therapie

Das Wort kommt aus dem Griechischen und bedeutet ganz einfach Hilfe. Der Therapeut ist also ein Helfer. Im allgemeinen versteht man unter Therapie aber Heil-Arbeit. Alles was Du unternimmst, um zu heilen, um Ich-Selbst zu werden, heil zu werden, ist Therapie, sofern es auch wirksam ist. Die Wirksamkeit ist aber nicht immer so leicht festzustellen. Ebenso wenig die Unwirksamkeit. Um also unnötigen Streit zu vermeiden, nennen wir jeden ernst gemeinten Versuch Therapie.

Jeder Mensch steht mit seinen inneren Problemen immer irgendwie allein und hilflos da. Deshalb sucht er nach einem Mitmenschen, dem er sich anvertrauen kann, dem er sein Herz ausschütten kann. Wenn er einen solchen nicht findet, oder nicht den Mut hat, sich jemandem zu offenbaren, wird er all seinen Kummer, seine Sorgen und Nöte in sich hineinpressen und daran erkranken. Das kann sich in einer körperlichen Krankheit zeigen oder auch in einem kranken Verhalten; z. B. auch in verbrecherischen Antrieben, die er nicht beherrschen kann, weil sie mit all der angestauten Wucht aus ihm herausbrechen.

Solche Antriebe können leider auch Wege finden, die gesellschaftlich und vom Gesetz her geduldet sind, wie z. B. Herzlosigkeit und Brutalität in der Ehe oder in der Kinder-Erziehung oder auch in der nach Strafe trachtenden Recht-Sprechung.

Jeder Zivilisierte leidet unter Gefühls-Kämpfen
und benötigt für diese inneren Gefechte
ein äußeres Schlachtfeld, damit er nicht »platzt«.
Das mögen Horror-, Porno- oder Kriminal-Filme sein,
irgend eine Wett-Kampf-Sportart, die er betreibt
oder sich als Zuschauer »reinzieht«,
ein Beruf, in welchem er seinen gestörten Antrieben
gesellschaftlich anerkannte Anwendung verschafft,
oder eben, was leider noch das Üblichste ist
aber auch das aller Übelste,
in der Verfolgung und Mißhandlung
der eigenen oder fremder Kinder-Seelen
unter dem Vorwand, strenger, gerechter Erziehung.

Wenn Du aber einmal erkannt hast, daß
mit Deinem Innen-Leben irgend etwas nicht stimmt,
fängst Du unweigerlich an, nach Hilfe zu suchen.
Und als erstes sehnst Du Dich dabei nach Verständnis,
denn Vorwürfe machst Du Dir selbst schon genug,
und noch so gut gemeinter Trost bringt Dich
auch nicht weiter, sondern treibt Dich nur zurück
in die Klemme, der Du doch gerade entkommen willst.

Du spürst, daß es Dich innerlich dazu drängt,
Deine Gefühle endlich einmal auszudrücken.
Aber das gehört sich ja nicht. Wie sieht das aus?
Was sollen die anderen von Dir denken,
wenn Du Dich dermaßen gehen läßt? Wenn Du zeigst,
daß Du Dich garnicht zusammenreißen **willst.**
Und damit Dich keiner ablehnt,
reißt Du Dich dann doch wieder zusammen,
bist »vernünftig« und frißt alles in Dich hinein.

Therapie fängt damit an, daß Du Dir gestattest, Deine Gefühle auszudrücken, um sie in ihrer ganzen Größe und Gewalt zu erleben und zu beobachten. Dabei kommst Du wieder in Kontakt mit den Erlebnissen, bei denen diese Gefühle entstanden und unterdrückt worden sind. Du verstehst, daß alles nur ein innerer Mechanismus ist, der mit der äußeren Wirklichkeit wenig zu tun hat, (von ihr nur immer wieder in gang gesetzt wird,) und daß es gilt, diesen Mechanismus aufzulösen.

Z. B. macht Dich die Ungeschicklichkeit Deines Kindes immer wieder wütend, sodaß Du es dafür schlagen mußt. Indem Du in der Therapie die Wut an einem Kissen ausläßt, erkennst Du, daß sie eigentlich schon immer gegen Deine eigenen Eltern gerichtet war, und daß das arme Kind ein wehrloses, unschuldiges Opfer Deines verdrängten Eltern-Hasses ist.
So kannst Du diesen Hass als Charakter-Zug entlarven und Dich und Dein Kind von ihm befreien.

Bevor ich Dir von verschiedenen Therapie-Formen berichte, die diesen Weg beschreiten, weil sie seelische und körperliche Störungen grundsätzlich als Folge frühkindlicher Fehl-Entwicklung ansehen, muß ich ein paar warnende Worte zu **den** Therapien sagen, die diese Anschauung nicht anerkennen.

Man kann nicht ausschließen, daß mit diesen Techniken auch Heil-Erfolge möglich sind. Aber das kann dann nicht das Ergebnis zielgerichteten Vorgehens sein, sondern nur Zufall, denn es ist garnicht ihr Ziel, auf Gefühle, Körper und Charakter einzuwirken.

Der Sammel-Begriff für diese Arbeits-Methoden ist VERHALTENS-THERAPIE. Sie zielt nur darauf ab, daß der Verstandes-Wille die Fertigkeit erlangt, ungestört über die Gefühls-Antriebe zu herrschen. Man meint, er könne alles **lernen** und durch entsprechendes Training auch die Kraft entwickeln, die dazu nötig ist, sich gegen alles Drängen tieferer Seelenschichten durchzusetzen, so als ob es diese garnicht (mehr) gäbe.

So geht man einfach darüber hinweg, daß dem weitaus größeren Teil der Persönlichkeit rücksichtslos und immer mehr Gewalt angetan wird. Und obendrein ist dieses antrainierte Verhalten auch nur von gesellschaftlich bedingtem Wert, dem Wandel der Zeiten und ihrer Sitten unterworfen, also nicht einmal unbedingt natürlich und gesund!

Und man übersieht beflissentlich die Frage, was aus den unterdrückten Gefühlen denn nun wird. Man kehrt sie einfach unter den Teppich des Verstandes, macht die Seele zur Müllkippe ihrer eigenen Mißbildungen und treibt sie blindlings dazu, sich in neuen, noch krankeren Verhaltens-Weisen Luft zu machen.

Diese Taktik ist in unserer modernen Welt weit verbreitet. Auch der normale Arzt behandelt ja den Körper so, als wäre er bereits gesund, wenn der Patient wieder arbeiten kann oder zumindest nicht mehr über Beschwerden klagt. Und dazu reichen manchmal wirklich schon ein Rezept und ein Paar Tage Bett-Ruhe. Aber damit ist Gesundheit noch lange nicht gegeben.

Ebenso ist ein Kind nicht plötzlich zufrieden,
weil ihm bei Strafe verboten wird, zu heulen.
Und ein Erwachsener ist nicht plötzlich friedlich,
weil er geübt hat, seine Wut zu beherrschen.

Die Fachrichtungen, in denen solch oberflächliche Betrachtungs-Weisen innermenschlicher Vorgänge gepflegt werden, sind aus Labor-Versuchen mit Tieren hervorgegangen. Und über diesen Horizont werden LERN-PSYCHOLOGIE, VERHALTENS-FORSCHUNG und ihre MOTIVATIONS-THEORIEN niemals hinausgelangen, ohne sich damit gleich selbst abzuschaffen.

Für sie ist der menschliche Organismus nur ein Automat, der auf äußere Reize mechanisch antwortet und garnicht anders kann, bis man ihm etwas anderes beibringt, ihn zwingt umzulernen.
Die beobachteten Mechanismen sind aber nur die Charakter-Züge des erzogenen Zivilisierten.
Und ihn **um**erziehen heißt nur, ihn zu veranlassen,
neue Charakter-Züge über die alten zu stülpen,
neue Mechanismen gegen die alten zu errichten,
also noch mehr innere Drangsal zu erzeugen.

Von (Selbst-)Verantwortung ist dabei kaum die Rede.
Wie kann ein Automat frei und verantwortlich sein?
In diesen »verantwortungs-losen« Theorien
hat der Mensch überhaupt alles gelernt.
Und um sich zu ändern, braucht er folglich bloß
die Notwendigkeit dazu einzusehen
und ein anderes Verhalten einzuüben.
Leider fehlt den meisten Zivilisierten aber jede
Einsicht in die eigenen inneren Notwendigkeiten.

Solange es dem Zivilisierten nicht
ausgesprochen schlecht geht, denkt er nicht
im Traum daran, daß er sich ändern müßte.
Die Anderen ja. Aber ER doch nicht!

Schon seine Furcht vor Kritik,
vor der Angst, sich bekennen zu müssen,
hindert ihn daran, seinen Hass, seine Gefühls-Kälte,
seine Unvernunft, seine Angst-Zustände,
seine Abhängigkeiten und körperlichen Beschwerden
als Persönlichkeits-Störungen zu betrachten.

Er möchte bestenfalls lernen, ohne Angst-Gefühle
seinen Chef um eine Gehalts-Erhöhung zu bitten
oder ein Flugzeug zu besteigen, und so
versucht man ihm zu helfen, ihn zu »heilen«,
indem man ihn das erwünschte Verhalten üben läßt.
Und so lernt er seine Gefühle zu unterdrücken,
sie aus dem bewußten Empfinden zu verdrängen,
bis ihm keiner mehr was anmerkt,
nicht einmal er selber.
Damit ist seine Angst aber keineswegs abgeschafft.
Wer gelernt hat, näher hinzuschauen, kann die Angst
in einem leichten Zittern des Kopfes und der Hände
an einem zu häufigen Zucken der Augen-Lider oder
an irgendeiner unbewußten Zwangs-Handlung wie
Kopf-Kratzen, FingerTrommeln, Lippe-Beißen erkennen.

Und was ist Angst überhaupt?
Warum taucht sie immer wieder auf?
Woher kommt sie? Was alles verdirbt sie im Leben?
Wieviel Kraft kostet es, sie zu verdrängen?
Und zu welchen Folgeschäden führt das später noch?

All solche Fragen beschäftigen den
Oberflächen-Psychologen offenbar herzlos wenig.
Mit sich und seinem Leben geht er ja genauso um.
Und so er von seinen eigenen Gefühlen
nichts wissen will und nichts merken kann,
so übersieht er auch die Not bei seinen Kunden.

Der Wohl-Erzogene hat Angst vor den Tiefen seiner
Seele. Also leugnet er sie einfach.
Und wenn er dann Psychologie studiert,
freut er sich natürlich sehr, daß er dabei bestens
drum herum kommt, sich mit seinen Gefühlen und
charakterlichen Störungen befassen zu müssen.
Ein ganzer großer Wissenschafts-Zweig ist entstanden,
nur um zu beweisen, daß es garkeine Seele gibt,
und daß es sich nicht lohnt,
sich mit den Gefühlen der Menschen zu beschäftigen,
daß der Charakter angeboren und unveränderbar ist,
und man nur lernen muß, mit ihm umzugehen.
Und alles nur, um nicht zugeben zu müssen, daß
die zivilisierte Erziehung, also die eigenen Eltern
und das eigene elterliche Vorgehen die Ursachen
aller Seelen-Störungen und Geistes-Krankheiten sind.

Dabei ist es nun schon über 100 Jahre her, daß
SIGMUND FREUD das Tor zur Erkenntnis dieser
Zusammenhänge weit aufgestoßen hat.

Eintreten muß aber schon jeder selber. Doch dann
kommt er nur schwer an WILHELM REICH vorbei, der
die Funktionen des Charakters in so schonungsloser
Klarheit dargelegt hat, daß es den meisten Kollegen
persönlich zu nahe geht und sie peinlich berührt.

W. REICHs Fehler war leider der, daß er zu sehr darauf aus war, die Fachwelt zu beschämen und die Öffentlichkeit vor den Kopf zu stoßen. Deshalb betonte er immer ganz besonders die Störungen der Sexual-Funktionen und deren Zusammenhang mit seelischen Fehl-Entwicklungen.

Ein gesunder Mensch hat natürlich auch gesunde Sexual-Funktionen. Und ein Kranker nicht. Einfach deshalb, weil der gesunde Orgasmus sich nicht auf das Geschlechts-Organ beschränkt, sondern den ganzen Menschen erfaßt, sofern eben nicht charakterliche Blockierungen die Hingabe an den Energie-Strom verhindern.

Deshalb ist jede Persönlichkeits-Störung immer auch eine Orgasmus-Störung. Wie könnte eine Erziehung auch unterdrückerisch sein, ohne gerade und erstrecht die Sexualität des Menschen zu unterdrücken?

Das heißt nun aber nicht – wie viele W. REICH auch dahingehend gerne mißverstehen – daß ganz einfach verstärkte, enthemmte sexuelle Betätigung die Befreiung aus den Charakter-Zwängen brächte. Aber es heißt unbedingt, daß ein gesunder Mensch sexuelle Erfüllung braucht, anstrebt und erlangt. Während der Gestörte spätestens beim Geschlechts-Akt auf Blockaden stößt und mehr oder weniger »versagt«. Also gibt es keine seelich-körperliche Genesung ohne eine vollständige Befreiung und Belebung des Geschlechts-Triebes. Und umgekehrt...
Körper und Seele sind Eins. Organe und Gefühle, Liebe und Lust, Gedanken und Empfindungen untrennbar.

S. FREUD hatte zwar in seiner PSYCHO-ANALYSE schon die Rolle der Sexualität bei der Entstehung der Persönlichkeits-Störungen erkannt, aber
mit Rücksicht auf die Strömungen seiner Zeit und
auf die Störungen seiner Mitmenschen und Kollegen
hatte er sie wieder in den Hintergrund gerückt.
Damit war dann auch der Zugang zu der Erkenntnis, wie Seele, Körper und Charakter zusammenhängen, wieder verbaut, weil damals alles Körperliche automatisch unter das Sexual-Tabu fiel.

Und so gibt es auch heute noch jede Menge Anhänger der FREUDschen Psycho-Analyse, bei der der Kunde nur reglos auf dem Sofa liegt,
in seiner frühkindlichen Vergangenheit nach
den Ursachen seiner seelischen Leiden stöbert und
– gefesselt an Höflichkeit und Förmlichkeit –
jeden körperlichen Gefühls-Ausdruck niederringen muß.

Obwohl solche »Behandlungen« Jahre dauern können und Unsummen Geldes in die Arzt-Kasse schütten,
ohne daß ein Zeichen von Heilung erkennbar wird,
ist diese Methode noch nicht verboten sondern
allgemein anerkannt und gefördert.
Dagegen müssen viele neue Methoden, die mit dem Körper und dem Ausdruck von Gefühlen arbeiten und deutlich schnellere und bessere Erfolge erzielen,
noch heute um ihre öffentlich-rechtliche Anerkennung kämpfen, ja sogar um ihre Duldung bangen.

Aber Dich und mich kann das nicht wundern,
da wir wissen, daß die Angst vor dem Körperlichen
und den Tiefen der Gefühle zum Normal-Sein gehört.

Wirklich heilsam ist nicht die Arbeit mit Gedanken und Erinnerungen sondern die Arbeit mit den unterdrückten, verbotenen Gefühlen. Sie sind untrennbar mit körperlichen Vorgängen verbunden und werden erst richtig bewußt, wenn man sie auch körperlich ausdrückt. Heftig Atmen, Weinen, Schreien, Brüllen, Trampeln, Strampeln, Schlagen, Beißen, Würgen, Hinfallen oder Lachen, Singen und Tanzen sowie Gesten und Berührungen sind Ausdruck des Gefühls-Lebens. Seit Deiner Kindheit sind sie unterdrückt. Und solange sie verboten bleiben, kann auch keine Bewegung in Deine erstarrte Persönlichkeit kommen.

Helfer, die von dieser Erkenntnis geleitet sind, haben Formen der Heil-Arbeit entwickelt, deren Erfolge man nur mit großem Unglaube aufnehmen kann, wenn man dergleichen nie selbst erlebt hat.

Es sieht von außen betrachtet oft sogar eher so aus, als würden die Betreffenden nur erstrecht verrückt. Sie benehmen sich dabei wie durchgedrehte Kinder oder wilde Tiere. Und das soll heilsam sein?

Verständlich, daß der normale Erwachsene sich hochnäsig abwendet und alles für Betrug erklärt. Ohne die Kenntnisse, die ich in diesem Buch zusammengetragen habe, **kann** man nicht verstehen, daß der Verzicht auf jede Zurückhaltung die einzige Möglichkeit ist, das eigene Selbst zu erleben, zu erkennen und zu verstehen, und daß dadurch erst **die innere Freiheit** entsteht, die man zur **wahren Selbst-Herrschaft** unbedingt braucht.

Der direkteste Einstieg in die Heil-Arbeit
ist das ENCOUNTER-Spiel.
Encounter (Enkaunter gesprochen) ist englisch
und heißt Begegnung, Aufeinander-Treffen.
Du kannst es mit ein paar Freunden versuchen.
Ihr trefft Euch in einer Wohnung,
räumt die Möbel an die Wand und setzt Euch
im Kreis auf den Boden.
So ist der Kontakt miteinander direkter, als wenn
ein Tisch in der Mitte Euch trennen würde.

Jetzt soll jeder jedem unverblümt die Meinung sagen.
Und es soll dabei unbedingt ehrlich zugehen.
Du merkst bestimmt sofort, wieviel Angst Du
davor hast zu erfahren, daß Deine Freunde
Dich vielleicht garnicht so mögen,
wie Du Dir das wünschst oder gar vormachst; daß sie
Dich ganz anders sehen, als Du es gern hättest.

Und Du wirst sehen, wieviel Angst auch Deine Freunde
davor haben, andern ins Gesicht zu sagen,
was sie sonst nur heimlich denken und fühlen.
Was glaubst Du wohl, was viele Menschen dazu bringt,
solche Spiele abzulehnen und vor ihnen zu flüchten?
Kann es etwas anderes sein als Angst vor der Wahrheit?

Ich benutze bewußt das Wort Angst und nicht Furcht,
denn in jedem drängt der Wunsch nach Offenheit,
nach mehr Aufrichtigkeit und Nähe.
Und durch die Zurückhaltung dieses Bestrebens
entsteht im Inneren eine druckvolle Enge,
wie immer, wenn ein innerer Antrieb auf
innere Versagung und Unterdrückung stößt.

Wenn sich alle an das Gebot der Aufrichtigkeit halten, wird die Stimmung sicher bald brenzlig. Es gibt vielleicht sogar handfesten Streit. Man war an all die Unwahrheiten gewöhnt und nun muß man sich mit der Wahrheit auseinandersetzen. Alles scheint plötzlich noch problematischer als je zuvor. Aber dann kann jeder feststellen, daß Probleme eigentlich immer erst durch Lügen entstehen, auch wenn sie noch so gut gemeint sind. Und **es gibt kein Problem, das man lösen könnte, ohne der Wahrheit auf den Grund zu gehen.** Wer dazu nicht bereit ist, muß wohl oder übel auf alles wahrhaft Gute im Leben verzichten.

Wenn Menschen sich zusammenfinden, um gemeinsam diesen Weg zu gehen, können sie viel erreichen. Sie helfen einander durch ihre Aufrichtigkeit, daß jeder lernt, sich selbst zu sehen, wie er ist.

So lernt auch jeder, die volle Verantwortung für sein Innen-Leben auf sich zu nehmen, anstatt diese wie bisher nur den Anderen anzulasten. Und aus dieser neuen Haltung heraus kann erst die Fähigkeit hervorgehen, für seinen Nächsten Verantwortung zu tragen. Das heißt dann aber nicht mehr, ihn durch Lügen mit der Wahrheit zu verschonen, sondern ihm zu helfen, seine Wahrheit zu finden und zu verstehen.

Dann kann man auch weiterführende Therapie-Methoden ausprobieren und vielleicht einmal einen Therapeuten aufsuchen oder in die Gruppe einladen, um sich Anregungen und Anleitung geben zu lassen.

Ich möchte hier ein wenig von weiteren Therapien berichten, um Dir einen Überblick zu geben.
Das wird aber nur kurz und oberflächlich, weil:
1. gibt es genug bessere Bücher dazu zu empfehlen, und 2. erlebt und empfindet ja doch jeder einzelne Mensch seine Therapie auf seine eigene Weise.

Ein guter Therapeut hält sich nicht an einer ganz bestimmten Methode fest.
Er leitet Dich dabei an, Ich-Selbst zu werden, indem er für Dich persönlich und für Deinen gerade gegebenen Entwicklungs-Stand die passende Übung mit Dir durchführt.
Allerdings gibt es heute noch viele Therapeuten, die auf ihre ganz spezielle Methode schwören.
Und solange es Dir weiterhilft, ist dagegen auch nichts einzuwenden.

Grundsätzlich geht es ja darum, verdrängte und gestörte Gefühle aufzuwühlen und bewußt zu machen, damit sie befreit und aufgelöst werden können.
Und zu den Gefühlen gibt es zwei große Wege:
– Den der Sprache und der Gedanken und
– den der Körper-Empfindungen und Bewegungen.
Die Körper-Sprache ist sicher der direktere Weg.
Andererseits ist der Körper bei vielen Menschen so verkrampft oder verhärtet, daß er sich innerlich lange Zeit garnicht angesprochen fühlt.

Je mehr Einfühlung ein Therapeut besitzt, desto sicherer wählt er den für Dich richtigen Weg zu Deinem Charakter und dem darunterliegenden Kern.

Der Charakter macht sich dabei als Widerstand bemerkbar. Er besteht aus den körperlichen Blockierungen **und** den gedanklichen Widerreden, und ist deshalb das eigentliche Hindernis, das es gilt aus dem Weg zu räumen.

Mit den Übungen der BIOENERGETIK werden die Charakter-Widerstände auf der körperlichen Ebene, vor allem in den Muskel-Verkrampfungen angegangen. BIO heißt Leben und ENERGETIK ist die Lehre von der Energie, hier der Lebens-Energie, von der ich schon sprach. Sie ist beim gesunden Lebewesen in ständigem Fluß. Beim zivilisierten Menschen kann sie dagegen nicht frei fließen, weil sie von Verkrampfungen in Muskeln, Organen und Nerven daran gehindert wird.

Durch die bio-energetischen Übungen wird die geschwächte Lebens-Energie gestärkt und in Fluß gebracht. Und die sie hemmenden Blockaden werden aufgeweicht. Dabei werden Gefühle freigesetzt, zu denen man wegen der Blockaden schon lange nicht mehr fähig war. Und so werden auch Erinnerungen wach, die mit diesen Gefühlen und ihrer Unterdrückung in Zusammenhang stehen.
So können die Gefühle ausgelebt und erkannt werden. Und in Gesprächen mit einem Helfer oder Freund werden sie verstanden und bewältigt.

Je besser ein Helfer sich in der CHARAKTER-ANALYSE auskennt und Deinen Charakter versteht, desto besser ist die Wahl seiner Übungen und desto besser kann er im Gespräch auf Deine Gefühle und Probleme eingehen.

Zur bioenergetischen Arbeit gehört auch, daß
der Helfer besonders harte Muskeln massiert,
preßt oder klopft, um sie zu lösen.

Es gibt Therapeuten, die arbeiten hauptsächlich
mit Massage-Techniken am Körper und sprechen dann
mit dem Kunden über das, was er dabei empfindet.
Das mag dann ROLFING, POSTURALE INTEGRATION,
REBALANCING, TIEFEN-MASSAGE oder anders heißen –
es kommt immer darauf an, was der einzelne Helfer
aus dem was er gelernt hat, macht, wieviel Verständnis
er für die Probleme seines Kunden hat und wie zielsicher
er diese Probleme mit seiner Behandlung angeht.
Dies gilt auch für Massage-Techniken, die
(zwar ursprünglich vielleicht, aber heute) weniger
die Seele des Kunden im Blick haben, wie die moderne
AKUPUNKTUR, AKUPRESSUR und
REFLEX-ZONEN-BEHANDLUNG.

Auch die Körper-Übungen des YOGA haben beim Normalen
nur dann tiefreichende und nachhaltige Wirkung,
wenn sie die Persönlichkeit des Übenden ansprechen
und ihn zur Ich-Erweiterung bewegen.

Das bloße gedankenlose und gefühllose Ausführen
welcher Körper-Arbeit auch immer kann zwar unter
günstigen Bedingungen gut tun und heilsam sein.
Häufig aber geraten gerade schlechte Gefühle und
ihre Körper-Gifte in Bewegung, die der Übende
ohne Hilfe nicht richtig verarbeiten kann.
Dann ist er nur froh, wenn die Wirkung vorbei ist.
Und dann wird er sich von der Methode abwenden,
ohne ihren möglichen Nutzen erkannt zu haben.

In den letzten Jahrzehnten wurden viele Techniken entwickelt, um die Persönlichkeit bewußter zu machen und festgefahrene Gefühle in Bewegung zu bringen.

Bei der UR-SCHREI-THERAPIE ging man davon aus,
daß die meisten oder gar alle
körperlichen und seelischen Krankheiten
auf den Schrecken der Geburt zurückzuführen sind,
und daß das Schreien dabei hilft, die eigene Geburt
noch einmal zu erleben, um sie besser zu verarbeiten.

Ich glaube, ich habe gezeigt, daß es in der Kindheit
mehr als einen Anlaß gibt, sich die Seele aus dem
Leib zu schreien. Also liegt es auf der Hand,
daß das Schreien ein gutes Hilfsmittel ist,
zu allen möglichen Verletzungen zurückzufinden,
die einem als Kind zugefügt worden sind.

Auch das REBIRTHING zielt auf das Wieder-Erleben
der eigenen Geburt ab. Es heißt Neu-Geboren-Werden
und besteht als Übung einfach nur darin, auf dem
Rücken zu liegen und schnell und tief zu atmen.
Dabei kommt die Lebens-Energie stark in Bewegung,
der ganze Körper fängt an zu kribbeln und
das Bewußtsein trübt sich ein wenig, sodaß
verschüttete Gefühle und Gedanken auftauchen,
erlebt und ausgedrückt werden können.
So kannst Du Deine alte Trauer ausweinen,
Deinen Zorn hinaus-schreien, Dich gesund-lachen
oder auf einer Matratze Deine alte Wut austoben.
Nicht jede Übung ist für jeden gleich gut.
Es kann auch sein, daß große Angst aufkommt.
Da ist es dann schon besser, Du bist nicht allein dabei.

Für den Anfang sind weniger dramatische Übungen wie MEDITATIONEN für Dich vielleicht geeigneter. Meditation ist heute so ein Zauberwort. Aber nur der weiß was es heißt, der es erlebt.

Eigentlich ist alles Meditation, wenn man es nur vollständig bewußt tut, aus der eigenen Mitte heraus (Medi = Mitte). Dazu muß man sie aber erst einmal gefunden haben. Bewußt NICHTS TUN ist am schwersten. Für den Anfänger ist es schon schwer genug, eine Musik aufzulegen und genau zuzuhören, mit Bewußtsein jeden Ton wahrzunehmen, oder sich mit Musik nur eine halbe Stunde lang auf den Boden zu legen und dem rasenden Tanz der eigenen Gedanken und Vorstellungen zuzusehen, ohne ihnen zu folgen..., oder nach einer Musik zu tanzen und die eigenen Gefühle auszudrücken.

Wenn Du dabei aufmerksam und ehrlich zu Dir bist, wirst Du Dir eingestehen, daß Du unfähig bist, Dich zu konzentrieren (Zentrum = Medi) und länger als ein paar Sekunden bei einer Sache zu bleiben. Aber diese Entdeckung ist ein Schritt Ich-Erkenntnis.

Bewußtheit ist nur mit Entspannung möglich.
Und der Wohl-Erzogene ist durch und durch verspannt. So wie er keine Yoga-Haltung einnehmen kann, so kann er auch innerlich keine Bewußtheit halten. Da hilft auch nicht das vielgelobte AUTOGENE TRAINING: Der Übende redet sich die Entspannung nur ein, denn seine körperlichen Charakter-Blockaden sind dem Bewußtsein durch bloßes Wollen garnicht zugänglich, geschweigedenn kann er sie damit auflösen.

Sich-selbst-gut-zureden ist eine bewährte Methode, sich an Wunsch-Vorstellungen hochzuziehen, um sich von den Störungen des eigenen Innen-Lebens immer weiter abzulenken und zu entfernen. Diese AFFIRMATIONEN sind seelische Schön-Wetter-Befehle mit oft ganz verblüffender Wirkung.
Aber sie sind nur **scheinbar** heilsam und helfen nur, das Unheil aufzuschieben und damit zu vergrößern.

Auf genau dieselbe Weise haben wir ja schon als Kleinkinder die Grausamkeit dieses Lebens und die eigenen Empfindungen von Wut, Trauer, Hass und Enttäuschung ins Unterbewußtsein geleugnet. Und **dadurch sind die charakterlichen Versteifungen, unter denen wir heute leiden, ja entstanden.**

Affirmationen und Autogenes Training führen also nur immer weiter **weg** vom Ich-Selbst-Werden.
Sie vertiefen nur die Kluft
zwischen Bewußtsein und Unterbewußtsein.
Das kann bis zur Spaltung führen, wo
ein charakterlich schon dazu neigender Mensch ganz den Kontakt zu seinem Körper und zu den von dort ausgehenden Gefühlen verliert.

Genie und Wahnsinn liegen deshalb so nah beisammen, weil ein ansonsten gesundes Gehirn, losgelöst von jeder nur möglichen körperlichen Empfindung, eben freier und ungestörter arbeiten kann, als wenn es ständig von wirren Gefühlen belästigt werden würde. Verrückt wird so ein Mensch dadurch, daß er zuweilen von seinen Körper-Gefühlen überrannt wird und diese Empfindungen bewußt für ich-fremde Gespenster hält.

Am besten wird man sich dagegen seiner selbst bewußt, indem man alle Vorgänge auf die Spitze treibt, anstatt sie zu bekämpfen und zu unterdrücken.

Wenn einem übel ist, soll man freiwillig erbrechen. Wenn Muskeln verkrampft sind oder verhärtet, muß man hart mit ihnen arbeiten, sie **an**spannen und dehnen, um sie zu lockern. Auch wenn's weh tut. Wenn man zum Schimpfen oder Schlagen neigt, soll man so laut schimpfen und so hart zuschlagen, wie man nur irgend kann. Aber natürlich nicht unbedingt auf die lieben Mitmenschen, sondern auf einen ebenso unschuldigen und dafür gut gepolsterten Gegenstand. Wenn man zum Verletzt-Sein neigt, so lasse man sich bewußt verletzen. Und wenn man zu unbedingter Selbst-Beherrschung neigt, so beherrsche man sich bis zum Geht-Nicht-Mehr, bis man die Schmerzen, die man sich dabei andauernd selbst zufügt, überdeutlich zu spüren bekommt.

So merkt man am aller besten, wo es klemmt. Und wo man es merkt, wo wirklich Bewußtheit herrscht, da kann nichts Widernatürliches von Bestand sein.

Um diese Bewußtheit zu steigern und auszubauen, sind vor allem von den Begründern der GESTALT-THERAPIE viele Übungen entwickelt worden, die das Erleben der Heil-Arbeit zu wirklichen Erfahrungen machen, zu Begegnungen mit sich selbst. Hinter dem Wort Gestalt verbirgt sich dem Laien eine ganze Welt-Anschauung, die hier weder dargelegt werden kann noch braucht.

Was den Charakter angeht, verstehe ich
das Wort Gestalt wie folgt:
Jedes Erlebnis in der frühen Kindheit,
das mit der Unterdrückung von Gefühls-Ausdruck,
von Selbst-Behauptung oder Bedürfnis-Erfüllung
oder auch mit dem Ausbleiben von Versöhnung
sozusagen unbereinigt endet, wird unbewußt in der
Erinnerung zu einer unvollendeten Gestalt, einer
offenen, noch zu erledigenden Angelegenheit.
Ein »Hühnchen, das man noch zu rupfen hat«,
ein Streit, der noch auszutragen ist,
eine Genugtuung, die noch erwartet wird.

Diese fortdauernden inneren Spannungen
drücken sich dann in Störungen des Empfindens,
des Denkens und des Verhaltens aus
und bestimmen auch das Traum-Geschehen.

In der Heil-Arbeit werden anhand der Träume
oder auch anderer alltäglicher Probleme
die inneren unvollendeten Gestalten erfaßt.
Und dann spielt der Betreffende
sein inneres Drama durch,
als wäre es ein Theater-Stück.

Er spielt die verschiedenen Personen,
die in seinem Innersten um die Macht kämpfen:
Sein erwachsenes Ich und sein kindliches Ich,
und all die anderen Personen,
die sich in seiner Seele eingenistet haben,
vor allem seine Eltern und Geschwister, aber auch
solche Personen, mit denen er heute nicht fertig wird,
weil sie seine Gestalt-Lücken verletzen.

Bei diesem »Theater« lernst Du Deine wahren Gefühle ausdrücken, erkennen und verstehen und so kannst Du all Deine innerlich unerledigt gebliebenen Gestalten endgültig vollenden und fallen lassen.

Nur wenn die Gefühle mit **der** Kraft Ausdruck finden,
mit der sie bis dahin **un**bewußt in Dir gewütet haben,
kann diese Form der Heil-Arbeit auch körperlich
in solcher Tiefe wirksam werden,
daß eine wirkliche Befreiung von den
charakterlichen Störungen stattfinden kann.
Je stärker solche Störungen aber festsitzen,
desto weniger genügt der bloße Gefühls-Ausdruck,
und desto unentbehrlicher wird die Anwendung
körperlicher Übungen und Massage-Techniken.

Mit dem Wort STRESS verbindest Du wahrscheinlich
die Vorstellung, daß Deine Umwelt oder eine Tätigkeit
Deine Widerstands-Kräfte über alle Maßen belastet.
Das ist aber so nicht ganz richtig.
Du selbst bist es, der sich stresst.
Denn nur **das** kann Dich stressen, was Du **ablehnst.**
Deine Selbst-Verantwortung liegt gerade darin,
daß Du (1.) die Dinge **selbst** für ärgerlich erklärst
und Dir (2.) nicht gestattest, diesen Ärger
auszudrücken, sondern Dich beherrschst.
Dieser innere Kampf erzeugt erst den Stress.

Bei der Heil-Arbeit gerätst Du unweigerlich in Stress,
denn Du sollst Dinge tun, zulassen, erleben und erleiden,
die Du bis dahin immer nur abgelehnt hast.
Manche Übungen bringen Dich so in Stress, daß Du
einfach aufgeben und loslassen **mußt.**

Loslassen ist genau das Gegenteil von dem, was uns der Charakter ständig befiehlt. Deshalb können wir uns nicht selbst erfahren, sondern eifern fortwährend künstlichen Leitbildern nach und folgen den Vorschriften unseres Ich-Ideals, in welchem das Los-Lassen keinen Platz hat.

Dabei hast Du selbst schon die Erfahrung gemacht, wie ein bißchen Musik und Tanz Dich aufleben lassen. Plötzlich spürst Du Dich: »Hahh! Ich bin da...! Ich fühle mich und meinen Körper. Großartig.« Tief Luft holen (in der Disco kaum möglich), plötzlich Spannkraft, Leichtigkeit, Frohsinn und dann Taten-Drang und neue Ideen. Fern und lächerlich sind alle Alltags-Sorgen.

Wie könnte das Leben erst aussehen, wenn Dein Körper richtig aufblühen dürfte, wenn alle Muskeln und Organe täglich und stündlich nur der Lebens-Lust gehorchen, anstatt den guten Manieren und dem schlechten Gewissen...?

Bei einer vernünftigen Heil-Arbeit darfst und sollst Du endlich alles ausdrücken, was Dich bewegt. Traurigkeit und Rührung durch freien Tränen-Fluß und lautes Wimmern und Schluchzen, Wut und Hass durch Schreien, Trampeln und Schlagen, Furcht und Angst durch Zittern und Jammern. Und dann findet nach und nach auch die darunter begrabene Liebe ihre naturgewollte Erfüllung in bedingungsloser Annahme aller Menschen, in tiefem Verständnis und ungehemmter Zärtlichkeit und in vollständiger sexueller Hingabe.

Die meisten Menschen befürchten nun, daß sie
im notwendigen Alltag versagen könnten,
wenn sie sich einmal darauf eingelassen haben,
ihre Persönlichkeit in Zweifel zu ziehen
oder gar aus den Angeln zu heben.
Diese Befürchtung ist durchaus begründet.
Aber nur ein Mensch, der innerlich unsicher ist
und sich sowieso immer nur den Anforderungen
unterwirft, die andere an ihn herantragen,
kann solche Befürchtungen entwickeln.
Einem solchen Menschen kann es jederzeit passieren,
daß er sich plötzlich seiner inneren Verwirrtheit
und Haltlosigkeit bewußt wird
und nicht mehr weiß, woran er sich halten soll.

Dann wird er für irgendeine Sekte, einen Guru
oder eine andere spirituelle Bewegung verführbar,
so wie er vorher für seine Eltern und Lehrer,
für seinen Chef und seine ganz normale Umgebung
zu Leistung, Erfolg und Konsum verführbar war.
**Unselbständige Menschen verlangen nach Führung,
weil sie nicht wissen, was sie wollen.**

Wenn ein Helfer diese Schwäche ausnutzt,
um einen Menschen zu beeinflussen,
anstatt sie sofort deutlich als Störung aufzudecken
und dem Kunden vor Augen zu halten,
mißbraucht er dessen Vertrauen.

Aber das hatten ja schon die Eltern des Kunden
in dessen Kindheit so gemacht, sonst wäre er ja
garnicht erst so unsicher und gefügig geworden.
Also kommt er nur von der Traufe in den Regen...

Abhängigkeit welcher Art auch immer
ist ein Charakter-Zug, eine Persönlichkeits-Störung.
Und das Ziel der Heil-Arbeit muß unbedingt sein,
diese Neigung bewußt zu machen und abzubauen.
Wenn Du merkst, daß Du zu Abhängigkeit neigst,
solltest Du Encounter- und Stress-Gruppen besuchen
und tüchtig zu allem und jedem JA sagen üben. JA? Ja.

Aber halt. Ich tu gerade so, als ob Du bereits
entschlossen wärest, einen solchen Weg zu suchen.
Dabei hältst Du vielleicht gerade voller Zweifel
dieses Buch in der Hand und fragst Dich,
ob ich Dich wohl für verrückt halte.
Aber ich kenne Dich ja garnicht. Ich weiß nur,
daß Heil-Arbeit noch keinen verrückter gemacht hat,
als er sowieso schon war. Es kann nur sein,
daß sie es ihm etwas zu deutlich gezeigt hat...

Ich kann und will Deinen eigenen Erfahrungen
hier nicht vorweggreifen.
Ich kann nur sagen, daß es sehr befreiend ist
zu erleben, daß lauter vollkommen normale Menschen
für ein paar Tage und Nächte zusammenkommen,
all ihre Masken fallen lassen,
(natürlich immer nur soweit sie es selber wollen)
und es sich dabei zeigt, daß sie sich alle
mit einem großen Sack ungelöster Probleme
durchs Leben schleppen, aber entschlossen sind,
diesen Sack zu öffnen und sich seines Inhaltes
ein für alle mal zu entledigen.

Alles nichts für Dich?
Bedenke: **Verrückt sein ist normal aber nicht gesund.**

D Partnerschaft

Zwischen gestörten Persönlichkeiten können keine ungestörten Beziehungen unterhalten werden.
In den Störungen der Partnerschaft spiegeln sich nur immer die Charaktere der beiden Menschen wider.
Man kann nicht einmal mit Sicherheit annehmen, daß das Bedürfnis, pärchenweise durchs Leben zu gehen, etwas natürlich Angeborenes ist.
Also könnte selbst dies schon eine Störung sein.
Aber diese Frage bleibt in unserer Zeit auch unbedeutend, weil wir Zivilisierte garnicht die Wahl haben, anders als mit Hilfe eines Vertrauten, ein bißchen Menschlichkeit zu verwirklichen.
Und auch dieser schon nur bedingt taugliche Versuch scheitert in der überwiegenden Mehrzahl der Fälle.

Da der Charakter unsere Empfindungen und Gedanken bestimmt, so erzeugt er auch die Erwartungen, die wir an unseren Partner stellen, und mit denen wir eine Partner-Beziehung verbinden.
Und nach diesen Erwartungen treffen wir (wieder weitestgehend unbewußt) unsere Partner-Wahl.

Wir können uns garnicht in jemanden verlieben, von dem wir nicht insgeheim und unterschwellig glauben, erwarten zu dürfen, daß er unsere dringendsten seelischen und körperlichen Bedürfnisse erfüllen wird.
Selbst wenn wir am Anfang nicht mehr als ein flüchtiges Abenteuer erwarten, fällt unsere Wahl entsprechend unseren Erwartungen immer wieder auf Menschen mit ähnlichem Charakter.
Deshalb sagen wir, das sei »unser Typ«.

Der Volksmund sagt (wie so oft mit Recht):
Gleich und Gleich gesellt sich gern. Und auch:
Gegensätze ziehen sich an. Das ist kein Widerspruch.

Zwei Menschen mit charakterlicher Verkümmerung z. B.
ziehen sich an, weil sie ähnlich empfinden,
ihre Gefühle irgendwie mit einander teilen.
Sie erwarten von einander Unterstützung und Hilfe
in einem Leben, das sie alleine zu bewältigen
sich nicht im Stande fühlen.
Einer von beiden neigt aber immer etwas mehr als
der andere dazu, sich gegen seine Unselbständigkeit
zu versteifen. Also ergreift **er (sie)** die Rolle
des Beschützers und Unterstützers und bindet den
»Schwächeren« damit an sich, während dieser
seiner Schwäche vollends verfällt.
So ergänzen zwei ähnliche verkümmerte Menschen sich
und halten einander in Abhängigkeit.

Ebenso ergänzen einander die Charakter-Züge von
Unterdrücktheit zweier Menschen,
indem der eine die Rolle des Herrschers und
der andere die des Beherrschten übernimmt.
Im Grunde herrscht dabei jeder über den anderen,
denn der Herrschsüchtige braucht einen Menschen,
den er herumkommandieren und ein bißchen quälen kann,
und der Unterwürfige braucht einen Menschen, der
ihn schikaniert, damit er sich bei ihm beklagen und
ihm die Schuld am eigenen Unglück zuschieben kann.

Auf diese oder ähnliche Weise müssen zwei Menschen
zu einander passen, sonst wählen sie einander
garnicht erst zum Partner.

Partner-Wahl ist also niemals Zufall.
Jeder bekommt den Partner, den er innerlich (wenn auch unbewußt) erwartet.

Du kannst nicht verlangen, daß Dir das Schicksal einen schwachen, unterwürfigen Partner beschert, der nicht irgendwann anfängt, auf Dir 'rumzuhacken, weil Du unduldsam und herrisch bist.
Und Du kannst nicht erwarten, einen starken, tüchtigen Partner serviert zu bekommen, der nicht irgendwann anfängt, Dich auszunutzen oder Dir Deine Unselbständigkeit vorzuwerfen.

Die Haupt-Erwartung, mit der Partner einander entgegen treten, lautet: **Mach mich glücklich.**
Und diese Erwartung ist vollkommen unerfüllbar.
Es kann Dich eine Weile froh und zufrieden machen, ja Dir das Gefühl von Glückseligkeit bereiten, mit einem heißgeliebten Menschen zusammen zu kommen und in der Vorstellung zu leben, so ginge es von nun an immer weiter.

Aber Glück setzt eben Glücks-Fähigkeit voraus, und die hängt nicht vom Partner ab, sondern von der **eigenen** Persönlichkeit.
Nicht der glücklichste Mensch auf Erden ist in der Lage, Dich glücks-fähig zu machen.
Dazu mußt Du Deine charakterlichen Blockaden erkennen, durchbrechen und fallen lassen.
Und zu diesem Bestreben eignet sich das Leben in der Partnerschaft hervorragend.
Ihr sitzt seelisch im selben Boot, habt dieselben Probleme. Sonst wäret ihr nicht zusammen.

Der Charakter entsteht durch
widernatürliche Ur-Erfahrungen.
In der Bindung an einen Partner
erwarten wir die Erfüllung der Bedürfnisse,
die uns als Kinder versagt geblieben ist.
Dafür soll der Partner die Mutter- oder Vater-Rolle
übernehmen und es besser machen als die Eltern.

Beim Kennen-Lernen zeigt sich ja jeder
von sciner besten Seite und bietet sich damit
geradezu dazu an, die liebe, gute Mutti und den
gutmütigen, verständnisvollen Vati zu spielen.
Da sich aber hinter jeder Maske immer das genaue
Gegenteil von dem verbirgt, was sie vorgibt,
entpuppt sich der Partner bald **auch**
als der böse, gefürchtete, verhaßte Eltern-Teil.
**Und so erlebt der normale Zivilisierte in der Ehe
seine Kindheit ein zweites Mal, ohne es zu merken**
und folglich ohne die Gelegenheit zu erkennen,
die sich ihm damit bietet, seiner eigenen Prägung,
seinen inneren Festlegungen und Behinderungen
bewußt zu begegnen.

Dies aber ist genau der Punkt, wo sich entscheidet,
ob die Partnerschaft ein Gefängnis wird und bleibt,
eine Widerspiegelung der eigenen inneren Unfreiheit,
oder eine Heil-Gemeinschaft.

Diese Entscheidung ist ganz einfach, wenn auch
gefühlsmäßig sehr schwer weil charakterlich verbaut.
Denn dazu müssen **beide dasselbe** Ziel haben:
**Ihre eigene Persönlichkeit erfahren wollen,
anstatt zu verlangen, daß der Andere sich anpaßt.**

Alle Mißverständnisse zwischen den Menschen
entstehen letztlich deshalb, weil der Einzelne
sich selbst nicht richtig versteht
und deshalb auch nicht in der Lage ist,
genau **das** auszudrücken, was ihn innerlich bewegt.

Er kann zu sich selber nicht aufrichtig sein
und so auch nicht zu seinem Nächsten.
Das ist ein ganz einfacher unbewußter Vorgang,
der sich besonders in der Partnerschaft
immer wieder störend auswirkt.

Du fühlst Dich vom Verhalten Deines Partners
verletzt, eingeengt, lieblos behandelt, mißachtet.
Aber anstatt dieses Gefühl bewußt wahrzunehmen,
Dich dem Schmerz hinzugeben
und ihm angemessen Ausdruck zu verleihen,
wehrst Du ihn ab.
Diese Abwehr geht in zwei Richtungen:
Du willst nicht leiden,
also unterdrückst Du Deine Empfindungen.
Und Du willst nicht, daß der Partner
Dich so behandelt, daß Du leiden mußt.
Also greifst Du ihn Deinerseits an
mit grimmigen, wütenden Vorwürfen oder
– was Euch noch mehr entzweit –
mit eigenen noch schlimmeren Gemeinheiten.

So entsteht immer wieder Krieg.
Die Angriffe des Partners waren selbst schon
ein Ergebnis der Abwehr irgendwelcher unerwünschten
Gefühle. Nun streitet Ihr beide auf einer Ebene,
die garnicht Euren wirklichen Gefühlen entspricht.

Fahre also fort, Deinem Partner vorzuwerfen,
daß er nicht so ist, wie Du ihn gern hättest,
aber beobachte Dich dabei und bekenne,
daß es **Deine** Erwartungen sind, an denen
die Bemühungen des anderen scheitern,
es Dir recht zu machen, oder wegen derer er sich
von Dir eingeengt und belastet fühlt.

Wenn Du nicht den Mumm hast, alles hinzuschmeißen,
wenn es wegen Job und Kindern eben nicht anders geht,
so hadere nur kräftig mit Deinem Schicksal.
Wenn Du Dich dabei aber beobachtest und
die Verantwortung für Deine Empfindungen
mehr und mehr auf die eigene Kappe nimmst,
wirst Du auch herausfinden, was Dich daran hindert,
das Leben so zu nehmen und zu lieben wie es ist.

Streite mit deinem Partner, daß die Teller fliegen
und die Wände wackeln, aber bekenne dabei, daß
nicht er für Dein Verhalten zuständig ist sondern
Du selbst. Steigere Dich dabei meinetwegen auch
in schwere Selbst-Vorwürfe und Straf-Bedürfnisse,
aber erkenne auch, daß Dich diese und
die sich daran anschließenden guten Vorsätze
einfach nicht weiterbringen.
Sei so gemein und verletzend zu Deinem Partner
wie Dir wirklich zumute ist. Und
setze Dich seinen seelischen Grausamkeiten aus,
immer beobachtend, daß Du in jeder Sekunde
auch ganz anders empfinden und reagieren könntest,
(unverletzt und friedfertig) aber garnicht **willst!**

So findest Du in der Partnerschaft zu Dir selbst.

Erkenne im Streit wie im Frieden immer wieder
in Deinem Partner das Abbild des Eltern-Teils, den er
in Deinen inneren Kämpfen und Sehnsüchten vertritt.
Dann erst kannst Du Dir nach und nach Deine
Erwartungen und Vorurteile Deinem Partner gegenüber
bewußt machen und damit lernen,
mehr und mehr zu sehen, wie und wer er **wirklich** ist.

Und dann erst weißt Du, wen Du meinst,
wenn Du sagst »Ich liebe dich«.
Und nur dann kann es wahre Liebe werden –
im Gegensatz zu der unreifen,
kindlichen Abhängigkeit, die »Ich liebe dich« sagt
und eigentlich nur »liebe mich« meint. *

Der Zivilisierte ist auf seine Eltern festgelegt,
weil sie wegen der gesellschaftlichen Gliederung in
Klein-Familien die einzigen intimen Bezugs-Personen
in seiner frühen Kindheit gewesen sind.
In einer gesunden Gesellschaft hätte das Kind
vom 3.-4. Lebensjahr an vielseitige Kontakte mit
Gleichaltrigen und würde dort seine Persönlichkeit
frei von widernatürlichen Einschränkungen
und Beeinträchtigungen entwickeln können.
So aber prallt die Entwicklung seiner Liebes-Gefühle
an der mehr oder weniger verletzenden Zurückweisung
der Eltern ab und wird gebremst und gestört.
Und so bestimmt das Eltern-Bid im Unterbewußtsein
über alle die Patnerschaft betreffenden Belange.
Folglich ist auch die Sexualität des Zivilisierten
nicht nur zutiefst unterdrückt und gestört,
sondern auch eng mit dem Eltern-Bild verknüpft.

Wer nicht erkennt, daß er bei der Partner-Wahl dem geliebten Eltern-Teil (oder Vertreter) nachstellt und vor dem verhaßten Eltern-Teil flüchtet, kann seine Beziehung zum anderen Geschlecht und zu seinem Partner nicht richtig verstehen und folglich auch nicht zufriedenstellend gestalten. Und wenn in der Kindheit Liebe, Angst und Hass gar auf ein und denselben Eltern-Teil gerichtet waren, dann ist der Erwachsene in einem Zwiespalt gefangen, der ihn für eine harmonische Partnerschaft zunächst vollständig untauglich macht.

Homo- und Bi-Sexualität sind Verirrungen, die nur durch Sexual-Unterdrückung in der Familie und in der Gesellschaft entstehen können. Jeder normale Zivilisierte ist folglich nicht ganz frei von solchen Verirrungen.

Einerseits gestattet er sich allerlei Spielchen, von denen er garnicht weiß, ob sie natürlich sind, und andererseits verurteilt er mit glühendem Hass jede ihm befremdliche Form von sexueller Betätigung. Hinter diesem Hass kann nichts anderes stecken, als die unbewußte Angst, selbst »entartet« zu sein. Deshalb reagiert er auf dahingehende Verdächtigungen auch mit unbändigem, überschäumendem Zorn.

Wer dieses Buch gelesen und verstanden hat, der weiß dagegen, daß es in der Zivilisation keine natürliche Sexualität geben **kann.** Deshalb ist auch nichts Beschämendes dabei, wenn man sich das für seinen Teil eingesteht. Und dann erst kann man sich weiter entwickeln.

E Sexualität

Die Menschen haben die Sexual-Moral immer
als sinnvoll und unabdingbar erachtet, weil
das Verbot vor-ehelicher sexueller Betätigung
ungewollte Kinder verhüten sollte.
Aber daß ein Kind ungewollt sein kann,
ist etwas zutiefst Widernatürliches, das sich nur
in einer Gesellschaft ereignen kann, wo die Menschen
seelisch von Grund auf krank sind.

Mit dem Aufkommen der modernen Verhütungs-Mittel
hatte jene alte Moral keinen rechten Inhalt mehr
und wurde aufgegeben.
Plötzlich darf, ja muß Geschlechts-Verkehr sein.
Wer sich weigert, wird als Sex-Muffel verlacht
und riskiert, auch bei seinem Partner
auf entschiedene Ablehnung zu stoßen.
Das gilt für beide Geschlechter.
Nur daß man einen lustlosen Mann schlecht
vergewaltigen kann. Mehrheitlich ist es so,
daß die Männer immer wieder »das Eine« wollen,
und die Frauen dazu neigen, den »Dienst« zu verweigern.

Mit den Verhütungs-Mitteln sind die Frauen
den Männern aber erstrecht hilflos ausgeliefert,
denn nun können sie sich nicht mehr darauf berufen,
daß eine ungewollte Schwangerschaft drohen könnte.
Millionen Frauen erdulden heute die »Ehe-Pflicht«
nur um des Haus-Friedens willen. Und
ebenso viele Männer nötigen ihre Frauen zum Beischlaf,
ohne von ihren Gefühlen Kenntnis zu nehmen
und ohne selbst dabei Erfüllung zu finden.

Für Millionen Frauen ist die Sexualität nur
ein lästiges, abstoßendes Opfer,
das sie dem Mann zuliebe bringen,
und um seine Zuneigung nicht zu verlieren.
Sie täuschen ihm Orgasmen vor, um ihn zu beglücken,
und innerlich leiden sie dabei.
Oft sind sie nicht einmal lustvoll erregt.
Die Scheiden-Schleimhaut bleibt trocken,
entzündet sich durch die Reibung und erkrankt.
Die verspannten Muskeln und Organe im Schoß
verkrampfen noch mehr, schmerzen und erkranken.
Und der Hass, mit dem sie ihren Körper mißhandeln,
mit dem sie seit früher Kindheit ihre Liebes-Lust
unterdrücken, und der bei jedem sexuellen Erlebnis
aufgewühlt wird und beherrscht werden muß, schäumt
dann in anderen Momenten über in den berüchtigten,
unerklärlich erscheinenden »hysterischen Anfällen«.
Den Männern geht es dabei nur wenig besser. Ihre
Geschlechts-Organe sind ja auch mindestens verspannt.
Es kommt nicht einmal zur Glied-Versteifung.
Oder sie können nur so wenig Erregung ertragen,
daß das Ausspritzen des Samens zu früh erfolgt und
in viel zu kleinen Mengen, mit viel zu wenig Lust,
um wirklich befriedigend und entspannend zu sein.
Dabei stressen sie sich mit der Aufgabe,
ein guter Liebhaber zu sein, weil sie glauben,
damit erst die Liebe ihrer Frau zu verdienen.
Sie kämpfen mit der Angst zu versagen
und versagen dadurch erstrecht.
Ohne es auch nur zu ahnen, sitzen Mann und Frau also
auch mit ihren Sex-Problemen ganz im selben Boot.

Da wo die Sexualität eines Menschen sich
abgespalten entwickelt hat vom Rest des Körpers
und vom Ganzen seiner Persönlichkeit,
da kann es auch nur ein **Stückchen** Liebe sein
und niemals die ganz große Liebe.
Sie wird zu einem lustigen Spiel,
mit dem man sich zu zwein oder sonst wie
das Leben ein bißchen versüßt.
Man benutzt sie einfach als Vergnügung.

Wenn man nach einer Weile feststellt,
daß man selbst oder der Partner
dabei garkeine rechte Befriedigung erfährt,
sucht man sich entweder einen neuen Partner,
oder man zieht daraus den Schluß, daß man selbst
oder der Andere irgendetwas »falsch macht«.
Und damit beginnt die große Suche nach dem
»Wie mache ich ES richtig?«

Von der sexuellen Störung und Verwirrung der
Menschen-Massen leben ganze Industrien für
Sex-Artikel und vor allem für
»Aufklärungs-Bücher« und Anregungs-Literatur.
Es ist erschreckend festzustellen, daß
annähernd 100 % des angebotenen Lese-Stoffs
dem Leser weis machen will, daß er nur lernen muß,
es richtig zu machen, damit es beglückend ist.

So als wäre das Sexual-Organ ein Sport-Gerät,
mit dem man nur üben muß richtig umzugehen,
um den ersehnten Erfolg zu erzielen.
Wer sich von solchen Anschauungen nicht löst, wird
bei allem aufrichtigen Bemühen unbefriedigt bleiben.

Mediziner meinen, das Geschlechts-Organ sei deshalb so störungs-anfällig, weil es besonders eng an seelische Vorgänge gebunden ist. Das ist aber so nicht richtig: **Jedes** Organ unterliegt den Befehlen des Nerven-Systems und ist somit von seelischen Vorgängen beeinflußt. Und sobald es einen Schaden hat in Form einer andauernden Über- oder Unterfunktion, stört es alle anderen Lebens-Vorgänge – seelische wie körperliche. Nur: Beim Geschlechts-Organ merkt man die Störung leichter, weil es ärgerlich ist, »wenn's nicht klappt«.

Schlaue Volks-Zähler haben auch festgestellt, daß die Mehrzahl der Frauen erst mit ca. 30 Jahren zur vollen Geschlechts-Reife gelangt, wobei auch Geburten eine begünstigende Rolle spielen.

Auch das ist wieder so eine oberflächliche Feststellung, die nur die Wahrheit vertuschen soll, daß die Sexualität sich nämlich bereits im 3.-5. Lebensjahr entwickelt und in der Pubertät mit 10-15 Jahren schon ihre Reife erreicht, und daß alle Abweichungen von diesem natürlichen Plan nur die Folge einer Erziehung sind, die die natürlichsten Dinge des Lebens mit größter Schärfe verfolgt und zerstört.

Hier liegen die Wurzeln allen Übels. Und hier müssen die Menschen eingreifen, wenn sie zukünftigen Generationen, ihren Kindern, eine glücklichere, gesündere und friedlichere Lebens-Erwartung verschaffen wollen.

Die Sexualität ist der höchst mögliche Ausdruck
der Liebe. Und diese Liebe ist zutiefst behindert
nicht nur in der Funktion des Geschlechts-Organs
sondern in all den Organen, die auf
frühkindliche Unterdrückung und Beschämung
mit Verkrampfung und Abspaltung reagiert haben:
Herz, Lunge, Zwerchfell, Gesicht, Hals und Kopf,
Magen, Leber, Gallen-Blase (Entspannungs-Hormon),
Neben-Nieren (Erregungs-Hormon), Gedärme (Lust-Energie),
Muskulatur wo immer, vor allem im Becken,
um Brustkorb und Schultern herum,
und nicht zuletzt Gehirn und Nerven-System.

Der Trainings-Gedanke hilft eigentlich nur
dem hauptsächlich verkümmerten Menschen weiter.
Bei ihm ist einfach alles schwach entwickelt.
Und es scheint am Anfang so, als bräuchte er nur
einfach tüchtig zu trainieren und in Schwung
zu kommen. Aber auch er stößt dabei irgendwann
auf seine Verspannungen und Verkrampfungen,
mit denen er sich bisher gegen den
ständig drohenden Zusammenbruch versteift hat.

Sexuelle Unzufriedenheit ist also immer ein Anzeichen
für charakterliche Widerstände, Selbst-Behinderungen,
und nur als solche ist sie zu beheben. Dabei mag
häufige sexuelle Betätigung (auch Onanie) hilfreich sein,
um Dir Deine Widerstände bewußt zu machen,
um zu erfahren, wie der Lust-Strom in Deinem Körper
behindert wird und es nicht schafft anzuschwellen,
sich auf entspannende Weise zu entladen und
Dich dabei ganz, mit Herz und Hirn, zu überfluten.

Aber diese Widerstände, die den Strom
der Liebes-Lust behindern,
müssen als Charakter-Züge entlarvt werden.
Mit der Unfähigkeit zu lieben
ist immer der Hass auf jene Menschen verbunden,
die uns zu dieser Unfähigkeit erzogen haben.
Diese Erziehung kann nur widernatürlich, gestört,
unterdrückerisch und gehässig gewesen sein. Und so
hat sie diese Störungen auch beim Kind hinterlassen.
Und damit einen Berg von Feindseligkeit,
von nachtragender, verdrängter Wut.

**Diese kindliche Nachträchtigkeit richtet sich
dann beim Erwachsenen ebenso unbewußt
gegen den jetzigen Partner, den man ja auch noch
irgendwie nach dem schöngefärbten Bild
des entsprechenden Eltern-Teils ausgewählt hat.
Und so kann Harmonie nur erreicht werden, wenn
diese Feindseligkeiten bewußt gemacht werden.
Solange sich die Partner darüber hinwegtäuschen,
sich selbst und einander belügen, um ihren
Charakter zu überspielen, anstatt ihn abzubauen,
werden flüchtige Liebes-Freuden und
tiefstes Liebes-Leid sich abwechseln und immer
überwiegend Unzufriedenheit und Qual ergeben.**

Wenn sich einer oder beide Partner danach sehnen,
sich zu trennen, dann sollten sie das sofort tun.
Es gibt ja nichts, was sie daran hindert,
sich jederzeit wieder zusammenzutun.
Und der Weg in eine reife Partnerschaft führt
unweigerlich über die Persönliche Eigenständigkeit.

Wirkliche Liebe und Partnerschaft
können nur entstehen und gedeihen,
wenn zwei Menschen sich zusammentun, um
gemeinsam zu wachsen, sich weiter zu entwickeln.
Dazu ist Offenheit und Aufrichtigkeit
die erste unabdingbare Voraussetzung.

Ein Zusammenleben in Lüge und Betrug führt
– so gut die Absicht dabei auch sein mag –
immer und unweigerlich zum Zerwürfnis.
**Wie sollen wir einander verstehen, wenn wir
einander belügen und im Unklaren lassen
über das, was wir denken und fühlen,
was wir uns ersehnen und was uns bedrückt?
Wie sollen zwei Menschen einander gerecht werden,
wenn jeder stillschweigend
dem Anderen zuliebe opfert und verzichtet?
Wenn jeder das eigene Wesen mit Scham bedeckt?**
In einer aufrichtig geführten Beziehung
kann es keine Mißverständnisse geben und so
auch auf die Dauer keinen Hader oder Zwist.

Und wenn es nicht der Partner ist,
mit dem man alle Sorgen und Nöte teilen kann,
bei dem man **der** sein kann, der man wirklich ist,
dem man sich voll und ganz anvertrauen kann,
mit dem man bereit ist,
durch das eigene innere Dick und Dünn zu gehen,
und den man begleiten will durch seine innere Hölle,
wie könnte man meinen, daß das wahre Liebe sei?
Wahre Liebe heißt: **Wahrhaftige** Liebe.
In Lüge wird Liebe krank und zu Hass.

F Schwangerschaft und Mutterschaft

Es wäre zu schön, wenn alle Menschen ihre Kinder
bewußt und absichtlich zeugen würden,
in inniger Liebe und vollständiger Klarheit darüber,
daß ihr Wunsch nach einem Kind natürlich ist, also
eine freiwillige, ganz und gar eigene Entscheidung,
frei von inneren und äußeren Zwängen,
und in Klarheit darüber, daß mit dem Kinder-Haben
ein vollkommen neues, anderes Leben für sie beginnt,
aus dem es kein Zurück mehr gibt, ohne daß damit
viel Kummer und Schaden verbunden wäre.

Leider entstehen die meisten Kinder dagegen
recht zufällig, aus bloßer Trieb-Lust heraus,
hingenommen, weil es nun einmal passiert ist,
oder nur erwünscht aus charakterlichen Beweggründen,
die mit der Hoffnung verknüpft sind, das Kind möge
nur Veränderungen im Leben der Eltern bewirken,
z. B. ihre wackelige Beziehung retten,
ihre jetzigen Probleme vom Tisch wischen,
ihrem Dasein mehr Inhalt geben,
ihre Langeweile zerstreuen, oder ähnliches.

Hauptsächlich hat der Zivilisierte nur Kinder,
weil es sich so gehört:
Familie Gründen und mit prachtvoller Nachkommenschaft
die eigenen Zeugungs- und Erziehungs-Qualitäten
unter Beweis Stellen. Und das nennt man dann,
dem Leben einen Sinn geben.
So ist es nun leider einmal. Und so bald
wird sich das auch nicht ändern lassen.
Und doch darf es so nicht bleiben.

Man kann nicht verlangen, daß nun jeder Mensch,
der eine Familie gründen will, erst einmal
ein paar Jahre Selbst-Erfahrung und Heil-Arbeit
einlegt, aber man kann verlangen, daß er sich
Klarheit darüber verschafft, was es heißt,
Vater und Mutter zu sein, also vor allem,
WAS ES HEISST, EIN **KIND** ZU SEIN!

Man kann verlangen, daß er seine Aufgabe als
Eltern-Teil ernst nimmt, und sich aufrichtig bemüht,
dem Kind das zu geben, was es **wirklich** braucht,
so weit es ihm charakterlich nur irgend möglich ist.
Und zu diesem Bemühen gehört doch wieder, daß er
auch an seiner eigenen Persönlichkeit arbeitet.
Dazu gehört die Erkenntnis, daß das Leben
ein Natur-Produkt ist, und daß Kultur, also
Erziehung, Bildung, Moral, nur dann einen Wert haben,
wenn sie **dem Leben** dienen, also
nicht der Natürlichkeit zuwiderlaufen.

Dazu gehört allerdringlichst mehr, als man
den vielen schlauen Büchern über Säuglings-Pflege
und den Zeitschriften für Mütter, Eltern und
Familie abgewinnen kann. Sie mögen unterhaltsam sein,
aber sie verbreiten leider bunt gemischt
alle möglichen, einander widersprechenden Theorien
und greifen dabei auf Wissenschaften zurück, die
mit Natürlichkeit oft überhaupt nichts zu tun haben.

Wie aber will man das merken, ohne in sich selbst
nach der verschütteten Natürlichkeit zu suchen,
die man braucht, um mit Säuglingen und Kindern
natur-gemäß also menschlich umzugehen?

In erster Linie trifft diese Forderung natürlich die Mütter und solche, die es werden wollen. Die Väter leisten schon genug, wenn sie ihrer Frau das Leben so angenehm und leicht wie möglich machen.

Es gibt Väter, die selbst gern einen Teil der Säuglings-Pflege übernehmen. Aber ihre Beweggründe dazu sind sehr fragwürdig – und ob das Kind das wirklich mag und will, auch.

Außerdem lenkt den Vater diese Tätigkeit davon ab, **dort** bestmöglich wirksam zu werden, wo er wirklich gebraucht wird, ja unentbehrlich ist, nämlich als einfühlungsvolle Stütze der Familie, als seelische Rückendeckung der Mutter und als Verantwortlicher für die Sicherstellung der günstigsten äußeren und materiellen Bedingungen. Diese Rollen-Verteilung ist nicht bloß traditionell und schon garnicht veraltet und überholt, sondern ganz sach- und natur-gemäß so entstanden.

Zu einer natürlichen Schwangerschafts-Zeit gehört als erstes, daß die Frau sich ganz bewußt mit ihren Ängsten und Sorgen um die Geburt befaßt, anstatt sie zu verdrängen; dann, daß sie sich mit ihrem Körper beschäftigt und sich darauf einstellt, daß sie dabei ist, einem Menschen das Leben zu schenken, und daß dieser Mensch seit der Empfängnis in ihr und mit ihr lebt, (wie ein Teil ihres Körpers) und an ihrem Seelen-Leben teilnimmt.
Dann wird sie sich nicht bangend ins Bett legen, sich schonen und sich selbst verhätscheln, sondern fröhlich das Leben genießen... Wie ein Kind.

Eine der Natur vertrauende Mutter wird auch
eine natürliche Geburt anstreben und ihr Kind
von da an **keinen Moment** in andere Hände geben.
Sie wird die Zeichen der Natur verstehen,
mit denen ihr Kind seine naturgegebenen Wünsche
und Bedürfnisse äußert,
und sie wird sie erfüllen, so gerne und so gut,
wie sie ihre eigenen natürlichen Bedürfnisse
anerkennt und befriedigt. Sie weiß:
Wenn die Wünsche von Mutter und Kind einander
zuwider laufen, kann das nur daran liegen, daß
ein Wunsch **der Mutter** unnatürlich ist oder war,
denn Unnatürliches kann nicht angeboren sein.

Die Schwierigkeiten der meisten Mütter werden auch
von daher gesteigert, daß ihre Leistungen und ihre
Verantwortung für die Zukunft der Menschheit gerade
mal am Mutter-Tag ein bißchen Würdigung finden.
Frauen gelten heutzutage viel eher als
fortschrittlich und bewundernswert, wenn sie sich
nicht mehr mit der Aufgabe und Rolle der Mutter
und Hausfrau zufriedengeben, sondern
mehr aus ihrem Leben machen wollen, indem sie
den Männern in deren Kampf um Leistung, Erfolg,
Einfluß, Macht und Geld-Verdienen nacheifern.

Solchen Auffassungen muß ich etwas entgegenhalten:
Fortschritt bedeutet nicht nur für mich die Entwicklung
zu immer höheren menschlichen Werten.
Und menschlich sind doch wohl nur **solche** Werte,
die den Menschen als das höchst-entwickelte,
mit Erkenntnis begabte Lebewesen kennzeichnen.

Wenn wir nun die Tier-Welt betrachten, sehen wir, daß die Abhängigkeit der Jungen von den Eltern umso größer ist, je **höher** die Art entwickelt ist: Fische und Insekten kümmern sich überhaupt nicht um ihre Nachkommenschaft. Vögel dagegen füttern ihre Jungen, bis sie flügge sind, und Säugetiere stellen die Nahrung für die Kleinen sogar als Muttermilch im eigenen Körper her, sodaß die Säuglinge auf Gedeih und Verderb von der mütterlichen Fürsorge abhängig sind.

Je höher eine Tier-Art entwickelt ist, desto enger ist auch der Kontakt zwischen Mutter und Kind: Affen-Babys halten sich in der Mähne der Mutter fest und bleiben auf diese Weise viele Wochen lang unzertrennlich mit ihr verbunden.
Und nur hoch-entwickelte Tier-Arten betreuen ihre Kinder über das Säuglings-Alter hinaus.

Unzählige Untersuchungen und Tests haben erwiesen, daß jeder Eingriff in die naturgewollte Beziehung zwischen Mutter und Kind unweigerlich zu seelischen Störungen beim Kinde führt, oder sogar zu körperlichen Schädigungen. Und das umso mehr beim Menschen als bei irgendeinem Tier.

Es gibt also in der Natur keine höhere Stufe der Entwicklung und kein höheres menschliches Ziel, als eine gesunde Mutter-Kind-Beziehung. SIE ist die Grundlage dafür, daß kommende Generationen glücklich und gesund und somit liebevoll, friedfertig, verständig, lern- und leistungs-freudig, schöpferisch und natürlich heranwachsen können.

Also gibt es auch keine wertvollere, wichtigere und anspruchsvollere Arbeit auf der Welt als die Mutter-Rolle, und folglich auch keine fortschrittlichere Einstellung in Kultur, Zivilisation und Politik als die, den Aufgaben und Leistungen der Mütter die höchste Aufmerksamkeit zu widmen und die höchste gesellschaftliche Anerkennung zu gewähren.

Fortschritt kann und darf nicht darin bestehen, daß man die Entwicklung der Nachkommen vernachlässigt und die Mutter-Aufgabe unterbewertet, daß man die Säuglinge vereinsamen läßt, sie mit Flasche, Schnuller und Ersatz-Muttis abspeist, während die Mutter im Büro sitzt oder Karriere macht.

Und Fortschritt besteht auch nicht darin, daß man die Kleinkinder durch Lust-Verbote von ihrem Körper entfremdet, sie mit Gewalt und Feindseligkeit zu Gehorsam erniedrigt, mit unsinnigen Tabus ihre Lern-Fähigkeit und ihren Verstand zerstört, und sie durch Unterdrückung zu unterwürfigen Deppen oder zu blindwütigen Rebellen macht.

Ein gesteigertes Selbst-Bewußtsein der Frau kann nur dahin führen, daß sie dazu zurückfindet, sich selbst als FRAU anzunehmen und zu schätzen. Und das kann sich nur darin sinnvoll auswirken, daß sie ihre Sexualität *vollständig* entwickelt, das heißt, eine liebende Frau und Mutter wird, der eigenen Natur verbunden und vertrauend, und ihre Lebens-Aufgabe darin erkennt, die Natürlichkeit der Kinder-Aufzucht weltweit zu fördern.

Indem die Frauen mit dem Manne wetteifern,
unterwerfen sie sich ihm erstrecht,
denn so anerkennen sie seine Spielregeln,
seine Moral und seine Kampf-Methoden, seine Ziele.
Dabei sind diese ja gerade die Auswüchse der widernatürlichen, unmenschlichen Aufzucht-Methoden, als schon ein Ergebnis mütterlichen »Versagens«.

All das soll nicht heißen, man müsse einfach
jede Frau zur Mutterschaft überreden und
jedes Mädchen in die Mutter-Rolle zwängen.
Aber **wenn** eine Frau ein Kind erwartet und auch
austragen will, ist sie von Natur aus verpflichtet,
sich ganz auf die Mutterschaft einzurichten.
Sie muß erkennen, daß ihr Kind **Rechte** hat,
die sie für einige Jahre festbinden werden.
Und sie muß anstreben, sich dahingehend zu ändern,
daß sie diese Pflicht nicht als Einschränkung sondern
als Aufwertung und Bestätigung ihrer Person empfindet
und als Sinngebung und Erfüllung willkommen heißt.

Ehrgeiz und Macht-Streben sind nur ein Ausdruck mangelnden Selbst-Bewußtseins, auch wenn sie im Dienste noch so hoher Werte und Ziele stehen.
Mögen sie den Männern als Ersatz dafür dienen,
daß ihr Geschlecht für die Fortpflanzung von
untergeordneter, ja erläßlicher Bedeutung ist,
und daß folglich die **Frau**
das höchst-entwickelte aller Lebewesen ist.
Die Frau aber muß diese Tatsache endlich erkennen,
anstatt an dem Minderwertigkeits-Komplex zu haften,
den ihr Mutter und Vater einst auferlegt haben.

Die einzig wirklich menschliche Aufgabe
der Frauen-Bewegung kann deshalb auch nur
die Hoch-Haltung der **weiblichen Werte** sein.
Und dies sind:
Menschliche Wärme,
Fürsorge und Zärtlichkeit,
Verständnis und Friedfertigkeit,
Hingabe, Ausdauer und Fleiß,
Intelligenz und Geschicklichkeit,
Geduld und Besonnenheit.

Und wahrhaft fortschrittlich wäre
eine Männer-Bewegung,
die sich diese Werte aufs Banner schriebe.
Aber ein solches Wunder
können wiederum nur die Mütter vollbringen.

G Erziehung

Ich habe versucht deutlich zu machen, daß Erziehung
ein widernatürlicher, unnötiger Krieg ist,
aus dem das Kind nur geschlagen hervorgehen kann.
Es ist gesundheitlich stark geschädigt,
seelisch gebrochen und verstört,
seine Fähigkeit zu lieben ist vernichtet,
seine natürliche Friedfertigkeit begraben unter
nachtragendem Hass und ständiger Feindseligkeit,
sein Urvertrauen verjagt durch andauernde Angst
vor dem eigenen gestörten Innen-Leben
und vor der Verfolgung durch die Mitmenschen,
die das Kind anhand seiner Eltern erfahren hat
als Moral-Prediger und Gefängnis-Aufseher, als
zürnende Gottheiten und brutale Gewalt-Herrscher.

Von diesem verlorenen Krieg merkt der Erwachsene
später rein garnichts, obwohl er als Erzieher
denselben Krieg **wieder** führt und so den Schaden
an seine eigenen Kinder und Kindes-Kinder weitergibt.
Ein Mensch aber, der einmal erkannt hat,
was seinen Charakter einst geformt hat,
fängt augenblicklich damit an,
sein eigenes Tun kritisch zu überprüfen,
um sich selbst von seinen Störungen zu befreien
und um den heutigen Kindern
das Elend der zivilisierten Erziehung zu ersparen.

Ich glaube dies ist auch das Haupt-Anliegen
dieses Buches, das Ganze eine einzige große Bitte:
Schützen wir die Kinder vor unserem Charakter,
dann retten wir die Menschheit vor dem Untergang.

Wenn Eltern wollen, daß die nächste Generation
Glück und Frieden auf die Erde bringen soll,
dann müssen sie in aller Bescheidenheit bekennen,
daß sie nicht im mindesten wissen, wie man das macht.
Sie selber haben es ja schließlich nicht geschafft.

Es ist also genau genommen freche Anmaßung,
wenn Eltern von sich meinen, sie wüßten schon,
wie man Kinder erziehen muß, damit sie später
als Erwachsene vernünftig und friedfertig sind und
ein gesundes, glückliches erfülltes Leben haben.

Erwachsene, die zu dieser Einsicht nicht bereit sind,
sollten besser keine Kinder in die Welt setzen...
Menschen, die Kinder haben wollen, müssen erkennen,
daß sie von ihren Kindern nichts verlangen können,
wozu sie selbst nicht in der Lage sind.
Im Gegenteil. Anstatt sie ständig zu belehren
und sie ohne jede Selbst-Kritik mit ihren Ansichten
und Einstellungen zu überschütten oder sie gar mit
Gewalt-Methoden und Terror zu Gehorsam, Dummheit,
Unselbständigkeit, Gewalt, Sucht und Verbrechen
zu treiben, müssen Eltern bereit sein,
von ihren Kindern zu lernen,
was Glück, Liebe und Gesundheit überhaupt **ist!**
Und das können sie nur, wenn sie ihre Kinder
so natürlich und frei wie möglich aufwachsen lassen
und sie bei ihrer Entwicklung schützend und pflegend,
aber ohne einzugreifen, begleiten und beobachten.

Kinder zu erleben, wie sie in natürlicher Freiheit
aufblühen und gedeihen, ist das lehrreichste Erlebnis,
das einem Erwachsenen auf der Welt widerfahren kann.

Man kann das Leben nicht verstehen,
wenn man die Kinder nicht versteht.
Und wir verstehen sie nicht, weil wir als Kinder
zu Selbst-Verleugnung und Selbst-Unterdrückung
gezwungen, ja vergewaltigt worden sind
und uns an diese zerstörerischen Ereignisse
nicht mehr erinnern wollen.

Aber wer Kinder nicht verstehen kann,
der kann sie auch nicht erziehen, der
hat kein Recht, über ihren Lebens-Weg zu verfügen.
Wer also Kinder haben und aufziehen will,
der hat die Pflicht, sich erst einmal selber
ins Gericht zu nehmen, an sich selbst zu arbeiten
und die charakterlichen Behinderungen aufzuspüren,
die ihn sonst dazu treiben werden, seinen Kindern
dasselbe Unrecht anzutun, dasselbe Unheil aufzuladen,
das seine Eltern ihm als Kind bereitet haben,
und das ihn heute krank und glücks-unfähig macht.

Keiner kann seinen Charakter von heut auf morgen
ablegen wie einen alten Hut. Aber jeder kann sehen,
was Natürlichkeit ist, und lernen, ihr zu dienen.
Jeder kann erkennen, daß ein Kind ein Mensch ist,
und als solcher **dieselben** Rechte hat,
wie die Erwachsenen. Sogar noch **mehr!** Denn
es braucht deren Schutz, hat Anspruch darauf.

Jeder Erwachsene kann lernen, im Kind
ein Lebewesen zu sehen, das – von Gott geschaffen –
nicht von Menschen-Hand geformt zu werden braucht
und nicht gequält und gegängelt werden darf,
geschweigedenn verachtet, mißhandelt und mißbraucht!

Es ist für mich immer wieder schmerzlich zu hören,
wie normale Eltern sich zu Erziehungs-Fragen äußern.
Sie treten immer äußerst sicher auf, so als
wären sie die größten Experten, und als stünden
ihre Erziehungs-Künste gänzlich außer Frage.
Sie »wissen« genauestens, was ein Kind braucht,
um ein rechtschaffener, fleißiger und tüchtiger
Mensch zu werden. Und das haben sie ihren Kindern
auch gebündelt mit auf den Lebens-Weg gegeben.

Und im nächsten Atemzug beklagen sie sich dann,
daß ihre Kinder so mißraten sind,
daß sie ihre eigenen Eltern nicht mehr achten,
deren guten Rat nicht zu schätzen wissen
und sich ganz und gar anders verhalten,
als sie es ihnen beigebracht hatten.

Ja was taugen denn nun alle Erziehungs-Künste,
wenn alle Kinder dann doch ganz anders werden?
Die Antwort lautet schlichtweg: Garnichts.
**Keine Erziehung hat je den Menschen hervorgebracht,
den sie hervorzubringen beabsichtigt hatte.**
Noch nie (!) ist ein Kind nach den Vorstellungen
seiner Erzieher geraten. Und diese Erzieher
stellen sich dann hin und fragen voller Vorwurf:
»Was haben wir denn falsch gemacht, daß Du
so ganz anders geworden bist, als wir Dich wollten?«
Und die Antwort wollen sie garnicht hören, denn
sie fürchten und ahnen, sie lautet: »Alles«.
Also ergehen sie sich auch noch in Selbst-Vorwürfen,
sie seien eben viel zu lieb und gutmütig gewesen
und hätten doch noch viel härter durchgreifen müssen.

Es muß schonungslos erkannt und gesagt werden:
ERZIEHUNG BEWIRKT NIEMALS DAS,
WAS SIE ZU BEWIRKEN ANSTREBT,
meistens sogar das krasse Gegenteil.

Erziehe Dein Kind zu Gehorsam. Es wird trotzig.
Erziehe es zum Still-Halten,
und es wird zappelig und nervös.
Erziehe es zur Selbst-Beherrschung,
und es wird rücksichtslos und brutal.
Erziehe es zu sexueller Enthaltsamkeit,
und es wird lüstern und triebhaft.
Erziehe es zum Glauben,
und es wird die offensten Wahrheiten leugnen.
Erziehe es zu Selbst-Aufopferung,
und es wird erstrecht egoistisch.
Treibe es zur Leistung, und es wird faul.
Stopfe ihm den Kopf voll Logik, und es wird
die einfachsten Dinge des Lebens nicht verstehen.
Zwinge es zu lieben, und es wird hassen.
Nötige es zum Frieden,
und es wird immer den Kampf suchen.
Bringe es dazu, früh erwachsen zu sein,
und es bleibt für immer ein Kind.
Versuche, einen harten Mann aus ihm zu machen,
und er wird weich und unterwürfig.
Versuche, ein nettes, braves Mädchen aus ihr
zu machen, und sie wird ein zickiges Luder.
Und immer obendrein noch: Unglücklich und krank.

Diese Vereinfachungen stimmen allerdings nur, wenn
man von der normalen Erziehung ausgeht.

Wie kommt es beim Kind zu dieser Gegen-Reaktion?
Charakter-bestimmend sind (leider) nicht
die **Ziel**-Vorstellungen der Erzieher, nicht
die Erwartungen, die sie an das Kind stellen,
sondern die **Art und Weise,** in welcher sie sich
damit an das Kind wenden, mit welchen **Mitteln**
sie versuchen, das Kind dazu zu bringen,
diese Erwartungen zu erfüllen.

Eltern sehen zumeist garnicht,
was für Gefühle und innere Spannungen sie
mit ihren Forderungen im Kinde erzeugen.
Sie sind nur wie **besessen** von der Erwartung, daß
ihr Kind ihnen gehorcht, daß es tut, was **sie** wollen,
daß es das geforderte Verhalten hervorbringt.
wie **sie** meinen, daß es sich gehört.

Wenn dies nicht geschieht, werden sie ungehalten.
Dann erhöhen sie den Druck auf das Kind,
anstatt sich zu fragen, warum es sich wohl weigert.
Und so sehen sie nicht, daß für das Kind
garnicht das geforderte Verhalten von Bedeutung ist,
sondern oft ganz einfach nur der Tatbestand,
daß es etwas tun **soll,** anstatt es **selbst zu wollen.**

Die **Erwartung** löst seinen **Rückzug** aus,
und der **Zwang** seine **Gegenwehr.**
Warum sehen die Menschen nicht diesen einfachen
Vorgang? Warum halten sie fest an dem Glauben,
daß Forderungen und Zwänge **Erziehung** bedeuten?
Die Erklärung ist wieder ganz einfach.
Vielleicht hilft sie Dir,
meinen Ausführungen zustimmen zu können.

Die Aufzucht der Menschen-Kinder steht
seit Jahrhunderten unter dem grundsätzlichen Irrtum,
daß der Mensch eine gute und eine böse Seite hat,
und daß diese böse Seite mit allem Nachdruck, mit
allen Mitteln bekämpft und ausgemerzt werden muß.

Ohne dies würde der Junge ein
verdreckter Taugenichts oder verlauster Tunichtgut,
und dann ist es nicht mehr weit zum Lügner, Betrüger,
Dieb, Frauen-Schänder und Meuchel-Mörder.
Und das Mädchen würde eine Schlampe, Hure oder Hexe,
die abtreibt und in der Gosse landet.
Und man glaubt wie eh und je,
das Böse werde umso sicherer vernichtet,
je früher man damit anfängt, und je härter man
das Kind für alles Ungezogene bestraft.

An dieser Auffassung hat sich bis heute kaum etwas
geändert. An der Erziehung der Kinder
ist der wissenschaftliche Fortschritt
in großem Bogen fast spurlos vorbeigegangen.

Man hat lediglich die Prügel-Strafe infrage gestellt,
nicht so sehr aus Mitleid mit den Kindern, oder
weil Eltern zu wenig Sinn für das rechte Maß zeigen,
sondern aus berechtigten Zweifeln an ihrer Wirksamkeit.
Die Frage der Damen und Herren Wissenschaftler war
nur, was in der Erziehung zu verbessern wäre,
damit sie **wirksamer und weniger anstrengend** werde.
Und so hat man denn festgestellt, daß Nötigung
durch Straf-Androhung, alle Arten von Liebes-Entzug
(wie Beschimpfen, Verachten, Auslachen, Beschämen)
und vor allem Belohnungs-Aussichten ebenso wirken.

Es hat immer auch die Gegenstimmen gegeben.
Menschen mit Natur-Verbundenheit oder
mit Kenntnissen aus der Tiefen-Psychologie.
Schon vor mehr als 100 Jahren fing man an
nachzuweisen, daß alle Geistes-Krankeiten und so
auch alle sonstigen Störungen der Persönlichkeit
auf erziehungs-bedingte Fehl-Entwicklungen
in der frühen Kindheit zurückzuführen sind.

Aber davon haben sich die Erziehungs-Forscher
nicht beeindrucken lassen. Sie hätten sonst
zugeben müssen, völlig auf dem falschen Weg zu sein.
Und so haben sie nur noch mehr dafür getan,
daß Kinder-Erziehung sich der Kunst angleicht,
einen Seehund zum Bälle-Fangen abzurichten.
Sie haben empfohlen, mit allen Erziehungs-Maßnahmen,
mit allen Eingriffen in die natürliche Entwicklung
so bald wie nur irgend möglich anzufangen,
und dieses Vorgehen mit allen Mitteln und
mit äußerster Unbeugsamkeit durchzuhalten.

Das ist für mich die Katastrophe dieser Jahrtausende.

Niemals in der Geschichte waren die Menschen
weiter davon entfernt, menschlich zu sein als heute.
Und niemals werden sie den Weg zur Menschlichkeit
wiederfinden, wenn sie sich nicht abkehren
von ihren kranken Auffassungen von Natur und Moral,
wenn sie nicht aufhören, die Entwicklung ihrer Kinder
mit ihrem blinden Erziehungs-Eifer zu zerstören.
**Und dazu müssen sie zurückfinden zu ihrer
eigenen Natur, ihrer eigentlichen Person und damit
zu Bescheidenheit, Demut und Einsichtigkeit.**

Bitte verstehe mich richtig: Kinder brauchen Führung.
An dieser Auffassung will ich garnicht rütteln.
Entscheidend sind aber Form und Ziele.
Das Thema liegt mir so am Herzen, daß ich ihm
hier noch ein paar Seiten widmen möchte.

Eltern brauchen auch Führung!
Sie sind genauso überfordert mit der Erziehung,
wie ihr Dreijähriges mit der Aufgabe,
ohne zu kleckern seine Suppe zu löffeln,
oder wie ein Fünfjähriges, dieses Buch zu lesen,
oder ein Elfjähriges, einen Beruf zu ergreifen.
Aber es ist ja keiner da, der sie anders führte,
als sie auch schon von alleine vorgehen würden.
Und viele sind ja gegen Führung noch verstockter als die Kinder, die sie zu führen haben.
Das solltest Du gleich einmal bei Dir überprüfen...

Sich gefühlsmäßig in die Lage des Kindes zu versetzen
ist der erste wichtige Schritt der Annäherung. Und
ohne Nähe gibt es keine Führung sondern nur Drill.
Und dann spürst Du plötzlich, daß Du von Kindern
andauernd Dinge verlangst, zu denen Du selbst
ohne Widerstand und Protest niemals bereit wärest,
und daß Du Deine Anordnungen allem Trotz zum Trotze
durchsetzt. Was würdest Du also fühlen, wenn man Dich
zwingen würde, jetzt in den Topf zu machen,
aufzuessen, obwohl Du nicht mehr kannst,
bei Tisch zu schweigen, nicht zu nuckeln (rauchen),
ohne Dankbarkeits-Gefühle Dankeschön zu sagen,
den lieben Gästen ein Lied vorzusingen,
im Bett nicht unter die Decke zu langen, usw.?

Die Auflehnung Deines Kindes ist genau wie Deine
ein vollkommen berechtigter Selbst-Schutz.
Das Kind fühlt sich als Person einfach übergangen und kann vor lauter Vorschriften, Maßregeln und Bedrohungen garnicht zu seinem eigenen Selbst finden.
Nur im Widerstand kann es sich als treu zu
diesem wahren, natürlichen Selbst erleben.
Und dann richtet sich dieser Widerstand eben
bald auch gegen die Gebote der bloßen Vernunft.

Als nächste schwere Einsicht steht an, daß
das beste Lernziel immer noch ein gutes Vorbild ist.
Eltern müssen zusehen, daß sie ihren Kindern
in allem mit gutem Beispiel vorangehen.
Nicht ausdrücklich und mit erhobenem Zeigefinger
oder gar mit dem Zwang, es ihnen nachzumachen.
Die Nachahmungs-Lust ist angeboren.
Das Kind eifert seinen Eltern von alleine nach!

Wird es also unterdrückt,
so unterdrückt es zunächst sich selbst
und später dann eben auch die Anderen.
Wird es geliebt, dann wird es auch
sich selbst lieben und annehmen können
und damit später ebenso seine Mitmenschen.
Wird es abgelehnt und immer nur **dann** anerkannt, wenn
es für ein erwünschtes Verhalten belohnt werden soll,
dann gerät es in den inneren Zwang, sich ständig
um Liebe und Anerkennung bemühen zu müssen.
Und später wird es seine Mitmenschen, seinen Partner
und seine Kinder **auch** nur lieben können, wenn sie
sich **so** verhalten, wie **es** das von ihnen verlangt.

Eltern müssen lernen, auf ihr Kind einzugehen.
Das heißt, sie müssen bereit sein,
sich vom Kind auch sagen und zeigen zu lassen,
was es fühlt und denkt.
Und sie müssen bereit sein, sich zu ändern,
sonst können sie nicht einsehen,
was sie falsch machen oder gemacht haben.

Am besten lernen sie das, wenn sie mit ihrem Kind
seine Spielc spielen. Sie müssen sich dabei ganz
seiner Fantasie und **seinem** Willen unterordnen.
Nicht führen wollen, sondern sich führen **lassen**.
Nur so erfahren sie, wer ihr Kind wirklich ist.
Und dann können sie vieles besser verstehen.

Z.B. seine **Unzufriedenheit:**
Wenn ein Kind die Erfahrung gemacht hat, daß es
im Leben bekommt, was es braucht, ist es zufrieden.
Die Furcht, zu wenig zu bekommen, entsteht erst
durch die Erfahrung, daß es nicht genug bekommt.
Erlebt es so das Leben als Mangel und hat es
mit seinem Verlangen keinen Erfolg gehabt, dann
ist es nie mehr zufriedenzustellen, es sei denn,
es wird ihm die Erfahrung bereitet,
daß der erste Eindruck **falsch** war.

Dieses Umlernen ist aber nur möglich, wenn
die Eltern die Unersättlichkeit ihres Kindes
als frühe Fehl-Erfahrung erkennen
und dem Kinde dann mit Liebe und Vernunft
ganz deutlich vor Augen halten, daß es **so** geliebt wird,
wie es ist und daß immer (und tatsächlich)
genug Liebe, Schutz und Fürsorge für es da sein werden.

Leider reagieren die meisten Eltern entgegengesetzt.
Sie schelten das Kind und bestrafen es,
indem sie ihm erstrecht nicht geben,
was es will oder gar dringend braucht.
Sie unterdrücken einfach sein Fordern und Verlangen.
Und damit wird die innere Lage des Kindes
nur noch umso schlimmer. Nun fühlt es sich ja
in seiner Furcht zu kurz zu kommen bestätigt
und wird erstrecht ein Nimmersatt.
Es wird sein ganzes weiteres Leben danach jagen,
immer und immer mehr von allem zu bekommen,
ohne jemals Ruhe und Befriedigung zu erlangen.

Ähnliches gilt für den **Willen** des Kindes.
Es muß erfahren, daß es sich damit durchsetzen kann.
Nicht immer, aber doch zuweilen. Nur dann kann es
verstehen lernen, daß nicht immer alles im Leben
nach seinen Wünschen verlaufen kann.
Macht es aber die Erfahrung, daß es
mit der Äußerung eigener Vorstellungen und Wünsche
immer wieder nur auf Ablehnung stößt, dann wird es
ein Kobold, der überhaupt nicht zurückstecken kann,
der nie bereit ist, auch die Wünsche anderer
in betracht zu ziehen, und der nur noch rücksichtslos
seinen eigenen Vorstellungen folgen kann.
Und wird das mit Strafen verfolgt,
entsteht nur Trotz und erstrecht kein Einsehen.

So wird der kindliche Eigenwille mißverstanden,
verteufelt und zerschlagen,
die Lebens-Kraft, in der er wurzelt, untergraben,
und damit Angst vor Strafe an seine Stelle gesetzt.

Nur wenn die Eltern einsehen können,
daß der rücksichtslose Eigenwille ihres Kindes
aus der Furcht erwächst, im Leben vollständig
dem Willen anderer ausgeliefert zu sein,
können sie ihm mit Vernunft begegnen
und dem Kind gerecht werden, indem sie
seinen persönlichen Vorstellungen
mehr Gewicht im familiären Geschehen einräumen.

Wenn ein Kind gefährliche Wut-Ausbrüche
und Hass-Gefühle zeigt, verschlimmert man
durch Unterdrückung nur noch seine innere Lage.
Hass ist bereits die Folge von Wut-Unterdrückung.
Nur Eltern, die umstellen können und verstehen,
daß ihr Kind seinen Hass nur loswerden kann,
wenn es ihn ausleben darf, können Abhilfe schaffen.
Sie ziehen sich mit dem Kind zurück
und tragen seine wilden Kämpfe mit ihm aus,
ohne es für seine Angriffe, seine Brutalität und
seine Hinterhältigkeit zu bestrafen.
So erfährt es endlich Verständnis,
anstatt abermals unterdrückt zu werden.

Verständnis heißt ja nicht Zustimmung!
Die Eltern müssen dem Kinde zugestehen,
daß sein Hass gerechtfertigt war, und ihm zeigen,
daß er nun aber nicht mehr zu bestehen braucht,
weil es dafür keinen Grund mehr gibt.
Dazu müssen sie sich bei ihrem Kind für ihre
Ungerechtigkeiten und ihre Härte **entschuldigen**
und ihm glaubhaft versichern, daß ihm in Zukunft
mehr Liebe und Beachtung geschenkt werden wird.

Die meisten Eltern sind zu solchen Schritten
allerdings kaum in der Lage.
Sie sind viel zu stolz versteift und selbst
innerlich viel zu unterdrückt und unsicher,
um sich die Blöße geben zu können,
sich ihrem Kind gegenüber für schuldig zu bekennen.

Sie haben doch gerade mühsam erreicht,
daß ihr Kind sie für unfehlbar hält,
und nun sollen sie ihre »Autorität« wieder opfern,
ihre schwer erkämpfte Macht-Position aufgeben?
Sie sehen nicht, daß sie mit Verständnis, Nachsicht
und Geduld viel mehr **wahre Autorität** hätten,
als mit Selbst-Herrlichkeit und Befehls-Haberei.
Die Lage in solchen Familien ist hoffnungslos,
wenn nicht von irgendwo her
die Vernunft in sie hineingetragen wird, die
die starren Rollen auflöst, die einzelnen Menschen
ihren eigenen seelischen Problemen gegenüberstellt
und hilft, die Übel an der Wurzel zu packen. *

Ein Kind wird auch nicht zum Trieb-Täter,
zu einem hemmungslosen Sex-Protz oder zu einem
gewissenlosen Verführer und Ehebrecher, wenn man
seine aufkeimende **Sexualität** nicht unterbindet.
Im Gegenteil: **Wieder** ganz im Gegenteil.
Erst durch die Unterbindung und Verteufelung
wird die Sexualität zu einem Problem.
**Wir wissen nicht, wann ein Verhalten »übermäßig« ist,
weil normal und natürlich schon lange nichts mehr
miteinander zu tun haben.** Was mischen wir uns ein,
wenn das Kind seinen Trieben nachgeht?!

Es ist von der Natur so eingerichtet worden,
daß das Kind bei seiner körperlichen Entwicklung
alle seine Körperteile mit Bewußtsein wahrnehmen lernt.
Dadurch erst kann sich ein Geist entwickeln,
der in bewußtem Kontakt zu seinem Körper lebt
und sich als Diener seiner Gesundheit
und seines Lebens-Glücks versteht.

Und auf dem Boden eines gesunden Selbst-Gefühls
entwickelt sich dann auch eine gesunde Einstellung
zum menschlichen Miteinander, weil man andere
nicht **mehr** verstehen, anerkennen und lieben kann,
als sich selbst.
Daß wir einander nicht lieben, ist die einfache
zwingende Folge der Tatsache, daß uns in der Kindheit
verboten worden ist, uns selbst zu lieben.

Was die Geschlechts-Teile angeht, so muß das Kind
entdecken dürfen wie sie aussehen,
wie sie sich anfühlen, welche Gefühle es erzeugt,
sie zu berühren und mit ihnen zu spielen. Und es muß
mit diesen Gefühlen umzugehen lernen dürfen.
Es muß völlige Freiheit haben,
sich selbst schöne Gefühle zu bereiten.

Daß Eltern ihren Kindern dies nicht gestatten,
sondern mit wilder Entschlossenheit eingreifen
oder zumindest mit prüder Verschämtheit
das Kind durch Mißbilligung dazu erpressen,
auf dieses Recht zu verzichten,
ist nur die Folge ihrer eigenen Verklemmtheit.
Und alle verstandesmäßigen Begründungen sind
vorgeschobene Ausreden für die eigene Prüderie.

Seit Jahrtausenden versuchen die Menschen
den Sexual-Trieb aus der Welt zu schaffen,
indem sie in die kindliche Entwicklung eingreifen.
Und herausgekommen ist dabei immer nur,
daß das Sexual-Verhalten der nächsten Generation
noch krankhafter, verdrehter, zwanghafter,
übertriebener, verbrecherischer geworden ist
und noch weniger befriedigend und beglückend.

Lassen wir doch die Kinder mit sich spielen.
Und ebenso miteinander.
Davon werden sie nicht krank und nicht sex-besessen.
Im Gegenteil. Wenn später in der Pubertät
die Liebes-Gefühle mit großem Drängen erwachen,
ist ein natürlich aufgewachsener Mensch
mit seinen Trieb- und Körper-Funktionen vertraut
und kann lernen, vernünftig damit umzugehen,
ohne zwischen Trieb-Lust und krankhaften Hemmungen,
Schuld-Gefühlen, Straf-Ängsten und Horror-Fantasien
hin und her gerissen zu sein.

Die Eltern haben Angst, daß ihre Kinder sich
widernatürlich entwickeln, und glauben deshalb,
irgend etwas dagegen tun zu müssen.
Und da fällt ihnen nichts anderes ein,
als die ganze Sex-Frage zum Tabu zu machen.
Damit aber ermöglichen, ja **erzeugen** sie das,
was sie befürchten und bekämpfen wollen erst!

Woher kommt dieser Mangel an Vertrauen in die Natur und in die eigene Brut, wenn nicht aus dem eigenen inneren Empfinden, selber von lüsternem Begehren und verdrehten Fantasien getrieben und geplagt zu sein?

Die Befürchtung, Deine Kinder könnten homosexuell werden, kann nur so lange bestehen, wie Dein Unwissen über die wahren Ursachen solcher sexuellen Verirrungen.
Deshalb wollen wir sie hier ein wenig betrachten.

Homosexualität ist niemals angeboren und braucht deshalb auch nicht vorbeugend bekämpft zu werden.
(Das Wort Veranlagung ist nichts-sagend, weil es nicht zwischen angeboren und erworben unterscheidet. Deshalb habe ich es in diesem Buch nicht verwendet.)
Homosexuelle Männer und Frauen sind nicht mehr und nicht weniger sexuell gestört als normale wohl-erzogene Zivilisierte auch.

Es gibt Kulturen, in denen der Umgang zwischen Männern und Frauen so verpönt ist, daß Homosexualität eine ganz normale Ersatz-Lösung ist.
Wenn ein Mensch es aber freiwillig vorzieht, eine gleich-geschlechtliche Beziehung zu pflegen, **obwohl** ihm alle naturgemäßen Möglichkeiten offenstehen, dann weil in seiner frühkindlichen Entwicklung **ganz bestimmte** Störungen stattgefunden haben.
Grundlegend ist in jedem Fall sexuelle Unterdrückung.

Der Junge wird z. B. männlich homosexuell, wenn er von seiner männlich harten Mutter zurückgewiesen wird und sein Verlangen auf einen weiblichen, weichen, liebend annehmenden Vater richten kann.
Er wird weiblich homosexuell, wenn er von einem harten, abweisenden Vater unterdrückt wird und sich vor dessen Rache fürchten muß, wenn er es wagen würde, seine liebe, annehmende Mutter zu begehren.

Dann wünscht er **sich** an die Stelle seiner Mutter,
wünscht sich, so zu sein wie sie,
um vom Vater angenommen und geliebt zu werden.
Sind beide Eltern-Teile hart und zurückweisend,
ist dem Kind der Ausweg in die Homosexualität
zur Rettung seiner Liebes-Antriebe versperrt,
und je nach deren Stärke und Unterdrücktheit
entstehen die schlimmsten Auswüchse.
»Schlimm« nicht im Sinne irgend einer Moral gemeint,
sondern im Sinne menschlicher Tragik.

Das Mädchen wird männlich homosexuell, wenn es
von einem schroffen Vater abgewiesen wird.
Dann wünscht es sich an seine Stelle, um
die weiche, annehmende Mutter lieben zu können.
Wenn es von beiden hart zurückgewiesen wird,
dann zieht es sich zurück auf die vorangegangene
Entwicklungs-Stufe des nur geliebt-**werden** Wollens.
Oder es wünscht sich an Mutters Stelle, um
ein Mädchen (zunächst sich selbst) lieben zu können.

Dies sind nur wirklich grobe Beispiele,
um zu verdeutlichen, wie die familiäre Situation die
frühkindlichen Liebes-Erlebnisse bestimmt und damit
die sexuelle Entwicklung des Kindes beeinflußt.
Alles um zu zeigen, wie groß die Verantwortung ist,
die Du als Eltern-Teil trägst,
und wie wenig Deine Sorgen begründet sind,
wenn Du nur der Natur vertraust, wenn Du nur selbst
der Sexualität gegenüber natürlich eingestellt bist.
Dann läßt Du Dein Kind seinen Weg suchen und weißt:
Was Du auch machst, es kann nur verkehrt sein.

Viele Menschen verwechseln Trieb-Unterdrückung
mit Trieb-Beherrschung und meinen,
ein Kind müsse seine Triebe unterdrücken,
um sie beherrschen zu lernen.
Das ist ganz und gar falsch!!

Durch Unterdrückung werden die Triebe **verstärkt,**
sozusagen in einem Dampf-Topf eingesperrt.
Wenn sie dann hervorbrechen, sind sie
stärker als jede Selbst-Beherrschung.
Man kann nur lernen, seine Triebe zu beherrschen,
wenn man sie frei entwickelt und kennen gelernt hat.
Ich habe das Gefühl,
es nicht oft genug sagen zu können:
Wenn die Erwachsenen die Triebe ihres Kindes
unterdrücken zu müssen glauben, dann nur,
weil sie von ihren eigenen inneren Kämpfen her auf
die Lage des Kindes schließen und glauben, wenn sie
als Kind nicht unterdrückt worden wären, dann
könnten sie sich heute **überhaupt** nicht beherrschen.

Selbst-Herrschaft ist etwas ganz anderes
als der innere Kampf zwischen den natürlichen Trieben
und der anerzogenen, aufgezwungenen Angst vor ihnen.
Das gilt für die Wut, die durch Unterdrückung
zu unbeherrschbarem Hass wird, ebenso wie
für die Liebe, die durch Unterdrückung
zu unbeherrschbarer Lüsternheit wird, sich
auf unnatürliche, unbefriedigende Abwege begibt,
oder gar zur Triebfeder wird für weiteren Hass.

Selbst-Herrschaft erwächst aus Bewußtheit und aus der inneren Freiheit, der Stimme der Vernunft zu folgen.

Eltern brauchen auch nicht zu wissen oder zu entscheiden, in welchem Alter das Kind über welche Dinge des Lebens aufgeklärt werden muß. Es fragt ja nach allem, und sie brauchen nur offen und möglichst wahrheits-getreu zu antworten. Wenn die Eltern sich um diese Pflicht drücken, öffnen sie beim Kinde Tür und Tor für jede Menge wildester Fantasien und qualvollster Ängste und sie liefern es den Einflüssen **derer** aus, die aus eigener innerer Gestörtheit heraus dazu neigen, Kindern mit schlimmen Schauer-Märchen vor den harmlosesten Dingen des Lebens Furcht einzujagen.

Wenn ein Kind solche Grusel-Geschichten liebt und sich an den Schauder-Wellen ergötzt, die ihm über den Rücken laufen und ihm den Puls hochjagen, ist das ein sicheres Zeichen dafür, daß es diese erregenden Empfindungen bereits abgespalten hat von seinen unterdrückten sexuellen Gelüsten und ersatzweise das **Grauen als Quelle der Lust** genießt.

So verbindet es seine Lust-Gefühle mit Horror, Mord und Totschlag, mit Monstern und Mördern, und später hat es abends dann mehr Lust auf einen Krimi als auf die Freude am eigenen Dasein. Lust und Gewalt werden so zu einer perversen Einheit. Schau Dich in unserer Gesellschaft um: Lust-Feindlichkeit und Gewalt-Lust prägen das Bild.

Den Kindern die Auskunft verweigern oder sie mit Lügen und Ausflüchten abzuspeisen, richtet also weitaus mehr Schaden an, als daß sie nur bloß verdummt werden!

Unwissenheit und Denk-Trägheit entstehen auf der Flucht vor den Peinlichkeiten, die die Erwachsenen mit der Wahrheit verbinden, und werden durch das elterliche Verhalten direkt an die Kinder weitergegeben.

Indem Du Deinem Kind die Wahrheit vorenthältst, seinen Wissens-Drang als bloße Neugierde ablehnst, bloß um nicht über Dinge sprechen zu müssen, die Deine Scham-Gefühle wecken, oder um nicht zugeben zu müssen, daß Du Dich nicht richtig auskennst, zerstörst Du die Lern-Fähigkeit Deines Kindes. Es fühlt sich ja mit seinem Lern-Willen abgelehnt, verkneift sich seine Frage-Lust und verliert so das Interesse an all den anderen Dingen dieser Welt gleich mit. Deshalb können Lernstörungen bei den meisten Kindern schon behoben werden, indem man sie bloß über das Geschlechts-Leben und die Herkunft der Kinder aufklärt und sie von ihren Scham-Gefühlen bezüglich ihrer Geschlechts-Organe befreit.

Wenn Du Schwierigkeiten hast, all das zu glauben, dann schau einmal in Dich und suche nach Deinen eigenen sexuellen Hemmungen und Scham-Gefühlen. Wie Dir mulmig wird, wenn Du über Sex nachdenkst oder gar zu einem Kinde darüber sprechen sollst. Ist das nicht alles wie ein Schuld-Geständnis?
Die einzige Schuld, die Dir als Eltern-Teil droht, ist die, Deinen Kindern Deine eigenen unnatürlichen Einstellungen zum Leben überzustülpen.

Was ist also dabei, wenn Kinder
miteinander streiten, kämpfen und raufen,
anstatt nur immer schön brav zu spielen?
Was müssen Eltern sich da einmischen?
Sie strafen das Kind mit ihrer Gewalttätigkeit, um ihm einzutrichtern, daß Gewalttätigkeit böse ist.
Und abends setzen sie sich vor den Fernseher und
ziehen sich die wüstesten Krimis und Western rein –
selbstverständlich wenn die Kinder im Bett sind.

Das was sie mit ihrer Haltung bewirken, ist genau
das Gegenteil von dem, was sie bewirken wollen.
Brutal und gefährlich werden Kinder immer erst,
wenn sie von Erwachsenen daran gehindert werden,
ihre natürliche Wut auszuleben und zu entfalten.
Dann nämlich unterdrücken sie ihre Kampf-Antriebe
aus Furcht vor Bestrafung: Sie verdrängen sie
aus dem Bewußtsein, um sich ihretwegen
nicht schlecht fühlen zu müssen (Schuld-Gefühle),
und damit stauen sie sie innerlich an,
bis sie unbeherrschbar hervorbrechen (Jähzorn).

Mit der Unterdrückung der natürlichen Kampf-Antriebe
spaltet sich die kindliche Persönlichkeit in
einen friedfertigen und einen gewaltlüsternen Teil.
Die natürliche Selbst-Behauptung ist zerschlagen,
und der Verstand muß zusehen, wie er für das Drängen
des hass-erfüllten Teils Rechtfertigungen erfindet,
damit dieser ohne Schuld-Gefühle wüten kann.

Ich habe diesen Vorgang nochmals geschildert, weil
er grundlegend ist für die Rolle der Gewalt in
Familie, Gesellschaft, Rechts-Wesen und Politik.

Und was ist also dabei, wenn Kinder und Jugendliche sich ihrer Sexualität widmen und hingeben?
Getrieben von den eigenen Verklemmungen haben die Oberlehrer der Jahrhunderte die Behauptung aufgestellt und verbreitet, die Freiheit des Geschlechts-Lebens bei Jugendlichen verhindere deren Entwicklung zu kultivierten, gebildeten Staats-Bürgern und beeinträchtige ihren Beitrag zur gesellschaftlichen Gemeinschafts-Leistung.
Inzwischen weiß man es besser, aber gehandelt wird immer noch nach dem alten Grundsatz:
Die Jugend muß vor dem Sex geschützt (!) werden.

Diese Haltung ist so verlogen wie lächerlich.
Ein gesunder Jugendlicher macht sich garnichts aus dem Schund und der Pornographie der normalen Erwachsenen. Er findet das höchstens abstoßend.
Und ein Jugendlicher, der sich dafür ergeifern kann, der ist bereits seit Kindesbeinen an so verdorben, wie die Erwachsenen, vor deren Abartigkeit er angeblich geschützt werden soll. **Das Einzige, wovor es die Jugend wirklich zu schützen gilt, ist die Lust- und Lebens-Feindlichkeit der normalen Erziehung und der sie deckenden Gesetze.**

Wenn Du Deinen Kindern gerecht werden willst und ihnen gönnst, daß sie ihr eigenes Leben leben, dann zwinge ihnen nicht Deine privaten Meinungen und Urteile auf, sondern halte Dich neutral.
Schau ihnen einfach zu, ohne zu loben oder zu tadeln.
Dann kommen sie ganz von alleine zu Dir, erbitten Deinen Rat und schätzen Dein »überlegenes Wissen«...

Alle Erziehungs-Methoden, die nach den ersten 3-5 Kinderjahren, also auch noch in der Pubertät von den Eltern angewendet werden, greifen zurück auf die zuvor angelegte innere **Notlage** des Kindes: **Seine Furcht vor Strafe und sein Bedürfnis nach Liebe in Form von Anerkennung, Lob und Belohnung.**

Dabei tritt meistens mehr und mehr auch der Vater auf den Plan. Er übernimmt die Rolle eines Ober-Unterdrückers.
Sobald Mütter nicht mehr mit ihrem Kind zurande kommen, fangen sie an, mit dem Vater zu drohen. Der werde dem Kind schon zeigen, wo's lang geht.

Ein zartes Kind, das auf kleine Lieblosigkeiten schon tief verletzt reagiert, braucht man selbstverständlich nicht mit Drohungen und Schlägen gefügig zu machen. Viele Eltern gängeln ihr Kind mit der Methode des Vorwurfs, es sei lieblos seinen Eltern gegenüber, wenn es sich nicht so verhält, wie sie es von ihm verlangen. Damit kann man einen kleinen Menschen, der seine Eltern ernst nimmt und lieb hat und sich aufrichtig bemüht, es ihnen recht zu tun, ganz erheblich unter Druck setzen.

Mit der Androhung von Strafen, (die ja auch mal angewendet werden müssen, damit die Drohung glaubhaft bleibt,) wird am meisten »gearbeitet«. Es müssen keineswegs immer Prügel sein. Man kann ein Kind oder einen Jugendlichen mit vielerlei Einschränkungen seines Freiraumes und seiner Selbst-Bestimmung ganz empfindlich treffen.

All das geschieht immer in dem Glauben, es sei
zum Besten des Kindes: Wenn es nicht freiwillig
gehorsam, fleißig, strebsam und anständig,
ehrlich, sittsam, ruhig, ernsthaft und bescheiden
sein kann, muß man es eben dazu **zwingen.**
Später wird es das seinen Eltern danken.
»Uns hat das auch nicht geschadet...«
Aber das ist der Irrtum. Es **hat** geschadet.

Genau das ist es ja, was schuld daran ist,
daß die Menschlichkeit so beklagenswert wenig
mit dem zivilisierten Leben zu tun hat. Aber
anstatt **all diese falschen Lehren** fallen zu lassen,
bleibt jede neue Eltern-Generation daran kleben
und versucht nur, sie sogar noch »besser« anzuwenden,
als die eigenen Eltern das geschafft haben.
Also handeln auch sie wieder nach der Annahme:
Wenn das Kind nur lange genug ihre Vorschriften
befolgt, werde es auch vernünftig und erwachsen;
man müsse es nur unnachgiebig zu allem zwingen,
dann mache es das später freiwillig ebenso.

**Es ist zwar richtig, daß das Kind dabei lernt,
»wie man was tut und was man zu lassen hat«.
Aber gerade weil es dazu gezwungen worden ist,
wird es später ablehnen, sich daran zu halten.
Es kann seine Freiheit und Freiwilligkeit
doch garnicht anders verwirklichen und erleben,
als dadurch, daß es das Gegenteil von dem tut,
wozu es zuvor gezwungen worden ist.** *

Um diese Gegen-Reaktion zu vermeiden,
haben wir jetzt einen ganz modernen Trick.

Findige Forscher haben irgendwann herausgebracht,
daß der Mensch besser lernt und schafft,
wenn Belohnungen winken (Lob),
als wenn Unannehmlichkeiten drohen (Tadel).

Durch den Mangel an Erfüllung unserer Ansprüche
auf mütterliche Zuwendung ist in frühen Baby-Tagen
eine tiefe Sehnsucht nach Wärme entstanden, die uns
(als Hoffnung auf Anerkennung verkleidet)
dazu antreibt, zu streben und zu leisten,
wenn Streichel-Einheiten, Geschenke, gute Noten,
Ehre, Ruhm oder sonstige Auszeichnungen locken.
Dafür sind wir bereit, uns ins Zeug zu legen.

Frisch ausgebildete Lehrer und Erzieher wissen das,
und wenn sie charakterlich dazu in der Lage sind,
bei Erfolg zu loben, anstatt bei Fehlern zu tadeln,
fahren sie bei ihrer Arbeit besser als die Kollegen,
die es mit Druck und Bange-Machen versuchen.
Positive Verstärkung nennt man das.
Und auf den ersten Blick will es einem ja immerhin
schon etwas menschenfreundlicher erscheinen.

Aber bei näherem Hinsehen ist es ebenso unwürdig,
einen Menschen zu etwas zu **verlocken,**
wie ihn durch Drohungen dazu zu **nötigen.**
Auch die Sehnsucht nach Lob und Anerkennung
ist im Grunde eine Furcht vor Zurückweisung
und führt geradewegs in die Selbst-Unterwerfung.
Schließlich billigt man dem Höher-Stehenden ja
die Rolle des überlegenen, erhabenen Meisters zu:
Ich muß etwas leisten. Und er darf mich dafür
mit gekünstelten Schmeichel-Häppchen belohnen.

Das ist es, was mit entfremdeter Arbeit gemeint ist.
Wenn man nicht um der Tätigkeit selbst willen
oder wenigstens um des Ergebnisses willen arbeitet,
sondern nur, um Ziele zu verfolgen,
die der Tätigkeit an sich ganz fremd sind.

Die Lage des Menschen ist dann genau die
eines Esels vor seinem Karren, dem der Kutscher
mit einem langen Stock eine Rübe vor die Nase hält.
So sehr der Esel sich auch vorwärts bemüht,
die Rübe erreicht er auf diese Weise nicht.
Er hat dann zwar bald den Karren in die Stadt gezogen,
aber darum war es ihm ja garnicht gegangen.

Wenn er die Rübe letztendlich erhält,
ist er sogar noch gut dran mit seinem Herren.
Aber es ist ihm keine unbeschwerte Lebens-Freude
sie zu esssn, sondern nur der billige Lohn
für eine teure Arbeits-Leistung.
Und selbst wenn Lohn und Leistung
in angemessenem Verhältnis zu einander stehen,
kann von Lebens-Freude noch nicht die Rede sein.
Denn dazu gehört **mehr**
als der Ausgleich für die zuvor gebrachten Opfer.
Das Leben ist stressig und unbefriedigend, wenn
das was wir tun nicht unser eigener Wille ist.
Dann überwinden wir uns dazu, weil sonst Armut droht,
oder weil Erfolg und Wohlstand uns verlocken und
weil uns eine andere Art zu leben garnicht einfällt.

In dieser Lage befinden sich die Menschen heute in
der Wohlstands-Gesellschaft. Und in diese Lage
fahren sie fort, ihre Kinder hinein zu erziehen.

Wenn Du jetzt von irgendwo her
die Stimme eines Erwachsenen hören würdest, die
schmerz- und schrecken-erfüllt um Hilfe schreit,
würdest Du sicher denken, daß dort
ein Unglück oder ein Verbrechen geschieht.
Du wärest sofort in hellster Aufregung
und würdest Dir überlegen, ob Du
zur Hilfe eilen oder besser flüchten solltest.
Hörst Du aber ein Baby oder Klein-Kind
mit **genau demselben Ausdruck** schreien,
dann fühlst Du Dich wahrscheinlich nur gestört
oder bestenfalls von Mitleid angehaucht.
»Kinder schreien eben. Das ist zwar ärgerlich
aber ganz normal und leider nicht zu vermeiden.«
Du kämest also kaum auf den Gedanken,
daß in diesem Augenblick und folglich stündlich
und **millionenfach** sinnloses Unglück geschieht
und schwerste Verbrechen begangen werden.
Und doch ist es so und nicht anders.
Nur keiner will es wahr haben. Warum nicht?
Weil die Erwachsenen ihre Kindheit vergessen haben.
Und sie haben sie vergessen, **weil** sie so grausam war.
Seit jenen Jahren haben sie ihr Bewußtsein
krampfhaft von diesen Erfahrungen zurückgezogen.

Und solange sie sich nicht bemühen werden,
diese Abstumpfung zu überwinden und sich
die Leiden ihrer eigenen Kindheit bewußt zu machen,
werden sie ihre Kinder weiterhin mißhandeln mit
seelischen Grausamkeiten und körperlicher Gewalt;
werden weiter in dem Irrtum leben, das sei notwendig,
um gesunde, glückliche, liebevolle und friedfertige
Menschen aus ihnen zu machen; und werden
fortfahren, selber nichts dergleichen zu sein.

H Familie

Durch den Erziehungs-Krieg wird das Entstehen
einer von Vertrauen getragenen Beziehung
zwischen Eltern und Kindern verhindert.
Von alleine oder durch einseitige Bemühungen
wird sich daran nie mehr etwas ändern.

Meistens meinen die Eltern, **sie** seien diejenigen,
die sich um Eintracht bemühen, während das Kind
aufsässig sei und nichts davon wissen wolle.
Und das Kind denkt ebenso. Nur anders herum.
Es ist wie in der Politik.
Es wollen zwar alle den Frieden.
Aber eben nur zu den eigenen Bedingungen.

Nun mußt Du als Eltern-Teil schon mal zugeben,
daß an dem Krieg ursprünglich Du die Schuld trägst.
Erziehung ist die Kraft,
die stets das Gute will,
doch stets das Böse schafft. (Frei nach Goethe)
Also liegt es auch bei Dir, als Erster nachzugeben,
zumal Du beanspruchst, der Vernünftigere zu sein.
Die Familie ist nun mal für den Zivilisierten die
einzig mögliche Form des häuslichen Zusammenlebens.
Aber er kann täglich entscheiden (und er tut es),
ob die Familie eine Zwangs-Umwelt ist, in welcher
jeder nur darauf aus ist, die Anderen einzuschränken
und rücksichtslos seine Freiräume zu erkämpfen,
oder ob er die Chance nutzen will,
die der Familien-Rahmen tatsächlich bietet,
daß sich alle gemeinsam und gegenseitig
von den eigenen inneren Festlegungen befreien.

Wenn die Kinder in die Pubertät kommen,
schnell geschlechts-reif werden und
langsam erwachsen, dann ist es an der Zeit, daß
die Eltern sie auch als reif und erwachsen behandeln,
selbst wenn es ihnen so erscheinen will, als seien
die Kinder dessen noch nicht so recht würdig.

Wie wollen ausgerechnet **sie** das beurteilen?
Und wie sollen die Kinder lernen,
auf sich selbst zu hören und sich selbst zu vertrauen,
solange sie gezwungen sind, auf andere zu hören,
und solange diese Anderen ihnen nicht vertrauen?

Nur wenn zwischen Menschen Vertrauen herrscht,
können sie einander verstehen und helfen.
Leider wissen die meisten Menschen aber garnicht,
was Vertrauen überhaupt ist.
Sie verstehen unter Vertrauen bloß die Zuversicht,
der Andere werde sie schon nicht enttäuschen,
er werde schon so sein, wie sie es sich wünschen,
wie sie es von ihm erwarten oder verlangen.
Und wenn sich dann das Gegenteil herausstellt,
sind sie verärgert, verlieren ihre Zuversicht
und meinen, der Andere habe ihr Vertrauen
gebrochen oder gar mißbraucht.

Das hat alles mit Vertrauen garnichts zu tun!
Vertrauen bedeutet, daß man den Anderen annimmt,
wie er ist und was er auch immer tun wird,
daß man ihm zugesteht, alles ganz anders zu machen,
als man selbst es gerne hätte,
und daß man sich nicht anmaßt,
für ihn zu denken und zu entscheiden.

In einem Familien-Klima, das von Vertrauen bestimmt ist, sind Offenheit und Aufrichtigkeit von allen Seiten selbstverständlich, weil von den Anderen keinerlei Bedrohung ausgeht, sondern nur Annahme und meist sogar Verständnis, verbunden mit Zustimmung oder Gegen-Gedanken, aber ohne Vorwürfe oder gar Vorschriften.
Dann teilen die Familien-Mitglieder ihr Leben miteinander, ihre Hoffnungen und Ziele, ihre Sorgen und Nöte und ihre Sehnsüchte.
Und so wachsen Nähe, Wärme und Verständnis.

Wenn Eltern nicht bereit sind, irgendwann ihren Kindern dieselben Freiheiten zu lassen, die sie sich selber herausnehmen, und diese Haltung auch noch mit fadenscheinigen Vorwänden verteidigen und rechtfertigen, müssen sie hinnehmen, daß ihre Kinder anfangen, ihnen immer mehr zu mißtrauen, ja sie zu verachten, daß sie sich von ihnen abwenden und ihren Lebensweg gehen, ohne sie daran teilhaben zu lassen.

Gelingt es den Eltern dagegen, ihr Kind recht bald als gleichwertigen und gleichberechtigten Mitmenschen anzuerkennen und zu achten, dann erfüllen sie es mit gesundem Stolz und wachsendem Verantwortungs-Bewußtsein und können sich darauf verlassen, daß es mit Vertrauen und Liebe antworten wird.

Traum-Bilder? Wunsch-Denken? Lest alle dieses Buch.
Vielleicht bringt es Euch zusammen...

I Pubertät

Dieses Wort bezeichnet den letzten entscheidenden
Entwicklungs-Schritt zur Geschlechts-Reife.
Dieser Schritt kann aber aus zwei Gründen
in unserer zivilisierten Gesellschaft
garnicht richtig stattfinden.
Erstens ist die Entwicklung der natürlichen Person
bereits in frühester Kindheit behindert,
gestört oder gar zerstört worden.
Und zweitens ist die Sexualität in der Jugend etwas,
das der wohl-erzogene Erwachsene auf garkeinen Fall
erlauben, dulden, ja nicht einmal ertragen kann.
Er nennt diese Haltung »Jugendschutz«

In der Pubertät versucht der junge Mensch
so gut er dazu noch in der Lage ist,
ein vernünftiger Erwachsener zu werden.
Da er aber auch nicht von solchen umgeben ist
sondern nur von unreifen, unwissenden und
nichtsdestotrotz äußerst herrschfreudigen Menschen,
die ihm wo immer sie nur können, Vorschriften machen,
ihn unterdrücken, erpressen und knechten
oder auch mit Zuwendungen seine Anpassung erkaufen,
bleiben diese Versuche weitestgehend erfolglos.

Immerhin zeigen viele Jugendliche doch noch ein
energisches Aufbäumen gegen die Eltern-Herrschaft.
Aber dabei verrennen sie sich oft ins Unrecht,
weil sich garnicht merken, worum es eigentlich geht.
Sie sind von ihren Eltern in einen Krieg
verwickelt worden, und nun glauben sie,
diesen Krieg gewinnen zu müssen.

Die Jugendlichen sind auf ihre kindlichen Reaktionen und Kampf-Mittel festgenagelt, weil sie sich zwischen dem 5. und 13. Lebensjahr aus Verkümmerung, Unterdrücktheit und Beschämung persönlich garnicht weiter entwickeln konnten.
Sie sind in die Schule geschickt worden,
um ihr Gehirn zu trainieren und vollzustopfen. Aber
ihre Persönlichkeits-Entwicklung ist stehengeblieben.

Jetzt werden sie plötzlich mit Ur-Gewalt
zu sexuellen Wesen voller Liebes-Sehnsüchte.
Aber anstatt sie diesen natürlichen Schritt
naturgemäß vollziehen zu lassen, verlangt die
sie beherrschende Umwelt von ihnen totalen Verzicht
und dazu auch noch kulturelle Höchst-Leistungen.

Der Junge Mensch steht zwischen drei Fronten:
1. Sein unbändiges sexuelles Verlangen,
2. seine anerzogenen heftigen Hemmungen in Form von Straf-Ängsten und Scham- und Schuld-Gefühlen, und
3. seine Umwelt, die ihn maßregelt und fordert,
   ihn zu lauter Dingen verpflichtet,
   die ihm in dieser Sturm- und Drang-Zeit
   herzlich wenig interessieren, und ihm das,
   was ihn brennend interessieren würde,
   auf das strengste verbietet.

Und diese Umwelt findet garnichts dabei, diese Zeit
als Flegel-Jahre zu bezeichnen, das heißt,
dem Jugendlichen die ganze Schuld an dieser Misere
auch noch **allein** in die Schuhe zu schieben,
obwohl sie selbst für diese Entwicklung und diese Krise verantwortlich ist.

Die Eltern haben die Verantwortung für ihr Kind mißbraucht, um es nach ihrem Gutdünken zu formen. **Dabei haben sie Methoden angewendet, die garnicht geeignet waren, ihre Vorstellungen von der Formung ihres Kindes zu verwirklichen,** sondern sogar unermeßlichen Schaden in ihm angerichtet haben. Sie haben die Verantwortung in jedem noch so kleinen Belang seiner Entwicklung an sich gerissen und ihm keine Chance gegeben, für sich selbst Verantwortung tragen zu lernen. Jetzt auf einmal verlangen sie das von ihm und sind enttäuscht oder gar erbost und empört darüber, daß es das nicht richtig kann.

Und **damit** rechtfertigen sie ihre Entscheidung, die Verantwortung auch weiterhin zu tragen, also das Kind zu bevormunden und zu befehligen. Und wenn es sich dagegen auflehnt, sich widersetzt, kennen sie wieder nur Drohungen und Strafen. Der Krieg geht also weiter...

Der Jugendliche kann den Krieg irgendwann gewinnen. Dann dreht er den Spieß herum und beherrscht nun seine Eltern, befehligt sie, nutzt sie aus oder führt sie an der Nase herum. Damit hat er aber an seiner Persönlichkeit nur weiteren Schaden genommen, denn nun sieht er sich selbst im Lichte dieses Sieges als erwachsen an, obwohl ihm so gut wie alles zur Reife fehlt.

Oder er verliert den Krieg kläglich. Dann ist er endgültig gebrochen und bleibt erstrecht unfähig, ein selbst-verantwortlicher Erwachsener zu werden.

Ich möchte in diesem Buch keine Ratschläge erteilen.
Jeder Mensch ist anders und lebt in seinen besonderen
und nur von ihm so empfundenen äußeren Verhältnissen.
Aber ich glaube, die Pubertät ist eine Lebens-Zeit,
in der sich vieles zum Erfreulichen wenden kann,
gerade weil die Entwicklung hier
so dramatisch und kraftvoll verläuft.

Wenn Du ein Jugendlicher bist, meine ich,
sollte es Dir nicht darum gehen,
diesen unseligen Krieg immer weiter zu führen,
sondern darum, ihn endlich aufzugeben.
Du mußt Dich **innerlich** von der Gewalt-Herrschaft
Deiner Eltern befreien und nicht äußerlich.
Das Äußerliche kommt dann ganz von alleine,
ohne daß es da noch etwas zu kämpfen gäbe.
So kannst Du Deine Kampfkraft **dort** einsetzen, wo
es sich für Dich und Dein Leben **wirklich** lohnt.

Du **willst** vielleicht unbedingt kämpfen,
legst es sogar immer wieder nur darauf an.
Aber Du mußt erkennen, daß Du nur einen Kampf
nach **draußen** verlegst, der sich eigentlich
in Deinem eigenen Inneren abspielt.

Deine Eltern mögen weitestgehend versagt haben,
im Leben und in Deiner Erziehung, aber
aus ein und demselben Grund sind sie auch heute
noch nicht in der Lage, dies zu erkennen.
**Also mußt Du lernen, darauf zu verzichten,
daß sie Dir ihren Segen geben, Ihre Zustimmung,
ihre Anerkennung, ihre Unterstützung, ihr Vertrauen,
ihre Erlaubnis, der zu sein, der Du bist.**

Nur wenige Eltern sind in der Lage, mit ihren
Kindern weiterzuwachsen und dadurch jung zu bleiben.
Aber nur so kann mit der Zeit eine Plattform entstehen,
auf der sich Jugendliche und ihre Eltern begegnen,
verständigen und einigen können.
Dafür offene Eltern haben dann aber schon Kinder,
die weniger geschädigt aufgewachsen sind.
Und dann ist die Pubertät eine glückliche Zeit
gemeinsamen persönlichen Fortschritts und Gewinns.

Die Mehrheit der Eltern halten dagegen
diese »Weisheit« für weise:
Kleine Kinder – kleine Sorgen.
Große Kinder – große Sorgen.

Ja wenn man sich am Anfang nur kleine Sorgen
um das Gedeihen seiner Sprößlinge macht,
dann können einem mit den Jahren die Sorgen auf
ganz ärgerliche Weise über den Kopf wachsen.

Nun machen sich die wenigsten Eltern zu wenig Sorgen
sondern eher sogar zu viele.
Aber was nützt das, wenn sie garnicht
erfahren **wollen**, wie sie diese Sorgen
zu aller Zufriedenheit beseitigen könnten?!
Wenn sie selbst nie erfahren haben,
was es heißt, Ich-Selbst zu sein?
Und also steht der Jugendliche
zumeist hilflos und ohne Verständnis da,
weiß nicht wohin mit seiner Kraft,
seinem Drängen und Sehnen, und weiß nicht
wie herauskommen aus seiner Verzweiflung,
aus Lustlosigkeit, Überdruß und »Frust«.

Es ist wichtig, daß Du erkennst,
daß Du nicht auf der Welt bist, um
die Erwartungen der *Anderen* zu erfüllen.
Du mußt Deinen eigenen Weg suchen und gehen.
Und dazu mußt Du aufhören,
dem anerzogenen Gewissen zu gehorchen,
das Dir sagt: »Du darfst nichts tun und lassen,
was Deine Eltern Dir nicht erlaubt haben.«

Bilde Dir nur über alles Dein eigenes Urteil!
Das geht aber nur, wenn Du Dich innerlich abwendest
von dem engen Blick-Winkel Deiner Familie
und Dich außerhalb davon bildest und informierst.
Über Deine natürlichen Bedürfnisse und Ansprüche,
über Deine Rechte als Staatsbürger 2. Klasse,
über Deinen Körper und Deine Seele,
darüber, was es heißt, ein Mensch zu sein.
Dann kommt der Tag, wo Du innerlich frei bist
zu wachsen und der zu werden, der Du bist;
frei auch, Deine Eltern zu verstehen
und sie zu lieben wie sie sind.

Es gibt kein Glück und keine Liebe
ohne innere Eigenständigkeit.
Diese entsteht zwar durch die Auseinandersetzung
mit den eigenen Erziehungs-Personen, aber
wenn sie nicht bereit und fähig dazu sind,
Dich als Mensch zu respektieren, so wie sie selbst
verlangen, von Dir respektiert zu werden,
dann beobachte Deine Enttäuschung und erkenne,
daß die Anderen auch nicht auf der Welt sind,
um *Deine* Erwartungen zu erfüllen...

J Gesellschaft

Früher als Student habe ich mich immer
ganz entschieden, ja leidenschaftlich mit den
schwachen, entrechteten und ausgebeuteten Menschen
dieser Welt gleichgesetzt und verbunden gefühlt.
Heute sehe ich, daß sie – wie ich – dazu erzogen
worden sind, sich alles gefallen zu lassen.
So können sie nur maulen, mosern und motzen
wie Kinder und nennen das stolz Protestieren.

Auch ihr organisierter gesellschaftlicher Kampf
entbehrt weitestgehend der notwendigen Einsichten
in die Gesetze der Volks- und Welt-Wirtschaft.
Und die Politik ist ja nur ein Schatten-Spiel davon.
Ihr Gefühl, ausgenutzt und verraten zu werden,
ist zwar ganz echt und auch vollkommen begründet,
aber die Veränderungen, die ihrer Lage
ein Ende setzen würden, können sie nicht entwerfen.
Und sie wären auch nicht bereit, solche zuzulassen,
geschweigedenn anzustreben, weil sie vom Überfluß
an Ersatz-Befriedigungs-Gütern suchtartig abhängig
und damit dem System hoffnungslos ausgeliefert sind.

QUILD und BICK machen den Menschen auch nicht
dümmer, als er bereits schon ist.
Sie sind reißerisch, blutrünstig und pornographisch,
weil große Mehrheiten das gerne so haben.
Das ist keine Folge gewissenloser Presse-Moral,
sondern eine Folge widernatürlicher Kinder-Aufzucht.
Und diese Moral ist nur ein Auswuchs davon,
und diese Presse nur ein Ausdruck des Elends.
Nicht seine Ursache.

Nun steuert die Menschheit geschlossen auf einen weltweiten Selbstmord zu, und viele liebe Menschen glauben, der einzig vernünftige Ausweg sei der, Veränderungen in die gesellschaftlichen und politischen Verhältnisse zu tragen.

- Die Einen wollen einfach an die Macht, weil sie meinen, sie selbst seien vernünftig.
- Die Anderen wollen die ganzen demokratischen Spiel-Regeln ändern, weil sie meinen, die Mehrheit sei vernünftig, sie müsse nur richtig an die Macht gelangen.
- Und einige meinen gar, ohne Spiel-Regeln ginge es am allerfriedlichsten zu.

Ich denke: Selbst wenn es möglich wäre, daß ein politischer Umschwung dem Volke inneren Frieden, persönliche Freiheit und soziale Gerechtigkeit bringt, so ist doch damit noch lange nicht gesichert, daß nicht auch in dieser neuen Ordnung wieder Menschen nach Macht über andere streben werden, und daß diese Anderen sie nicht hochleben lassen werden, weil sie selbst nicht wissen was sie wollen und deshalb lieber gehorchen als entscheiden.

Revolutionäre Köpfe halten mir entgegen, unter veränderten politischen und gesellschaftlichen Verhältnissen würden die Menschen automatisch anders gedeihen: Genügsamer, gebildeter, selbständiger, solidarischer, friedfertiger und eben vernünftiger. Sie meinen, die Erziehung würde eine andere sein, und darauf komme es ja schließlich an.

Das stimmt vielleicht sogar. Aber woher kommen dann die vielen revolutionären Erzieher, die nach der großen Kehre plötzlich gebraucht würden?

Außerdem steht ja nun fest, daß der Charakter und das Verhalten nicht so sehr eine Folge späterer Erziehung und Bildung sind, sondern eine Folge der Prägung. Und diese findet in den ersten 5-6 Lebensjahren statt, also im engsten Kreis der Familie.
Hier geben die Bezugs-Personen ihren Charakter direkt an die Nachkommenschaft weiter.
Und jede spätere Erziehungs-Maßnahme muß auf den Charakter eingehen, sonst wirkt sie nicht verhaltens-bestimmend.
Den Charakter ändern kann Erziehung keinesfalls.

Jeder kann sehen, daß schon immer – und erstrecht mit der Zunahme von Demokratie im Staat – die im Volke mehrheitlich vorherrschenden Charakter-Züge das politische Geschehen bestimmt und den Lauf der Geschichte gelenkt haben.
Und diese Charakter-Züge sind seit jeher dieselben: Beschämung und Unterdrückung sind geblieben, und Verkümmerung ist mit der Industrialisierung gestiegen.

Also sind die Menschen 1. lieblos und triebhaft, 2. unterwürfig, unterwerferisch und gewalt-lüstern und 3. abhängig – Von der Zustimmung der Mitmenschen und von der Erhaltung, ja Mehrung ihres Wohlstandes. Sie schwören auf Gehorsam, Staats-Gewalt und Rüstung, Drogen, Fernsehen, neue Autos und volle Kühlschränke, und opfern dafür Gesundheit, Liebe, Glück und Frieden.

Wer sich nicht bemüht herauszufinden,
was die Menschen **wirklich** glücklich macht
und was sie derzeit eigentlich daran hindert,
zu erkennen, daß sie am Glück vorbei-leben/-sterben,
der sollte nicht die Führung der Menschen-Massen
anstreben, sondern bescheiden schweigen.

Jene die meinen, das Glück der Menschen
liege in Vollbeschäftigung, Konsum und Luxus,
führen die Völker schon seit Jahrtausenden
und immer wieder in den Krieg.

Das Glück ist eine biologische Funktion,
ein lebens-eigener Zustand, und geht dem verloren,
der im Widerspruch zur Biologie,
zu den natürlichen Gesetzen des Lebens steht.
Hier steckt die Wurzel allen Übels,
aller Verbrechen, aller Not, aller Politik,
allen Scheiterns revolutionärer Mühen
und der Machtlosigkeit der Friedens-Bewegung.

Kranke, krankmachende Vorstellungen von Glück
beherrschen die Gehirne und die Körper
der Menschen-Massen und bewegen sie dazu,
immer wieder denselben Versprechungen zu folgen,
immer wieder denselben Verführern zu vertrauen,
immer wieder dieselben Fehler zu machen und
immer wieder zu verkennen,
daß die Erde das einzige Paradies ist,
das es gibt, und die Hölle nur ein Hirngespinnst,
ein Verfolgungs-Wahn, ein Stück krankes Gemüt,
das dieses Paradies verkennt und zerstört,
bis zum endgültigen K. O.

Der Machtstreber (Politiker) der das eingesehen hat,
bleibt doch weiterhin dazu geneigt,
das Volk erst einmal zu belügen,
damit es ihn an seine Spitze wählt.
Von da aus meint er dann,
die kulturelle Wende herbeiführen zu können.

Hat er seinen Wählern aber Reichtum versprochen
und verlangt er jetzt Verzicht, also bescheidene
Umkehr zu neuen, gesünderen, friedlicheren,
weniger umweltschädigenden Lebens-Weisen,
dann sieht er sich bei der nächsten Wahl
wieder als Verlierer dastehen.

Zuerst muß also einmal die Basis da sein,
zuerst muß eine neue Bewegung geschaffen werden,
und zwar mit **den** Zielen und Vorstellungen,
die man wirklich verfolgt. Dann kann man sich
dieser Bewegung auch an die Spitze setzen,
wenn das überhaupt nötig ist...

Glück kann man nicht durch Gesetze schaffen,
schon garnicht, wenn es dem Zeitgeist widerspricht.
Glücks-unfähige Menschen-Massen
wollen ins Unglück geführt werden,
in Not, Gewaltherrschaft und Krieg.
Und **glückliche Menschen kämpfen nicht
um die Führung glücks-unfähiger Volks-Massen,
sondern arbeiten an der Abschaffung
der Glücks-Unfähigkeit, die sie
als Volks-Krankheit, als Seuche erkannt,
als frühkindliche Schädigung durchschaut
und (an sich selbst) als heilbar erfahren haben.**

Der Wunsch die Welt zu verändern,
liegt einem jeden von uns näher als die Einsicht,
sich selbst ändern zu müssen.
Aber genau diese Einsicht ist unerläßlich,
damit die Welt sich zum Guten wandelt.

Es nützt also garnichts,
wenn jeder von jedem diesen Schritt verlangt
und sich ärgert, daß keiner dazu bereit ist.
Jeder muß den Schritt **selber** tun.
Damit zeigt er den Anderen, **daß** es geht.
Und dann kann er ihnen auch sagen, **wie** es geht.
Und kann lernen zu helfen, anstatt
Liebe, Glück und Frieden erzwingen zu wollen.

Liebe erzwingen wollen ist lieblos.
Glück erzwingen wollen ist gewalttätig.
Frieden erzwingen wollen ist kriegerisch.

Die Gute Sache, für die immer gekämpft wird,
mag so gut sein wie noch nie.
Sie dient doch nur als Rechtfertigung
für die unbändige Wut der Unterdrückten.
Groll und Hass mögen noch so gerecht sein.
Sie werden niemals Frieden in die Welt tragen.
Sie mögen noch so siegreich sein.
Sie werden dadurch nicht verfliegen, sondern
– an die Macht gekommen – von oben nur wieder
das Schaffen, was sie zuvor von unten bekämpft haben.
Der einzige wirkliche Feind der Menschheit ist
der Charakter. Er martert die Menschen von innen
und hetzt sie gegeneinander auf.
Ihn gilt es zu besiegen. Jeder in sich selbst.

K Lebens-Inhalte

Der zivilisierte Charakter macht den Menschen
grundsätzlich unzufrieden.
Bei schlechtem Wetter klagt er über den Regen
und bei gutem Wetter über die Hitze.
Wenn er Arbeit hat, klagt er über die Schufterei
und beneidet oder verurteilt gar die Arbeitslosen,
und wenn er keine Arbeit hat, klagt er über Frust
und beneidet die, die Arbeit haben.
Bei einem guten Essen redet er über
ein noch besseres, das er unlängst genoß.
Und immer sind andere Bekanntschaften netter
und interessanter als der eigene Partner.
Nie ist er am richtigen Platz,
und immer ist der falsche Zeitpunkt.
Vor allem hat er immerzu von allem zu wenig.

Diese krankhafte Unersättlichkeit ist die Haupt-Stütze der modernen Überfluß-Wirtschaft, die die rücksichtslose Ausbeutung der Dritten Welt und die selbstzerstörerische Plünderung, Vergiftung, Verseuchung und Zerstörung unserer Erde so brutal vorantreibt, daß das endgültige AUS anscheinend völlig unabwendbar auf die Menschheit zurollt.

Diesem Schicksal können wir nur entgehen, wenn die Mehrheit der Menschen in den reichen Ländern diesen Wahnsinn erkennt und sich weigert, weiter mit zu spielen.
Was aber, so fragen sich die meisten heute ratlos,
ist das Leben denn wert ohne die vielen
Annehmlichkeiten des industriellen Wohlstandes?
Und glauben dabei, die Antwort müsse lauten: Nichts.

In Wirklichkeit ist das Leben **ohne** den Luxus des modernen Lebens-Stils viel **mehr** wert. Wieder ist es nur der Charakter, der die Menschen daran hindert, **die** Werte des Lebens zu erkennen und zu genießen, die ohne Luxus-Industrie und ohne zerstörerische Umwelt-Belastungen zu haben sind.

Der Zivilisierte schielt ja immer mit einem neidischen und einem verächtlichen Auge auf die sogenannten Lebens-Künstler. Dabei übersieht er, daß richtig zu leben schon immer eine Kunst war, die zu erlernen ihm die Erziehung nur nie gestattet hat. Vielmehr hat sie ihn so aufs Schuften eingestellt, daß er heute vor lauter Schweiß garnicht merkt, daß es garkeinen Preis dafür gibt. Später muß er sogar noch teuer dafür bezahlen, weil sein Leben ausgesaugt und verbraucht ist, und sein Körper ein geschundener oder vergammelter Apparat, in welchem kein Glück und keine Freude mehr stattfinden können.

Alles Hinschmeißen und »Aussteigen« hieße nun allerdings, das Pferd von hinten aufzuzäumen. Jeder kann, ohne seine Stellung zu kündigen oder seine Lebens-Verhältnisse auf den Kopf zu stellen, damit anfangen, neue, für ihn gesündere und für die Umwelt weniger schädliche Lebens-Inhalte suchen, finden und verwirklichen. Und der erste davon ist unausweichlich die Beschäftigung mit sich selbst, mit seinem Charakter und seinem Wesen, mit seinen Gefühlen und zwischen-menschlichen Beziehungen.

Dann wird er so nach und nach sein sogenanntes Konsum-Verhalten ändern.
Die Zeit wird ihm zu schade, um sie vor der Glotze zu verplempern, beim Einkaufs-Bummel oder mit teuren Hobbys, überflüssigen Anschaffungen wie neue Möbel, Klamotten, Haushalts-Geräte, Autos und sonstigem Firlefanz, ohne welche er oft nicht weiß, wohin mit dem vielen Geld.

Wenn sich große Menschen-Massen in diese Richtung hin verändern, bringen sie unsere ganzen schönen Wirtschafts-Systeme sehr bald völlig zum erliegen.
Aber dies gilt heute noch weithin als die größte Katastrophe, die uns droht.
Dabei ist es die einzig wahre Chance dafür, daß die **wirklich** drohende Katastrophe ausbleibt.
Ohne den Zusammenbruch unserer Überfluß-Wirtschaft ist die Welt für die Menschen nicht mehr zu retten.
Das sollte sich jeder Mensch klar vor Augen halten.

Wenn man sich mit sich selbst beschäftigt und dabei seinen Körper wieder-entdeckt, erkennt, wie man ihn mißachtet, ausbeutet und vernachlässigt, macht man sich auch Gedanken über die Ernährung und kommt zu dem Schluß, daß hier leicht eine Menge zu ändern und besser zu machen ist. Man muß nicht gleich ein fanatischer Vegetarier werden. Aber wenn man bedenkt, daß ein Nutz-Tier (Huhn, Kuh), bevor es zu Nahrung verwertet wird, 7 mal so viel frißt, wie es beim Schlachten an Nährwert liefert, muß man sich eingestehen, daß man als Fleisch-Esser an den Hunger-Sorgen der Welt nicht unschuldig ist.

In einem Reform-Haus versuchte der Inhaber einmal,
mich davon zu überzeugen, daß
das Essen von Fleisch den Menschen automatisch
blutrünstig, brutal und wütend mache, und daß
es keine Kriege mehr gäbe, wenn alle Menschen
nur aufhören möchten, Fleisch zu essen.
Er selber war natürlich strenger Vegetarier.

Ich erwiderte, er sei doch aber trotzdem
ein ziemlich mieser Gift-Zwerg.
Das erboste den über 70-jährigen über alle Maßen.
Er war plötzlich außer sich vor Wut und Empörung
und hätte mich am liebsten verprügelt. Aber er
begnügte sich damit, mich vor die Tür zu jagen.

Im Hinaus-Stolpern versuchte ich noch, ihm
klar zu machen, daß ich ihn nur provoziert hatte,
um zu zeigen, daß der Verzicht
auf fleischliche Kost keineswegs dazu führt, daß
die Menschen wirklich friedfertig werden.

Ich hätte ihm gerne erklärt, daß nur dann von
Friedfertigkeit die Rede sein kann, wenn
der Mensch sich von solch üblen, dummen Reden
nicht wütend machen läßt, daß
ein wirklich friedfertiger Mensch an seiner Stelle
ganz ruhig geblieben wäre und nur gefragt hätte,
wie ich das denn wohl meine.
Und mit etwas Verstand begabt wäre ein solcher
Mensch ganz leicht dahinter gekommen,
daß ich ihn nur absichtlich reizen wollte,
und hätte mich mit einem freundlich lachenden
»Mit mir nicht« einfach auflaufen lassen.

So einfach lassen sich die Welt-Probleme also doch nicht lösen. Gesundes Essen allein reicht auch nicht aus, um gesund zu bleiben und um in allen Lebens-Lagen friedlich zu bleiben. Genau so wenig macht es einen Raucher gesund und ruhig, daß er seine Sucht heldenhaft unterdrückt. Der Charakter ist die Krankheit. Der widernatürliche, sinnlose, kämpferische Lebens-Wandel ist nur seine äußere Erscheinung.

Dazu gehört auch der weitverbreitete Glaube an den Segen der Regelmäßigkeit. In Wirklichkeit ist das geregelte Leben Gift für den Menschen. Es zwingt seine Natur zu lauter widernatürlichen Belastungen, Zeit-Abläufen und Nahrungs-Mengen, anstatt ihre wahren Bedürfnisse zu befriedigen. Von diesen merkt der geregelte Mensch schon lange nichts mehr und also auch nichts davon, wie er Schaden nimmt, bis... Na Du weißt schon.

Durch die Beschäftigung mit Dir selbst kannst Du lernen, auf Deine inneren Stimmen, Deine wahre Natur zu hören und ihr zu dienen. Z.B. lernst Du in einer lustigen Fasten-Woche, wie gut es Dir tut, **gar**nichts zu essen, und wie wenig Du brauchst, um Dich wohl zu fühlen. Fasten?! Im Moment denkst Du noch, das hältst Du nicht aus. Da drehst Du durch. Da siehst Du mal, wie sehr Du Sklave und Opfer der Regelmäßigkeit bist. Gewohnheiten?

Alles läßt sich ändern. Und niemand hindert Dich daran. Höchstens Du Dich selbst. Stimmt's?

Vom Charakter nach und nach befreit,
erlebst Du Dein Leben mehr und mehr
als Freude am bloßen Dasein und an den vielen
überall und kostenlos zu habenden Kleinigkeiten,
an den Wundern und der Schönheit der Natur
und an den Wonnen der Zärtlichkeit.

Liebe und Lebensfreude werden zum Normal-Zustand
und lösen Unmut, Öde und Frust, Zorn und Ängste ab,
vertreiben Unzufriedenheit und Lieblosigkeit und
all die Gedanken, die fortwährend um
unlösbare Probleme kreisen.

Und die Ernsthaftigkeit, die das Leben zuweilen
unausweichlich von jedem verlangt,
ist keine lästige, unerwünschte Pflicht, sondern
eine gern angenommene, wertvolle Notwendigkeit.

Bevor ich ins Schwärmen komme,
laß uns hier ein Ende finden
mit der alles offen lassenden Einsicht:

Alles Natürliche ist möglich.
Und es gibt nichts Natürlicheres als
Gesundheit, Liebe, Glück und Frieden.

Zusammenfassung und Schluß

Zusammenfassung

Ich habe die Zusammenfassung geschrieben,
damit jeder sich
ein Urteil über das Buch erlauben kann,
ohne es gelesen zu haben.

(So wie man auch in jedem guten Krimi
auf der letzten Seite schon mal
nachsehen kann, wer der Mörder ist.)

Leider ist das Buch dann selbst
so dick geworden, daß
für die fast 100 Seiten Zusammenfassung
einfach kein Platz mehr übrig war.
So liegt sie denn bei mir in der Schublade
und kann dort jederzeit
von jedem eingesehen werden.

Einfacher ist es aber einzusehen,
daß ein Buch, das Einsichten vermitteln soll,
Selbst-Einsichten sogar,
nicht einfach durchgelesen sondern
durchlebt, erfahren und verdaut sein will.

Dazu wünsche ich Dir hiermit
viel Spaß und Erfolg!

Bis dann, Dein
Thomas

Schluß (Für Unkundige äußerst verwirrend!)

Lieber Mitmensch.
Denk noch einmal zurück an das Gelesene. Was Dir dann einfällt, hattest Du abgelehnt oder angenommen. Was Dir nicht mehr einfällt, war das Wichtigste..!

Die Frage, was es heißt ein Mensch zu sein,
kann nur jeder für sich selbst beantworten.
Dazu muß er sie sich aber erst einmal stellen.
Mit diesem Buch habe ich versucht zu zeigen,
warum das so schwer ist,
warum man es lieber vermeidet,
sich weigert, sich dagegen wehrt,
welche Widerstände also im Wege sind,
wie sie entstanden sind und wie sie funktionieren,
und daß sie ausgeräumt werden müssen,
nicht nur um die Frage beantworten zu können,
sondern um überhaupt Mensch zu werden!

Denn offenbar ist das dasselbe:
MENSCH SEIN HEISST ZU WISSEN,
WAS ES HEISST EIN MENSCH ZU SEIN.
Die charakterlichen Behinderungen
stellen den Menschen unter das Tier.
Sich erheben kann nur, wer sich davon befreit
und anerkennt, ein Tier zu sein.
So findet er zur Ehrfurcht vor dem Leben
und damit vor sich selbst.
Und in Demut erkennt er:
Die Frage richtig stellen
und immer wieder neu stellen
ist die Antwort.

ANHANG

KLEINE FACHWÖRTER-KUNDE

Alles, was die Menschen wissen müssen, um den zukünftigen Verlauf der Geschichte zum Guten zu wenden, ist bereits erforscht, erkannt und erklärt. Die höchsten Weisheiten sind bereits seit Jahrtausenden in den heiligen Schriften der verschiedenen Religionen ausgesprochen worden. Und seit dem geht es nur noch darum, dieses Wissen zu verbreiten und den Völkern zu helfen, es zu verstehen und anzuwenden. An dieser Aufgabe sind die Weisen und Gelehrten bis heute gescheitert.

Das liegt nicht an ihren Weisheiten und auch nicht daran, daß die Menschen von Natur aus zu dumm wären, um sie zu begreifen und anzunehmen, (sonst wäre ja nie einer weise geworden) sondern an diesem einen großen Mißverständnis, daß Erziehung unterdrückerisch sein müsse, und daß die Natur böse sei und bekämpft werden müsse. Diese falsche Anschauung pflanzt sich wie ein Teufels-Kreis endlos durch sich selber fort, weil jeder wieder so erzieht, wie er erzogen wurde.

Leider sind sich aber die Wissenschaftler bis heute darüber nicht einig. Die meisten von ihnen sind sogar stolz auf ihre Erziehung und merken nichts von deren verheerender Wirkung auf ihr Leben und von der charakterlichen Beschränktheit ihres Geistes. Und unter denen, die all das erkannt haben, war noch keiner, der vermocht hätte, dieses Wissen so darzulegen, daß es von der Mehrheit seiner Mitmenschen nachvollzogen werden könnte.

Dieses Buch ist ein solcher Versuch. Es ist einzig und allein aus dieser Absicht heraus entstanden. Ich bin gespannt, was es taugt... Seine wichtigste Aussage ist vielleicht diese:

Es geht nicht darum, die Gesetze der Natur und des Lebens zu ergründen, sondern nach ihnen zu leben. Und das heißt für jeden Menschen als Erstes: Erkenne, was Dich daran hindert.
Wenn er seine Selbst-Behinderung erkennt und beseitigt, ergeben sich Natürlichkeit und Weisheit von ganz alleine.

Um diese Selbst-Erkenntnis zu erreichen, muß er sich auf den Weg der Selbst-Erfahrung machen. Dabei kann er seinen Geist nicht einfach übergehen. Sein Verstand verlangt nach Einsichten und Beweisen. Und diese findet er zunächst nur in den Büchern. Dort wiederum stößt er auf eine mehr oder weniger stark verfremdete Fach-Sprache, auf Fremd-Wörter und Ausdrücke, deren Inhalt ihm nichts bedeuten und die noch dazu umstritten sind und selbst unter Fachleuten sehr verschieden verstanden werden.

In die Bücher-Liste hier habe ich nur solche Werke aufgenommen, in denen die Autoren wenigstens ein bißchen Rücksicht darauf nehmen, daß nicht jeder Leser ein abgeschlossenes Studium der Medizin oder Psychologie haben kann. Diese Bücher sind interessant und aufschlußreich und können helfen, vieles besser zu verstehen und sich von allem selbst zu überzeugen. Die kleine Fachwörter-Kunde soll Dir dabei helfen.

PSYCHOLOGIE = Seelen-Kunde,
(von: PSYCHE = Seele und -LOGIE = Lehre)
ANALYSE = Auflösung, Untersuchung nach Einzelheiten.

PSYCHOANALYSE kann heißen: Untersuchung der Seele in allen Einzelheiten, vor allem in der Tiefe, und auch: Auflösung der seelischen STRUKTUR (= Aufbau, Gebilde) durch analytische Behandlung der Seele.

CHARAKTER = Prägung: nicht-angeborene Eigenschaften und Strukturen der Seele; künstlicher, erziehungs-bedingter Überbau auf den angeborenen Seelen-Teilen.

CHARAKTERANALYSE = Untersuchung/Auflösung des Char.

ANALYTISCHE PSYCHOLOGIE im Gegensatz zur oberflächlichen VERHALTENS-PSYCHOLOGIE = auch = BEHAVIORISMUS = Beschränkung der Betrachtungen und Bemühungen auf das Verhalten der Lebewesen (von behavior, englisch = Verhalten).
In der analytischen Psychologie: Unterteilung der frühkindlichen Entwicklung in PHASEN = Stufen.

1) ORALE STUFE (oral, latein = den Mund betreffend)
Bedürfnis-Befriedigung durch Saugen mit dem Mund an der Mutterbrust; Bedürfnis nach Liebe, aber nicht nur mit dem Mund empfunden und erlebt, sondern auch mit Nase, Haut und Augen (!).

DEPRIVATION = Entbehrung durch Ausbleiben der Befriedigung eines Bedürfnisses.

FRUSTRATION = Verärgerung durch Versagung eines Bedürfnis-Anspruchs, einer Forderung oder Absicht.

Deprivation auf der oralen Stufe führt zum DEPRESSIVEN Charakter-Zug = Verkümmerung des Organismus, Verödung der Sinne, Niedergeschlagenheit.

KOMPENSATION = Ausgleichende Maßnahme.
Der depressive Mensch kompensiert seinen Schaden durch ILLUSIONEN = Wunschträume, die er für wirklich hält, um sich an ihnen immer wieder aufzurichten.
Ferner wird Depressivität kompensiert durch EGOISMUS = Ich-Gier = unbewußtes Gefühl, nie genug zu bekommen (EGO, latein = Ich) und durch NARZISMUS = ich-bezogene Bedürftigkeit, übertriebenes Nehme-Bedürfnis nach Liebe und Ersatz-Erlebnissen wie Erfolg, Bewunderung, Beneidung, o.ä.

Frustration auf der oralen Stufe entsteht durch Zurückweisung der kindlichen Bedürfnisse also durch mehr oder weniger Hass, und führt in schweren Fällen zur SCHIZOPHRENIE = Spaltungs-Irresein, Persönlichkeits-Spaltung, schwerste aller seelischen Schädigungen.
Meistens bleibt dieser Charakter-Zug latent (LATENZ = Versteckter Zustand, Vorgang, tritt nur unter besonderen Bedingungen zutage).

Latent schizophren ist nicht gleich SCHIZOID.
(Endung -OÏD, griechisch = ähnlich).
Spaltungs-ähnlich sind **alle** seelischen Störungen, da sie immer durch eine Abspaltung eines Seelen-Teils vom Bewußtsein bedingt sind, das Selbst-Gefühl in ein Ich-Gefühl und ein ich-fremdes Gefühl spalten.

FIXIERUNG = Festlegung. Durch Ausbleiben oder Störung der natürlichen Entwicklung wird der Mensch auf diese Entwicklungs-Stufe fixiert, festgelegt:
Seine Bedürfnisse, sein Verhalten und Empfinden bleiben auch im Erwachsenen-Alter wie kindlich.

2) ANALE STUFE (von Anus, latein = After).
Dies ist keine natürliche Entwicklungs-Stufe.
Sie entsteht künstlich durch die Versuche der Eltern, das Kind zu ihrem Willen zu zwingen und seinen aufkeimenden Willen zu brechen. Nur entflammt der Kampf meistens in der Reinlichkeits-Erziehung, wo man dem Kind mit aller Gewalt vorzuschreiben versucht, wann es auf's Töpfchen muß.

Die Unterdrückung des kindlichen Willens erfolgt (durchweg verkannt) immer nur als Selbst-Unterdrückg.
Die gegen sich selbst gerichtete Gewalt äußert sich auch als Neigung, leiden zu wollen, und weitestgehend nur noch schmerzhafte Empfindungen zu haben (Selbst-Mitleid). Für zärtliche Lust-Gefühle ist der unterdrückte Mensch zu verspannt.
Diesen Zustand nennt man auch MASOCHISMUS.
Wenn dieser später kompensiert wird (ausgeglichen, durch Gegenmaßnahmen künstlich bewältigt), entsteht SADISMUS: Die zunächst gegen sich selbst gerichtete Gewalt, Ablehnung, Niederhaltung, wird auf andere gerichtet. Eine Spiel-Art ist der (ANALE) TROTZ.

Selbst-Unterdrückung aus Furcht vor Strafe führt zu Verfolgungs-Gefühlen und, gepaart mit (latenter) Schizophrenie zu Verfolgungs-Wahn (= PARANOIA).
So ein Mensch fühlt sich andauernd oder in bestimmten Lebens-Lagen (Kritik, Ablehnung) tödlich bedroht, kämpft oder läuft wie um sein Leben oder fantasiert (in schwer krankhaftem Fall) böse Kräfte und Geister, die ihm nach dem Leben trachten. Jeder Normale ist als Kind verfolgt worden und folglich PARANOID.

3) GENITALE STUFE (genitare, lat. = zeugen) bringt Entwicklung der sexuellen Lust und der Gebe-Liebe. Störung = Beschämung = Zurückweisung, Unterdrückung.

Folgen: IMPOTENZ: EREKTIVE (= keine Glied-Versteifung), ORGIASTISCHE (= kein Orgasmus), FRIGIDITÄT (= keine/wenig Erregung). HYSTERIE (Hystera, griech. = Gebährmutter) = starke, unterdrückte und verdrängte sexuelle Lust mit PENIS-NEID = Hass der Frau auf den Vater, der sie zurückgewiesen hat, also auf alle (harten) Männer, bzw. KASTRATIONS-ANGST des Mannes gegenüber Frauen.

REGRESSION = Rückzug von der genitalen Stufe auf eine der zwei PRÄ(vor)GENITALEN STUFEN führt zur ORAL-NARZISTISCHEN Abhängigkeit vom Partner unter Verzicht auf sexuelle Erfüllung (platonische Liebe), oder zu SEXUELLEM MASOCHISMUS = Schmerz-Lust: Entspannung ist nur durch Schmerzen möglich.

RIGIDITÄT = Versteifung gegen die verdrängten Gefühle und gegen Regression führt zu weiteren PERVERSIONEN = Verdrehungen der natürlichen Liebe: SEXUELLER SADISMUS = Erniedrigung und Bestrafung des Partners auch beim Geschlechts-Akt, oder zum PHALLISCHEN NARZISMUS (Phallus = Penis) = der Mann benutzt sein Glied und seine Potenz oder auch eine Ersatz-Fähigkeit (bei Beruf, Sport, Eroberungen), um Liebe zu bekommen, anstatt die eigene (zurückgewiesene, verdrängte) Liebe auszudrücken; zum EXHIBITIONISMUS = Lust am Sich-zur-Schau-Stellen, AUTISMUS = Beschränkung der Lustgefühle auf die Liebe zu sich selbst, auch bei der Paarung, und zur RATIONALISIERUNG = verstandesmäßige, künstliche Rechtfertigung der eigenen Persönlichkeits-Störungen.

Die meisten Ausdrücke der analytischen Psychologie fußen auf den grundlegenden Ausführungen von SIGMUND FREUD. Aber da er seiner Lehre selbst nicht treu geblieben ist, und seine Schüler ihrerseits oft noch weniger, haben wir heute ein ziemliches Durcheinander. Meine Erläuterungen sind also völlig unverbindlich und nur als Erste Hilfe im Sumpf der wissenschaftlichen Meinungs-Vielfalt gedacht.

TRIEB = angeborener Verhaltens- und Gefühls-Antrieb mit dem Ziel, die Lust auf Lust durch Lust zu befriedigen. FREUDs Wort für das natürliche Lust-Gesetz ist LUSTPRINZIP, die Lust-Energie nannte er LIBIDO (LIBIDINÖS = die Lust betreffend), den allgemeinen Lebens-Trieb, der alles in Gang hält, hieß er EROS. Und da er sich den Masochismus, die Selbst-Zerstörung, nicht erklären konnte oder wollte, vertrat er in späteren Jahren die Theorie, es müsse einen Gegen-Trieb, den Todes-Trieb (THANATOS) geben.

Das war der Selbstmord seiner eigenen Erkenntnis, daß seelische Störungen (NEUROSEN) und seelische Erkrankungen (PSYCHOSEN) erziehungsbedingt sind. Man kann sich also nur an den frühen oder an den späten FREUD halten, wenn man sich nicht in seine Widersprüche verwickeln lassen will.

Aus FREUDs Lehre stammt die Einteilung der Seele in ES, ICH und ÜberICH. Daß diese Teilung künstlich, also selbst erziehungsbedingt ist, hat er übersehen. Sie diente ihm lediglich als Schema, um die seelischen Vorgänge und Störungen bei seinen Patienten besser begreifen und erläutern zu können.

Das ES stand für die angeborenen Triebe.
Das ICH war der Teil der Seele, der dem Bewußtsein zugänglich ist, und das ÜberICH war der verdrängte Teil des ICH, in welchem alle Ur-Erfahrungen und Verbote gespeichert sind und von welchem dem ICH seine bewußten Verhaltensweisen und seine unbewußten Entscheidungen vorgeschrieben werden. Störungen waren Widersprüche zwischen diesen Dreien. Das Schema ist hilfreich aber letztlich doch falsch.

Das Wort VERDRÄNGUNG bezeichnet den Vorgang, bei dem das ICH eine Erinnerung oder einen Wunsch o.Ä. aus dem Bewußtsein verbannt. Das klingt so, als gäbe es ein Unterbewußtsein, in welches die Erinnerungen und Wünsche hineingetragen, abgeschoben würden. Richtiger ist, daß das Bewußtsein sich von dem Ort des Gehirns, wo der Gedanke sich befindet, lebt, zurückzieht: Es schrumpft und verliert den KONTAKT, die Verbindung zu den Tiefen seiner Seele.

Die berühmte FREUDsche FEHLLEISTUNG (LAPSUS = Sturz, Stolperer) ist ein alltäglicher seelischer Fehltritt, der äußerlich wie ein bloßer Zufall aussieht, aber innerlich die Folge einer unbewußten Absicht ist: Der Wunsch ist Vater des Gedankens, einer verfehlten Wahrnehmung oder einer fehlerhaften Äußerung. So ist ein Sturz mit einem Armbruch eine Selbst-Bestrafung für heimliche Mord-Gedanken, Diebstahl oder Onanie. Oder man sieht das Wort Organismus geschrieben, liest aber aus verdrängter Lüsternheit: Orgasmus. Oder man vergißt beim Aussprechen des Wortes »Flicken« »ganz aus Versehen« das kleine El.

Der Gipfel FREUDscher Fehlleistungen
ist die PROJEKTION = Übertragung.
Der gestörte Geist projiziert einen eigenen
Gedanken, ein Gefühl oder einen inneren Vorgang
nach außen auf dortige Umstände oder Personen.

Er sieht **unbewußt** zum Beispiel
in jedem Polizisten seinen zürnenden Vater,
in jeder (mancher) Frau seine kränkende Mutter,
in jedem Kritiker einen ihn verfolgenden
und strafenden Elternteil.
Im Unternehmer sieht er
den elterlichen »Ausbeuter«,
im »stinkenden Türken«
seine eigene verdrängte Schmuddeligkeit (Unterhose),
im »geilen Neger« seine eigene Lüsternheit,
im »geschäftstüchtigen Juden« seine eigene Geldgier
und im Kommunisten den politischen Feind schlechthin.
Im Arzt sieht er den hilfespendenden Lieben Gott,
im Akademiker die für sich selbst ersehnte Unfehlbarkeit
und in einem wohlwollenden Helfer,
der ihm nur zeigen will, wie verrückt er ist
und wie er sich damit selber schadet,
sieht er nur einen Verrückten,
der ihn quälen und verrückt machen will.

Das Gegenstück zur Projektion ist die INTROJEKTION
(= in sich hineintragen) oder besser IDENTIFIKATION
(von idem, lat. = dasselbe). Es bedeutet,
sich selbst für etwas zu halten, was ein anderer ist.

Bei der Entwicklung zur Rigität identifiziert
das Kind sich mit dem unterdrückenden Elternteil.
Es spielt sich selbst gegenüber dessen Rolle,
ist zu sich selbst streng und gebieterisch, um
sein eigenes Selbst und seine Störungen zu beherrschen.

Bei der Regression identifiziert das Kind sich
dagegen mit dem schwachen, annehmenden,
selbst unterworfenen, liebebedürftigen Elternteil.
Es macht aus sich selbst ein solches Wesen,
um von dem anderen,
dem strengen, zurückweisenden Elternteil
geliebt anstatt verfolgt zu werden.

Und der Erwachsene identifiziert sich mit den Idolen
von Bühne, Kino, Sport, Politik und Geschichte
oder gar mit Tieren oder Gegenständen.
Alles um zu vermeiden, sich selbst als das zu sehen
und leben zu lassen, was man tatsächlich ist.

Der gestörte Mensch empfindet, denkt und handelt
ständig,
ALS OB er jemand anders
und die Welt eine andere **wäre,**
und verkennt dabei die REALITÄT.
Und dies geht eben nur, weil sein bewußtes Ich
von seiner naturgegebenen Wirklichkeit,
seinen anerzogenen Störungen und von der
Wahrnehmung seiner Umwelt abgespalten ist.

Beim Schizophrenen nehmen Projektion und
Identifikation die Form von HALLUZINATIONEN an,
= fantasierte Wahnvorstellungen, die dem Kranken
als vollkommen wirklich erscheinen.
Dazu muß man allerdings einschränkend anmerken,
daß der normale Mensch nicht immer klar ausmachen kann,
ob das, war der Irre sieht oder erlebt,
nicht zuweilen Teile einer Wirklichkeit sind, die
der »Gesunde« nur nicht fähig ist wahrzunehmen.
Menschen mit genialen Fähigkeiten landen auch
heutzutage zuweilen noch, von den Normalen verkannt,
im menschlichen Abseits einer geschlossenen Anstalt.

FREUD prägte auch den Begriff der AMBIVALENZ =
Doppel-Wertigkeit, Zwei-Schneidigkeit der Gefühle.
Durch die Beeinflussung der kindlichen Entwicklung
erhält jedes natürliche Gefühl einen Gegen-Spieler,
eine Kraft, die ihm entgegenwirkt, es unterjocht:
Der Verkümmerte ist immer traurig-froh
(romantisch-melankolisch),
der Unterdrückte ist unterwürfig **und** unterdrückerisch
(sado-masochistisch), und
der Beschämte liebt und haßt **dieselbe** Person.

WILHELM REICH wies nach, daß die Ambivalenz
dadurch entsteht, daß ein Trieb oder ein bereits gestörter
Antrieb durch Unterdrückung gespalten wird, und
daß dann die eine Seite die andere festhält, um so
ein krankhaftes Gleichgewicht zu schaffen.
Der Trieb oder Antrieb wird so durch sich selbst
zurückgehalten, »abgewehrt«.
Trieb und TRIEB-ABWEHR bilden dann zusammen eine
charakterliche Funktions-Einheit. Jeder Versuch,
diese innere Festung von außen anzutasten, wird als
Angriff empfunden, weckt Angst und wird abgewehrt.

Daraus kann man schließen, daß Angst in der THERAPIE
(= Heil-Arbeit) ein sicheres Zeichen dafür ist, daß
man sich auf dem richtigen Weg befindet; und auch,
daß Angst in einer erfolgreichen Therapie
unausweichlich jedem Kontakt mit den abgewehrten
Antrieben des Hassens, des Leidens, der
sexuellen Lust und des Liebes-Sehnens vorausgeht.

Steht die Trieb-Abwehr auf wackeligen Beinen, dann
hat der Mensch oft Angst-Zustände (= PHOBIEN):

Wie FREUD glauben viele zivilisierte Menschen,
daß Liebe und Hass untrennbar zusammengehören,
weil sie sich selbst ständig zwischen diesen
beiden Gefühlen hin und her gerissen erfahren.

Dieser Zustand ist aber krankhaft.
Hass ist die widernatürliche Umkehr von Liebe.
Wer hassen kann, kann nicht richtig lieben.

Ein natürlicher, also liebender Mensch
kann wütend werden, wenn er
körperlich oder materiell bedroht wird.
Aber er wird nicht gleich häßlich, bloß weil
ihn jemand kritisiert, ablehnt, auslacht, mißversteht
oder nicht bereit ist, seine Sehnsüchte zu stillen.

Wer auf solche Behandlung mit Wut oder Hass reagiert,
leidet unter Verfolgungs-Ängsten und ist damit
hoffnungslos dem Hass seiner Mitmenschen ausgeliefert,
unselbständig, unterdrückt, abhängig, hörig und also
herrschsüchtig, eifersüchtig, voll Selbst-Mitleid
und folglich in der Liebe arg behindert.

Hass und Liebe schließen einander aus.
Das was der zivilisierte, also hasskranke Mensch
für Liebe hält, ist nur Sehnsucht und Abhängigkeit.
Und diese schlagen sofort in Hass um, wenn
der Partner oder sonstig betroffene Mitmensch
sich weigert, zur Befriedigung dieser Bedürftigkeit
zur Verfügung zu stehen.

Ob man also sagt,
»Ich **liebe** Dich, weil ich Dich brauche« oder
»Ich **hasse** Dich, weil ich Dich brauche«,
ist ganz dasselbe, denn es kommt nur darauf an,
wie der Angesprochene dazu steht.

FREUD erkannte die frühkindliche Sexualität
und das jämmerliche Schicksal, welches ihr
in der bürgerlichen Kleinfamilie widerfährt.
Weil in der altgriechischen Sage Prinz Ödipus,
ohne zu wissen wer sie waren, seinen Vater
erschlägt und seine Mutter zur Frau nimmt, nannte
FREUD diese seelische Klemme ÖDIPUS-KOMPLEX und
die frühkindliche Lage den ÖDIPALEN KONFLIKT:

Der Sohn begehrt die Mutter,
will ihr seine Liebe geben und wünscht sich,
den Vater zu vertreiben, ihn zu besiegen oder
gar zu töten, je nach dem wie sehr dieser
das Verhältnis zwischen Mutter und Sohn bekämpft.
Und ähnlich ergeht es dem Mädchen, das die Mutter
verwünscht, um sich den Vater nehmen zu können.

In der Verdrängung leben diese kindlichen Fantasien
weiter und erzeugen die Projektionen, die
zu Besitz-Ansprüchen und Eifersuchts-Qualen führen
und die Partnerschaft so grausig belasten.
Die Eifersucht der Eltern auf die Kinder ist selbst
schon die Folge ihres Ödipus-Komplexes, sonst
würden sie ihr Kind nicht als Rivalen empfinden und
sich nicht um die Harmonie in ihrer Ehe sorgen.

So natürlich sie also weithin auch gelten mag,
Eifersucht ist immer nichts anderes als
krankhafte Furcht davor, den Partner hergeben oder
mit einem Dritten teilen zu müssen;
nichts als der frühkindliche Hass auf den Ur-Nebenbuhler,
den anders-geschlechtlichen Eltern-Teil.

FREUD prägte auch den Ausdruck SUBLIMIERUNG
und meinte damit die Vermutung, daß jede kulturelle
und technische Errungenschaft auf Trieb-Unterdrückung
(vor allem sexuelle Tabus) also Trieb-Umwandlung
zurückzuführen sei.
Dafür gibt es aber
weder Beweise noch irgend eine sachliche Notwendigkeit.
Es ist nur eine künstliche Rechtfertigung für die
Aufrechterhaltung der Tabus und damit der ganzen
weltweiten Widernatürlichkeit.

Die Wissenschaftler haben noch viele schöne Wörter
aus dem Griechischen und Latein herbeigeholt, um
dahinter ihre Unwissenheit zu verbergen.
Und der Streit um die Bedeutung solcher Wörter
wie z. B. NEUROSE lenkt sie dann oft ganz davon ab,
daß es sich hier um menschliche Leiden handelt, die
unbedingt und unverzüglich bekämpft werden müßten.
Deshalb halte ich mich aus diesem Streit heraus
und schlage vor, das Wort Neurose abzuschaffen.

In ihrer Ahnungslosigkeit halten sich die guten
Wissenschaftler wissbegierig emsig damit auf,
SYMPTOME (= äußere Erscheinungsformen) zu beschreiben.
Und in ihren
PSYCHOPATHOLOGIEN (= Lehre der seelischen Leiden)
und CHARAKTEROLOGIEN (= Char. Kunde)
sammeln sie all die unendlich vielen Einzelheiten der
Entmenschlichung, geben ihnen fremdklingende Titel
und können garnichts Gescheites damit anfangen.

Mit dem Wort PSYCHOSOMATIK (von SOMA, grie. = Körper)
versuchen sie heute der sich allseits aufdrängenden
Erkenntnis gerecht zu werden, daß Körper und Seele
offenbar auf wundersame Weise zusammenwirken.

Daß Körper und Seele ganz und gar EINS
und letztlich DASSELBE sind, kann aber nur
mit einem Wort ausgedrückt werden, das
nicht aus zweit Wörtern zusammengesetzt ist.
Wie wär's mit: MENSCH?

Vielleicht befremdet es Dich, daß ich
aus der Vielzahl verdienter Fachleute nur
zwei Namen erwähne:
FREUD und REICH? Nun –
es muß offen gesagt werden: Über diese beiden
ist bis heute einfach keiner hinausgelangt.
Ihre grundlegenden Lehren über Seele und Körper
als Funktions-Einheit sind die Säulen des Fortschritts,
auch des noch kommenden,
sofern uns noch Zeit dazu bleibt...

Während nun FREUD bei allen analytischen Psychologen
großes Ansehen genießt, weil sich jeder aus seinen
widersprüchlichen Lehren **das** herauspicken kann,
was ihm persönlich (charakterlich) paßt,
ist REICH weitestgehend verhaßt und verpönt,
weil ihn zu verstehen ein Bekenntnis zur
eigenen Unzulänglichkeit und Gestörtheit verlangt.
So wird nur allseits über ihn hergezogen, und
seine Lehre wird auf geistlose, hasserfüllte Weise
verhetzt und verteufelt, ohne daß dabei jemals
sachlich oder wissenschaftlich argumentiert würde.

Dem unbefangenen Laien muß es unglaublich, ja
geradezu gelogen erscheinen, wenn ich sage, daß
die weitaus überwiegende Mehrzahl der Fachleute und
anmaßenden Hobby-Psychologen die Lehren von W. REICH
lauthals verwerfen, ohne je auch nur ein Wort davon

selbst gelesen zu haben. Und die Wenigen,
die sich seine Erkenntnisse bisher zunutze machten,
verschweigen dies meist auch noch aus Furcht vor
dem Druck der Kollegen und den herrschenden
Lehrmeinungen und geben lieber REICHs Leistungen
als ihre eigenen aus.

So sind viele wissenschaftliche »Neuheiten«, die
mit großem Forschungs-Aufwand erarbeitet worden sind
und mit großem Tam-Tam Verbreitung finden (werden),
schon seit Jahrzehnten in REICHs Schriften enthalten.
Diese Schriften sind nicht leicht zu lesen.
Sie setzen einiges an Sachkenntnis voraus und verlangen,
wie gesagt, auch dieses unbequeme Bekenntnis,
selbst therapie-bedürftig zu sein,
dieses Maß an Bescheidenheit,
das dem normalen Laien meist näher liegt,
als dem (ein)gebildeten Akademiker,
und das erst entsteht, wenn man angefangen hat,
sich selbst zu erfahren, sich kritisch zu betrachten
und den eigenen Charakter in die Mangel zu nehmen.

Weil das so schwer ist,
schreitet die Entwicklung nur langsam voran.
Aber die Grundlagen sind geschaffen,
das beweisen die Bücher, die ich in der folgenden Liste
zusammengestellt habe und die Erfolge der
dort beschriebenen Methoden und Fall-Beispiele.

Jetzt geht es darum, dafür zu sorgen,
daß dieses Wissen der großen Allgemeinheit
zugänglich und nutzbar gemacht wird,
und das möglichst nicht nur im privaten Bereich,
sondern auch in den Schulen und Universitäten.

REGISTER zur kleinen Fachwörter-Kunde **nur** zum besseren Verständnis der empfohlenen Bücher. Diese Wörter tauchen nur im Anhang auf und zwar auf den mit den kleinen Buchstaben markierten Seiten.

Achtung:
Diese Wörter finden in diesem Buch keine Verwendung!

BÜCHERLISTE

Alexander LOWEN:
1. »Lust«
2. »Angst vor dem Leben«
3. »Liebe und Orgasmus«
4. »Depression«
5. »Bioenergetik«
6. »Bioenergetik für jeden«
7.* »Körperausdruck und Persönlichkeit«

Ken DYCHTWALD:
8. »Körperbewußtsein«

Don Ethan MILLER:
9. »Bodymind«

Alice MILLER:
10. »Das Drama des begabten Kindes«
11. »Du sollst nichts merken«
12. »Am Anfang war Erziehung«

Erich FROMM:
13. »Die Kunst des Liebens«
14. »Haben oder Sein«

Don JOHNSON:
15. »Rolfing und die menschliche Flexibilität«

Jack PAINTER:
16. »Körperarbeit und persönliche Entwicklung«

Frédérick LEBOYER:
17. »Geburt ohne Gewalt«

Fritz PERLS:
18. »Gestalttherapie in Aktion«

HELFER UND KEMPE (Herausg.):
19. »Das geschlagene Kind«

Wolfgang SCHMIDTBAUER:
20. »Alles oder nichts«
21.* »Die hilflosen Helfer«

Lutz SCHWÄBISCH/Martin SIEMS:
22. »Selbstenfaltung durch Meditation«

Michael Lukas MOELLER:
23. »Selbsthilfegruppen«

Elsworth BAKER:
24.* »Der Mensch in der Falle«

Wilhelm REICH:
25.* »Charakteranalyse«
26.* »Die Entdeckung des Orgons I u. II«

Sigmund FREUD:
27.* Gesamtwerk

Diese Bücherliste ist nur eine kleine Auswahl.
Der Lese-Stoff zum Thema Selbst-Erkenntnis,
Lebens-Inhalte, Gesundheit, Therapie,
natürliche Geburt und Erziehung und
über die Zukunft der Menschlichkeit ist
unendlich vielfältig und bietet jedem,
was er gerade braucht. Du mußt nur weiter suchen.

Die Bücher mit * setzen Fachkenntnisse voraus.

Lieber Mitmensch.
Wenn Du den Eindruck gewonnen hast,
daß dieses Buch wichtig ist und
nicht nur Dir sondern auch Deinen Mitmenschen
helfen kann, das Leben besser zu verstehen, um es
erfreulicher, liebevoller und friedlicher zu machen,
und daß es (nicht zuletzt!) helfen kann,
die Kinder besser zu verstehen und zu behandeln,
dann solltest Du nicht zögern,
Deine Knauserigkeit zu überwinden
und ein paar Exemplare zu kaufen, um sie
in Deiner mitmenschlichen Umgebung zu verschenken.
(Vielleicht ist es Dir auch geschenkt worden...?)

So leistest Du einen Beitrag dazu,
daß dieses Wissen sich immer weiter verbreitet und
die Menschlichkeit in unserer Welt fördern kann.

Zu diesem Zweck gibt es eine Doppelpackung
für nur 46,– DM.
Du sparst 5,– DM pro Exemplar,
oder Du verdienst sie, wenn Du die Bücher
in Deinem Bekanntenkreis, in der Nachbarschaft
oder im ganzen Stadtviertel verkaufst.

Prospekte für Deine Werbung
schicke ich Dir kostenlos;
und dazu ein paar Tips, wie's am besten läuft.

Und noch eine Bitte...

Wenn Du Fragen zum Inhalt dieses Buches hast, oder auch Anmerkungen und Kritiken, bitte schreibe mir ganz formlos und unbefangen. Ich antworte auf jeden Fall. Aus den für die Allgemeinheit interessantesten Briefwechseln könnte ein neues Buch entstehen, das den Inhalt dieses Buches hier vervollständigt und auf die brennendsten Probleme der meisten Menschen tiefer und ausführlicher eingehen würde.

Ich freue mich also auf Deine Wortmeldung und auf Deine Mitarbeit.

Meine Adresse findet sich auf Seite 2.